ET DIEU CRÉA LES FEMMES

Jean-Claude Lamy

ET DIEU CRÉA LES FEMMES

Brigitte, Françoise, Annabel et les autres

Albin Michel

À la mémoire de Bernard Buffet qui a peint le rideau et les décors de Carmen *à l'opéra de Marseille en 1962 :*

« Jamais Carmen ne cédera Libre elle est née et libre elle mourra. » (Acte IV)

En souvenir de Georges Brassens et de sa chanson de 1972 À l'ombre des maris :

« Ne jetez pas la pierre à la femme adultère,
Je suis derrière… »

1

Saint-Tropez-des-Prés

« J'aime Saint-Tropez comme on aime une personne, comme on vénère un porte-bonheur[1]. » Annabel disait aussi que la cité du bailli de Suffren, blottie sous la citadelle, donne la paix. À la fin de l'été, quand la tempête touristique s'évanouit, la presqu'île redevient le lieu enchanteur que l'épouse de Bernard Buffet a tant aimé.

C'est en mai 1958 qu'elle y avait rencontré le peintre. Rendez-vous organisé par le photographe de *Jours de France*, Luc Fournol, qui cherchait l'image insolite. Il la découvrit en remarquant une vieille dame aux aguets derrière sa fenêtre.

« C'est bel et bien pour faire le portrait de cette femme sévère et non pour obtenir le nôtre que Luc m'a présentée à Bernard. Amusés par sa requête, nous nous sommes assis côte à côte sous la fenêtre », racontera Annabel.

Le couple a fait de cette photo le symbole de leur union et, à partir de ce reportage improvisé, Annabel et Bernard ne vont plus se quitter. La femme en liberté et l'artiste au cœur rebelle qui avait rompu avec son compagnon Pierre Bergé se marieront le 12 décembre 1958 à la mairie de Ramatuelle. Pour le meilleur, pensaient-ils en croisant les doigts. Le pire est une épée de Damoclès. Mais en ce joli mois de mai tropézien, ils sont au paradis des amoureux de Peynet.

« Après quelques semaines d'errance dues aux complications provoquées par nos amours inattendues, nous nous étions cachés à Saint-Tropez dans une petite maison proche de la chapelle Sainte-Anne. Nous y vivions reclus et heureux. Il avait suffi de quarante-huit heures à Bernard pour transformer le garage en atelier. Dans un coin, il m'avait installé une table et une chaise où je travaillais à mon premier roman. C'est là que je l'ai vu peindre pour la première fois. C'est là que j'ai vu naître des paysages de New York. Des instants privilégiés, fascinants que je n'oublierai jamais[2]. »

Annabel, née Schwob de Lure, avait quatre ans lorsque sa mère, une beauté qui s'apparente au futur visage de Sophia Loren, l'amena à Saint-Tropez en 1932. Une superbe jeune femme au pied marin. Avec sa fille, elle naviguait dans le golfe. « J'avais tendance à pousser des hurlements dès qu'elle me quittait. Aussi, pour pouvoir faire de la voile sans provoquer mon désespoir, et sans risque d'accident, elle m'avait attachée à l'aide d'un harnais au mât du bateau qu'elle barrait[3]. »

La mer de Saint-Tropez et sa mère adorée, qui s'est suicidée quand elle avait huit ans, se rejoindront dans ses souvenirs. Elles appartiennent corps et âme à sa personnalité de femme indépendante et torturée par l'angoisse de la mort. La douceur et la violence, le plaisir et la mélancolie. Masquer ses inquiétudes sous des embrassades.

Drieu la Rochelle a su exprimer ce que ressentait profondément Annabel lorsqu'il écrit : « Les femmes sont des formes comme les montagnes et les nuages. Mais comme ceux-ci, sous les rayons du soleil de notre esprit, elles peuvent feindre toutes les métamorphoses et notre esprit peut s'enrichir indéfiniment de toutes les nuances que ces incessantes transformations ajoutent à ses inflexions fondamentales. La femme, figure centrale de la Nature, est la source même de toutes les suggestions[4]. »

Égérie de Saint-Germain-des-Prés, mannequin, chanteuse et maintenant écrivain, Annabel vivait jusqu'alors dans l'insouciance à Paris comme à Saint-Tropez où elle respire un parfum d'espoir. « Faire la fête, retrouver des amis d'adolescence, aller à la pêche aux poissons sans oublier pour autant la pêche au plaisir. Une période animale de ma vie. Boire, faire l'amour, nager, dépenser les trois sous que je gagnais ailleurs, et fréquemment, complètement fauchée, demander aux amis de l'époque – les amis de toujours – le gîte et le couvert. J'avais beau refuser toute forme de sentiment, je n'ai jamais pu éviter la bouffée de tendresse incompréhensible qui m'assaillait quand j'arrivais là[5]. »

En rencontrant Bernard, elle a retrouvé la joie d'aimer. « Cette même plénitude du cœur et du corps que j'avais crue perdue à jamais quand ma mère m'a quittée[6]. » Elle n'ignore pourtant pas qu'elle a une rivale plus forte que n'importe quelle maîtresse. « Mon seul mérite est d'avoir su d'instinct que la peinture est pour Bernard l'essentiel et de ne jamais chercher à m'immiscer dans un tête-à-tête où je n'avais pas ma place[7]. » Certes, il est son amant, presque un frère jumeau, bisexuels l'un et l'autre, tous deux engagés sur un terrain brûlant. D'où vient ce feu intérieur ? Un refrain chanté par Tino Rossi lui traîne dans la tête : « Dis-moi le secret de tes caresses… »

Contrairement à Bernard, la fidélité n'est pas son fort. Quand la passion s'estompera et que le poisseux des choses engluera les sentiments, saura-t-elle résister à l'appel d'une sirène ou d'un pirate en goguette ? Vraiment, existe-il des femmes fatales ? Circé transformait en pourceaux les hommes qu'elle enchantait de ses breuvages. Il y a toujours des ensorceleuses pour changer les hommes en toupies et les faire tourner comme des totons. Annabel est l'une de ces magiciennes dont le regard est chargé d'un fluide pareil à ces nuages d'été d'où jaillit l'éclair. Elle inspire le coup de foudre qui vient d'une jolie femme désespérée. « Ce mot est ridicule », dit Stendhal. Il exprime pourtant bien l'impression électrique du mal d'amour.

Bernard et Annabel ont trente ans, quasiment comme Jean d'Ormesson, qui écrit sur cet âge dans la revue littéraire mensuelle *La Parisienne* dirigée par Jacques Laurent avec François Nourissier, comme rédacteur en chef. « Trente ans est l'âge où l'on a appris enfin que le verbe qui se conjugue après le substantif masculin "temps" est le verbe "passer" plus que le verbe "durer". Jusqu'à vingt ou vingt-cinq ans, le temps dure ; et puis après, il passe. “Quinze ans, ô Roméo...” ou “On n’a vingt ans qu’une fois” sont à coup sûr des formules d’hommes de trente ans. Trente ans est l’âge où l’on peut commencer à n’être plus sérieux parce qu’on a appris enfin que toutes choses n’ont qu’un temps. La poésie d’Horace est d’un homme de trente ans. On sait, à cet âge-là, que les souffrances passeront, que d’autres amours viendront, qu’il suffit de tenir un an pour que tout soit changé. On sait aussi que même lorsqu’elle est affreuse, la vie est encore douce et bonne[8]. »

« Que vous manque-t-il maintenant pour être heureuse ? » À cette question posée par Madeleine Chapsal à l’occasion d’une enquête sur les jeunes filles à la fin des années cinquante, on obtient toujours les mêmes réponses : « l’amour », « un garçon ». « C’est très simple, remarque la directrice d’une institution religieuse réputée, les filles, aujourd’hui, elles ne pensent qu’à une chose : aimer et être aimées[9]. »

La journaliste s’interroge. Sont-elles libres ? Oui, mais impatientes de s’enchaîner. Révoltées ? Moins qu’on ne le croit. Cyniques ? Peut-être plus qu’on ne le souhaiterait... Des personnes vivantes, constate-t-elle, que *Le Deuxième Sexe* a nourries, mais que *Le Petit Prince* a fait rêver. Comme la Cécile de *Bonjour tristesse*, l’amour physique ne les effraie plus. Toutes ont envie de créer une famille. En 1951, dans ses numéros d’avril-mai-juin, la revue de Bernard Simiot *Hommes et Mondes* publiait l’enquête de Robert Kanters et Gilbert Sigaux sur la jeunesse française. Ce questionnaire proposé à l’attention de jeunes filles et de jeunes gens de dix-sept à vingt-cinq ans a fait l’objet de *Vingt ans en 1951*, volume paru chez Julliard.

« Les relations sexuelles, remarquent les auteurs, ne nous le dissimulons pas, ont tendance à être très libres. Non, les coucheries ne sont pas l’apanage de la bohème de Saint-Germain-des-Prés : il y a d’ailleurs toujours eu une bohème d’étudiants et de *grisettes* dont les bien-pensants ont considéré les épanchements avec indulgence. Nous avons cité le cas d’une fille dans un cours privé parisien ; tel jeune écrivain de notre connaissance a tombé sans coup férir plusieurs secrétaires de son éditeur ; un jeune bourgeois n'est pas très embarrassé pour jeter sa gourme. Il y a sept ou huit ans, dans leur livre classique, *La France, pays de mission ?*, les abbés Godin et Daniel notaient qu'en huit mois, dans un bureau d'une quarantaine de femmes à Puteaux, on avait compté dix-sept fausses couches et d'ailleurs la coutume se répandait dans un atelier d'offrir à une jeune fille, en guise de cadeau de noces, un nécessaire d'avortement avec mode d'emploi – au cas où elle serait prise. »

Annabel, qui a vécu l'âge d'or de Saint-Germain-des-Prés et de Saint-Tropez, que l'on pourrait nommer « Saint-Tropez-des-Prés » car les locomotives du Tabou y ont mené un train d'enfer, était la grande sœur délurée de ces jeunes filles en fleurs. Elle voulait aussi fonder un foyer avec Bernard Buffet qui avait la fibre paternelle. « J'aimais un homme hors du commun, incomparable, que rien ni personne ne pourrait remplacer dans ma vie. Il était mon amant. Il est devenu mon Maître. Il l'est resté[10]. » Du moins dans son cœur, car les élans du corps magnifique d'Annabel étaient irrépressibles.

Ses coquins yeux noirs, un port de tête de reine de la nuit, des hanches étroites de matador, des jambes aux muscles longilignes, une belle poitrine de starlette : sa beauté irradiait. Sensuelle et racée, avec une silhouette androgyne qui captivait les deux sexes. Juliette Gréco, Françoise Sagan, comme Errol Flynn ou Marlon Brando, seront sensibles à son charme extrême. Quand elle s'offre en partage, cela n'a pas grande importance. C'est la camarade de chambre. Un bon petit soldat de la baise ou de l'amitié. Selon les circonstances et de mystérieuses affinités.

Dans le quotidien de l'époque, on s'aimait tous beaucoup. Pas de véritable amour, donc pas de jalousie. Pas de crimes passionnels non plus. Femmes et hommes de la bande de Saint-Tropez sont comme les mousquetaires : un pour tous, tous pour un. Voilà qui aurait plu à Alexandre Dumas fils. En 1880, il écrit et publie un livre qui est une lettre-plaidoyer en faveur des femmes. Il réclame une vraie loi sur le divorce afin d'éviter aux femmes d'avoir à tuer leur mari pour rompre un mariage détesté, il exige le droit de vote pour les femmes, il conjure le législateur d'instaurer l'égalité entre l'homme et la femme dans tous les domaines.

« Une société dont on dit qu'elle se démoralise n'est pas toujours une société qui modifie sa morale, mais une société qui modifie ses mœurs, ce qui n'est pas la même chose, et ce qui est même à l'avantage de la morale éternelle, dont on ne peut pas plus supprimer un des principes fondamentaux qu'on ne peut supprimer un des éléments qui composent l'air respirable[11]. »

Il termine ainsi son ouvrage pied de nez aux institutions : « Pour le moment, nous sommes en train de délivrer la femme ; quand ce sera fait, nous tâcherons de délivrer Dieu ; et, comme alors il y aura entente parfaite entre les trois corps d'état éternels, Dieu, l'homme et la femme, nous verrons plus clair et nous marcherons plus vite[12]. »

Prophète du droit et du progrès social, le fils d'Alexandre Dumas avait même prévu l'avènement du mythe Bardot, une Milady déguisée en sacrée gamine. Le film de Roger Vadim *Et Dieu créa la femme* fut tourné en grande partie en décors naturels à Saint-Tropez. Pratiquement sous le balcon de la villa qu'avait louée Françoise Sagan où Annabel était son invitée. Les fenêtres donnent sur le port de pêcheurs, la Ponche en dialecte local. C'était au mois de mai 1956.

Depuis la capitale, la nationale 7 est une route buissonnière. C'est la voie la plus directe pour atteindre ce petit paradis du Var où, avant guerre, Colette avait fait son nid. « Ici règne une couleur bleue qui ailleurs est celle du songe, mais qui sur le rivage provençal baigne toutes les réalités. » La propriété s'appelait Tamaris-les-Pins quand elle l'acheta en juillet 1926. « C'est un joli nom pour une gare », dit-elle. Une vigne ancienne de raisin muscat lui donna l'idée de la rebaptiser La Treille muscate. « Mon Dieu, qu'il est doux de vivre physiquement, et de sentir accourir en soi des forces musculaires qu'on oubliait ! » écrit-elle à Marguerite Moreno qui a été l'une de ses passions et sera le modèle de l'être bisexué et parfait dans *Le Pur et l'Impur*[13].

La chronique tropézienne des années Bardot, Sagan, Annabel, toutes enfants d'une même génération aimant le jazz et dansant le be-bop, avait eu son équivalent avec l'arrivée de Colette « la scandaleuse », digne descendante de George Sand, « l'ancêtre de toutes les femmes émancipées ». C'est elle qui donnera le départ. Elle est devenue l'attraction de Saint-Tropez et y a attiré ses amies Anna de Noailles, Natalie Barney, Isabelle de Comminges. Les habitués du Bœuf sur le toit ont suivi le mouvement. Le couturier Lucien Lelong s'installe luxueusement non loin de La Treille muscate. Son yacht est ancré dans le port où, trente ans plus tard, en 1959, Bernard Buffet et Annabel auront le leur en face de L'Escale, aussi courue que la Brasserie Lipp du boulevard Saint-Germain.

Buffet a peint et dessiné Saint-Tropez comme, avant lui, Camoin, Signac, Kisling, Marquet, André Dunoyer de Segonzac, Luc-Albert Moreau. On voit Picasso et sa femme Jacqueline déambuler au milieu des touristes. La poche de sa chemise blanche qui tombe sur le pantalon porte sa signature brodée. Aux pieds, des sandales à larges lanières comme celles que portait Colette à son arrivée à New York à bord du *Normandie*. Lors de sa traversée inaugurale sur le paquebot en 1935, elle est l'envoyée spéciale du quotidien *Le Journal*. Ces sandales intriguèrent photographes et reporters. Le lendemain, sa réponse faisait la une des journaux : « Parce que cela m'est plus commode pour marcher[14]. » C'est un cordonnier de Saint-Tropez qui les lui fabriquait sur mesure.

En quittant la plage, Françoise Sagan monte pieds nus dans sa vieille Jaguar X/440 qu'elle conduit sur quelques dizaines de mètres avant de remettre ses mocassins. Là encore, ce sera sujet à des commentaires dans la presse dont certains représentants ne lâchent pas les vedettes de Saint-Tropez d'une semelle ! Et tous ces admirateurs casse-pieds qui les font fuir… Colette, la première, ne supportait plus d'être importunée par les chasseurs d'autographes. En juin 1938, La Treille muscate est vendue. Elle retourne en Bretagne dans un hôtel tranquille, mais la guerre va modifier ses plans. « Et pourvu qu'un jour je puisse revoir Belle-Île[15] ! » où elle avait écrit *Claudine à l'école*, et qui avait été le refuge de Sarah Bernhardt avant d'être celui d'Arletty, deux autres sacrées « scandaleuses ».

Sagan s'en ira en Normandie, devenant propriétaire du manoir d'Équemauville, près de Honfleur, grâce à ses gains au casino de Deauville. Elle y conviera la célèbre tragédienne, disparue le 26 mars 1923. L'invitation a été lancée dans son livre *Le Rire incassable,* une biographie à deux voix où elle converse avec la grande Sarah.

« Je crois qu'on aurait eu des journées et des soirées pas ennuyeuses du tout, du tout, du tout… Qu'est-ce qu'on aurait ri ! C'est étrange : en commençant ce livre, je ne pensais pas un instant que je pourrais rêver de vous voir venir passer le week-end chez moi. Et maintenant, j'en ai vraiment envie[16] ! »

« Ma mère était une femme libre et qui assumait sa liberté », confie Denis Westhoff, le fils de Françoise Sagan. Dans une interview au journal *Le Pays d'Auge*, il déclare également : « Que ce soit sur l'amour ou la mort, elle avait tout compris avant même que l'on termine de poser la question. Elle avait une telle fraîcheur dans ses réponses, une telle sincérité. D'une manière générale, j'ai aimé tout ce qu'elle a fait, tout ce qu'elle a dit, tout ce qu'elle pensait[17]. » Dans *Avec mon meilleur souvenir*, la romancière terminera les pages consacrées à Saint-Tropez par une vision prophétique :

« Été 1980. Fin. Le rideau est tombé sur une tragicomédie tropézienne. J'ai dormi trois quarts d'heure, j'ai rêvé vingt-cinq ans […]. Nous sommes en 1980 et je ne sais pas si nous arriverons à l'an 2000 sans que quelque avion têtu et aveugle, son équipage sourd à tout ordre de rappel (ou quelque fusée inconsciente et monstrueuse comme les dinosaures sans pitié des premiers temps), ne se dirige vers nous, notre mort fulgurante et cendreuse dans ses flancs[18]. » Les attentats du 11 septembre 2001 semblent inscrits dans ces lignes surprenantes. Née le 21 juin 1935, Françoise Sagan avait eu l'intuition soudaine qu'il n'y a rien de bon à espérer du XXIe siècle qu'elle abordera malade et désargentée.

Sagan a toujours détesté le scandale fait autour d'elle. La romancière s'efface discrètement à l'hôpital de Honfleur le 24 septembre 2004. « J'avais quitté sa chambre au premier étage, raconte Denis Westhoff. Il y eut tout à coup un grand silence dans les jardins de l'hôpital. Plus un souffle de vent. Les oiseaux s'étaient tus. J'ai compris que maman venait de partir. Il était 19 h 45[19]. »

Annabel Buffet, qui a partagé avec elle des moments très heureux, ne lui survivra qu'une dizaine de mois. Feignant la bonne humeur depuis le suicide de Bernard, le 4 octobre 1999, ne s'abandonnant au chagrin qu'en cachette, elle rend son dernier souffle à l'hôpital Américain de Neuilly-sur-Seine le 3 août 2005 en début d'après-midi. Mais c'est à Saint-Tropez qu'elle a voulu disparaître, comme un rêve évanoui. Son fils Nicolas a dix-huit ans quand elle lui dit : « C'est toi qui iras jeter mes cendres au large de la petite plage de la Ponche. » En 2003, elle lui en reparlera quand ils passeront ensemble leur dernier été tropézien.

Comme le chante Guy Béart, le troubadour de *Il n'y a plus d'après à Saint-Germain-des-Prés* :

> *Je croyais que tout commence*
> *Au village des romances*
> *Vois-tu je m'étais trompé*
> *Tout finit à Saint-Tropez*

Nicolas Buffet attendit le mois de décembre pour exécuter les dernières volontés de sa mère. « Un matin, quelques jours avant Noël, j'ai pris le petit hors-bord qu'elle m'avait offert pour mes vingt ans. J'ai fait plusieurs fois le tour du golfe avant de m'arrêter à cinq cents mètres au large de la Ponche. Ce fut à la fois pénible et libérateur lorsque j'ai vidé l'urne funéraire. Les cendres ne se sont pas éparpillées tout de suite. Elles ont pris la forme d'un gros poisson et au bout de deux ou trois minutes disparurent dans le fond de la mer. Quand je suis à Saint-Tropez avec ma fille Marion, qui est née le 11 avril 2006, je l'amène sur la plage. "Viens, on va voir grand-mère. Elle est là pour nous protéger"[20]. »

Au château de Vauvenargues, Picasso se plaignait d'être guetté par les curieux avec des jumelles. Brigitte Bardot, à La Madrague, se sentait constamment épiée par les téléobjectifs. « Il y a des moments, dit-elle, où j'ai envie de courir chez un chirurgien esthétique pour qu'il me change le visage. » Dans sa *Lettre ouverte aux femmes*, Françoise Parturier écrit : « Bardot qui couche avec de jolis garçons inconnus est une putain. Mais les femmes de lettres qui couchent avec de vieux ministres sont des égéries, des muses… La gloire féminine n'a pas encore la force sociale de la gloire masculine[21]. »

Réflexion de Virginia Woolf : « Les femmes ont servi pendant tous ces siècles de miroirs qui posséderaient le pouvoir délicieux et magique de refléter l'image de l'homme au double de sa taille normale. » Le pouvoir de l'illusion.

2

Le vagin du Castor

« Peut-être que ce serait plaisant de devenir des écrivains célèbres. » Simone de Beauvoir ne croit pas si bien dire quand elle fait cette confidence à Dominique Desanti qu'elle a connue sous l'Occupation, en février 1940[1]. La jeune Dominique venait, avec son futur mari, se réchauffer au Dôme à Montparnasse. Ce fut sa première vision du Castor[2].

« Une femme au beau profil, aux yeux de chat siamois (mon animal magique), assise à la table la plus enviée – près du poêle – écrivait pendant des heures. Un étudiant m'apprit son nom qui m'enchanta : "beau-voir" en effet. Et encore, qu'elle était agrégée de philosophie (Desanti s'y préparait), qu'elle écrivait un roman (j'écrivaillais, comme toute étudiante de vingt ans). Et en plus qu'elle attendait Jean-Paul Sartre, prisonnier de guerre en Allemagne. Ainsi le premier écrivain femme vivant que je voyais était aimé par l'auteur de *La Nausée*, dont je savais par cœur des passages ? Éblouissement. [...] Je contemple cette romancière de trente-deux ans ; j'envie les filles et les hommes qui viennent lui parler et parlent avec elle[3]. » La captivité de Sartre a duré de juin 1940 à mars 1941. À son retour à Paris, il veut agir et c'est à l'hôtel Mistral, dans la chambre de Simone de Beauvoir, qu'aura lieu la première réunion du groupe de résistants Socialisme et liberté à laquelle assistent Jacques-Laurent Bost, Jean Pouillon, Maurice Merleau-Ponty, Jean Cuzin et Jean-Toussaint Desanti.

Entre « les Sartre » et les Desanti, membres du PCF, c'est une amitié en montagnes russes. Sous l'emblème de la faucille et du marteau, il était difficile d'aimer publiquement le pape de l'existentialisme et sa prêtresse, « la Grande Sartreuse », et surtout de vouloir vivre comme eux des « amours contingentes » selon le pacte « Simultanéité et transparence ». L'esprit de Parti s'accommode mal de la liberté individuelle.

En mai 1958, ils se retrouvent unis comme les deux doigts de la main pour prendre part à une manifestation contre le général de Gaulle appelé au pouvoir. Cette année-là, Simone de Beauvoir envoie à la romancière, épouse du philosophe marxiste, un exemplaire relié de toile violette des *Mémoires d'une jeune fille rangée*[4] avec la dédicace : « "À Dominique Desanti, avec toute mon amitié". C'est une des rares choses que j'ai conservées de mon passé[5] », souligne-t-elle.

La parution du *Deuxième Sexe*, en 1949, l'a mise dans une situation inconfortable vis-à-vis du Parti communiste. « On me demanda de "démolir ce best-seller anti-maternité" dans la *Nouvelle Critique*, lieu de tous nos péchés contre l'esprit. Mais j'étais déjà loin de la "militance sans discussion" – je m'étais déjà fait mal voir dans les débats sur l'avortement – et j'ai trouvé, pour ne pas faire le compte rendu assassin, un argument d'une parfaite hypocrisie : "Non, voyons, je n'ai jamais voulu d'enfant, tout le monde le sait, ce serait un contre-exemple, demande à une mère." Ils ont trouvé une camarade – restée mon amie –, agrégée de philosophie et qui, elle, avait eu trois enfants[6]. » La phrase clé du *Deuxième Sexe* : « On ne naît pas femme, on le devient », Dominique Desanti l'a toujours revendiquée au nez et à la moustache de Staline.

Roland Barthes, dans ses *Mythologies*, textes écrits de 1954 à 1956, fait référence au magazine *Elle* où soixante-dix romancières ont été photographiées. « La femme de lettres, note-t-il, constitue une espèce zoologique remarquable : elle accouche pêle-mêle de romans et d'enfants. On annonce par exemple : Jacqueline Lenoir (deux filles, un roman) ; Marina Grey (un fils, un roman) ; Nicole Dutreil (deux fils, quatre romans), etc.[7]. »

D'après le sociologue, l'univers féminin de *Elle* est très exactement celui du gynécée. Dans un harem d'« écrivaines », l'homme semble avoir disparu. La femme aurait doublement accouché par l'opération du Saint-Esprit ! « Enfants et romans ont l'air de venir aussi seuls les uns que les autres, n'appartenant qu'à la mère ; pour un peu, et à force de voir soixante-dix fois œuvres et gosses dans la même parenthèse, on croirait qu'ils sont tous fruits d'imagination et de rêve, produits miraculeux d'une parthénogenèse idéale qui donnerait en une seule fois à la femme les joies balzaciennes de la création et les joies tendres de la maternité. Où est donc l'homme dans ce tableau de famille ? Nulle part et partout, comme un ciel, un horizon, une autorité qui, à la fois, détermine et enferme une condition[8]. »

Homosexuel, Roland Barthes n'aura aimé passionnément qu'une femme, sa mère. Il fait ce constat pour le moins machiste, qui lui a été inspiré par la photo des romancières parue dans l'hebdomadaire d'Hélène Gordon-Lazareff, libre comme l'air malgré ses attaches bourgeoises et son mariage indéfectible avec Pierre Lazareff.

« Les femmes sont sur la terre pour donner des enfants aux hommes ; qu'elles écrivent tant qu'elles veulent, qu'elles décorent leur condition, mais surtout qu'elles n'en sortent pas : que leur destin biblique ne soit pas troublé par la promotion qui leur est concédée, et qu'elles payent aussitôt par le tribut de leur maternité cette bohème attachée naturellement à la vie d'écrivain[9]. »

« Vouloir un enfant, disait Françoise Sagan, c'est un instinct très vieux, primitif et sauvage qui tient à ce qu'on a envie de voir un être qu'on a fait. » Elle ajoute : « Je pense que si un enfant c'est très important, une femme est une femme même si elle n'en a pas eu. Elle est une femme si elle aime quelqu'un. » À la naissance de son fils Denis, en 1962, sa réaction sera celle d'une nouvelle mère lambda. La romancière célèbre n'entre pas en ligne de compte. « Quand il est né, et qu'on me l'a mis dans les bras, à la première minute il s'est passé un phénomène purement physiologique que les médecins connaissent et que les hommes sont incapables de connaître. J'ai eu une impression d'extravagante euphorie. Je crois qu'elle était due au fait d'être délivrée plus qu'à la présence de l'enfant, mais pendant une heure j'ai été très heureuse. Puis, j'ai dormi et ensuite, pendant quinze jours, j'ai été très déprimée. Ceci est aussi expliqué par les médecins, c'est une question de fatigue physique, ça n'a rien de psychologique. Toutes les femmes passent par là[10]. »

Pour Brigitte Bardot, qui le raconte crûment dans le premier volume de ses Mémoires, la naissance de son fils Nicolas, en 1960, fut une expérience atroce : « Quand ma conscience revenue me permit de comprendre que c'était bien mon bébé qui nageait doucement sur moi, je me mis à hurler, suppliant qu'on me l'enlève, je l'avais porté neuf mois de cauchemar, je ne voulais plus le voir ! On m'annonça que c'était un garçon ! “Je m'en fous, je ne veux plus le voir.” Et ce fut la crise de nerfs...

« Tout cela peut paraître incohérent, excessif, difficile à admettre. Pourtant, je refusais mon enfant ! C'était un peu comme une tumeur qui s'était nourrie de moi, que j'avais portée dans ma chair tuméfiée, n'attendant que le moment béni où l'on m'en débarrasserait enfin[11]. »

Traumatisée par un avortement « sur un coin de table », ayant failli en mourir, elle avait une peur panique de la maternité. Être enceinte, c'était la pire chose qui puisse lui arriver. « Comme une punition du ciel », écrit-elle.

Son mari, l'acteur Jacques Charrier, lui, est aux anges. Le père bienheureux a aussi la fibre maternelle ! Les lecteurs du magazine *Cinémonde* ont droit à un reportage complet sur le bébé de BB avec un message manuscrit de Brigitte : « Je suis la plus heureuse des mamans. » Dans le même numéro, une autre star, Danielle Darrieux, ancienne épouse du cinéaste Henri Decoin et du diplomate et play-boy sud-américain Porfirio Rubirosa, s'exclame : « Oui, je suis heureuse. Mais je ne sais pas pourquoi. Le bonheur c'est quelque chose d'indéfinissable. On ne peut l'exprimer avec des mots[12]. » Le désespoir aussi est indéchiffrable.

En février 1979, Simone de Beauvoir, le sourire aux lèvres, m'avait reçu dans son atelier du 11 bis de la rue Schoelcher acheté grâce à l'argent gagné avec *Les Mandarins*, son roman qui reçut le prix Goncourt en 1954. Les grandes baies vitrées donnent sur le cimetière Montparnasse où, en 1986, elle a rejoint Jean-Paul Sartre dans sa tombe. Au cours de cet entretien qu'elle relut avant sa parution dans *France-Soir*, je l'interrogeai bien évidemment sur son refus de vivre la maternité :

« Je ne suis pas a priori contre les enfants. Si j'avais fait, comme prévu, un mariage bourgeois à dix-huit ans, j'aurais été mère. Mais je voulais écrire et j'étais prof, ce qui représente un travail considérable. Et si, en plus, on a envie de voyager et d'être heureuse avec un homme qu'on aime, il n'y a pas de place pour l'enfant. Car le mettre en nourrice ne m'intéressait pas. Alors, quand j'ai pensé que je devais être asservie à ça, je me suis refusée à cette idée.

– Et Sartre ?

– Lui s'en foutait. Il n'avait aucune envie d'en avoir. Il se suffisait à lui-même. D'autant plus que, bien souvent, les enfants des gens connus sont terriblement écrasés par la notoriété de leurs parents. »

Ne cherchant jamais à se dérober, elle me répondit sans user de détours avec un certain air d'audace et de gaieté dans le regard.

« L'apparence, le physique, ça compte pour vous ?

– J'aime bien que les visages soient agréables, mais ce qui me plaît d'abord, c'est l'expression vivante d'une intelligence comme chez Violette Leduc, qui était très laide.

– Voyez-vous une différence entre la beauté d'une femme et celle d'un homme ?

– Oui, il y en a une. C'est d'ailleurs très difficile à expliquer. Chez les hommes, la beauté ne se saisit pas tellement, sauf dans des cas exceptionnels ; personnellement, j'en ai connu deux. En général, ils savent très mal se servir de leur grâce naturelle.

– Avez-vous l'impression avec Sartre de former un couple unique ?

– Non, nous avons l'impression de former un couple heureux. Quand nous nous sommes connus, j'avais vingt et un ans et lui vingt-trois ans, nous ne pensions pas servir d'exemple à la postérité.

– Lequel a choisi l'autre ?

– Tous les deux.

– Sartre, en vous rencontrant, vous aurait dit : "À partir de maintenant, je vous prends en main."

– C'est exact, mais la phrase a été mal comprise. Il voulait dire que pendant les quelques jours que l'on passerait ensemble pour l'agrégation, il s'occuperait de me divertir. C'était aussi simple que ça, mais on a compris que Sartre voulait me prendre en main pour la vie. En tout cas, l'équivoque est amusante.

– Et si on vous proposait le prix Nobel ?

– Je ne pense pas qu'on me le propose. Mais si c'était le cas, je l'accepterais pour ne pas imiter en tout Jean-Paul Sartre qui, lui, l'a refusé, et parce que ce serait le féminisme que l'on couronnerait en moi[13]. »

N'ayant jamais eu de sentiment d'infériorité, Simone de Beauvoir fit remarquer à Sartre que sa féminité ne l'avait aucunement gênée. Son alter ego lui répondit : « Tout de même, vous n'avez pas été élevée de la même manière qu'un garçon : il faudrait y regarder de plus près[14]. » C'est ainsi qu'elle eut la révélation d'un monde masculin et qu'elle décida, au lieu d'écrire une confession personnelle, de s'intéresser à la condition féminine dans sa généralité. « Je m'étais mise à regarder les femmes d'un œil neuf et j'allais de surprise en surprise. C'est étrange et c'est stimulant de découvrir soudain, à quarante ans, un aspect du monde qui crève les yeux et qu'on ne voyait pas. Un des malentendus qu'a suscités mon livre, c'est qu'on a cru que j'y niais entre hommes et femmes toute différence : au contraire j'ai mesuré en l'écrivant ce qui les sépare ; ce que j'ai soutenu, c'est que ces dissemblances sont d'ordre culturel et non pas naturel[15]. » Dans un article, Julien Gracq la félicita pour son

« courage ». En effet, des « membres très actifs du premier sexe » la couvrirent d'injures. « Insatisfaite, glacée, priapique, nymphomane, lesbienne, cent fois avortée, je fus tout, et même mère clandestine[16]. » Courroucé, François Mauriac écrivit à un des collaborateurs des *Temps modernes* : « J'ai tout appris sur le vagin de votre patronne. »

Cinq ans plus tard, dans son *Bloc-notes* où il s'accorde le droit de parler librement, Mauriac fustige le déballage du journal intime et s'en prend à nouveau à l'auteur du *Deuxième Sexe* qui vient de publier *Les Mandarins*. Il écrit, le vendredi 5 novembre 1954 : « Et même une personne aussi considérable que Mme Simone de Beauvoir, dont le roman, du plus haut intérêt, traite des premières années de l'ère sartrienne, se force à de mornes descriptions d'une sexualité minutieuse, scolaire et appliquée. Elles ne tiennent pourtant pas au sujet, car "l'acte", en 1944, n'était pas réglé autrement, ni ne comportait pas plus de variations que cent ans plus tôt ou dix ans plus tard[17]. »

Le dimanche 28 novembre 1954, il confesse qu'une formule « saisissante », découverte dans *Les Mandarins*, l'a rempli de joie : « Heureux celui qui peut regarder en face la vérité de sa vie et s'en réjouir ; heureux celui qui la déchiffre sur des visages amis. » De vraies paroles d'évangile !

L'écrivain Nelson Algren, qui débarque à Paris au début de mai 1949, est le témoin effaré des attaques tous azimuts contre *Le Deuxième Sexe*. Dans ses lettres à son amant américain, Simone de Beauvoir dira n'avoir connu qu'avec lui la vraie jouissance du corps. Après son départ pour Chicago, elle lui écrit le 13 septembre 1949 : « Nelson, mon unique amour. Ce fut la plus dure et la plus douce des séparations, la plus dure parce que jamais je ne vous ai tant aimé, la plus douce parce que jamais je n'ai senti aussi fort votre chaud et précieux amour [...] ; même si vous embrassez d'autres femmes, vous ne trouverez pas de cœur pour vous aimer autant, ni de bouche aussi aimante que la mienne[18]. »

C'est une libre interprétation de sa vie amoureuse, car le Castor se met dans tous ses états passionnels quand Claude Lanzmann, le jeune collaborateur des *Temps modernes*, aussi homme à femmes que Sartre, l'emporte vers d'autres sommets. Simone de Beauvoir, la séductrice, a toujours aspiré aux béatitudes du septième ciel.

Lanzmann, le sixième amant du Castor, est le seul à avoir eu une vie conjugale avec la partenaire de Jean-Paul Sartre qui est de nature polygame. Pendant sept ans, de 1952 à 1959, ils mènent une existence quasi maritale, d'abord dans un deux-pièces de la rue de la Bûcherie, puis rue Victor-Schoelcher. Les relations amoureuses et sexuelles du « charmant Castor » avec l'auteur de *La Nausée* ne sont plus d'actualité. Claude Lanzmann, le frère aîné de Jacques, l'auteur du *Rat d'Amérique* paru dans *Les Temps modernes* avant d'être édité par René Julliard, en 1955, à l'époque commanditaire de la revue, fait figure de conquérant ébloui.

« Les yeux, les bras, la bouche du Castor, ses mains sur mon corps comme pour le reconnaître, la longue étreinte un peu titubante qui nous réunit debout, dès que j'eus pénétré dans la chambre rouge, au dernier étage de la rue de la Bûcherie, dissipèrent en moi toute anxiété[19]. » Désormais, elle signe « mon mari » ses lettres d'amour au futur réalisateur de *Shoah*. Lorsqu'elle écrit à Nelson Algren, elle les termine par « Votre Simone » et dès le 3 août 1952 par un sobre « Simone ».

Elle lui annonce, dans sa lettre envoyée d'Italie, qu'elle a rencontré « un jeune Juif de 27 ans aux cheveux noirs et aux yeux bleus [...]. Pour lui je suis jeune encore, il m'aime. Stupéfiant aussi de vous écrire une pareille lettre. C'est à l'ami que je l'adresse, puisque l'amitié est tout ce que vous acceptez de moi, mais jamais vous n'avez été ni ne serez pour moi exactement un ami, je vous ai trop aimé [...]. Au revoir, chéri. Je ne peux plus prétendre désormais être "vôtre", il me semble, bien que la même tendresse pour vous persiste dans mon cœur. Écrivez poste restante, Bari, Italie.

Je vous embrasse avec amour.

Simone[20]. »

Nelson Algren est un bel homme de un mètre quatre-vingt-cinq, du sang d'aventurier, un personnage tourmenté au charme évident. On peut lui trouver un faux air d'Arthur Miller, qui épousa Marilyn Monroe en 1956. Un film d'Otto Preminger a été tiré de son plus célèbre roman, *L'Homme au bras d'or* avec Frank Sinatra, Kim Novak, Eleanor Parker. *Les Temps modernes* en ont publié de larges extraits traduits à la va-vite par Boris Vian. Le film, qui est l'un des premiers à évoquer l'enfer de la drogue, sortira en 1955. La mort solitaire d'Algren, en 1981, est dramatiquement résumée par un titre de journal : « Algren's body unclaimed ! » (« La dépouille d'Algren non réclamée ! »)[21].

La veille de sa disparition, l'écrivain, qui ressasse à soixante-douze ans ses regrets et ses échecs, accorde une interview à W.J. Weatherby, journaliste au *Guardian*[22]. Nelson Algren, deux fois marié, deux fois divorcé, vient de publier *La Chaussette du diable*. Lorsqu'il est question de Simone de Beauvoir, Algren réagit violemment, comme si son passé avec le Castor était une blessure purulente. Il l'accable de reproches, trouvant horrible d'avoir utilisé ses lettres alors que seules quelques lignes ont paru dans *La Force des choses*. La colère monte en flèche. Souffrant de troubles cardiaques, il sait qu'il risque une attaque foudroyante. Le journaliste s'éclipse. Quelques jours plus tard, Simone de Beauvoir apprend que le cœur de son « amour transatlantique » a volé en éclats.

3

Les fesses de Bardot

La journaliste Alice Schwarzer, chef de file des féministes allemandes, est entrée dans le cercle des intimes de Jean-Paul Sartre et surtout de Simone de Beauvoir après un premier entretien qu'elle obtient d'eux pendant leurs vacances à Rome en 1973. L'année suivante ce sera le vingt-cinquième anniversaire de la parution du *Deuxième Sexe* qui a joué un rôle historique dans l'évolution des idées.

« Quelles sont les règles du jeu de votre couple ? Par exemple : vous dites-vous toujours la vérité ? » Sartre répond le premier : « J'ai le sentiment d'avoir toujours dit la vérité, mais je l'ai fait spontanément. Il n'était pas nécessaire de me poser des questions. On ne se dit pas forcément les choses tout de suite. Ce peut être huit, quinze jours après. Mais enfin on se dit toujours tout. Moi du moins ! Quant à elle[1]... »

Simone de Beauvoir réagit aussitôt : « Moi aussi ! Moi aussi ! Cela dit, je pense qu'on ne peut pas non plus ériger notre exemple en règle générale. Nous, ça nous arrangeait, cette transparence. Et puis nous sommes des intellectuels, nous savons très précisément, comme Sartre l'a dit, s'il faut parler aujourd'hui ou dans huit jours, manœuvre, etc. Mais on ne peut pas conseiller à tous les couples de toujours se dire, brutalement, la vérité. Il y a même quelquefois une manière de le faire qui la transforme en arme d'agression. Les hommes, souvent, agissent ainsi. Non seulement ils trompent leur femme, mais ils se plaisent à le leur dire. Et c'est beaucoup plus par satisfaction personnelle que pour avoir un rapport de transparence avec l'autre. Donc, je n'en ferai pas une valeur en soi. Pouvoir tout se dire, c'est une chance, mais ce n'est pas une valeur en soi[2]. »

« L'un et l'autre paisiblement conscients de nos regards différents. Ayant découvert et accepté nos divergences. Respectueux de nos singulières provocations au plaisir, au départ, à l'action, à l'amour, au jeu, à la création, au sommeil. Décidés à ce que jamais l'un ne soumette l'autre. Fuyant la résignation et sa sécurité[3]. »

En avril 1978, la romancière Marie Cardinal, longtemps sympathisante des mouvements féministes, publie *Une vie pour deux*. Elle y raconte l'histoire d'un couple, Simone et Jean-François – pourquoi pas Jean-Paul ? –, parti en Irlande pour essayer de faire le point sur leurs années communes. C'est un thème qui lui a toujours semblé essentiel car elle n'a cessé, de toute son existence, de s'interroger sur ses difficultés à trouver un équilibre auprès de son mari et de ses enfants. Qu'est-ce qu'aimer ? Question capitale à laquelle ce roman répond à travers une enquête policière. Le cadavre d'une inconnue, morte noyée, amènera le couple à prendre conscience de sa véritable identité et à ne pas désespérer d'un avenir où chacun choisira sa voie.

Quel pacte conjugal passeront-ils ? Marie Cardinal est la maîtresse du journaliste et écrivain Lucien Bodard. Née à Alger, très marquée par une enfance bourgeoise auprès d'une mère rigide, elle quitte sa famille pour entrer dans l'enseignement et se marier à l'âge de vingt-trois ans. Sans sa vocation littéraire, elle aurait croupi dans la routine. C'est l'écriture qui l'a tirée d'affaire. Des best-sellers comme *La Clé sur la porte* (1972), *Les Mots pour le dire* (1975) lui ont permis de s'assurer la faveur du public. Quand je la rencontre, malgré ses démêlés sentimentaux avec Bodard qui a besoin d'être aimé par plusieurs femmes, la Cardinal affiche son indépendance.

« Vous êtes une femme libérée ?

– Oui, puisqu'une femme libérée, c'est une femme qui s'exprime.

– Que pensez-vous des théories et des actions des mouvements de libération féminins ?

– Quand les féministes sont agressives avec les hommes, je les trouve très désagréables. Certes, les hommes sont ce qu'ils sont, mais leur phallocratie qui nous fait tant souffrir, ils n'en ont pas tellement conscience. C'est notre rôle, à nous les femmes, de leur ouvrir les yeux et de leur montrer qu'on est dans un monde phallocrate qui nous a aliénées. D'autre part, je suis persuadée que la virilité, c'est certainement très lourd à porter. Moins toutefois que la féminité, car les hommes vivent dans un univers viril, mais c'est vraiment une catastrophe pour eux aussi. En revanche, quand le MLF parle de l'inégalité des sexes dans le travail, du viol et de tout ce qui brime les femmes, je suis d'accord avec lui[4]. »

Dans *Les Jeudis de Charles et Lula*, roman paru en 1993, Marie Cardinal continue de s'exprimer sur les aléas de la vie de couple : « Ils aiment se dire qu'ils s'aiment, sans s'aimer, tout en s'aimant. Chacun est le réservoir d'affection de l'autre, chacun est le lieu de la sécurité affective de l'autre, même dans les colères, même dans les tromperies, même dans l'absence.

« Mais, inconsciemment, depuis plus de quarante ans, ils entretiennent un danger, celui de perdre l'affection de l'autre. Sans cesse ils jouent à ce jeu : mettre en péril ce qui les unit[5]. »

Lucien Bodard, un poids lourd de la presse d'après-guerre devenu un fabuleux écrivain, couronné par l'Interallié et le Goncourt, a été le héros d'une biographie à sa mesure. C'est le grand reporter Olivier Weber, lauréat des prix Lazareff et prix Albert-Londres, qui s'attelle, du vivant de Lulu le Chinois, à cette fresque de mille pages. Né le 9 janvier 1914 à Chongqing, dans le Sichuan, où son père était vice-consul, Lucien Bodard fait de l'empire du Milieu et de l'Asie en général la terre nourricière de son imaginaire. Sa mère, à laquelle il consacre le roman *Anne Marie*, primé par les Dix de chez Drouant, en 1981, a été un rêve d'amour. Aussi dominatrice et délirante que la Folcoche de *Vipère au poing* d'Hervé Bazin qui, elle aussi, vécut en Chine.

Son fantôme le hante quand il souffre de solitude après qu'une de ses maîtresses lui a claqué la porte au nez. « La tristesse de ma vie – j'ai parfois envie de me suicider », note-t-il dans ses carnets. Il est passé à côté de sa mère et de beaucoup d'autres femmes fascinées par ce don Juan pataud aux yeux d'Asiate. Avant qu'il n'épouse, à plus de soixante-dix ans, Marie-Françoise Leclère, une journaliste au magazine *Elle* qui lui apportera un regain de jeunesse, Lulu a un besoin vital de regards amoureux.

Ses mariages avec Marguerite Perrato (en 1938), une fille d'aubergiste qui deviendra la productrice Mag Bodard, sous l'aile de Pierre Lazareff, et Huguette Cord'homme (en 1962), entrée à la rédaction de *Paris Match* où elle signe ses enquêtes Huguette Bodard, ont démarré par un coup de foudre. Mais la force de la passion finit toujours par se diluer dans un labyrinthe de difficultés. Lucien Bodard court le monde et oublie ses liens matrimoniaux. Il faut pourtant divorcer. Pour combler le vide de l'absence, il erre de conquête en conquête. Dans l'escalier de son immeuble parisien, les maîtresses se croisent quelquefois dans un silence glacial[6].

Marie Cardinal, une femme énergique, est plus qu'une égérie sexuelle. Elle est sa correctrice, coupe dans les feuillets qui s'amoncellent sur le bureau, pousse son amant à creuser plus avant dans ses souvenirs, jusqu'aux pensées secrètes. « Pour prix de son travail, Lucien lui accorde un quart des droits d'auteur du livre à venir[7]. » La romancière lui est indispensable. Mais il ne peut pas se passer de ses autres concubines à éclipses. « J'aime être entouré de femmes. Bien sûr, cela crée des drames. Mais j'aime ça. Le psychodrame. Ça fait bouger la vie[8]… »

Son biographe illustre le propos par une anecdote qui pourrait figurer dans une pièce de boulevard : « Marie Cardinal laissera traîner un jour une lettre d'une manière on ne peut plus ostentatoire dans l'appartement de la rue de l'Université : “Je t'embrasse tendrement. Ton harem…” »

Le message est destiné autant à Lucien qu'à celles qui oseraient encore s'aventurer dans ce décor trop partagé[9]. Le journaliste, dont le talent de romancier s'affirme livre après livre, ne parvient pas à juguler ses angoisses. Sa mère rôde toujours… « Ce qu'il y a de plus terrible dans le roman, c'est l'isolement, me dit-il. Le romancier risque de tomber malade de solitude[10]. » Dans *La Chasse à l'ours*, il entre dans le vif de ses coucheries et de ses liaisons. Deux mois avant la sortie de ce roman à clés, en épousant Marie-Françoise Leclère, le 28 juin 1985, il dit adieu à ses turpitudes sentimentales. Ses dernières noces pour solde de tout compte. Les femmes de sa vie de patachon conserveront de leur vieil ours infidèle une certaine nostalgie. Marie-Françoise veille au grain.

Mais le summum de la jouissance chez Lucien Bodard, c'est de tremper sa plume dans le bouillonnement des événements. Ceux qui font toute une histoire. La grande et les petites de la comédie humaine couvertes pour *France-Soir*. Les guerres d'Indochine et d'Algérie comme la dolce vita tropézienne à travers le cul de Brigitte Bardot magnifié dans sa série de reportages *Les Plaisirs de l'Hexagone*.

« Combien l'humanité a-t-elle connu d'espèces de culs ? Mais là il s'agit d'un cul nouveau considéré comme l'organe noble de l'homme et commandant à ses autres viscères, au cerveau et au cœur. Le cul est désormais la vérité, la morale, car, lié à l'intelligence et au sentiment, il apporte une solution à l'amour et à la vie. Le cul permet le bonheur, il est l'affranchissement, il est la bonté s'il est bien compris et appliqué. Le cul, c'est la civilisation nouvelle lancée à Saint-Tropez par Vadim le prophète, avec le corps de Brigitte Bardot et les finances de Raoul Lévy – enfin, l'argent trouvé par Raoul Lévy, qui, lui-même, n'en avait pas. C'est la minuscule et fantastique aventure de *Et Dieu créa la femme*[11]. »

En 1956, avec un devis de 1 400 000 francs, Roger Vadim tourne son premier film en quelques semaines à Saint-Tropez et aux studios de la Victorine à Nice. A-t-il prévu que sa femme tombe amoureuse de son partenaire Jean-Louis Trintignant ? Sans broncher, le réalisateur assiste à la naissance de cette idylle qu'il met en scène. En héros cornélien, il fait passer son devoir de cinéaste avant ses sentiments de mari cocu.

« C'est la grande heure de Vadim qui réfléchit, écrit Lucien Bodard. S'il n'avait pas été Vadim mais un homme comme les autres, il aurait imploré Brigitte, il lui aurait demandé d'attendre la fin du tournage. Mais il connaît Brigitte. Il sait que, lorsqu'elle est agrippée par la passion, elle est insensible à la prière, au raisonnement, à la persuasion, aux bons conseils. C'est de la lave brute. Alors il ne reste plus à Vadim qu'à souffrir sur l'autel où Dieu est en train de créer la femme. Pour retenir Brigitte, il accepte qu'elle soit l'amoureuse à la fois dans le film et en dehors du film. Et même Vadim, s'il doit boire le calice jusqu'à la lie, est ainsi fait qu'il retire de l'épreuve une sorte de satisfaction. Ce contentement, Vadim me l'a ainsi défini : "Beaucoup d'hommes auraient été heurtés. La situation n'était pas plaisante, mais je ne l'ai pas seulement acceptée, je l'ai utilisée, j'ai profité de cet amour qui s'exhibait pour rendre plus chaudes, plus convaincantes, certaines scènes du film[12]." »

Une, en particulier, tiendra le public en haleine. Elle montre Juliette la jeune mariée, interprétée par Bardot, dans la salle à manger où la famille de son époux Michel, joué par Trintignant, est passée à table. Mary Glory dans le rôle de la belle-mère : « Il a besoin de quelque chose ? » Juliette : « Je m'en occupe. » Quand elle redescend de la chambre nuptiale, toute nue, enveloppée d'un drap, Juliette prend directement dans les assiettes quelques nourritures. Michel, qui se sentait patraque, va beaucoup mieux. L'amour lui a donné de l'appétit.

« Ce sont les images choc de la fierté sexuelle, de l'orgueil sexuel, de la sexualité comme vérité, souligne Bodard. Une nouvelle déesse est née, une nouvelle lune se lève sur Saint-Tropez, sur la France et sur le monde[13]. »

Roger Vadim avait prédit à sa vedette de *Et Dieu créa la femme* : « Tu seras le rêve impossible des hommes mariés. » Selon Roland Barthes, elle n'est pas « chatte », c'est-à-dire froide, mais « chien », c'est-à-dire bonne.

Brigitte Bardot et Jean-Louis Trintignant, marié avec Stéphane Audran, vont se regarder en chiens de faïence. Réunis lors d'un déjeuner au Fouquet's par Raoul Lévy et Vadim qui évoque la rencontre dans son livre *D'une étoile l'autre* : « Pendant le repas, Brigitte observa Jean-Louis d'un œil critique. Mal à son aise, il nous quitta avant le café. À peine se fut-il éloigné de portée de voix, que Brigitte éclata :

– Il est tarte.

– Ce n'est pas Brando mais il a un très joli sourire, dit Raoul.

– On ne couche pas avec un sourire, dit Brigitte.

– Personne ne te demande de coucher avec lui, remarquai-je.

– Non, mais de faire semblant. C'est pire ! Je ne pourrai jamais faire croire que je suis amoureuse de ce type. Vous auriez pu m'en choisir un autre[14]. »

Dans son premier livre de souvenirs, *Mémoires du diable*, Roger Vadim a déjà fait le récit succinct de ce rendez-vous manqué : « Lorsqu'elle rencontra Jean-Louis Trintignant, Brigitte fit la grimace. Elle nous engueula, Raoul et moi : "Comment voulez-vous que je joue une scène d'amour avec ce type ? Il est trop petit. Il est moche. En tout cas, ce n'est pas mon genre[15]." »

Brigitte Bardot a la mémoire qui flanche sur cet épisode. Elle n'en dit pas un mot dans *Initiales B.B.* En revanche, elle n'a rien oublié des scènes d'amour du film. À force d'être naturelle, elle tombe éperdument amoureuse de Jean-Louis. « J'ai vécu avec lui la période la plus belle, la plus intense, la plus heureuse de toute cette époque de ma vie. Période d'insouciance, de liberté, et encore, ô merveille, d'incognito, d'anonymat[16] ! » Un petit appartement où elle a habité pendant quatre ans avec Vadim est le refuge du couple en cavale amoureuse. « C'est là que Jean-Louis me fit connaître Charles Cros, que je découvris avec lui William Saroyan, que j'écoutais Brassens et Albinoni des heures entières. C'est là que je vécus enfermée, mais non prisonnière, sortant peu, le regardant faire la cuisine pour moi, enregistrer au magnétophone des poèmes pour moi, vivant comme Adam et Ève dans un paradis du 3e étage, sans ascenseur, au 79 de la rue Chardon-Lagache à Paris[17]. »

À l'écran, on les voit s'aimer dans une maison qu'avait louée Sagan à Saint-Tropez. Trintignant, qui reverra Françoise pendant le tournage du film adapté de sa pièce *Château en Suède*, également réalisé par Roger Vadim, m'a donné son sentiment sur ces deux personnages chers à sa vie d'artiste : « Françoise Sagan et Brigitte Bardot sont restées marginales tout en étant très sollicitées. Leur insolence a été extrêmement bénéfique car, sans être féministes, elles étaient deux drapeaux de la libération de la femme[18]. »

L'avant-première de *Et Dieu créa la femme* a lieu à Marseille. Le 28 novembre 1956, c'est la première, au cinéma Normandie, sur les Champs-Élysées. Jacques Prévert, Jean Cocteau, Marcel Achard font partie de la brillante assistance. La censure a exigé des coupes, avant de l'interdire aux moins de seize ans après que le président de la Commission de contrôle cinématographique s'est écrié : « C'est le diable ! » Ce n'est pas tombé dans l'oreille d'un sourd. Un slogan publicitaire s'étale sur les murs de la capitale : « Dieu créa la femme… et le diable inventa B.B. » Qui plus est, en cinémascope !

Réaction de Brigitte à propos des coupes correspondant à l'équivalent d'un quart de projection dans la version définitive : « Je n'ai pas chronométré, mais il y en a beaucoup et c'est dommage. Ça nuit au rythme. Il y avait, par exemple, une longue scène sur une plage où Christian Marquand faisait glisser ma robe en me caressant. Il n'en reste presque plus rien et je le regrette. Ce n'était pas sale, puisque c'était beau. »

François Truffaut défend le film dans un article de l'hebdomadaire *Arts*. « Tout Paris l'a vu, tout Paris en parle ; il y a ceux qui se lamentent : "Ce n'est même pas cochon !" et ceux qui s'offusquent : "C'est indécent !" *Et Dieu créa la femme*, dont il y avait tout à craindre après la campagne publicitaire gratuite menée par la censure, est un film sensible et intelligent dans lequel on ne décèle pas une vulgarité ; c'est un film typique de notre génération car il est amoral (refusant la morale courante et n'en proposant aucune autre) et puritain (conscient de cette amoralité et s'en inquiétant). Au contraire de *La mariée est trop belle*[19], ce n'est pas un film grivois mais lucide et d'une grande franchise[20]. » Claude de Givray, dans *Les Cahiers du cinéma*, fait ce commentaire : « Jean Renoir avouait un jour, dans une interview, qu'une des choses qui l'avaient le plus frappé en 1918 était la mode des cheveux courts : les femmes obligées de travailler en usine pendant les hostilités avaient dû couper leurs longues mèches par sécurité. Avec *Et Dieu créa la femme*, nous avons enfin trouvé une héroïne dont la queue-de-cheval n'est pas une simple parure, un uniforme, mais une profession de foi, une revendication[21]. »

Le cinéaste Jean Renoir, que François Truffaut appelle « le Patron », voit en Brigitte Bardot un modèle pour son père Pierre Auguste, qui peignait des femmes avec des cheveux tombant naturellement sur les épaules. « J'ai l'impression, dit-il, que c'est mon père qui les a inventées et que les femmes de son temps étaient des femmes différentes. Lorsque je vois, par exemple, Brigitte Bardot sur un écran, j'ai l'impression qu'elle est une création de Renoir et, chez les femmes, il n'y a pas que la transformation du type physique, il n'y a pas que le fait que les petits nez – que mon père aimait bien – sont devenus à la mode. Les poitrines que mon père aimait beaucoup sont aussi devenues à la mode[22]. »

Une Bardot sex-symbol, la liberté de Vadim qui paraît diabolique, assez proche du « phénomène » Sagan, ne suffiront pas à remplir les salles. Ce n'est pas le succès prévu par Raoul Lévy, qui avait fait savoir, dans une double page de l'organe professionnel de l'industrie cinématographique *Le Film français*, que *Et Dieu créa la femme* allait bouleverser les recettes. Jean-Dominique Bauby, auteur de *Raoul Lévy, un aventurier du cinéma*, constate : « Dans son circuit de première exclusivité, Normandie, Rex, Moulin Rouge, *Et Dieu créa la femme* réalise 173 030 entrées en trois semaines et 58 900 795 francs de recette, ce qui est honorable sans atteindre le raz de marée annoncé par Raoul Lévy[23]. » La légende B.B. est née aux États-Unis. *Et Dieu créa la femme* reste six mois à l'affiche au cinéma Le Paris à New York, avant d'être distribué dans toutes les villes américaines.

En France, parmi les meilleurs résultats des saisons 1955-1957, on trouve le film d'Alfred Hitchcock, *La Main au collet*, avec Cary Grant, Grace Kelly, Brigitte Auber, Charles Vanel, Roland Lesaffre ; *Les Grandes Manœuvres*, de René Clair, avec Gérard Philipe, Michèle Morgan, Jean Desailly, Yves Robert, Pierre Dux et… Brigitte Bardot ; *Sissi impératrice*, avec Romy Schneider ; *Anastasia* d'Anatole Litvak, avec Ingrid Bergman et Yul Brynner ; *La Traversée de Paris* de Claude Autant-Lara, sorti le 26 octobre 1956. Également salué par François Truffaut dans *Arts*, le film a pour vedettes Bourvil (Martin), Jean Gabin (Grandgil) et Louis de Funès (Jambier)[24].

C'est le grand retour d'Autant-Lara qui n'hésite pas à affronter « les censures officielles et officieuses, en dénonçant les conventions sociales, les conformismes, les hypocrisies[25] ». Ses films *Le Diable au corps* (1947) d'après le roman de Raymond Radiguet, avec Gérard Philipe et Micheline Presle, *Le Blé en herbe* (1954) adapté du roman de Colette, avec Nicole Berger, Pierre-Michel Beck et Edwige Feuillère, feront scandale comme les livres à leur parution. *Le Blé en herbe*, sorti en exclusivité le 20 janvier 1954, aux cinémas Colisée et Marivaux, déchaînera les sarcasmes chez les bien-pensants.

Bertrand Dicale, dans sa minutieuse biographie de Louis de Funès, qui apparaît dans le film, rappelle le tohu-bohu des critiques : « Le quotidien catholique *La Croix* écrit : "Nous ne le redirons jamais assez, *Le Blé en herbe* nous paraît être le type même de film dont un adolescent, une adolescente – surtout s'ils ont été, jusqu'alors, moralement préservés et guidés – ne peuvent sortir autrement que les yeux et l'âme ternis." Il est coté 5 par la Centrale catholique du cinéma, avec la mention "Par discipline chrétienne, il est demandé de s'abstenir d'aller voir ce film". Une bataille de plusieurs mois commence, avec son cortège de manifestations, de violences et d'actions en justice[26]. »

C'est en janvier 1954 qu'une jeune fille réservée dépose chez l'éditeur René Julliard le manuscrit de son premier roman *Bonjour tristesse*. Sur la chemise jaune qui le contient, ces indications notées à la main : « Françoise Quoirez, 167, boulevard

Malesherbes, Carnot 59-81, née le 21 juin 1935. » Quelques mois plus tard, « la scandaleuse » Sagan défraye la chronique tandis que « la scandaleuse » Colette, l'auteur du *Blé en herbe*, rendait son dernier soupir. Quant à Autant-Lara, provocateur incorrigible, auteur d'un *Tu ne tueras point* (1961) interdit à l'époque parce qu'il plaidait en faveur de l'objection de conscience, il termina son existence dans un petit appartement à Antibes. Lorsque je lui rendis visite, celui qui avait été le camarade des frères Prévert et choquera ses amis anars en adhérant au Front national de Jean-Marie Le Pen, était un vieil homme malheureux et aigri. Dans sa chambre monacale, au-dessus de son lit, il avait épinglé les photos de ses films. À côté de Gérard Philipe, héros cynique et dévoré d'amour du *Diable au corps*, les fesses superbes de Brigitte Bardot dans *En cas de malheur* (1957), d'après le roman de Georges Simenon, avec Jean Gabin et Edwige Feuillère. Elles crevaient l'écran de ses nuits blanches.

« Dans *En cas de malheur*, souligne Florence Moncorgé, Gabin devient "l'anti-Gabin" et bascule dans l'immoralité totale en se moquant d'un seul coup de sa réputation. Envolées les valeurs et finies les leçons de morale : l'homme mûr tombe dans les rets du désir. Il fallait la "trop désirable" Bardot pour faire vaciller le bloc de granit. Elle seule y est arrivée, "il souffle sur elle un parfum de scandale" et leur rencontre bouscule toutes les conventions[27]. »

« Et mon cul c'est du poulet ! » lance Bardot à Sami Frey dans *La Vérité* (1960), le film de Henri-Georges Clouzot. Le cinéaste s'était inspiré d'une retentissante affaire criminelle. En 1951, Pauline Dubuisson est condamnée aux travaux forcés à perpétuité pour avoir assassiné son amant, un étudiant en médecine qui l'a abandonnée. Dans les mêmes circonstances, Bardot, alias Dominique, abat le sien, jeune chef d'orchestre, mais elle se suicide en prison au cours du procès. Séparés par la mort au cinéma, les amants terribles vont poursuivre leur liaison. Mais peut-on aimer une image mythique ? Claudia Cardinale fait cette triste remarque sur sa partenaire dans le film de Christian-Jaque, *Les Pétroleuses* : « J'ai beaucoup de tendresse pour elle, elle ne supporte pas la solitude ; elle s'appuie toujours sur quelqu'un qui profite ensuite d'elle, pauvre Brigitte[28]… »

Menie Grégoire, qui a beaucoup réfléchi sur le « métier » de femme, fait ce constat en 1965 : « De Brigitte Bardot, rien n'étonne ; lorsqu'elle lance aux journalistes ce mot inoubliable : "Si je ne suis pas amoureuse, je désembellis, je me meurs", on n'y prête aucune attention. On écoute mieux Mme de Staël qui dit exactement la même chose. Tout le monde connaît sa "gloire, deuil éclatant du bonheur" ; mais on connaît rarement d'elle le reste, qui est plus déchirant : "Le talent dans une femme peut-il avoir d'autre but que d'être un peu aimée[29] ? »

« B.B. donne la sensation d'une enfant qu'on a envie de cajoler ou de consoler », d'après les sociologues américains interrogés dans l'hebdomadaire *Life*. « Elle offre quelque chose de nouveau aux spectateurs américains : l'animalité. » Un sujet de méditation pour François Mauriac. « Ce qu'on voit de la France, c'est aussi ce que Brigitte Bardot en montre. Et ce que Brigitte Bardot en montre, je n'en dirai certes pas de mal. Mais cette vision m'oblige à m'interroger sur l'érotisme public, tel qu'il existe aujourd'hui, l'érotisme officiellement supervisé, contrôlé et distribué par le ministère de l'Information[30]. » B.B., opium du peuple ? Avec les films où elle se dénude, c'est l'excitation sexuelle qui s'exporte. En 1958, Antoine Pinay, ministre des Finances et des Affaires économiques dans le gouvernement du général de Gaulle, confiera à Bardot, lors d'un dîner très officiel : « Madame, savez-vous que vous rapportez à la France autant et peut-être davantage de devises que la Régie Renault ? » André Malraux, qui se trouve à la même table, compte lui aussi sur la vedette de *Et Dieu créa la femme*. Plus attaché à la magie du verbe qu'aux techniques administratives, il est « chargé d'animer et de promouvoir l'étude des problèmes fondamentaux tels que ceux intéressant directement la jeunesse, la recherche scientifique, le rayonnement français, les questions culturelles ». Vaste programme qui inclut Bardot et Sagan que le Vatican a mises à l'index.

4

La fin de Martine Carol

B.B. ne pouvait pas échapper au regard d'Alexandre Vialatte qui tient une chronique régulière dans le quotidien régional *La Montagne*. Ce journaliste et écrivain (*Les Fruits du Congo*), traducteur de Kafka qu'il considérait comme « un prince de l'humour », parle des dernières nouveautés en littérature, en peinture, au théâtre et au cinéma. Dans le journal auvergnat auquel il collaborera pendant une vingtaine d'années, Vialatte fait également allusion aux grands et petits événements de l'actualité. Donc, dans sa chronique du 7 janvier 1958, il dévoile sa pensée sur cette actrice en liberté :

« Le vrai souci du XXe siècle, c'est Brigitte Bardot. La ménagère, la lycéenne, le facteur-chef n'en dorment plus. Les petites filles écrivent à la presse : "Vous lui reprochez de se montrer nue à tout bout de champ. C'est qu'elle débute ! Il faut bien débuter ! On se demande à quoi elles sont prêtes pour obtenir le certificat d'études ! Je tire cette expérience du courrier des journaux. Une seule exception : les garçons de dix-huit ans. "Ne nous cassez pas les pieds, écrivent-ils sans détour, avec vos Joconde à la gomme. Parlez-nous de Lyautey, de Moureau et des puits de pétrole sahariens. On a assez à faire comme ça en Algérie." C'est ce qui prouve que l'homme, en face du fellagha, retrouve la hiérarchie des urgences. Pour les mères de famille, elles sont contaminées par l'agitation de leurs fillettes ! »

François Mauriac, dans son *Bloc-notes*, éclaire le sujet qui continue de faire débat dans un pays où l'État règle les mœurs en père Fouettard : « J'ai peine à croire à la grandeur d'un peuple où les filles en seraient venues à ne plus attacher d'importance au don de leur corps et se livreraient au premier venu, et où l'enfance ni l'adolescence ne seraient pas efficacement protégées contre ceux qui fondent leur fortune sur l'excitation sexuelle contrôlée par l'État[1]. »

François Truffaut, le 12 décembre 1956, dans *Arts*, prend la défense de *Et Dieu créa la femme*. Son long article s'intitule « Les critiques de cinéma sont misogynes. B.B. est victime d'une cabale. » Au passage, il épingle le fils aîné de Mauriac, critique au *Figaro* : « L'argument le plus irritant de cette campagne anti-Bardot est celui de Claude Mauriac : "Que penser d'un mari, travaillât-il pour le cinéma, qui expose avec cette complaisance le corps de son épouse, publiquement présenté aux regards dans sa quasi-nudité une heure durant ? Que penser en effet de ce mari ? Qu'il aime sa femme et qu'il est fier d'elle tout entière, c'est-à-dire de son corps y compris, d'autant qu'elle est actrice de cinéma[2] ! »

Sempé consacre un de ses dessins à la star controversée[3]. Il montre une foule compacte agglutinée devant un cinéma où Brigitte Bardot, nue, est à l'affiche, avec le cachet du visa de censure comme seule référence. De cette fourmilière humaine jaillissent des bribes de conversations : « J'ai écrit au journal. Je leur ai dit : "Messieurs, si je vois encore une photo de cette scandaleuse, je…" », « Moi aussi je leur ai écrit », « Il y avait un journal très bien. Ils mettaient en titre : le seul journal qui ne parle pas de B.B. Je suis certain que beaucoup l'achèteraient s'il existait encore… », « D'ailleurs, si on la détaille bien, elle n'est pas belle. Il y a des tas de jolies filles qui sont mieux qu'elle ! Vous me connaissez : je ne suis pas du genre flatteur, eh bien, vous, si vous le vouliez… », « Elle a été imposée. C'est de la publicité », « Tout ça, c'est Combine et Cie », « Oh !… moi, plus je connais les humains, plus j'aime les bêtes. »

Brigitte Bardot fait des étincelles. Son corps, qui irradie une merveilleuse fraîcheur sensuelle et un extrême érotisme, va marquer la renaissance du star-system. Sans le savoir, elle est un bâton de dynamite. Elle allume innocemment la mèche au festival de Cannes de 1952, présidé par Maurice Genevoix. Gina Lollobrigida est omniprésente. Sa gorge « pigeonnante », généreusement montrée, qui a émoustillé Gérard Philipe dans *Fanfan la Tulipe*, est en représentation. La Suédoise Ulla Jacobsson a fait sensation en paraissant nue dans *Elle n'a dansé qu'un seul été*.

Les stars retardataires des premiers jours ont rendu furieux Maurice Bessy, le directeur de *Cinémonde*, sur le point de boucler son journal. « Puisqu'il n'y a pas de vedettes, descends sur la plage et prends-moi une ou deux starlettes, on verra bien », lance-t-il à son photographe. La starlette est à mi-chemin de la pin-up et de la star. Sortie de sa chrysalide et déjà une personnalité papillonnante.

Brigitte Fossey, la petite fille de *Jeux interdits*, le film de René Clément présenté hors festival, est encore à l'âge des pâtés de sable. La première page de la revue n'est pas pour les beaux yeux de l'enfant prodige. Le prochain numéro de *Cinémonde* rend les honneurs de sa couverture à deux starlettes : Etchika Choureau et Brigitte Bardot. Elles sont à l'âge où l'on décide de sa destinée. Brigitte vient de tourner *Le Trou normand*, de Jean Boyer, avec Bourvil, et, dans le rôle d'une sauvageonne, *Manina, la fille sans voiles*, de Willy Rozier, avec Jean-François Calvé, un comédien de théâtre qui débute au cinéma.

Sa jeune partenaire qui fêtera bientôt ses dix-huit ans l'a beaucoup impressionné. « Elle avait une grande connaissance d'elle-même, de son corps. Elle a été accablée dans la presse : pourtant ce qu'elle faisait était très beau. J'ai senti qu'elle avait une dimension singulière, sans comprendre qu'elle annonçait un changement de mœurs. La première fois que je l'ai aperçue coiffée en queue-de-cheval, c'était pour *Manina*, lors d'un tournage en extérieur à Nice. Dans le film, elle avait déjà le style Saint-Tropez[4]. »

Le père de Brigitte, Louis Bardot, surnommé « Pilou », directeur d'une entreprise familiale qui produit de l'air liquide et de l'acétylène, est scandalisé lorsqu'il découvre que son « bébé » apparaît quasiment nu dans certaines scènes du film. Le titre aurait dû l'alerter, mais l'homme d'affaires est avant tout un poète. « Pilou » pensait que sa fille danseuse était l'incarnation de Terpsichore, l'une des neuf muses. L'honneur vaut mieux que la gloire. Il fait barrage à l'indécence.

Lorsque *Manina* est d'abord présenté au Maroc, sous protectorat français – une partie du film ayant été tournée à Tanger –, une campagne d'affichage montre la jeune actrice complètement dévoilée. C'est Ève avant d'être chassée du jardin d'Éden. Le père Lagarde, un prêtre de Casablanca, alerte ses ouailles. En chaire il dénonce la beauté du diable. Louis Bardot saisit la justice afin d'empêcher l'apposition de ces affiches lors de la prochaine sortie du film à Paris. N'empêche, la starlette s'est sentie pousser des ailes sous le regard de son amoureux, Roger Vadim, l'assistant du réalisateur Marc Allégret. Vadim a déniché l'oiseau rare. Il fait son nid de cinéaste, précurseur de la Nouvelle Vague, en filmant le corps troublant et libre de sa femme-enfant qui sait griffer et ronronner.

Dans une réédition de son essai sur les stars, le sociologue Edgar Morin se penche sur cette présence « naturelle » : « En effet, son visage de petite chatte est ouvert à la fois sur l'enfance et sur la félinité : sa chevelure longue et tombante par-derrière est le symbole même du déshabillé lascif, de la nudité offerte, mais une frange faussement désordonnée sur le front nous ramène à la petite collégienne. Son nez minuscule et mutin accentue à la fois la gaminerie et l'animalité ; la lèvre inférieure très charnue fait une moue de bébé mais aussi une invitation au baiser. Une petite fossette au menton complète dans le sens de la gaminerie charmante ce visage qu'on calomnie en disant qu'il n'a qu'une seule expression ; il en a deux : l'érotisme et l'enfantillage[5]. »

Pour la première fois au cinéma, le personnage d'une ingénue libertine parle avec naturel le langage de la vérité. Les femmes fatales d'avant-guerre comme Ginette Leclerc (*La Femme du boulanger* de Marcel Pagnol), Viviane Romance (*La Belle Équipe* de Julien Duvivier), proclamée Miss Paris à dix-huit ans – élection contestée : elle était mère –, Mireille Balin (*Pépé le Moko* de Julien Duvivier) – son « affaire de cœur » avec Tino Rossi (*Naples au baiser de feu*) bouleversa les midinettes – tombaient en poussière. Mae West (née en 1892), Greta Garbo (en 1905) et Marlène Dietrich (en 1901) ne sont plus que des monuments historiques.

La vamp a vécu... B.B. lui a tordu le cou. Elle n'aura plus qu'une rivale dans l'imaginaire masculin : la bombe *Lolita* de Vladimir Nabokov ! Le roman publié en anglais à Paris, en 1955, par Maurice Girodias (Olympia Press) est aussitôt interdit alors qu'il était en traduction tout à fait légalement, en français, pour Gallimard.

C'est en souvenir de Colette, une petite Parisienne rencontrée sur la plage de Biarritz en 1910, que le romancier créa sa nymphette. Si grande fut son émotion quand elle l'embrassa sur la joue qu'il fait dire à son personnage Humbert Humbert (quarante-cinquante ans) devenu la proie d'une obsession : « La fillette aux jambes couleur de plage et à la langue ardente me hanta sans trêve [...] jusqu'au jour, vingt-quatre ans plus tard, où je pus enfin briser son charme en la réincarnant dans une autre[6]. »

Dolorès, dite Dolly, dite Lolita ou Lo, sera sa passion dangereuse. La petite n'était déjà plus vierge à douze ans quand elle s'est donnée à Humbert. L'académicien Émile Henriot, chroniqueur littéraire du *Monde*, écrit, le 17 juin 1959 : « J'ai donc lu cette fameuse *Lolita*, et je dois dire que je n'ai pas trouvé ce livre ennuyeux, s'il est par endroits dégoûtant sous ses qualités littéraires. » En fin d'article, il remarque que le scandale a été fort bien orchestré par la maladresse des censeurs et l'habileté des éditeurs à tirer le meilleur parti de ce puissant appoint publicitaire que sera toujours le mot « interdit ».

Né comme Bardot en 1934, Dmitri, le fils unique de Nabokov, profite du sulfureux succès du roman pour attirer dans ses filets des jeunes filles en fleurs. Il me fera cette confidence : « À cette époque j'ai collectionné les "lolitas" comme mon père les papillons. » L'écrivain devint, en effet, un expert international en lépidoptères. Nabokov s'était installé en Suisse. Son havre de paix : le Montreux Palace, au bord du lac Léman. Il s'y éteint le 2 juillet 1977, à soixante-dix-huit ans.

En avril de cette même année, Brigitte Bardot stigmatise dans le Grand Nord les massacreurs de bébés phoques. Vive les bébés phoques libres ! Un cri du cœur qui laisse de glace Pierre Elliott Trudeau, Premier ministre du Canada. Le play-boy est sensible à l'aura de la star, mais reste intraitable.

Au retour de sa courageuse campagne, B.B., la quarantaine lumineuse, m'accueille chaleureusement dans son appartement de l'avenue Paul-Doumer. Interview au champagne. Son dernier film, *L'Histoire très bonne et très joyeuse de Colinot trousse-chemise*, de Nina Companeez, date de 1973. C'est déjà de l'histoire ancienne.

« J'ai abandonné le cinéma sans regret, me dit-elle. Mais ma vie ne s'est pas arrêtée pour autant. Jamais je ne serai comme Greta Garbo qui s'est enfermée dans sa légende. Moi, j'ai besoin d'agir.

– Vous êtes une femme heureuse ?

– Très heureuse en menant ce combat. Il faut absolument que j'arrive à mes fins, sinon j'aurai l'impression d'avoir un passage à vide sur la terre.

– Est-ce que l'argent de vos futurs *Mémoires* servira aussi à sauver les bébés phoques ?

– Si j'écris mes *Mémoires*, les droits d'auteur me reviendront. Dites donc, il faut bien que je vive moi aussi[7]. »

Elle a surtout faim de justice et de tendresse. L'ancienne déesse de l'écran continue de rayonner de sexe et d'âme.

« Je m'intéresse beaucoup à l'érotisme, explique Roger Vadim. Je trouve très belles toutes les formes de l'amour, et je trouve que dans la vie stupide, ennuyeuse, affolante, qu'on nous oblige à mener, l'amour reste une des rares jouissances possibles[8]. »

Un des slogans de Mai 68, c'est « jouir sans entraves ». Vadim a pressenti le mal de vivre de la jeunesse et ses désirs de rompre les chaînes. En 1957, il publie dans *L'Express* un article annonciateur de révolte, intitulé : « Les jeunes préparent une surprise. » Il parle d'un sentiment de détachement, d'éloignement, de solitude et parfois de dégoût – de dégoût contre personne, de dégoût contre la société. « Mais cette société, pour l'instant, appartient toujours aux aînés. Quand la nouvelle génération arrivera à sa maturité sociale, elle réservera une grande surprise. Du moins je le crois[9]. »

« Personnellement, précisera-t-il, je suis pour une très grande liberté dans l'exposition des corps nus. Des êtres nus sont beaux et naturels[10]. » Pour lui, le corps d'une femme doit être un hymne de pureté et de simplicité. Ainsi, dans *Et Dieu créa la femme*, le plan où l'on découvre B.B. entièrement nue et couchée sur le ventre.

« Je ne peux pas la blairer. » Martine Carol, née en 1920, ne supporte pas sa jeune rivale. Depuis l'arrivée de cette dernière sur les écrans, l'éblouissante « Caroline chérie » du film de Richard Pottier, blonde ravageuse aux yeux verts, se sent moins aimée. Elle a besoin d'être désirée. « Vous trouvez que mon sex-appeal a été démodé par cette petite garce ? » semble dire son regard de star déchue. Elle est pourtant l'héroïne d'un chef-d'œuvre, *Lola Montès*, le dernier film de Max Ophüls, librement adapté d'un roman de Cécil Saint-Laurent, l'auteur de *Caroline chérie*. Martine Carol en brune symbolise la femme-objet. Lola, qui fut une courtisane célèbre, favorite de Louis Ier de Bavière, est exhibée dans un cirque. Le public, à vingt-cinq *cents* la question, peut l'interroger de la manière la plus indiscrète sur son passé.

« Le véritable sujet de *Lola Montès*, écrit Claude Beylie, c'est la démystification de la publicité, du scandale, de l'exhibitionnisme à tout prix qui caractérise notre époque. Ou, plus douloureusement encore : le martyre d'une femme livrée aux jeux du cirque[11]. » Une nouvelle Blandine dans la fosse aux lions. « Les questions que le public de cirque pose à Lola m'ont été inspirées par les jeux radiophoniques d'émissions publicitaires follement impudiques », dit Max Ophüls à la sortie du film, en décembre 1955. Sur les Champs-Élysées, la première est mouvementée. Le public du cinéma Marignan manifeste bruyamment son mécontentement. Il faut appeler la police pour rétablir le calme.

« En sortant, les spectateurs criaient à ceux qui faisaient la queue pour assister à la séance suivante : Allez voir n'importe quoi, mais surtout pas ça[12] », a raconté Jacques Laurent, alias Cécil Saint-Laurent, à son biographe Bertrand de Saint Vincent.

L'échec commercial de *Lola Montès* réalisé en cinémascope et couleur va entraîner la faillite des producteurs (Gamma Films). C'est un terrible revers pour Martine Carol qui a triomphé dans *Caroline chérie* où ses audaces et sa nudité partielle en ont fait pendant cinq ans la star incontestée du cinéma français. En 1954, elle renonce à apparaître dans *Le Fils de Caroline chérie* de Jean Devaivre. Brigitte Bardot et la pulpeuse Magali Noël sont là pour faire chavirer le cœur de Jean-Claude Pascal, le fils en question. « Le film fut très mauvais, raconte Bardot, Jean-Claude Pascal ne prit pas la place de Martine Carol, Magali Noël non plus et moi, encore moins. Avec ou sans fils, Caroline chérie sera éternelle, unique, irremplaçable[13]. »

En août 1950, lors du tournage de *Caroline chérie* aux studios de Billancourt, François Truffaut a déjeuné avec Martine Carol. « C'est une fille très bien, victime d'une publicité idiote, elle a bien du talent[14] », écrit-il à Robert Lachenay, son ami d'enfance.

Paul et Yvonne Guglielmo ont été des intimes de Martine Carol. Ce couple travaille à *France-Dimanche*, lui comme photographe, elle comme rédactrice. Paul est également proche de Brigitte Bardot car sa belle-sœur, Maggie, une jolie Niçoise, est la « doublure-lumière » de l'actrice. Au festival de Cannes, Paul et Yvonne chassent le scoop avec gentillesse et bonne humeur. « Martine avait beaucoup d'humour, raconte Paul Guglielmo, mais elle détestait Bardot et jalousait Marilyn Monroe. C'était maladif. Elle ne voulait pas dire son âge, modifiant même son passeport pour se rajeunir de deux ans[15]. » « Après ses dépressions, ajoute-t-il, Martine avait toujours sur elle des cachets pour dormir. Elle a même tenté de se suicider avec mes lames de rasoir[16]. »

Le soir du 10 avril 1947, à la suite de sa rupture avec l'acteur Georges Marchal qui l'a quittée brutalement pour Dany Robin, elle s'est jetée dans la Seine. Sauvée de justesse, Martine Carol a fait, le lendemain, la une des journaux. Un geste de désespoir qui donna lieu à bien des commentaires. « Faux suicide », un « coup de publicité » ? « J'ai eu de grands moments de solitude parce que j'étais mal entourée et alors, c'était le néant. On s'est beaucoup servi de moi », dit-elle.

Au festival de Cannes de 1958, présidé par Marcel Achard, Martine Carol a du mal à se faire mousser quand l'explosive Jayne Mansfield arrive au Carlton sur les épaules de son mari Mickey Hargitay, ex-« Monsieur Univers ». N'ayant pas de film à présenter, elle annonce son divorce. En entendant la nouvelle, son mari, le réalisateur Christian-Jaque, déclare à France Roche : « Je venais de lui offrir une Cadillac comme cadeau d'anniversaire ! » Après l'échec commercial de *Lola Montès* qui a pesé lourd dans sa carrière, elle espérait revenir au premier plan avec *Scandale à Milan* dont elle était la vedette féminine. Mais le film de Vincent Sherman, sorti en octobre 1956, n'a pas marché. Le face-à-face entre Vittorio Gassman et Charles Vanel avait estompé quelque peu le rôle de Martine Carol en mère de famille heureuse.

« Vous l'avez revue par la suite ? demande la journaliste Jacqueline Cartier à Charles Vanel.

– … Non. Oui… dans un ascenseur du Carlton, il me semble, à Cannes. Mais elle fut assez sèche. J'en fus surpris. Elle me dit quelque chose comme : “Alors, votre partenaire préférée est Brigitte Bardot !” Je venais de tourner *La Vérité* et j'avais fait un éloge d'elle à la radio… Je fus sidéré parce que le ton de Martine n'était pas celui que je lui connaissais et je découvris qu'elle souffrait, qu'elle n'acceptait pas la jeune concurrente. Je n'eus pas même le temps de trouver une réponse. L'ascenseur nous sépara… J'en ai gardé une impression pénible. Je me dis que j'aurais peut-être dû lui téléphoner… C'est dur de se sentir sur la pente descendante. Surtout à quarante ans[17]… »

En 1953, Jean Cocteau, qui préside le festival de Cannes où triomphe *Le Salaire de la peur* de Henri-Georges Clouzot, avec Charles Vanel, Yves Montand, Peter Van Eyck et Folco Lulli, écrit dans son Journal un nota bene vachard : « Ceux qui liront peut-être ces lignes ne sauront plus qui était Martine Carol. Elle est plus qu'une mauvaise actrice. Elle est un signe d'époque. De cocktail en cocktail, la voilà notre plus grande vedette. Elle représente la France à la cour d'Angleterre, comme jadis Rachel ou Sarah Bernhardt[18]. » Reine de *La Kermesse aux étoiles* où vedettes de cinéma et écrivains célèbres rencontraient le public affluant autour des stands installés dans les jardins des Tuileries, Martine Carol sera déchue de son rang en 1955. L'organisateur de fêtes populaires et de soirées mondaines Alain Duchemin, qui avait relancé la manifestation créée par Jean Nohain au profit des œuvres sociales des anciens combattants de l'armée Leclerc, fait venir Bardot en pleine ascension. Brigitte éclipse Martine.

Commentaire des Actualités françaises : « La huitième Kermesse aux étoiles de la 2e DB est ouverte par le président de la République accueilli aux Tuileries par la maréchale Leclerc, une pléiade de vedettes et la grande foule parisienne. Après deux jours de marathon du stylo, il n'est d'aussi frais minois que celui de la charmante Brigitte Bardot, nouvelle venue au firmament des étoiles. » Bonjour Brigitte, bye-bye Martine.

Maryse Mourer, alias Martine Carol, a également joué dans *Voyage surprise* de Pierre Prévert (en 1947), *Les Belles de nuit* de René Clair (en 1952), *Vanina Vanini* de Roberto Rossellini (en 1961). Elle est morte le 6 février 1967 à l'hôtel de Paris à Monte-Carlo. Terrassée par une crise cardiaque. Mais la rumeur d'un suicide s'étend bientôt comme une tache indélébile. À la télévision, François Chalais commence ainsi son hommage nécrologique : « En France, Marilyn Monroe s'appelait

Martine Carol, je l'ai souvent rencontrée au fil des années et toujours ce fut la même comédie du faux bonheur entre deux drames véritables. »

Son cinquième mari, le milliardaire britannique Mike Eland, téléphone à Paul Guglielmo pour qu'il prenne des photos. « Je ne voulais pas. Elle avait été outrageusement maquillée. » Mike Eland insiste : « Martine aurait voulu faire la une de *Paris Match.* » Le directeur du palace monégasque tempête. « Ils se sont même empoignés devant le corps de Martine[19] ! » se remémore le photographe. Un an avant sa mort, elle avait été filmée à Londres par les caméras d'Ange Casta, le réalisateur de l'émission *Les Femmes aussi*, produite par Éliane Victor. « Mon métier ? Il consiste à représenter pour les autres une sorte de produit de luxe, le plus attrayant possible. Mais un objet de luxe, ça n'a pas d'existence. C'est un mirage. Un objet qu'on enferme dans son statut d'objet, dans le cercle vicieux de la femme souveraine et esclave à la fois... Je ne suis plus la starlette de *Caroline chérie*, je n'accepte plus de n'être qu'une paire de jambes et un décolleté[20] ! »

Juste après guerre, son sex-appeal fit tourner la tête de Pierre Loutrel, dit Pierrot le fou. Un soir de l'automne 1945, l'ennemi public n° 1 avait été ébloui par la jolie Martine dans un cabaret de la rue de Ponthieu. « Il était beau, dira-t-elle, peut-être un peu petit, mais quand il souriait, il avait l'air amusant. » Le truand embarqua la comédienne sans ménagement. Pour se faire pardonner ses manières de brute, il lui enverra plusieurs gerbes de roses. Elle avait remporté son premier grand succès en se faisant battre sur une scène dans *La Route au tabac*, la pièce d'Erskine Caldwell. Dans la vie de Martine Carol, les coups de théâtre n'auront pas manqué. De même pour la capiteuse et excentrique Jayne Mansfield qui s'était fait construire un lit en forme de cœur et distribua cinq mille photos d'elle toute nue aux étudiants d'une université « pour qu'ils les revendent à leurs camarades et puissent s'acheter des livres ». Jouant à merveille les têtes de linotte, elle sera décapitée dans un accident de voiture le 29 juin 1967.

La fin de Martine Carol

Pour Brigitte Bardot, l'année 1967 commence par la mort de sa chienne Barbara dans sa propriété de Bazoches. A-t-elle été empoisonnée ? « Pourquoi refuser aux chiens, aux chats, aux animaux en général de vivre libres ? De quel droit, quelles prérogatives abusives autorisent leur abattage, s'ils s'ébattent joyeux dans le champ du voisin ?

« Ce jour-là devant le petit cadavre de Barbara, je jurai de passer ma vie à la venger, à les venger tous. Comment ? Je ne le savais pas précisément, mais une telle force me motivait qu'il était impossible qu'elle n'éclatât pas un jour[21]. » La belle ferait le bonheur des bêtes.

5

Nez à nez avec Marilyn

« Bardot, phénomène social. » Raymond Cartier, dans un numéro de *Paris Match* de décembre 1958, avec La Callas en couverture, analyse l'irrésistible ascension de cette jolie gamine qui subjugue l'Amérique. Les câbles de Raymond Cartier donnent à l'hebdomadaire une crédibilité internationale.

L'influence de ce grand reporter et éditorialiste est assez comparable à l'impact télé d'un Walter Cronkite, le journaliste star de la chaîne CBS aux États-Unis, de 1962 à 1981. Son récit ne peut qu'apporter à la vedette de *Et Dieu créa la femme* un poids supplémentaire, notamment outre-Atlantique. Le cartiérisme devient paroles d'é.angile.

« Il est excessivement rare, écrit-il, que les très grandes réussites, dans n'importe quel domaine, soient le fait de natures médiocres et pauvres. Brigitte Bardot ferait un jour une crise de mysticisme qu'il n'y aurait pas lieu d'en être tellement surpris. On entrevoit en elle, à travers ses caprices, ses dévergondages, son matérialisme, une recherche de l'absolu digne d'inquiéter ceux qui bâtissent sur elle des plans trop longs. »

Avant de devenir la Madone de Saint-Tropez, Brigitte Bardot promène son minois de femme-enfant au festival de Cannes. Les marins du croiseur *Richelieu*, ancré en rade de Villefranche, la veulent comme marraine. À chaque festival ou presque, une mascotte des équipages est choisie parmi les starlettes. Cela n'arriva pas à Sophia Loren quand elle vint pour la première fois à Cannes. « J'étais comme une cliente pauvre et sans recommandation qui se présente à une banque avec l'espoir d'obtenir un prêt. Je n'avais encore participé à aucune œuvre notable, j'avais seulement la gloire de mes dix-huit ans et la volonté démesurée de faire une carrière d'actrice[1]. »

En 1953, le festival se déroule du 15 au 29 avril. Ce sont les marins du porte-avions américain *Midway*, joyau de la VIe flotte US, qui font les yeux doux à Brigitte Bardot. Ils n'ont pas vu *Manina, la fille sans voiles*. Mais lorsque la starlette monte sur le podium réservé aux invités conduits à bord tels que Kirk Douglas, Edward G. Robinson, Olivia De Havilland, Sylvana Mangano, Ann Baxter, Leslie Caron, Mel Ferrer, Vittorio De Sica, Gary Cooper, Giselle Pascal, Zsa-Zsa Gabor, c'est du délire.

Après avoir laissé tomber son imperméable, une Vénus dans une robe de petite fille, très ajustée, apparaît comme dans un rêve de mataf. Queue-de-cheval au vent et minois adorablement mutin, elle soulève l'enthousiasme. Des milliers de marins trépignent et jettent leur bonnet en l'air. Raymond Cartier notera que, ce jour-là, sur le *Midway*, Brigitte fait « la première démonstration de son pouvoir ».

Marilyn Monroe, venue chanter pour les troupes américaines de Corée, en 1954, connut la même sensation. Comme une ivresse joyeuse. En l'espace de quatre jours, elle donna dix représentations. « Eh bien, déclara-t-elle, je n'avais jamais pensé que je pouvais produire un tel effet sur les gens jusqu'à ce que je me retrouve devant ces milliers de boys. »

L'écrivain et historien du cinéma Ado Kyrou analyse à son tour le phénomène B.B. « Le fait est que mademoiselle (dans le cinéma on ne dit jamais madame) Bardot correspond à un tournant du goût universel. Nous entrons avec elle dans une nouvelle ère de l'ingénue perverse. Issue des livres de la comtesse de Ségur, elle affole ingénument les vieux messieurs et, insensible aux tempêtes qu'elle provoque, elle danse parce qu'elle est heureuse d'avoir un corps de petite fille. Telle sa compagne *made in USA*, Carroll Baker, elle suce son doigt, sans penser à mal, telle Lolita, de qui elle a les attitudes et les réactions, sinon l'âge, elle rassure ceux qui croient n'avoir plus aucune chance d'être aimés[2]. »

« J'aime faire les choses que la censure ne laissera pas passer », dit Marilyn Monroe. En 1947, à vingt et un ans, elle est couronnée Miss California Artichoke Queen à Castroville (la capitale mondiale des artichauts), en Californie[3]. Deux ans plus tard, elle est la partenaire fugace de Groucho Marx dans une comédie des Marx Brothers, *La Pêche au trésor*. « Blondeur et poitrine en avant, voilà tout ce que je possédais à mes débuts. Je ne savais pas jouer la comédie. Mes seuls atouts, c'étaient des cheveux blonds et un corps que les hommes aimaient. J'ai continué parce que j'avais de la chance, et que j'ai rencontré les hommes qu'il fallait[4]. »

Brigitte Bardot et Marilyn Monroe font connaissance dans des circonstances inattendues. En octobre 1956, lors de la Royal Command Performance à Londres au cours de laquelle des artistes sont présentés à la famille royale, elles se retrouvent parmi les heureux élus, en compagnie, notamment, de Victor Mature et de sir Laurence Olivier. Celui-ci vient de réaliser *Le Prince et la Danseuse* avec Marilyn dont il est également le partenaire. Il doit son anoblissement à sa carrière d'acteur shakespearien mais aussi à son commentaire du film sur le couronnement de la reine, le 2 juin 1953, à l'abbaye de Westminster, qui a été diffusé en direct à la télévision française.

Le film *Le Prince et la Danseuse* est projeté en avant-première devant la reine Élisabeth II et son mari le duc d'Édimbourg. La princesse Margaret, sœur de la souveraine, dont l'histoire d'amour avec le Group Captain Peter Townsend, l'ancien pilote de la RAF, héros de la bataille d'Angleterre, a passionné les cœurs romantiques, est le point de mire d'une assistance triée sur le volet. Elle est accompagnée de son fiancé le photographe Tony Armstrong-Jones, futur Lord Snowdon. La High Society commentera plus tard l'événement après que les regards se furent attardés sur les deux plus belles plantes de la soirée : Marilyn et B.B.

Le protocole n'autorise pas les décolletés. Marilyn Monroe reste elle-même avec sa robe moulante en lamé profondément échancrée. La reine lui serre la main en souriant.

Brigitte Bardot arbore une superbe robe blanche brodée de perles et strass prêtée par le couturier Pierre Balmain. Les seins cachés par un voile de tulle et un gros ruban. Avant la présentation à la reine, elle décide illico de se montrer plus sexy en enlevant le ruban. Elle se rend aux toilettes pour dames et tombe nez à nez avec Marilyn. « Elle avait les seins à l'air et était en train de se repoudrer ! Comparée à moi, elle n'avait pas de complexes. On peut même dire qu'elle s'en foutait. »

Dans une interview à *Ciné-Télé-Revue*, à l'occasion de ses soixante-dix printemps qui coïncidaient avec les soixante ans de ce journal belge qu'elle apprécie, Bardot revient sur cette rencontre. « J'étais tellement fascinée par Marilyn que lorsqu'elle m'a dit bonsoir en anglais, je lui ai tout simplement rendu la politesse par un bonsoir en anglais. Tout en ayant des billes à la place des yeux ! » Dans ses Mémoires, elle l'évoque avec une tendre mélancolie. « C'était la première et la dernière fois de ma vie que je la voyais, mais elle m'a séduite en trente secondes. Il émanait d'elle une fragilité gracieuse, une douceur espiègle, je ne l'oublierai jamais et, lorsque j'appris sa mort quelques années plus tard, j'eus un pincement douloureux au cœur comme si un être très cher venait de me quitter[5]. »

Sa dernière performance date du 19 mai 1962, jour anniversaire du président des États-Unis, John F. Kennedy. Au cours d'une cérémonie retransmise à la télévision, de sa voix suave elle susurre dans un micro « Happy Birthday, Mister President ». L'érotisme de Marilyn coule de source. Aussi magique que la grâce inimaginable de B.B. lorsqu'elle se déplace. Même quand elle marche, on dirait qu'elle danse. « Elle a ce qu'on appelle une présence et quelle présence ! s'extasie le scénariste et dialoguiste Henri Jeanson, une présence qui *absente* tous ses partenaires, elle n'y peut rien, c'est comme ça[6]. »

Après avoir serré dans ses bras les plus jolies femmes d'Hollywood, Kirk Douglas s'est rangé en épousant une Française,

Anne Buydens, ancienne assistante de John Huston et responsable du protocole au festival de Cannes. Le mariage a eu lieu à l'hôtel Sahara de Las Vegas, le 29 mai 1954. Kirk Douglas, dont les liaisons avec Joan Crawford, Rita Hayworth, Gene Tierney, Marlène Dietrich, Pier Angeli, ont pimenté son existence, est tombé amoureux d'Anne au moment du tournage, à Paris, en 1953, d'*Un acte d'amour*, réalisé par Anatole Litvak. Elle était chargée de s'occuper de ses relations publiques. Dany Robin, Serge Reggiani, Barbara Laage figuraient au générique du film ainsi que Brigitte Bardot alors quasi inconnue. Dans le rôle d'une soubrette, elle ne dit pas grand-chose à Kirk qui, lui, remarque d'emblée cette extraordinaire sainte-nitouche. De la graine de star.

Quelques mois plus tard, en mai 1953, il interrompt le tournage à Rome d'*Ulysse* pour assister avec Anne au Festival de Venise. « Il y avait beaucoup de fans à Venise, écrit Kirk Douglas dans ses Mémoires, notamment des jeunes filles arborant ce nouveau maillot de bain qu'aucune Américaine n'aurait accepté de porter : le bikini. Toutes réclamaient un autographe, mais évidemment aucune n'avait de feuille de papier. Les exigences de la célébrité me forçaient à signer mon nom sur leur ventre, leurs cuisses, et même…

Soudain j'entendis un cri : “Keerk ! Keerk ! et vis une magnifique créature, une longue chevelure de soie blonde, une poitrine somptueuse, des jambes qui n'en finissaient pas, s'avancer vers moi en courant. En bikini. C'est une vision que je n'oublierai jamais, même si je devais devenir aveugle […]. Elle avait eu un petit rôle dans *Un acte d'amour*, où elle était enveloppée dans un lourd manteau. Mais même ainsi, sa beauté n'était pas passée inaperçue, avec son long cou aux lignes gracieuses et son visage angélique. Je glissai à Anne : “Je crois que je vais ramener cette fille en Californie. Elle pourrait devenir une grande vedette.” Anne n'était pas d'accord avec moi. En regardant cette fille sur la plage, je songeais à ce corps splendide qu'avait dissimulé le lourd manteau. Je me demande si Anne avait une vision purement professionnelle lorsqu'elle marquait son dédain pour cette jeune Française de dix-sept ans[7]... » La pin-up que les marins du *Midway* avaient ovationnée. Comment aurait-il pu l'oublier ?

Edgar Morin, qui a un penchant pour le cinéma, les femmes fatales et leurs effluves érotiques, revient sur la poupée sensuelle qu'incarne Bardot. « Le cinéma s'en servit exactement comme il convenait : un petit personnage aux frontières de l'enfance, du viol, de la "nymphomanie", dont tous les rôles tournent nécessairement autour d'un strip-tease central. Dans *La Lumière d'en face*, c'est le bain nu dans la rivière. Dans *Les Week-ends de Néron* (où Brigitte est Poppée), son bain de lait d'ânesse est un des clous du film. Dans *En effeuillant la marguerite*, elle participe à un concours de strip-tease. Dans *Et Dieu créa la femme*, les strip-teases atteignent leur paroxysme et de plus sont accompagnés du "mambo le plus sensuel de l'année"[8]. »

> *De Satan ou de Dieu, qu'importe ? Ange ou Sirène*
> *Qu'importe, si tu rends – fée aux yeux de velours,*
> *Rythme, parfum, lueur, ô mon unique reine ! –*
> *L'univers moins hideux et les instants moins lourds*[9] ?

En 1955, dans *Doctor at Sea*, un film de Ralph Thomas qui, en version française, s'intitule *Rendez-vous à Rio*, la jeune Brigitte est une sirène portée aux nues ! Tourné dans les studios de Londres, avec Dirk Bogarde, elle fait sensation en se douchant sans porter le collant chair exigé par la censure.

« Dirk Bogarde vit en elle "une bouffée d'air frais", mais la presse britannique trouva sans peine des formules plus percutantes. Un journaliste affirma ainsi qu'elle pourrait "amener un archevêque à donner un coup de pied dans un vitrail"[10] », écrit le romancier et biographe new-yorkais Jeffrey Robinson.

Pour ses débuts à l'écran, en 1955, Catherine Rouvel se baigne presque totalement nue. Cette scène du *Déjeuner sur l'herbe* de Jean Renoir la rend immédiatement célèbre. Elle continuera à offrir le spectacle de sa beauté brune, mais ne deviendra pas pour autant un sex-symbol.

N'oublions pas non plus Edwige Feuillère qui, à vingt ans et quelque, fit scandale en apparaissant nue dans *Lucrèce Borgia*. « L'immoralité de cette histoire, qui a facilité mon accession au vedettariat, a constitué une référence pour les starlettes à venir, et une veine à exploiter pour les producteurs[11]. » Et le sex-appeal de Françoise Arnoul – *Le Fruit défendu* (Henri Verneuil, 1952), *La Rage au corps* (Ralph Habib, 1954) – dont l'étoile pâlit très vite après l'avènement de Bardot ? Et Arletty, la Clara du *Jour se lève*, de Marcel Carné, qui apparaît « nue, une éponge en guise de feuille de vigne » ? Les trois tomes de *L'Érotisme au cinéma* par Lo Duca, parus au début des années soixante, fourmillent d'exemples avec des centaines de photos à l'appui. Edgar Morin note dans la revue *La Nef* : « Les images accumulées par Lo Duca nous font considérer avec saisissement ce dont nos yeux se nourrissaient de façon machinale... » L'histoire suivante a de quoi faire sourire le lecteur-voyeur de cette très sérieuse étude illustrée.

En 1951, Jacques de Casembroot réalise *Jocelyn* d'après l'œuvre de Lamartine. Jean Desailly, qui interprète le rôle principal de Jocelyn, fuit la Révolution en compagnie d'un jeune orphelin, en réalité une femme jouée par Simone Valère. Le producteur, Pierre Braunberger, compte sur une vision audacieuse pour vendre le film à l'étranger. Un sein nu de l'actrice sous sa chemise trempée par l'orage. Le metteur en scène refuse de tourner la scène. C'est son assistant, Claude Pinoteau, qui s'en charge, avec le sein d'une doublure, car Simone Valère refuse de prêter le sien ! « Le lendemain en projection, raconte Claude Pinoteau, le sein apparaissait en très gros plan, dressant son téton comme s'il crevait l'écran ! Pierre Braunberger pouvait montrer son plan à ses acheteurs étrangers, mais je ne crois pas qu'il fût monté. On en resta là[12]. »

En 1952, dans *Un été avec Monika*, réalisé par Ingmar Bergman, l'actrice Harriet Andersson expose son corps qui est un appel à la liberté amoureuse. « Mais sur le moment, *Monika* avait été rangé du côté des "excentricités érotiques nordiques" et non compris comme le manifeste moderne d'une nouvelle liberté au cinéma[13] », souligne Antoine de Baecque.

Comme le fait remarquer Jean-Luc Godard dans les *Cahiers du cinéma*, « *Monika*, c'est déjà *Et Dieu créa la femme*, mais réussi de façon géniale, sans une faute, sans un accroc, d'une lucidité totale tant en ce qui concerne la construction dramatique et morale que sa mise en valeur, autrement dit, la mise en scène des corps[14]. »

Les premières apparitions de Bardot nue ne déclenchent aucune révolution des mœurs. François Truffaut dans *Arts*, en 1955, à propos de son rôle d'Olivia dans *La Lumière d'en face*, de Georges Lacombe, parle même de pornographie et s'interroge « sur la complicité indulgente de la commission de censure[15] ». Roger Vadim arrive à temps pour que les futurs cinéastes de la Nouvelle Vague choisissent B.B. comme icône. Dans *Et Dieu créa la femme*, elle incarne pour la première fois « la nudité sans notion de péché ». « Ça, dit-elle, c'est Vadim qui l'a trouvé », ajoutant aussitôt : « J'y étais quand même pour quelque chose ! »

José Luis de Vilallonga, journaliste, écrivain et comédien – il joue le rôle du joueur de polo dans *Les Amants* de Louis Malle –, a l'occasion de rencontrer Bardot en petit comité. En décembre 1971, l'actrice l'accueille avec quelques amis dans son chalet de Méribel, en Savoie. Au cours du séjour, il l'interroge à loisir et la surprend sur le vif. « Un jour, lui confie-t-elle, Vadim a dit devant moi une phrase qui m'a beaucoup frappée. Il a dit : "En France, un homme qui a des maîtresses, c'est un don Juan. Une femme qui a des amants, c'est une pute[16]." C'est comme si j'avais entendu des voix. Je me suis dit qu'il fallait à tout prix enterrer une fois pour toutes des idées comme celle-là. Et j'ai été la première à montrer qu'une femme pouvait très bien mener une vie d'homme sans être pour cela une fille publique. Évidemment, je porte une croix. Ou plutôt, un chapeau. Je suis devenue le symbole sexuel le plus important de tous les temps.

– Qu'est-ce que cela signifie, au juste ? demande Vilallonga, ce grand d'Espagne, friand de mondanités, qui soigne sa réputation donjuanesque.

– Pour moi qui suis assez chaste et pudique, c'est une idée totalement abstraite. Je suis devenue, sans préméditation de ma part, le symbole de la liberté de la femme. De sa liberté sexuelle. Parce que, chez nous, si la femme est libre intellectuellement, politiquement, artistiquement, en ce qui concerne le sexe, elle vit encore à l'époque de Fallières ! Moi, mes rapports avec les hommes – j'ai horreur du mot "amants" – sont exactement le contraire de ceux des autres femmes. Depuis mon âge adulte, je suis dans le cas d'un homme qui aurait des maîtresses. Je suis vraiment libre[17]. »

En ce mois de mars 2010, dans son fauteuil roulant, Antoinette Fouque, fondatrice de la maison d'édition Des femmes (1973) et cofondatrice du Mouvement de libération des femmes (1968) avec Monique Wittig, semble monter la garde sous le regard de la psychanalyste et historienne Élisabeth Roudinesco. Elle attend le passage de Frédéric Mitterrand, ministre de la Culture et de la Communication, qui inaugure le 30e salon du Livre de Paris, Porte de Versailles. Il a tenu, quelques semaines plus tôt, à visiter l'exposition Brigitte Bardot au musée des Années 30 à Boulogne-Billancourt. « Cette femme a-t-elle un nom ? Liberté peut-être. Naguère, on l'appelait Brigitte Bardot[18]. »

Antoinette Fouque aime B.B., elle aussi. Mais lorsque je lui parle de la liberté de la star d'autrefois, elle s'insurge contre cette interprétation tendancieuse. « Elle n'a été qu'une prisonnière de son image[19]. » Brigitte : « Ma vie ressemble à une grande prison. J'appartiens à tout le monde. On me fait dire des choses que je ne dis pas, on me fait faire des choses que je ne fais pas… J'ai un peu l'impression de ne plus être libre… » Derrière les barreaux de sa gloire, elle aura permis aux femmes et même aux fillettes qui l'admiraient d'accéder symboliquement à « la souveraineté de leur identité propre ».

Née en 1946, Brigitte Baudin avait neuf ans quand elle a vu Bardot au cinéma, dans le film de Michel Boisrond, *Cette Sacrée Gamine*. « Je veux être comme elle. Devenir une femme qui s'assume et vit comme un homme. J'étais toute blonde avec des cheveux frisés. Un jour, le comédien et cinéaste Raymond Rouleau tomba en arrêt devant moi au Champ-de-Mars. “Quelle mignonne petite fille !” Je lui ai répondu du tac au tac : “Non, je suis un garçon !” Et je lui ai dit merde comme une véritable Zazie[20]. »

Même prénom et mêmes initiales que l'actrice qui l'avait fascinée, Brigitte Baudin était encore une gamine lorsqu'elle sonna à sa porte au, 71, avenue Paul-Doumer à Paris. « Je n'avais pas envie de rencontrer la vedette de cinéma, mais le mythe de la femme moderne. Son secrétaire m'a ouvert. “Je veux voir Brigitte Bardot. – Elle n'est pas là. Je vais te donner une photo dédicacée. – Non, c'est elle que je veux voir.” Je n'ai jamais rencontré Bardot. Quand je suis devenue journaliste à la rubrique « Spectacles » du *Figaro*, elle avait quitté le cinéma[21]. »

Amie de Marie-Laure Prouvost qui fut l'une des dernières compagnes de Christian Marquand, Brigitte Baudin eut l'occasion de fréquenter l'ancien partenaire de B. B. dans *Et Dieu créa la femme*. « Il avait été l'amant de Sagan, un intime de Marlon Brando qui appellera son fils Christian[22]. Mais il était indifférent à Bardot, malgré des scènes très chaudes dans le film de Vadim. Bizarrement, elle ne lui plaisait pas[23]… »

Pour le cinéaste François Reichenbach : « Elle veut être aimée, mais elle ne fait rien pour ça. Quand elle est trop aimée, elle est malheureuse et quand elle n'est pas assez aimée, elle est aussi malheureuse. Elle est très compliquée. […] Et puis, parfois, elle se cachait dans un petit coin auquel elle finissait par ressembler, comme un caméléon. Elle ne voulait déjà plus voir le monde[24]. »

Retour avenue Paul-Doumer, début des années soixante. La journaliste Michèle Fitoussi raconte : « Nous revenons tranquillement à la maison, en famille, quand soudain ma mère nous bouscule, ma petite sœur et moi, entre en courant chez le fleuriste et nous oublie sur le seuil. Au fond du magasin, nous apercevons une silhouette mince, manteau beige, talons aiguilles et chignon doré, penchée sur des roses rouges. Ma mère s'approche, tourne autour des roses, fait semblant de s'enquérir de leur prix en dévorant des yeux la dame blonde. Qui est-elle donc pour faire perdre la tête à notre mère si convenable ? Nous l'apprenons en sortant quand, pressée de questions, maman lâche d'une voix extatique, comme si elle avait rencontré la Madone : "Brigitte Bardot." Plus tard, comme tout le monde, comme le monde entier, avec ma sœur (prénommée, tiens donc, Brigitte), nous chanterons sur un rythme de bossa : "Brigi-tté Bar-dot Bar-dot"[25]. »

6

Colette, le scandale

En 1955, pour la première fois, le grand prix devient la Palme d'or du festival de Cannes. Marcel Pagnol, soixante ans, est le président débonnaire du jury. Il a, à ses côtés, l'actrice italienne Isa Miranda, Marcel Achard, auteur à succès du théâtre de boulevard, le réalisateur espagnol Juan Antonio Bardem, l'Américain Anatole Litvak, qui adaptera le roman de Sagan *Aimez-vous Brahms...* (1961, avec Ingrid Bergman, Anthony Perkins, Yves Montand, Jackie Lane). Dans ce jury, le peintre André Dignimont, né en 1891, fait figure de doyen. Cet ami de Francis Carco qui a brossé la vie des mauvais garçons et des filles des rues de Montmartre et Pigalle, surprend les journalistes :

« Allez-vous souvent au cinéma ?

– J'y suis allé pour la dernière fois en 1913, on jouait *Rigadin fait des crêpes...* »

Deux Kelly sont applaudis sur leur passage. Gene Kelly qui, en 1952, sur l'écran et sur la Croisette, avait dansé sous la pluie, et Grace Kelly, en plein tournage de *La Main au collet* d'Alfred Hitchcock sur la Côte d'Azur. La blonde américaine, ayant la « distinction » propre aux mannequins de haute couture, se voit décerner un Oscar avec *Country Girl* (*Une fille à la campagne* de George Seaton). Elle a rendez-vous à Vallauris pour un reportage photo avec Pablo Picasso, qui lui fait faux bond. Le peintre tient lui aussi le haut de l'affiche du festival avec *Le Mystère*

Picasso. Le film d'Henri-Georges Clouzot est couronné à l'unanimité par le prix spécial du jury.

Faute d'avoir pu rencontrer Picasso, l'actrice s'est retrouvée à Vence dans la chapelle décorée par Matisse. Une visite en avant-première, car l'inauguration de la chapelle n'a pas encore eu lieu. Grace, au pied de saint Dominique, prie avec ferveur. Le lendemain, elle éblouit le prince Rainier de Monaco qui l'épousera le 19 avril 1956, un an plus tard, presque jour pour jour. Un reporter de *Paris Match*, Pierre Galante, marié à l'actrice Olivia De Havilland, avait fait les présentations.

Brigitte Bardot, la starlette de service, est mitraillée par les photographes sur la plage du Carlton. Sennep, le dessinateur du *Figaro*, la croque au passage. L'année suivante, elle aura plus de chance que Grace Kelly en étant reçue dans l'atelier de Picasso. Mais elle n'osera pas lui demander de faire son portrait. C'est Van Dongen qui l'a réalisé au cours d'une séance de pose chez Maurice Chevalier. En 1956, il sera exposé au musée Galliera à l'occasion de l'exposition *Peintres témoins de leur temps*, sur le thème de la réhabilitation du portrait. B.B. fera ainsi son entrée dans le dictionnaire : la toile a été choisie pour illustrer la notice du *Petit Larousse* consacrée à Van Dongen. « Je suis bien embarrassé pour dire pourquoi j'ai fait le portrait de Brigitte Bardot. Peut-être parce que je la trouve en quelque sorte le type témoin de la jeune Française de nos jours. J'ai trouvé cette raison après. »

Picasso, qui a posé pour Édouard Mac Avoy, livre son impression d'artiste dans le catalogue de l'exposition : « Quand on part d'un portrait et qu'on cherche par des éliminations successives à trouver la forme pure, le volume net et sans accident, on aboutit fatalement à l'œuf. De même, en partant de l'œuf on peut arriver, en suivant le chemin et le but opposés, au portrait. Mais l'art, je crois, échappe à cet acheminement trop simpliste qui consiste à aller d'un extrême à l'autre. Il faut pouvoir s'arrêter à temps. » Dommage que Picasso n'ait pas peint la poule aux œufs d'or du cinéma français ! À quoi aurait-elle ressemblé ? François Mauriac peint par Mané-Katz estime que la ressemblance est l'affaire du photographe. « Mais les portraits qu'ils [les peintres] font attentent souvent à une autre image et à une autre ressemblance. Une haine métaphysique, peut-être inconsciente, se trahit chez certains et chez le plus grand de tous : Picasso. »

Brigitte prend le bras de Christine Gouze-Rénal, belle-sœur de François Mitterrand. Elles se sont connues sur le tournage du film de Georges Lacombe *La Lumière d'en face* produit par Jacques Gauthier, le compagnon de Christine. Après la mort brutale de Jacques des suites d'une opération de l'appendicite, elle se lancera courageusement dans la production, avant d'épouser Roger Hanin.

« J'étais encore très pudique et refusai catégoriquement de me mettre nue pour traverser une rivière, raconte B.B. Christine Gouze-Rénal eut beau insister, faire du charme, elle se heurta à un mur. Désespérée, la production alla chercher une doublure qui me ressemblait vaguement de dos et qui, en échange d'un joli billet de banque, se mit immédiatement nue et traversa la rivière à ma place. L'ennui, c'est qu'elle avait le cul bas ! Christine me dit : “Regarde, son cul traîne par terre, tout le monde va croire que c'est toi, c'est dommage”, etc., etc. Piquée au vif, je décidai de m'asseoir sur ma pudeur du haut de mon cul et c'est ainsi que je me mis nue, taille et cul hauts. Le premier pas était fait, non sans une certaine honte, mais noblesse oblige[1]. »

Elle avait fait une apparition dans *Les Dents longues*, un film de Daniel Gélin, tiré du roman de Jacques Robert sur le milieu de la presse paru chez René Julliard. La scène ne comprenait que deux ou trois plans. S'inspirant de son mariage avec Danièle Delorme, Daniel Gélin reconstitua la cérémonie à la mairie du VIe arrondissement, place Saint-Sulpice. « Il me fallait engager deux témoins. Je pensai à Vadim, mon meilleur ami du moment. Il me paraissait tout indiqué. Pour jouer celui de Danièle, je lui demandai de faire appel à sa ravissante petite fiancée : Brigitte Bardot[2]. » Quelques jours plus tard, le 21 décembre 1952, ce n'est plus du cinéma : Vadim épouse vraiment Brigitte Bardot à la mairie du XVIIe. Les rôles sont inversés : Daniel Gélin est le témoin de Vadim, et Danièle Delorme celui de Brigitte. La cérémonie religieuse a lieu à l'église de Passy. À partir de ce jour-là, Bri-Bri, dix-huit ans, peut faire l'amour légalement !

« Regarde-la, s'extasia Vadim, il suffit de la regarder... » Daniel, mari volage[3], s'amuse de voir Roger[4] jouer l'amoureux transi. Pendant trois ans, la lune de miel se poursuivra sous le soleil du festival de Cannes, chaque mois d'avril. Également émerveillé, Jacques Robert[5] veut absolument présenter Brigitte au président du jury, Marcel Pagnol, l'auteur de la légendaire trilogie *Marius*, *Fanny*, *César* que les Marseillais appellent « le Film ». En sortant du Carlton, il la trouve à la plage de l'hôtel. Portant un minuscule bikini à fleurs, Brigitte est assise sur le sable. Son ami, le photographe Michou Simon, qui a fait les quatre cents coups avec Vadim, un de ses coéquipiers à *Match*, vient de la quitter pour rentrer à Saint-Tropez.

Quand elle se lève, Pagnol dit à Jacques Robert qui guette sa réaction : « As-tu remarqué que les starlettes dessinent des cœurs sur le sable avec leurs petites fesses ? » en indiquant du doigt la trace laissée par l'adorable postérieur de Bardot. « C'était absolument exact : on voyait un cœur. Il lui manquait juste la flèche de Cupidon. Je rattrapai Brigitte, et, la prenant par le bras : "Viens, lui dis-je, l'heure de gloire est arrivée : Pagnol a remarqué ton cœur !" Et je la présentai au "président"[6]. »

« Mon numéro de téléphone est très facile à retenir : "Élysées 82-86" », balbutie-t-elle, troublée par l'écrivain et réalisateur qui avait fondé en 1934, année de la naissance de la starlette aux formes gracieuses, sa propre maison de production. Elle raconte ensuite que c'est à cause de ce numéro qu'elle est devenue Mme Roger Vadim. Le metteur en scène Marc Allégret, dont Vadim est l'assistant, a en effet un numéro de téléphone, Jasmin 82-86, presque similaire à celui de ses parents. « Comme elle était très surveillée par sa famille, se souvient Jacques Robert, elle annonçait, chaque fois qu'elle voulait téléphoner à Vadim, qu'elle allait promener le chien[7]. » Brigitte se précipite dans une cabine téléphonique et compose le numéro d'Allégret pour bavarder avec le beau et ténébreux Vadim. « Un jour, par distraction, elle fit son propre numéro, Élysées 82-86, au lieu de composer Jasmin.

– Allô ! Je voudrais parler à Vadim.

– Mais voyons, ma chérie ! dit une voix qu'elle connaissait bien, celle de Mme Bardot mère. Tu téléphones à la maison ! »

« Depuis ce jour, nous dit Brigitte, on ne me laissa jamais plus promener le chien. Et comme j'étais très triste de ne plus pouvoir promener le chien, eh bien, j'ai épousé Vadim[8]. »

Le dernier film d'Otto Preminger, *Carmen Jones*, est interdit de projection. Ce sera le scandale du festival. La « Carmen » noire, Dorothy Dandridge, fait sensation sur la Croisette. Sa liberté : dire « merde » aux héritiers de Bizet, qui refusent que cette production musicale en cinémascope soit distribuée en France. Écho à la réplique d'Escartefigue à César au cours de la fameuse partie de cartes de *Marius* : « Il se peut que tu aimes la marine française, mais la marine française te dit merde ! » Grâce aux marins de l'US Navy, Otto Preminger et sa vedette ne baisseront pas pavillon. Le film sera projeté sur le porte-avions américain, en rade de Cannes. Le réalisateur commencera dans quelques mois le tournage de *Bonjour tristesse* inspiré du roman de Françoise Sagan.

En 1956, c'est François Mitterrand, ministre d'État chargé de la Justice, dans le gouvernement de Guy Mollet, qui inaugure le neuvième festival en compagnie de son président Robert Favre Le Bret. Happée par les photographes, Brigitte Bardot le fait attendre au déjeuner qu'il préside à La Napoule. Autre attraction du jour : Kim Novak dont la robe s'est dégrafée à bon escient en plein palais. Une allure de jeune premier, François Mitterrand au milieu des stars et des starlettes est comme un poisson (frétillant) dans l'eau… « Il était enjoué et on devinait qu'il se sentait parfaitement à son aise parmi nous », raconte Olga Horstig-Primuz[9].

Arletty, membre du jury des longs-métrages, comme Louise de Vilmorin, le laisse indifférent. Il lui adresse à peine la parole.

Sa liaison sous l'Occupation avec Hans Jürgen Soehring, un officier de la Luftwaffe, la rend toujours infréquentable. Presque une pestiférée. Ce dont elle se moque éperdument. Arletty ne transige pas avec sa liberté. Son rôle de Garance dans *Les Enfants du Paradis* l'a rendue immortelle. L'écrivain Roger Nimier s'extasie dans l'hebdomadaire *Candide* : « La beauté d'Arletty fait pâlir les étoiles. Marie-Aline [*sic !*] Monroe n'est plus qu'une excroissance de bonne humeur sur fond de bouillie lactée. Brigitte Bardot, un gentil petit chiffon un peu dodu. Sarah Bernhardt, un nasillement charbonneux. Les robes du soir, les duchesses de Langeais, les longs soupirs, n'auront jamais l'élégance d'Arletty croisant ses jambes et ses bas noirs. » Après quelques mots échangés avec Mitterrand, elle dit simplement : « Il avait une belle gueule de croupier : faites vos jeux, messieurs, rien ne va plus[10]. »

Danielle Mitterrand, la sœur de Christine Gouze-Rénal, connaît bien ces messieurs de la politique qui « s'intéressent aussi au port de tête et à la chute de reins de Brigitte Bardot que nous avions croisée au festival de Cannes quand François avait présidé l'ouverture[11] ». « Et cette même année 1956, ajoute-t-elle, nous pouvions animer la conversation par le récit du conte de fées auquel nous avions participé lors du mariage de Grace Kelly et de Rainier de Monaco[12]. » C'est en Rolls Royce décapotable que le couple se rend à la cathédrale. Le palais rose des Grimaldi a été repeint à neuf. L'hydravion d'Aristote Onassis largue sur la population en liesse une pluie d'œillets rouges et blancs – les couleurs de la principauté.

Des dizaines d'années plus tard, la fondatrice de France Libertés qui se rend au Chiapas à l'invitation du sous-commandant Marcos, épigone révolutionnaire d'Emiliano Zapata (1879-1919), s'est toujours comportée en femme libre. Si peu que ce soit, son engagement en faveur des Indiens du Mexique fait penser aux deux Marie (Bardot et Moreau) de *Viva Maria*, le film de Louis Malle, pastiche des révolutions d'Amérique centrale. « Une création en liberté », souligne le critique Henry Chapier (*Combat* du 10 décembre 1965). Devant rentrer d'urgence à Paris, François Mitterrand est obligé d'annuler une partie de tennis avec Henri Vidal, le compagnon de Michèle Morgan. Il regrette aussi l'escapade à Saint-Tropez qu'il a prévue avec sa femme et sa belle-sœur. C'est dans ce village que le bonheur prend tout son sens. Il est palpable comme la preuve d'exister. Georges Pompidou et sa femme Claude se laissent, eux aussi, emporter par la vague tropézienne.

Pour Françoise Sagan, cela ressemble à une miraculeuse éclaircie au milieu des désordres du monde : « Que la vie de province est douce et reposante ! Depuis huit jours, j'ai retrouvé la petite bourgade de Saint-Tropez, dans le Var, où je viens habituellement passer mes vacances, et en même temps j'ai retrouvé le délicieux parfum des vieilles choses : rues tortueuses, visages unis, commerçants empressés, non, rien n'a changé. Après Paris et ses ouragans, quel soulagement de retomber en cette petite ville tranquille où l'inattendu est impossible ! Angoulême au bord de l'eau[13]. »

La romancière craint toutefois que cette vie au ralenti ne s'accélère dangereusement : « Une seule chose me fait de la peine : imaginez cinquante journalistes acharnés, malheureux et obsédés qui essayent de faire de notre Angoulême-sur-Mer une nouvelle Babylone [...] qui tentent d'introduire un rythme trépidant dans notre vie paisible [...] qui voient des scandales où personne n'en voit[14]... » Une tribu qui ne pense qu'à l'amitié, à l'amour et au farniente, se laissant guider par ses instincts de liberté, finit, un jour ou l'autre, par devenir suspecte aux yeux des empêcheurs de danser en rond. Le 21 juin 1956, le jour de l'été coïncide avec l'anniversaire de Françoise Sagan qui fête ses vingt et un ans. À l'époque, c'est l'âge légal de la majorité. François Guglietto est aux commandes de la fiesta à L'Esquinade, sa cave tropézienne. Marcel Achard, le cinéaste Alexandre Astruc, le compositeur Michel Magne, Georges Kessel, le frère cadet de Joseph Kessel, Véronique Campion, Florence Malraux, Bernard Frank, Jacques Quoirez, le frère de Françoise, Annabel, Félix Giraud qui a racheté L'Escale sur le port, entourent la romancière, célèbre depuis trois ans. Au petit matin, le squelette d'une pièce montée et des cadavres de bouteilles de scotch sont les reliques de la dolce vita tropézienne[15]. Dans son *Bloc-notes* de *L'Express* du 12 mars 1956, François Mauriac évoque son second roman : *Un certain sourire*. « Elle fait tenir dans les mots les plus simples le tout d'une jeune vie. Et il est vrai que ce tout n'est rien, et que ce rien, c'est pourtant la jeunesse, la sienne, celle de tant d'autres, en fait, de tous ceux qui ne se donnent pas. Quand on proteste : “Il n'y a rien de moins jeune que ce livre désenchanté…”, je réponds qu'il nous propose au contraire de la jeunesse l'image la plus vraie, car qu'est-ce donc que la jeunesse repliée sur soi, sinon cela que Françoise Sagan nous décrit ! Et la vieillesse ? me demanderez-vous. Eh bien ! C'est la même chose, avec toute la distance qui sépare le désespoir de la tristesse. À la fin de sa vie, *Bonsoir désespoir !* répond au *Bonjour tristesse !* du commencement. La jeunesse est triste et la vieillesse désespérée, à moins que, sous un nom ou sous un autre, elles n'aient trouvé leur Dieu[16]. »

On a calculé que *Bonjour tristesse* avait valu à son auteur 11 kg 400 de coupures de presse ! Françoise n'a conservé que trois articles qui seuls, dit-elle, approchent la vérité. Une vérité que François Mauriac avait discernée comme un frisson nouveau. Le même que celui qu'il ressentit à la lecture de Colette, disparue en 1954, l'année de parution du roman de Françoise Sagan qui avait fait cette dédicace à l'auteur du *Blé en herbe* : « À Madame Colette, en priant que ce livre lui fasse éprouver le centième du plaisir que m'ont donné les siens[17]. »

Apprenant la mort de Colette à la radio alors qu'il passait des vacances au Mont-d'Arbois à Megève, Mauriac écrit, le 4 août 1954, dans son *Bloc-notes* : « Voici la mort entrée dans la chambre d'hôtel : la mort d'un autre écrivain, mais c'est déjà la mienne dont l'annonce retentira de la même manière, entre deux émissions du journal parlé. Quelques dates, des titres de livres, et en voilà pour jamais.

Colette que j'ai admirée et aimée dès mon adolescence (je me cachais pour lire ses premiers livres), qui m'avait si tendrement embrassé le jour de mon prix Nobel, qui me disait toujours :

“Votre grosse abeille”, parce qu’il y a bien des années, j’avais écrit : “Où ne s’est-elle pas fourrée, cette grosse abeille ?

Colette, le paroissien qu’elle m’avait demandé et l’histoire étrange qui s’ensuivit, son goût des voyantes et des évocations de morts... Que sait-elle aujourd’hui que nous saurons demain, cette créature qui a mordu à la vie si puissamment ? Ce passage à l’éternité, comment l’a-t-elle passé[18] ? » Son mari Maurice Goudeket, qui la veillait, apporte ce témoignage : « Soudain ce fut le silence, et la tête de Colette pencha lentement de côté, par un mouvement d’une grâce infinie[19]. » L’État décide d’organiser des obsèques nationales. Maurice a voulu une cérémonie religieuse à l’église Saint-Roch, la paroisse des artistes, des écrivains et des gens de théâtre depuis le XVIIIe siècle. Le curé refuse. Autres temps, autres mœurs. En 2004, une messe y est célébrée en hommage à Françoise Sagan, sous la houlette de Pierre Bergé. Le plus célèbre des transsexuels, Jacques-Charles Dufresnoy, alias Coccinelle, son nom d’artiste, mais il préfère le prénom de Monique, a droit, en 2006, à une cérémonie dans la chapelle de la Vierge. Sagan qui ne croyait pas au ciel et Coccinelle la chrétienne ont reçu la bénédiction de l’Église. À une *Kermesse aux étoiles*, Coccinelle se fait la tête de Brigitte Bardot qu’elle a connue à ses débuts. Son style de coiffure qu’elle dit avoir lancé avant la vedette lui vaut des reproches : « Mon Dieu, regardez ! C’est tout à fait la chevelure de Brigitte. Quel plagiat ! » « Brigitte m’avait copiée et c’était moi qu’on accusait[20] », s’est souvenue Coccinelle. B.B. aurait demandé à sa « copine » de retrouver sa « queue-de-cheval » d’autrefois. « Ah non, ma petite Brigitte. J’ai déjà assez de mal à changer de sexe. Ne me demande pas maintenant de changer de crinière[21] ! »

En 1954, Colette, grand officier de la Légion d’honneur, présidente de l’académie Goncourt, est restée un personnage démoniaque. Malheur à la femme par qui le scandale arrive ! L’archevêque de Paris qui a prononcé l’interdit se souvient-il de la danseuse aux seins nus et de son exhibition au Moulin-Rouge avec sa maîtresse, la marquise de Morny, dite Missy ? Ou seulement de la divorcée ?

Edmonde Charles-Roux qui occupe les fonctions de l'auteur de *Chéri* chez Drouant, a vécu le « scandale Colette ». « J'étais à l'époque rédactrice en chef de *Vogue*. En train de prendre un verre avec Graham Greene aux Deux Magots, je lui ai appris que le cardinal Feltin, archevêque de Paris, s'opposait aux funérailles religieuses. Converti depuis 1926 au catholicisme, évoquant les problèmes religieux dans ses *Essais* (1951), cette nouvelle l'a mise dans une rage folle. Sur ces entrefaites, arrive Maurice Druon, également horrifié. "Pourquoi, dit-il, à Greene n'écris-tu pas un article ?" Il l'a rédigé immédiatement. Je l'ai aussitôt traduit en français et on l'a fait déposer à l'archevêché, avenue de New-York. Une copie fut envoyée au *Figaro littéraire* qui publia l'article en première page sous forme de lettre ouverte[22]. »

« Dans notre foi les morts ne sont jamais abandonnés, disait-il. C'est le droit de toute personne baptisée catholique d'être accompagnée par un prêtre jusqu'à sa tombe. Ce droit, nous ne pouvons pas le perdre [...] par crime ou par délit, pour ceci qu'aucun être humain n'est capable d'en juger un autre, ni de décider où commencent ses fautes, où s'achèvent ses mérites. Mais aujourd'hui, par votre décision, aucun prêtre n'a offert de prières publiques aux obsèques de Colette [...]. Deux mariages civils sont-ils tellement impardonnables ? La vie de certains de nos saints nous offre de pires exemples... [...] Bien sûr, à la réflexion, les catholiques pourront estimer que la voix d'un archevêque n'est pas nécessairement la voix de l'Église[23]... »

Dans *Les Lettres françaises*, dirigées par Aragon, Maurice Druon s'attaque, lui, à l'ecclésiastique subalterne : « M. le curé de Saint-Roch, soucieux sans doute de sauver son nom de l'oubli auquel il était promis, a refusé son église au cercueil de Colette... Saint-Roch, c'était la paroisse de Molière, et après trois cents ans, *Tartuffe* ne s'y joue pas seulement sous les lustres du Théâtre-Français[24]. »

La semaine suivante, la réponse du cardinal archevêque de Paris à Graham Greene paraît également dans l'hebdomadaire du *Figaro* : « L'Église catholique, apostolique et romaine, est une société qui, comme telle, a ses lois, et vous semblez ignorer en particulier celle qui concerne les obsèques religieuses. Avant d'en discuter, il eût été bon de la connaître. » Il précise que tout chrétien est libre. « Quand il l'a quittée volontairement et librement, l'Église ne veut pas lui imposer ses rites. » Il ajoute que « le refus des prières publiques n'interdit aucunement les prières privées pour un défunt. La charité que vous invoquez vous invite même à les lui accorder, afin qu'une grâce de pardon lui soit donnée par le Dieu miséricordieux qui seul, vous le reconnaissez, peut décider où commence la faute, où s'achèvent les mérites ».

Toujours dans les colonnes du supplément littéraire s'expriment les partisans de l'archevêque et ceux du journaliste et romancier chrétien anglais : un courrier des lecteurs très largement favorable au cardinal. Puisque Colette n'a pas demandé l'assistance d'un prêtre sur son lit de mort, il ne faut pas s'offusquer de la décision de l'Église qui a respecté sa volonté. Colette pour qui les défunts étaient vivants se souciait de sa fin terrestre comme d'une guigne. L'écrivain catholique Julien Green écrit dans son *Journal*, à la date du 7 août 1954 : « Colette est morte. Hier soir, voulant être un peu avec elle, car je l'aimais beaucoup, j'ai pris *Sido* et l'ouvrant au hasard, j'ai trouvé ceci, page 33. Elle vient de décrire le mieux du monde, car elle n'a pas son égal pour vous porter là où elle veut par le secours de quelques phrases, deux sources perdues qu'elle se remémore avec volupté, et elle dit : “Rien qu'à parler d'elles je souhaite que leur saveur m'emplisse la bouche au moment de tout finir, et que j'emporte, avec moi, cette gorgée imaginaire...” L'eau offerte à la Samaritaine, comment croire que Colette n'en boit pas aujourd'hui[25] ? »

« Jamais l'animalité n'aura été moins vile ni plus intelligente dans une créature humaine[26] », souligne François Mauriac. On comprend que l'« animalité » de Brigitte Bardot, dont la romancière et poétesse Lise Deharme dit : « Brigitte – la plus belle chatte que je connaisse – qui fait patte de velours avec ses yeux », ait séduit une Colette toujours féline. Dans une préface à l'ouvrage d'Evelyne Reymond, *Colette et la Côte d'Azur* (Édisud, 1987), Brigitte Bardot évoque sa visite à la romancière :

« Colette, cette femme unique qui restera le symbole de la liberté, de la sensualité, de la vérité, je l'ai rencontrée lorsque j'avais quinze ans. Elle était sur son divan-radeau, en contre-jour devant la fenêtre de son appartement du Palais-Royal. Ses cheveux lui faisaient une auréole dorée – les pigeons voltigeaient sur le balcon –, Maurice Goudeket était là, ainsi que Vadim. En me voyant, elle dit : "Mais c'est Gigi !" Je ne fus pas Gigi ! Mais je me sens sa fille spirituelle, ce qui est beaucoup plus important. » Saint-Tropez est leur trait d'union comme leur amour des animaux. Brigitte Bardot achète La Madrague en 1958, située à trois cents mètres de La Treille muscate que Colette a vendue vingt ans plus tôt. « Je nourris encore les descendants des chats de Colette, c'est le "trou aux sauvages". Il y en a de moins en moins. J'en ai recueilli quelques-uns malgré leur sauvagerie, ce fut dur de les apprivoiser. D'autres sont morts écrasés ou de maladie. D'autres ont été adoptés par des touristes… parce que c'étaient les petits-petits-fils des chats de Colette, nourris par Brigitte Bardot… »

7

De Gaulle : « Chic, un militaire ! »

Comme Brigitte Bardot depuis *Et Dieu créa la femme*, Françoise Sagan, « la Gigi de la littérature 54 », appartient au regard des autres. C'est la rançon d'une gloire perverse. « J'en avais presque un sentiment de culpabilité tout en me sentant parfaitement irresponsable », remarque-t-elle. Ce coup de grisou de la gloire, les deux jeunes femmes – élevées dans la bourgeoisie des beaux quartiers qui a hérité des mœurs du XVIIIe siècle et de son humour sceptique – en subissent les effets au plus profond de leur être. Aucune ne croit aux bienfaits de la douleur. Elles n'ont nullement besoin de souffrir pour se donner à leur métier d'actrice et d'écrivain. Aucune des deux n'a le sens de l'héroïsme comme Jeanne d'Arc tombée de tout son cœur de pucelle dans le piège tendu par Dieu.

« Chacun doit se crier sa vérité », écrivait Sartre dans *Les Mouches*. En élève passionnée, Françoise Sagan s'y efforce. « Ses romans s'inscrivent dans la lignée revendicatrice qui va de George Sand à Simone de Beauvoir, constate Gérard Mourgue. Elle démasque de petites ruses, elle crève quelques baudruches, elle s'efforce de ne pas pleurer, mais la nudité de l'âme est encore loin, bien que Mauriac la décèle en ces termes : "Cette romancière n'appuie jamais : elle me rend moins attentif à la fragile et trompeuse beauté des corps, pour parler comme Bossuet, qu'à cette brume de mensonge et de pitié qui tremble au-dessus lorsqu'ils s'étreignent"[1]. »

Dominique, l'héroïne de *Un certain sourire*, dissimule ses sentiments avec pudeur. « La jeunesse n'avoue pas ses peines si proches encore des chagrins d'enfance. » La tristesse de Juliette dans le film de Vadim éclate en mambo déchaîné et provocant. Toute la morale de Vadim est dans sa façon directe et charnelle de montrer les affres de l'amour : « J'ai sauvé mon film parce que finalement je ne m'attaquais ni à la guerre d'Algérie, ni aux problèmes politiques. Deux choses qui obsédaient les censeurs, encore beaucoup plus que la sexualité. Mais la version définitive a été amputée d'un bon quart d'heure, notamment de toute la scène où l'on voit, sur la plage, Christian Marquand faire glisser la robe de Brigitte en la caressant. »

« Quel est le "message" de Brigitte, derrière son gentil masque, un peu banal ? se demande le journaliste Philippe Barrès. On parle de la "jeune fille type de notre temps", de la "femme-enfant", des scènes "osées" ; tout cela est accessoire et se trouverait ailleurs...

« Le propre de cette jeune personne, ce qu'elle exprime d'abord, très fortement, de tout son être et de tous ses gestes, c'est une sorte d'indifférence animale au qu'en-dira-t-on et le mépris des vieux préjugés. Le mépris ? Non : l'ignorance... l'insouciance du chevreau qui broute... »

« Tout succès, remarque le fils de Maurice Barrès, reflète une époque. Quoi de surprenant, dès lors, à ce qu'une enfant de vingt ans qui n'a pas connu les étapes antérieures ignore absolument qu'il y ait jamais eu un ordre de valeurs sévère au lieu du néant d'aujourd'hui[2] ? » Dans *Les Lettres françaises*, René Bourdier interroge longuement Sagan dont le troisième roman, *Aimez-vous Brahms...*, vient de paraître. Elle a fait beaucoup d'émules mais il n'y a pas eu de second miracle. Même chose pour Bardot.

« Vous n'êtes pas curieuse de connaître vos... disciples ?

– Ce n'est même pas ça. La vérité est que je ne me sens pas du tout concernée. Heureusement...

– Vous refusez le rôle de B.B. de la littérature.

– B.B., ce n'est tout de même pas mal...

– Oui. Je voulais dire qu'elle est aussi beaucoup imitée, que les producteurs, dans tous les pays, s'efforcent de lancer sur les écrans leur Brigitte Bardot nationale.

– C'est entendu. Mais, enfin, ce n'est pas le même genre de métier. »

Le cinéma fait pourtant irruption dans la vie de la romancière. Comme le dit justement René Bourdier, producteurs, metteurs en scène, distributeurs veulent s'associer au succès commercial de Sagan.

« À cause de cela, vous aurez toujours des rapports assez étroits avec ce milieu, ce métier. *Aimez-vous Brahms...* ferait un bon film, je pense.

– *Brahms* fera un bon film, je le crois. Parce que c'est décidé. C'est Anatole Litvak qui doit le tourner. Et c'est la première fois que je suis pleine d'espoir... Litvak, je le connais bien. Il est non seulement un très bon metteur en scène, mais il est aussi un de mes meilleurs amis. »

Sophie Litvak, l'épouse du metteur en scène, a été un mannequin célèbre. Comme Bettina, le dernier amour du prince Ali Khan, porte-drapeau du couturier Jacques Fath, restée une femme libre de la "jet-society" appelée autrefois le demi-monde. Un tour de force selon Françoise. « En effet, pour faire partie de cette "jet-society", il suffit d'avoir beaucoup d'argent et de savoir relativement tenir ses couverts à table ; alors que le "demi-monde" exigeait aussi la beauté, ou l'esprit, ou la prodigalité. Comme tous les groupes ignorants des valeurs vivantes, ils ont adopté des tabous, des règlements des plus sévères, et auxquels Bettina a toujours refusé de se plier[3]. »

Dans ce petit monde si truqué en apparence, Sagan, qui a lu *La Nausée* et les romans de Scott Fitzgerald, est devenue le symbole d'une génération. À travers son phénoménal succès, Sartre et la bourgeoisie revigorée – la mort de Staline, en mars 1953, éloigne le spectre d'une nouvelle guerre – font relativement bon ménage. « On pouvait tenter de vivre et sans se soumettre pour autant aux valeurs d'une classe, écrit Bernard Frank. Si l'on veut, Françoise Sagan, c'est l'introduction du sensualisme dans les philosophies de l'existence.

« Ce qui choqua vite chez elle, les mois passant, ce fut sa façon de se comporter avec l'argent. L'argent de l'écrivain est maudit. La bourgeoisie dans son ensemble en est restée au mythe de *La Vie de bohème*. L'écrivain doit vivre sur une branche, d'eau fraîche et d'esprit. On se scandalisa que cette demoiselle eût le mode de vie idéal d'un milliardaire : maison de campagne, grands restaurants, voitures de course, croisières, palaces. On eût compris qu'elle investît sa fortune en des placements sûrs : blanchisseries, terres, valeurs, snack-bar. Mais qu'elle brûlât l'argent sans avoir l'air d'y toucher mit en rage les partisans du sérieux. D'où la fascination qu'elle exerce et cette sorte d'horreur qu'elle provoque.

« Brigitte Bardot suscita des sentiments un peu analogues. Le naturel de son corps et de son jeu d'actrice éblouit dans le même temps qu'il irrite. Son absence de technique était un vif sujet d'étonnement. C'était tout de même fort, ces demoiselles de la littérature et du cinéma semblaient bafouer les antiques prestiges du travail et du passé. Les techniques avec elles en prenaient un coup[4]. »

La littérature et le cinéma français ont désormais leurs stars mondiales. Avec le triomphe imprévu et insensé de *Bonjour tristesse* et, deux ans plus tard, le coup d'audace de *Et Dieu créa la femme*, Françoise Sagan et Brigitte Bardot sont comme les sœurs siamoises d'une liberté qui préfigure le bel âge de Mai 68. Elles n'y sont pas pour rien quand, dans les années soixante, on croise dans la rue des filles en blue-jeans qui tiennent par la main des garçons aux cheveux longs. L'Éros féminin parvient à rejoindre l'Éros masculin. On découvre la profonde ressemblance de la femme et de l'homme dans cette quête d'absolu dont le corps n'est qu'un instrument. Celui de Brigitte Bardot navigue à contre-courant des pensées de maris hypocrites, d'épouses ou de maîtresses bégueules, de culs bénis en tous genres.

« Comme tout animal doué de raison, relève Sagan dans un album consacré à la star, elle n'a rien à voir avec la civilisation chrétienne et ses tabous et en même temps rien à voir avec la destruction ou la haine de ces tabous. Brigitte Bardot était une femme qui se trouvait bien dans l'eau tiède de la Méditerranée, il y a vingt ans, et qui s'y trouve toujours bien. C'est aussi une femme qui aime encore que les hommes trouvés et les chiens perdus posent leurs têtes sur son épaule. C'était, et c'est toujours, une femme que la caméra éblouit, mais dans le sens du dictionnaire, c'est-à-dire : "Frapper les yeux par un éclat qu'ils ne peuvent soutenir."

« Soumise à son destin de flashs, de star et de bête curieuse mais plus soumise encore à son instinct d'animal femelle parfaitement libre de son sang et de ses impulsions.

« C'est alors qu'on tenta de lui imposer des devoirs. Ayant tous les droits païens : choisir, apprécier, aimer, quitter. On tenta de lui imposer des devoirs chrétiens : "Travailler, épouser, aimer son métier, élever, etc."

« Elle ne s'y trompa pas, elle refusa. Elle prit les droits naturels de sa beauté, de sa nature, et refusa les faux devoirs avec une belle énergie de guéparde. On la dota d'hommes qu'elle rejeta un jour, de rôles qu'elle se borna d'interpréter, de malaises qu'elle refusa à ressentir ouvertement. Même pour cette société pourrie et fascinée, elle refusait de jouer à ce jeu dérisoire et baroque du devoir et du droit. De mesurer. Elle était résolument anarchique.

« Elle était le succès, l'argent, l'amour et elle ne voyait pas pourquoi, ni à qui rembourser. Bref elle n'avait pas honte d'elle-même. Elle ne s'excusait pas de son complet triomphe, alors que tant d'autres s'excusaient de leur demi-succès. Et c'est pour ça qu'elle scandalisa[5]. »

Comme si la personnalité de Juliette, incarnée par Bardot, était calquée sur celle de son héroïne, Cécile, Françoise Sagan se trompe de date à propos du choc de *Et Dieu créa la femme*. Au lieu de 1956, l'auteur de *Bonjour tristesse* parle de l'année de parution de son roman : « On vit une femme, en 1954, faire l'amour parce qu'elle en avait envie, aimer un homme puis un autre, et ne ressentir de tout cela aucune honte mais plutôt, au contraire, un sentiment de liberté qui était grisant, et qui est d'ores et déjà maintenant dépassé et comme annulé, comme tout mot d'ordre et toute mode et tout exhibitionnisme sans folie [...]. En 1954, poursuit-elle, il s'agissait d'être vertueuse et Bardot ne l'était pas. En 1975, il s'agit d'être licencieuse et Bardot ne l'est toujours pas[6]. »

Comme si elle se parlait à elle-même, Sagan remarque : « Oui, elle étonna le monde entier. » Avant d'évoquer l'instinct sexuel de la jeune femme qui explose, libre comme un geyser : « Car il n'y avait pas d'honneur qui lui semblât plus grand, plus important, plus nécessaire que celui de combler, dans un lit de hasard, l'homme qu'il lui plaisait de combler et c'est ce qui, à mon sens, est le plus intéressant et le plus sympathique et le plus généreux dans la vie de cette jeune femme qui a mon âge et que je connais mal[7]. »

Les images du mythe Bardot de l'album sont signées Ghislain Dussart qui a fait les Beaux-Arts à Paris et découvert par hasard la photo au cours d'un voyage d'agrément à la Jamaïque. Il travaille avec des magazines internationaux tels que *Bazaar*, *Life* ou *Playboy*. Se spécialisant dans la publicité et la mode, ses modèles s'appellent Anna Karina, Catherine Deneuve, Elsa Martinelli, etc. Mais l'objectif de son Nikon capte de préférence une B.B. tour à tour rieuse ou triste, enjouée ou profonde, un rêve de beauté lumineuse, de liberté, de force sereine. « Lorsque je fis sa connaissance, écrit-il, elle était à peine Bardot et je n'étais pas du tout photographe, mais peintre. Notre première rencontre remonte très loin au fond de l'année 1953 par un soir de pluie, chez elle, rue Chardon-Lagache où je venais chercher sa sœur Mijanou. Brigitte ouvrit la porte brutalement en criant quelque chose à quelqu'un, je ne me rappelle plus les paroles mais le destinataire était Vadim, allongé sur le lit un téléphone à la main.

« Ce soir-là je pénétrais dans l'univers de la femme-enfant qui allait deux ans plus tard révolutionner les mœurs, faire les modes de toute une génération, inspirer les uns, déranger les autres mais ne laisser jamais personne indifférent[8]. »

Paradoxalement c'est Ghislain Dussart, surnommé Jicky, devenu son ami, mieux encore « un frère » comme le considère Brigitte, qui la protège de la meute acharnée de reporters et de photographes à ses trousses. Après le tournage de *Et Dieu créa la femme*, il lui prête sa maison rustique de Cassis-sur-Mer, nichée dans la colline. Elle vient de plaquer Vadim pour filer avec Jean-Louis Trintignant. « Nous avons vécu là dix jours de rêve, de simplicité, à la façon de nos aïeux, oubliant le XXe siècle et son triste apanage de modernisme démystificateur. Nous étions plongés dans le romantisme d'une époque sans nom qui s'appelait "amour"[9] ! » Seul témoin de leur émerveillement d'amants à qui Jicky avait donné les clés d'un modeste paradis, un superbe chat sauvage que Brigitte Bardot nourrissait à la tombée de la nuit.

Roger Vadim : « J'ai toujours pensé que le film était l'enfant que nous n'avions pas eu. Avant même de commencer le tournage, je crois qu'elle se doutait déjà qu'on allait être obligés de se séparer. Elle a un tel besoin de passion, d'intensité, qu'on s'occupe d'elle à chaque seconde de la vie, que je ne pouvais plus tenir le coup après huit ans. »

« Suis-je vraiment une femme sérieuse ? En dehors de mes copains, du vent, de la mer et de la liberté, en dehors d'une brûlante solitude, croyez-vous que je m'amuse tous les jours ? Ai-je été l'objet de quelque meurtre irraisonné ou des fantasmes d'Hamlet ? » Être ou ne pas être (*To be or not to be*). Être une star, c'est regarder sa vie de femme et d'actrice sous la lumière artificielle des médias. « Rien n'est plus facile que d'être enlaidie, trahie par une photo : un flash qui durcit les traits, un éclairage abrupt qui creuse les yeux, une lumière frisante qui grossit démesurément le grain de la peau, un fou rire dont on ne se méfie pas et qui vous dévore le visage[10]. »

Posant avec une entière confiance, un abandon complet, grâce à Ghislain Dussart, Brigitte Bardot s'est amusée à être unique et multiple. Jicky distribuait les rôles. Mais quand elle ne joue plus, c'est une Bardot sans fard, nue comme Ève ou le corps à peine voilé, qui triomphe en toute beauté. « B.B., c'était Ève sans le péché originel. Elle incarnait la femme qui voulait plaire mais aussi jouir[11] », analyse l'historienne Michelle Perrot, un des piliers de l'*Histoire des femmes en Occident*.

François Mauriac, qui guette chacune de ses apparitions à la télévision, pour sa chronique à *L'Express*, puis au *Figaro littéraire*, note, le 12 janvier 1963 : « B.B. est plus belle que jamais. Ou plutôt elle n'était pas belle et elle l'est devenue. Il ne reste rien de ce côté "carlin boudeur". Visage remodelé par des millions de désirs, il a fini par ressembler à la femme en soi, à la "phàmme", comme écrivait Balzac[12]. C'est nous qui projetons sur l'écran cette créature, et elle nous fait des signes comme dans la rue, et chacun peut la suivre sans bouger de son fauteuil. La TV a toujours tenu bureau d'érotisme[13]. » Quelques années plus tôt, dans son *Bloc-notes* du 9 août 1958, il avait écrit : « Cette Ève devrait se faire photographier habillée, avec des manches longues et une robe jusqu'aux talons, et un col jusqu'aux oreilles – sinon Adam bientôt ne la regardera plus[14]. »

François Mauriac se trompait et je peux en témoigner. Le 7 décembre 1968, je suis sur le perron de l'Élysée lorsque B.B., accompagnée de son mari Gunther Sachs, se présente en tunique de hussard à col montant et brandebourgs, au-dessus d'un pantalon à passepoil. Ses cheveux blonds foisonnants lui tombent sur les épaules. Tous les Adam qui assistent à son arrivée triomphante poussent des « oh ! » et des « ah ! ». Comme des enfants devant le bouquet d'un feu d'artifice. Invitée par de Gaulle à la soirée des arts et des lettres, Brigitte Bardot envoûte tout le monde. Philippe de Gaulle raconte à Michel Tauriac quelle a été la réaction du Général, en civil : « Mon père, ce n'était pas un secret, appréciait les uniformes, surtout s'ils étaient bien coupés et bien portés. Et dans son pantalon et sa tunique à brandebourgs, B.B. était superbe. Il nous l'a rappelé plusieurs fois en famille avec une satisfaction évidente et, je le souligne, sans que ma mère en parût agacée, car elle trouvait même la chose amusante. Après cette rencontre à l'Élysée, on lui a mis nombre de réflexions plus ou moins saugrenues dans la bouche. Je puis vous assurer que la seule qu'il prononça ce jour-là à la vue de la vedette faisant son entrée dans le grand salon du palais présidentiel fut celle qu'il nous répéta plus tard à la Boisserie : "Chic ! Un militaire[15] ! »

François Flohic, l'aide de camp du président de la République, m'a confirmé le mot du Général lorsque Brigitte Bardot, « en uniforme », fait son entrée. « Ravi de la voir, il est allé avec elle jusqu'au buffet où ils ont échangé quelques mots sous les regards curieux des gens[16]. » Ayant alors soixante-dix-huit ans, Charles de Gaulle, qui apprécie les jolies femmes, aurait dit à Alain Peyrefitte : « Quand elles sont laides, il faut les regarder de profil. Comme ça, on n'en voit que la moitié. » Aucun doute, il regarde Brigitte Bardot bien en face. Quant à Yvonne de Gaulle, la première Première dame de la Ve République, regarde-t-elle la star de travers ? En une du *Canard enchaîné* du 1er janvier 1964, un dessin montre le Général effectuer sur un âne son voyage en « Gaullilée ». « Au premier plan, lascivement agenouillée sur le sable, une B.B. aux yeux de braise arbore un décolleté plongeant. Yvonne, à ses côtés, prie sagement à genoux, sa robe noire boutonnée jusqu'au cou[17] », raconte l'historienne Frédérique Neau-Dufour, spécialiste de la famille de Gaulle. « Tante Yvonne », qui a interdit à son couturier, Jacques Heim, les décolletés trop profonds, devient l'anti-Bardot selon l'hebdomadaire satirique qui l'a transformée en Mme de Maintenant dans *La Cour* d'André Ribaud et Moisan. En décembre 1959, son frère, Jacques Vendroux, déclenche une polémique en faisant interdire à Calais, la ville dont il est le député-maire, la projection des *Liaisons dangereuses* de Roger Vadim. « C'est une décision de salubrité publique », souligne-t-il[18].

Sur un exemplaire de luxe des *Mémoires d'espoir*, le Général écrit cette dédicace : « Pour vous Yvonne, sans qui rien ne se serait fait. » Comme nous le verrons, l'épouse du chef de l'État, née le 22 mai 1900, saura défendre la cause des femmes au moment de l'adoption de la loi sur la pilule contraceptive. Au fond, la B.B. qu'apprécie le Général ne doit pas lui déplaire tant que ça malgré ses divorces et une vie d'artiste sujette à caution. En tout cas, Yvonne de Gaulle aime les animaux et ne manque pas de courage ni d'humour. Après l'attentat du Petit-Clamart, le 22 août 1962, elle s'inquiète du sort des poulets enfermés dans le coffre de la DS présidentielle criblée de balles : « J'espère qu'ils n'ont rien eu... » « Les gendarmes présents autour du véhicule pensent que la première dame parlent d'eux. Il n'en est rien. Yvonne s'inquiète pour la volaille qu'elle avait emportée dans le coffre de la voiture[19] ! »

La Bardot gaulliste qui, en novembre 1961, porte plainte pour extorsion de fonds contre un mystérieux représentant de l'OAS exigeant qu'elle lui verse 50 000 francs sous peine de représailles[20], aurait eu la même réaction. Par ailleurs, le patronyme de l'actrice rappelle un bon souvenir à l'homme de l'appel du 18 juin 1940 : un certain Léon Bardot, qui habitait en Grande-Bretagne, fut l'un des premiers Français à se mettre au service du Général. Dans *Babette s'en va-t'en guerre*, le film de Christian-Jaque (1959), de Gaulle est une voix qui répond au téléphone à Bardot.

« Je venais de réaliser le rêve de ma vie. C'est amusant de penser qu'avec la tour Eiffel et de Gaulle, mon nom est synonyme de la France dans le monde entier. Nous formons une trilogie inséparable, malgré nos aspects on ne peut plus dissemblables[21] », raconte la star dans ses Mémoires. « À la sortie de l'Élysée, les journalistes me demandèrent mon impression. "Il est beaucoup plus grand que moi" fut ma seule réponse[22]. » André Malraux, ministre d'État chargé des affaires culturelles, a raccompagné Brigitte et son mari sur le perron. Quand je l'interroge, après le départ du couple, il s'exprime sur la star en termes dithyrambiques. En janvier 1963, il est tout aussi séduit par l'éblouissante Jackie Kennedy lors de l'inauguration de l'exposition de *La Joconde* à la National Gallery de Washington. De Gaulle a accepté que l'on prête « le plus célèbre tableau du monde » aux Américains. Le rayonnement de la France et l'amélioration des relations avec Washington sont primordiaux. Mona Lisa sera l'ambassadrice de charme du Général.

Lorsque la Bardot de *Et Dieu créa la femme* part à la conquête des États-Unis, le magazine *Life* écrit : « Depuis la statue de la Liberté qui domine New York, aucune Française n'a projeté un tel faisceau de lumière sur les États-Unis. » En liberté surveillée, l'expatriée du Louvre est sa seule rivale dans le cœur des Américains qui ont défilé devant le sourire énigmatique d'une Française d'adoption. « La première expression de ce que Goethe appellera l'"éternel féminin"[23]. »

Henri Tisot, ancien pensionnaire de la Comédie-Française, célèbre pour ses imitations du général de Gaulle, continue d'être hanté par le personnage. Il se lie d'affection avec Brigitte Bardot devenue un buste de Marianne sculpté par Alain Aslan et édité par le musée du Louvre. Dès sa création, en 1969, certains maires s'offusquent du choix de ce modèle. « Vous me voyez recommander aux jeunes époux le devoir de fidélité sous le regard de Brigitte Bardot. » Valéry Giscard d'Estaing est l'un des premiers à l'installer dans sa mairie de Chamalières (Puy-de-Dôme) où elle a été conservée par son successeur. Mais les communes de Quimper, dans le Finistère, et de Marly-le-Roi, dans les Yvelines, remisent B.B. dans leur grenier. Pour cause : son flirt avec le Front national quand elle choisit pour compagnon Bernard d'Ormale, un proche de Jean-Marie Le Pen[24].

Depuis la soirée mémorable de l'Élysée, la star a toujours eu ses entrées chez les présidents de la République, en particulier sous Pompidou et Giscard d'Estaing. « À la fin des années soixante, remarque ce dernier, il y avait deux Français et seulement deux qui étaient connus dans le monde entier. Charles de Gaulle et Brigitte Bardot. Cela, depuis, ne s'est jamais reproduit. Et il ne faut pas l'oublier[25]. » La disparition du Général, le 9 novembre 1970, la laisse en quelque sorte orpheline. « La mort de De Gaulle fut pour moi, aussi étrange que cela puisse paraître, une épreuve très pénible. Il faisait partie de ma famille. C'était "le chef"[26] ! »

En avril 2006, B.B. préface le livre d'Henri Tisot, *Ève, la femme, l'injustice de tous les temps.* Elle écrit notamment : « Henri est un apôtre, un visionnaire qui tente de transmettre la bonne parole dans un monde de sourds. L'évolution de sa vie est étrange, il fut notre "de Gaulle" bis, il eut un immense succès qui s'éteignit avec le Général. C'est dans sa croyance profonde en Dieu qu'il puise la force de survivre, c'est dans ses recherches de vérités planétaires, de ses mystères et de ses miracles qu'il parvient à surmonter les cataclysmes qui quotidiennement accompagnent la dégradante décadence de cette nouvelle société mondiale uniquement guidée par cette nouvelle religion qu'est l'argent. S'il remet Ève à une place prépondérante, qu'il n'oublie pas dans son enthousiasme que la femme n'est pas symbole de perfection. Parfois, elle peut être plus cruelle que l'homme ! » Henri Tisot est aux anges. « Je considère Brigitte comme une sainte laïque. Elle mérite ce titre par son courage et ses positions pour la défense des animaux. Elle a été impressionnée par ma trouvaille anagrammatique : "Le monde est démon"[27]. » Encore un rôle pour Bardot qui a connu l'éternité de la damnation et l'infini de la jouissance.

8

Pieds nus et en jeans

Ah ! la belle époque de Saint-Tropez qui n'était pas encore tout à fait Saint-Trop'. Ce « trop-de-pèze » avec son port encombré par les yachts de milliardaires. On était au pays de la liberté. « Aucune route ne traverse Saint-Tropez, écrit Colette sur un dépliant distribué en 1935 ou 1936. Une seule vous y mène et ne va pas plus loin. Si vous voulez repartir, il vous faut rebrousser chemin. Mais voudrez-vous repartir ? »

Quartier de la Miséricorde. Une petite vierge dans sa niche de marbre vert occupe le sommet du portail de la chapelle de la Miséricorde. Il faut gravir la rue du même nom, se faufiler sous trois arcades avant de rejoindre la rue Gambetta qui grimpe vers la Citadelle.

Dans la rue de la Miséricorde débouchent à gauche la rue des Feniers et la rue du Portail-Neuf, à droite la rue Bergère, la rue des Bouchonniers et la rue des Moulins qui conduit chez Palmyre. Le son d'un piano mécanique se fait entendre jusqu'à une heure avancée de la nuit où se glissent des chats maraudeurs. Mistinguett adorait Palmyre et son éclairage de fête foraine. Colette dansait toujours pieds nus. La belle Angèle trônait au comptoir. Palmyre disait : « Les danses se payent d'avance et les bagarres dehors[1]. »

C'est le quartier de la famille Bardot, Louis, dit « Pilou », sa femme Anne-Marie, dite « Toty », et leurs deux filles. Des « estrangers du dehors » qui habitaient une maison rose tout en haut de la rue de la Miséricorde. Annabel, qui aime beaucoup Brigitte Bardot, imagine sa vie de petite fille à Saint-Tropez auprès de ses parents et de sa sœur cadette. Une famille heureuse en vacances. « L'aînée des fillettes apprend la danse classique… L'autre est très belle aussi mais elle ne le sait pas… Mijanou voudrait ressembler à sa grande sœur. La mère plus belle encore, de ces beautés froides que l'on admire sans les envier, bourgeoise, élégante, regrette probablement sa bourgeoisie, et jalouse inconsciemment sa nichée… Elle essaye de vivre une bohème qu'elle n'a pas connue, en incitant Bribri à faire l'artiste. Le père, poète tendre et distrait, trouve cela tout naturel. L'enfant aime la musique et se plaît à jouer les chatons sur ses chaussons à pointes… Elle sera une étoile. »

Cette rêverie d'Annabel Buffet se lit dans l'album sur Saint-Tropez qu'elle a publié en 1993 avec des photos de Luc Fournol[2]. Un cliché pleine-page montre la star, les fesses moulées dans un mini-short en vichy sous un bustier caché en partie par sa blonde crinière. De la main droite elle tient un cabas et de l'autre une cigarette. Pieds nus sur les pavés comme l'homme qui l'accompagne, B.B., vue de dos, est d'une beauté naturelle. L'image même « d'une enfance indestructible que personne n'a pu tuer et que beaucoup lui envient[3] ». Sur une autre photo, Annabel, coiffée d'un chapeau de paille, en pantalon tigré, et une jeune femme en pantalon et corsage vichy, s'adressent au conducteur (invisible) d'une DS 19, la nouvelle Citroën de 1956. Elles sont également pieds nus.

Être pieds nus, c'est avoir la sensation de vivre librement. Dans un récit autobiographique, Éric Ollivier a bien exprimé cette impression de ne plus subir les contraintes sociales et morales. « Dès que le printemps s'annonçait, je sortais sans chaussettes, et je me souviens encore de cette Romaine qui me tendit quelques lires dans un autobus, aux alentours de 1950 ; elle avait cru que j'étais un pauvre dans la ville encore pauvre, quand j'étais seulement un jeune homme en liberté absolue[4]. » L'auteur des *Godelureaux*, roman paru en 1959 et adapté l'année suivante par Claude Chabrol (*Les Godelureaux*, avec

Jean-Claude Brialy et Bernadette Lafont), est devenu le mémorialiste de cet après-guerre fantaisiste et bohème.

« Au sortir de la guerre, notre jeunesse s'est sentie libérée de tout. Et le lieu le plus symbolique de cette libération générale fut Saint-Germain-des-Prés. J'y vins poser mon sac. La récréation commença. Elle allait durer plusieurs années, et on en garde un souvenir étonné : la vie était simple, alors, un peu naïve pourrait-on dire si on la compare à aujourd'hui. Le jour et la nuit nous appartenaient, nous étions dehors dès que le temps le permettait. On formait des bandes changeantes, nous vivions de rien, car notre seule ambition était la joie au grand air[5]. »

Déambuler pieds nus, vêtu d'un chandail et d'un blue-jean, c'est « être à la mode de Saint-Tropez ». Ce qui n'empêche pas les créations de Mme Vachon de se vendre comme des petits pains. Dès 1932, elle expose à New York ses foulards provençaux dans une vitrine de la Cinquième Avenue, chez Sachs, au côté de Lanvin, Coco Chanel, Hermès. La seule chose à ne jamais porter est une cravate. Annabel a un jean donné par un pilote américain rencontré à Cannes à la fin de la guerre. Son premier pantalon noir lui a été offert par Juliette Gréco quand elles se sont connues à Saint-Germain-des-Prés. Quant à leurs fameux pulls à col roulé, ils proviennent d'un magasin de la place Saint-Sulpice où se fournissent les prêtres. Ils les portent sous leur soutane, en hiver[6]. Les deux « grâces » du quartier, la troisième étant la jolie rousse et lunaire Anne-Marie Cazalis, tissent les fils d'une légende.

Le jour de son mariage avec Bernard Buffet, le 12 décembre 1958, Annabel est prête à enfiler son éternel jean. Au dernier moment, dans un Saint-Tropez désertique, elle déniche une jupe. Les journalistes font le guet devant la mairie où les bans ont été publiés. Contre toute attente, c'est à la mairie de Ramatuelle, vieux village sarrasin entouré de collines boisées, qu'Annabel prononce le « oui » fatidique. Bernard, le taiseux, se contente d'un hochement de tête. Il est vingt heures trente, une cérémonie express.

Pour protéger sa liberté, le couple s'est amarré, incognito, dans une jolie demeure aux murs roses comme ceux de la maison de Bardot, sur lesquels s'étirent des rosiers jusqu'au premier étage. Au cœur des vignes, à proximité de la chapelle Sainte-Anne dont les ex-voto conservent l'image romantique des long-courriers.

« Nous habitions là depuis six mois ; au moment de quitter la bohème, la clandestinité, pour être jetée en pâture au Tout-Paris, à la presse, j'étais au bord de la panique, raconte Annabel. Est-ce pour me rassurer que tu m'as fait l'amour ? Ensuite nous nous sommes habillés pour la cérémonie que nous avions voulu garder secrète[7]. »

Suzanne Pelet dirige une agence immobilière à Saint-Tropez. Elle a déniché la maison rose et a servi de témoin à Bernard. Celui d'Annabel était Henriette Arnaud, la secrétaire de mairie. Suzanne invite le couple à dîner au restaurant de Ramatuelle ouvert pour la circonstance. Ils ne sont que trois dans la salle à manger. Bernard se régale avec la blanquette de veau commandée par Suzanne Pelet. En revanche, Annabel, qui déteste ce plat, n'a rien d'autre à manger. Ce repas de noces qu'elle n'a pas pu partager lui reste sur l'estomac… Mauvais présage.

Lorsque Joseph, le chauffeur de Buffet, vient les chercher à Saint-Tropez au volant de la Rolls Royce avec sa boîte à outils sur le marchepied, elle appréhende la suite des événements. En route pour Château l'Arc, une magnifique propriété près d'Aix-en-Provence, face à la montagne Sainte-Victoire peinte par Cézanne. Bernard s'endort aussitôt. « La blanquette, le mari ronfleur, moi fagotée dans une jupe inconfortable, la voiture trop prestigieuse composaient une accumulation qui ressemblait un peu trop à ce que je reprochais à la vie conjugale. J'ai broyé des idées noires pendant les deux heures qui nous séparaient de mon nouveau et gigantesque foyer[8]. »

Dans ses bagages, le blue-jean fétiche symbolise d'une certaine manière son indépendance. Dans les années soixante, le jean évoque aussi bien James Dean que la vie de bohème des conquérants de l'Ouest américain. Vêtement unisexe, il traduit chez les garçons comme chez les filles la volonté d'une liberté de mouvement. Maintenant, c'est à toi de voler de tes propres ailes ! semble lui dire ce cadeau fait par l'aviateur américain. Ses années les plus heureuses, Annabel le dit souvent, se situent à Saint-Tropez, dans les années euphoriques et ensoleillées de l'après-guerre. La gaieté de cette époque est saine. Une jeunesse zazou a fait l'apprentissage de la liberté à Saint-Germain-des-Prés. Pendant quatre ans le plaisir a été une illégalité. Il devient une justification sous le signe d'une perpétuelle « party ». L'élection d'une miss « Vice » très déshabillée fait du ramdam. Un journaliste finit au poste parce qu'il n'a pas de plaque à son vélo…

Les clichés de Georges Dudognon illustrent ce temps de légèreté. L'un d'eux montre Gréco et Annabel couchées dans le même lit à l'hôtel La Louisiane, rue de Seine. Elles occupent la chambre ronde qui fait le coin de la rue de Buci. Jean-Paul Sartre en a été le locataire sous l'Occupation. Punaisées au mur, les photos du trompettiste Miles Davis et du pilote automobile Jean-Pierre Wimille, l'amour dingue de Gréco qui s'est tué au cours d'un entraînement au Brésil. Sur la table de nuit de Juliette, il y a longtemps eu une vieille paire de gants de son champion.

La danse, les caves, l'amour – des nuits d'amour se jouent au 421 –, on s'amuse, on a l'esprit farceur. À la mort de Gide, Anne-Marie Cazalis, qui appartient à une famille de pasteurs, rédige ce télégramme destiné à François Mauriac : « Enfer n'existe pas. Tu peux te dissiper. Préviens Claudel. Stop. Signé : André Gide. » Roger Nimier fait une blague à Jacques Chardonne en admiration devant Brigitte Bardot. Il lui envoie la photo dédicacée de l'actrice, portant en exergue cette phrase attribuée à Sartre : « Pourquoi veux-tu toujours arracher ce qu'on t'accorderait peut-être de bonne grâce[9] ? »

Après avoir feuilleté une revue d'histoire qui se penchait sur le « Quartier » et ses célébrités germanopratines, la malicieuse et mélancolique Anne-Marie m'a écrit à propos de « ce lieu propice à nos rêveries, nos illuminations, nos illusions » : « Voici

Camus, Sartre, Queneau, un peu rêveur (il est vrai que le photographe-monteur me fait pencher la tête sur son épaule, ce que je ne me serais jamais permis du vivant de l'auteur de *Zazie dans le métro* ou de *Loin de Rueil*). Voici encore Sidney Bechet et sa clarinette, Claude Luter, Boris Vian et sa trompinette, cher Boris, mort d'avoir trop soufflé, et Prévert effaré. Et Orson Welles, énorme en tout. [...] Nimier qui roulait à tombeau ouvert boulevard Saint-Germain, si bien qu'un soir il renversa l'un des bancs de bois, en revenant du Vieux-Colombier où il avait dansé comme un gros chien pataud. Roger Nimier... et notre inséparable Stephen Hecquet [...]. C'est un Saint-Germain-des-Prés de notre mémoire, cette prairie désenchantée. Il n'y a plus d'avant à Saint-Germain-des-Vents[10]. »

Anne-Marie Cazalis a écrit un poème, *La Liberté toujours au-delà*. Boris Vian le reproduit dans son *Manuel de Saint-Germain-des-Prés* avec cette remarque : « Eh bien, moi j'aime bien ça » :

En ce temps, la liberté était au-delà du mur
Ils brisèrent le mur et franchirent les ruines
La liberté était toujours plus loin
Derrière les trois colonnes de silence
Ils encerclèrent les colonnes, et soudain
Il n'y eut plus qu'une flamme, fille de l'éclair
Qui resta dansante au fond de leur regard
La liberté était toujours
En deçà de tout espoir
Mais la lumière du puits de leurs yeux
Éclaire maintenant la prison.

« À cette époque, remarque Juliette Géco, j'ai ouvert une voie de liberté. Je reste toujours une femme libre et une femme debout[11]. » L'interprète de *Déshabillez-moi* incarne, aujourd'hui encore, Saint-Germain-des-Prés pour le monde entier. Gréco se nomme elle-même « Jujube », d'où le titre de son livre. Elle y parle de son amie Anne-Marie que l'on appelle Annie et que

Beauvoir surnomme « Cassoulet ». « Anne-Marie Cazalis était assise à la table de Jean-Paul Sartre et de Simone de Beauvoir. Elle portait une robe moulante de velours noir et jouait l'innocente. Elle l'a toujours joué, même dans le malheur. Elle connaissait les journalistes, les écrivains, les personnalités les plus fascinantes de l'instant. Travaillant avec les uns, babillant avec les autres. Elle regarda Jujube et décida qu'elle était belle. Elle réussit à le faire croire à une impressionnante quantité de gens. Pas à Jujube. Elle décida que Gréco deviendrait célèbre et fit tout pour y parvenir. Elle prit Jujube en charge sans en avoir l'air et doucement Jujube réalisa qu'elle n'était plus seule[12]. » Mais il y a parfois des frictions, comme le relève Simone de Beauvoir dans une lettre à Nelson Algren datée du 14 juin 1950 : « Brouille entre la chanteuse et "Cassoulet", parce que la première s'est fait photographier nue dans une baignoire avec une autre belle fille, une lesbienne. Jalousie de "Cassoulet". »

Boris Vian compare Cazalis à une chèvre rousse. « Elle en a le rire, l'expression malicieuse et un peu butée, mais toujours diabolique, et même la barbiche qu'elle remplace par une longue patte fine posée sur sa moue[13]. » Quant à Annabel, selon Danièle Heymann, « c'est une chèvre de Monsieur Seguin […]. Une de ces fières, fiévreuses chèvres-là, précise la journaliste. Heureuses au piquet, au jardinet. Mais qui entendent un jour souffler à travers la garrigue le vent fou, feu follet de la liberté. Et qui cassent leur chaîne et s'enfuient vers la colline. Elles croquent les fleurs en dansant, elles jouent éperdument avec des chamois de rencontre, elles ne voient pas le jour baisser[14]. » Annabel n'est pas mangée par les loups. La belle dévore d'un œil ardent les amants de la nuit. À Saint-Germain-des-Prés, elle a lancé la mode des élégantes qui se serrent la taille avec un collier de chien !

Malgré son cœur malade, Boris Vian, séparé de sa femme Michelle, anime aussi les heures chaudes de Saint-Tropez où il a loué un local aménagé en une sorte de cave. Il est arrivé par la Nationale 7 dans la Brazier 1911 aussi célèbre à Saint-Germain-des-Prés que la 6 CV Renault 1920, à damiers noirs et jaunes, du décorateur Yves Corbassière, en passe de devenir un peintre abstrait coté. Merveille de mécanique ancienne, la Brazier a parcouru des milliers de kilomètres à 45 de moyenne. Pendant l'été, des succursales « existentialistes » sont créées sur la Côte d'Azur, à Saint-Tropez, Cannes et Antibes.

L'auteur de *J'irai cracher sur vos tombes* (sous le pseudonyme de Vernon Sullivan), qui a épousé la danseuse suisse Ursula Kübler en 1954, rejoint l'hôtel La Ponche. Tenu par Albert et Margot Barbier, c'est la pension de famille tuyau de poêle. Avant de louer une villa, Françoise Sagan occupait la vingt-deux, une chambre avec terrasse. Gréco vient la rejoindre. Michel Magne se met au piano. Juliette Gréco et Mouloudji chantent des poèmes de Françoise Sagan qui écrit également des textes pour son amie Annabel, installée chambre numéro huit. La romancière et la chanteuse, ancien mannequin-vedette du couturier Jacques Heim, se sont rencontrées au Carrol's, un cabaret parisien de la rue de Ponthieu. Michel Déon, l'ami de Françoise, a fait les présentations. Annabel y récitait des poèmes que Christian Marquand lui apprenait à dire. Habillée d'un smoking, « Frede », la propriétaire de la boîte, a une cour de superbes lesbiennes.

Sur la pochette d'un 33 tours, le compositeur Michel Magne pose entre Françoise et Annabel allongées dans l'herbe. Annabel a enregistré pour la maison Versailles quatre chansons que Sagan dit elle-même au verso du disque. Les chansons s'intitulent *La Valse*, *Les Jours perdus*, *Pour toi et moi*, *Le Jour*. « C'est l'amour triste, ou l'amour tiède », dit l'auteur à propos de ses chansons. *La Valse* : « Il passait dans tes yeux/ Quand tu valsais/ Quelque chose quelque chose que j'ignorais/ Un regret, un oubli, oui mais de qui. » *Le Jour* : « Le jour délaisse le ciel/ Mais tu habites mes jours/ La mer s'endort sur le sable/ Ton cœur s'endort sur mon cœur. » Pas de quoi rivaliser avec Charles Trenet ou Georges Brassens. Alexandre Vialatte, à propos d'une autre chanson de Sagan, *Sans vous aimer*, enregistrée par Gréco, manie l'ironie dans sa chronique de *La Montagne* : « Voici des vers de Françoise Sagan : "Toujours, toujours/ Je n'aime que toi/ Prends-moi, prends-moi/ Prends-moi dans tes bras." La passion y parle toute pure. Ils sont chantés par Juliette Gréco. Les journaux du dimanche les reproduisent en une. Minou Drouet n'a qu'à bien se tenir. [...] On voit que la poésie française est pavée de bonnes intentions. Le génie fait rage[15]. »

Sous le label « Fontana » (production Philips), ce super 45 tours illustré au dos d'une photo de Luc Fournol où Sagan est assise entre Gréco et le compositeur Michel Magne, est intitulé *Juliette Gréco chante Françoise Sagan*. *Sans vous aimer*, *Le Jour*, *La Valse* et *Vous mon cœur* (« Vous me quitterez mon cœur/ Car l'amour lasse/ Et vous lassera ») font aujourd'hui de ce disque en résine de vinyle une pièce de collection. On ne peut l'écouter qu'avec un pick-up léger à saphir pour microsillon. À la sortie du disque, au début de l'été 1956, la critique est plutôt amicale ou neutre. « La musique, comme les paroles, porte en elle le mirage du soleil et de l'eau », lit-on dans *Elle*. *La Tribune de Genève* analyse le mariage de deux personnalités : « On ne saurait oublier que le maître à penser de Juliette Gréco se nomme Maurice Merleau-Ponty (*Éloge de la philosophie*) et celui de Françoise Sagan, Michel Déon (*Les Apparences trompeuses*). La marge est appréciable. L'une commence à savoir où elle va. L'autre connaît toujours le désarroi[16]. »

En février 1957, une double page de *Elle* montre Juliette Gréco et Brigitte Bardot en train de s'observer tout en se refaisant une beauté avant de participer à une soirée lors du carnaval de Munich, en Allemagne. L'hebdomadaire d'Hélène Gordon-Lazareff s'est amusé à légender chacun des quatre portraits par « Bardot est plus belle, pense Gréco » ou « Gréco est plus belle, pense Bardot[17] ». Salut les copines ! Quelle est la plus belle pour aller danser ?

Pendant le tournage de *Et Dieu créa la femme*, Brigitte Bardot se promène nue dans la Ponche. « Cache-toi, que tu es laide », lui lance Albert Barbier. « Moi, je suis laide ! » s'exclame Brigitte stupéfaite. À l'heure de l'apéritif, on aperçoit Paul Éluard, Maurice Merleau-Ponty – « le seul parmi les philosophes qui invite les femmes à danser » (dixit Boris Vian) –, parfois

Picasso venu d'Antibes. À Saint-Tropez, Daniel Gélin est aux premières loges. « J'y ai passé des étés superbes. La nuit se confondait avec le jour. Il m'arrivait, après quelque profond sommeil réparateur, de sortir de chez moi dans les ruelles et de ne pas savoir, tant la notion du temps était abolie, si cette lumière imprécise dans la ville et sur la Ponche était celle du petit matin ou du crépuscule[18]. »

Jadis, à quelques encablures, auprès de sa chatte et de sa chienne, Colette travaillait à son livre *La Naissance du jour* en souvenir de sa mère Sido : « Elle m'a donné le jour, et la mission de poursuivre ce qu'en poète elle abandonna. » La Treille muscate, au bord de la baie des Cannebiers, sera vendue à l'acteur Charles Vanel. Lorsque Colette déménage, elle lui recommande de veiller sur l'araignée. « Il y avait une araignée dans un coin. Elle m'a demandé de ne pas la déloger. L'araignée a fait ce qu'elle a voulu, parce que je n'ai jamais habité la maison[19]. »

Vanel a acheté La Treille muscate à cause du terrain boisé situé derrière, qui donne sur le golfe. Mais la végétation folle et drue, envahie par une armée de moustiques, le fait reculer. Il revend aussitôt la maison composée de petites pièces sombres et d'une terrasse au nord. Sans la présence de Colette qui écrivait le plus souvent dans son lit ou sur un petit bureau, tournant le dos au jardin – « Si je vois passer un oiseau ou un papillon, je suis fichue ! » –, il y a de quoi être un peu cafardeux.

En partant, elle a laissé quelques livres, deux tableaux représentant des chats, une bonnetière et une petite main d'ivoire au bout d'une baguette. Son gratte-dos qui fait durer le plaisir dans un pays où alternent la musique stridente des grillons et celle des cigales. Leur chant rythmé demeure lié à cette époque qui remonte d'un abîme d'années. Paysanne charnelle à l'accent rocailleux de sa Bourgogne natale, Colette laisse un souvenir étrange au comédien Jean-Pierre Aumont qui a débuté dans *La Machine infernale* de Jean Cocteau. « Un soir qu'écrasé de chaleur je demandais à Colette de prendre une douche, elle m'ordonna : "Déshabille-toi et mets-toi là. Mes plantes ont besoin d'eau." Il fallut que, nu, au centre des vignes et des bougainvillées, je me laisse arroser par Colette[20]. »

« Dans chaque maison égarée au creux des bois couvent des bonheurs et des drames, car c'est le pays des amants, des artistes et des fous, race instable, race inquiète, qui, pour quelques semaines ou pour quelques mois, vient ici donner congé à son corps, délivré, sous la douce anesthésie du soleil, de la tyrannie de l'esprit, écrit Françoise Parturier. Mais, comme on se fatigue de tout, même d'être heureux, et qu'en tout paradis le diable rôde, à quelques kilomètres de là, des bouffons dansent, des camelots vendent leur camelote, et la kermesse est allumée. Papier colle-mouches du monde, mais oui, c'est Saint-Tropez[21]. »

À Saint-Germain-des-Prés, Annabel a vécu des amours fugaces avec le compositeur François de La Rochefoucauld, duc de Liancourt, héritier des titres et des rentes. Cela n'a jamais été dans ses projets de mener une vie de château malgré le fastueux décor de son enfance. La villa Aiguebelle de la famille Roditi, ses grands-parents maternels, à Cannes, était une gigantesque construction de pur style 1900. Elle trônait au milieu d'un parc immense entretenu par plusieurs jardiniers.

« Planté des essences les plus rares, regorgeant de fleurs et de fruits, parcouru de ruisseaux dont certains étaient aménagés pour abriter des poissons multicolores, il faisait l'admiration de tous. Je n'avais bien entendu aucune idée du luxe que représentait Aiguebelle et la manière dont on y vivait. Le raffinement y était quotidien et, avec ou sans invités, le petit déjeuner que l'on prenait à huit heures était servi sur des nappes brodées, avec des tasses en porcelaine de Chine, et la cafetière et la chocolatière d'argent étincelant. C'était le seul repas que je partageais avec les grandes personnes[22]. »

Annabel a douze ans en 1940. Le suicide de sa mère Fanny, trois ans plus tôt, est une incurable blessure. Cette femme, amie de Joséphine Baker, à l'avant-garde du monde par ses exigences et sa liberté, lui apparaît comme une déesse humaine. « Je me souviens principalement de son lit. Elle dormait dans des draps de soie d'un rose thé et n'avait pour couverture que des fourrures. Je me glissais contre elle, jouant à trouver ce qui était le plus doux, de sa peau ou du tissu qui l'effleurait. Son parfum, mêlé à celui des pelages de bêtes, m'enveloppait de tendresse. Je revois ses gestes quand elle s'emparait des objets les plus usuels ; elle semblait les caresser avant de les saisir. Et les fleurs... elle faisait d'admirables bouquets, à dominante blanche : arums, lilas, lys, tubéreuses s'enlaçaient dans de grands vases posés à même le sol. Sa chambre m'était un paradis[23]... »

Les Schowb de Lure, grands-parents paternels d'Annabel, avaient fait fortune dans l'immobilier au début du XXe siècle et habitaient avenue Malakoff. Ni les Schwob ni les Roditi ne pratiquaient la religion juive. Gagner de l'argent et tenir son rang suffisaient à leur bonheur. Personne n'avait compris la personnalité et les états d'âme de Fanny Roditi. À peine divorcé, Guy-Charles Schwob de Lure se remaria rapidement et eut une fille Isabelle, la demi-sœur d'Annabel. L'exode conduisit Guy-Charles, sa nouvelle épouse et leur bébé sur la Côte d'Azur. Ils s'installèrent à Cannes dans une petite villa, Les Flots bleus, située près du Palm-Beach. À l'autre bout de la ville, Aiguebelle, l'imposante propriété des Roditi où ils n'étaient pas les bienvenus. En pension à Megève, Annabel avait rejoint son père et sa belle-mère. On la prévint qu'elle ne devait pas aller chez ses grands-parents à l'improviste.

« Une précaution inutile car je n'ignorais pas que le divorce, puis le suicide de ma mère, dressaient une barrière courtoise mais indestructible entre ces parents meurtris et leur ex-gendre. Je n'avais pas l'esprit de famille et leurs petites histoires me laissaient indifférente. J'étais fermement décidée à n'appartenir à personne, mais par prudence je ne m'en vantais pas[24]. »

Le jour de sa première communion, Annabel, qui s'appelle encore Annabelle May Schwob de Lure, remarque un jeune homme qui a cinq ans de plus qu'elle. Sa beauté l'attire. Elle ne résiste pas lorsqu'il l'entraîne sur la plage. « Je me suis abandonnée à sa somptueuse expérience. Ce fut une fête charnelle [...]. J'ai été émerveillée par l'amour, par la plénitude des sensations reçues, par l'apaisement né de la tempête. Je découvrais une force neuve dans la certitude d'avoir mon corps comme allié, il devenait une source d'équilibre, de joie et le plus sûr moyen pour lutter contre une angoissante solitude[25]. »

L'amant d'une première fois restera un ami fidèle. Annabel aime plaire. Quand on appartenait au cercle des intimes, elle vous saluait par un baiser furtif sur la bouche. Hommes et femmes. La volupté de vivre et d'être aimée sans réserve. Hantise de la vieillesse. « La vie exige que le corps s'effrite avant l'esprit. Habiter son cadavre… L'apprentissage de la mort[26]… » Entre le plaisir d'aimer et les râles du dernier souffle, une oreille distraite peut s'y tromper. Le 4 décembre 1952, Julien Green rapporte dans son *Journal* cette anecdote racontée par Cocteau : « Histoire assez effrayante du prêtre qui passe une nuit d'hôtel et se plaint, le lendemain matin, des bruits indécents qu'il a entendus venant de la chambre voisine. Tous ces soupirs… On lui apprend que c'était un agonisant qui est mort au petit jour[27]. » Et si croire en Dieu, c'était un réveil joyeux et matinal… Une journée de gaieté… Un jeune homme éperdument amoureux de vous comme ce garçon qui vous initie aux secrets des plus douces voluptés.

« Je ne m'étais pas trompée, confie Annabel. Mon corps ne m'a pas trompée, j'ai joyeusement obéi à ses désirs et même abusé de son appétit. Comme pour l'alcool, ce sont des excès que je ne regrette pas. Le plaisir m'a donné le goût de vivre. En me livrant sans honte à la sensualité, j'ai trouvé un solide contrepoids au négativisme vers lequel m'entraînaient le désordre de l'esprit et le vide du cœur[28]. »

Ida, l'épouse de Maurice Garnier, le marchand de tableaux de Bernard Buffet, a connu Annabel en 1973. Depuis cette date, elle a été l'indispensable Muriel, son prénom d'emprunt pendant la guerre. Petite fille juive polonaise, elle échappa par miracle à la déportation alors que ses parents et sa sœur âgée de un an moururent à Auschwitz. Annabel se sentait concernée par l'histoire d'Ida, née en Pologne en 1929. « Muriel est une des rares filles que j'aime pour de vrai : elle a un cœur en porcelaine, tout en elle est droiture. Je serais capable d'être féroce envers quiconque oserait la blesser[29]. »

« Au lendemain de la guerre, raconte Ida Garnier, on avait besoin d'affection. Annabel qui voulait être libre était à la recherche du plaisir idéal. Elle jouait la comédie du bonheur et aura été malheureuse toute sa vie. On s'appelait chaque matin au téléphone et elle m'envoyait des fax. J'avais l'impression d'être son psy. "Je peux te parler parce que tu n'es pas jalouse de moi." Elle pensait que les femmes enviaient sa beauté. En effet, tout était beau chez elle sauf le nez qu'elle a fait refaire[30]. »

Une opération de chirurgie esthétique qui donne lieu à un reportage de quatre pages dans *Paris Match* en 1951. Juliette Gréco fait également modifier le sien après une réflexion blessante de Jean-Pierre Wimille. En feuilletant l'hebdomadaire *Elle*, Jujube tombe en arrêt sur un gros plan de Betsy Furstenberg, une starlette américaine de passage à Paris : « Annabel, voilà le nez qu'il te faut[31] ! » Seul le cinéaste et acteur Marcel Pagliero, qui a interprété le rôle principal de l'ingénieur communiste Manfredi dans *Rome ville ouverte* de Roberto Rossellini, lui reprochera son nouveau visage. « Tu as perdu ta personnalité », lui répète-t-il sans cesse. Annabel rêvait d'une carrière au cinéma. Elle ne joua que de petits rôles, presque de simple figurante. Sauf sur la toile de Buffet en vedette absolue.

À Château l'Arc, leur chambre était contiguë à l'atelier. Travaillant la nuit et ne voulant pas être séparé d'Annabel, il défonça le mur à coups de masse pour se frayer un passage. Entre l'exigeante maîtresse qu'est la peinture et son modèle de femme, il n'y aura pas de barrière insurmontable.

9

La névrose du succès

Françoise Sagan a dédié *Avec mon meilleur souvenir* à sa mère, Marie Quoirez, merveilleuse petite dame que j'ai rencontrée à plusieurs reprises chez Françoise, rue d'Alésia, et à son domicile du 167, boulevard Malesherbes, dans le XVIIe arrondissement. Dans ce vaste appartement, au quatrième étage, la gouvernante et cuisinière Julia Lafon, une fille du Lot entrée au service de la famille Quoirez en 1931, était à la fois au four et au moulin. Ce qui n'est pas pour la dépayser car son grand-père, Lucien Lafon, était le meunier de Promilhanes, un village du Quercy.

D'après nos conversations, ni la rêveuse et élégante Marie Quoirez ni la fidèle et énergique Julia Lafon n'ont été surprises de la transformation de la têtue Kiki, surnom de Françoise, en une romancière qui crevait le plafond du succès. Petite, on la regardait déjà comme un phénomène. L'esprit de liberté qui soufflait chez les Quoirez se transforma en bourrasque – on ne parlait pas encore de tsunami –, lorsque la jeune Sagan de *Bonjour tristesse* devint irrésistible. « C'est un énorme coup de pot ! » disait-elle.

Bernard de Fallois, qui lui consacre un article dans la *Nouvelle Revue française*, termine par ce trait : « Signe distinctif : "Ne se prend pas pour Françoise Sagan." C'est-à-dire qu'elle ne se prend pour rien. Étrange : on s'en doutait. » *Bonjour tristesse* a reçu le prestigieux prix des Critiques. L'année suivante, en juin 1955, il est décerné à Alain Robbe-Grillet pour son deuxième roman, *Le Voyeur*[1].

Son père, Pierre Quoirez, redoutable farceur comme celui de Brigitte Bardot – deux grands industriels à la conduite parfois déraisonnable –, lui a conseillé de dépenser sans compter ses astronomiques droits d'auteur[2]. Jacques Quoirez, le frère, Suzanne, la sœur aînée, les amis de Françoise, alias Kiki, en particulier Véronique Campion et Florence Malraux, la première connue à l'Institut Maintenon, une boîte à bac, la seconde à la Sorbonne, sont emportés dans un tourbillon de plaisirs et de fantaisies.

Saint-Tropez les accueille avec l'étonnement qui convient devant une bande de joyeux lurons et luronnes. « Au bar de la plage, le Sauna, personne ne paie plus une addition lorsque Françoise Sagan arrive. Le patron, dans les premiers temps, s'inquiète : "Ne vous en faites pas, lui dit-on, mettez tout sur la note de mademoiselle Sagan.

– Eh bien, s'exclame le brave homme, elle sera pauvre avant que je sois riche, cette mademoiselle Sagan[3] ! »

Dans le récit qu'elle consacre à Saint-Tropez au fil de *Avec mon meilleur souvenir*, relevons ce court extrait : « Les jours dorés, les nuits blanches, les fous rires dans la pénombre, les poursuites dans les ruelles, les amours sans suite et les imprudences sans conséquence ne nous sont plus réservés exclusivement. Et quant à cette folle débauche dont on nous accuse, nous la voyons pratiquée par d'autres, mais sans grâce et sans ingénuité, bien entendu[4]. » Le village de pêcheurs a perdu de son éclat et le charme s'estompe les jours de pluie. Assise à la terrasse de l'hôtel La Ponche, Françoise Sagan est en train de faire ses adieux à un passé qui reflue vers son cœur mélancolique. Quel âge aura-t-elle dans quelques jours ? Nous sommes à la mi-juin… la cinquantaine approche. Il est six heures du soir. Le ciel est « d'un gris de plomb où ne se glisse pas le moindre filet rose[5] ».

Il ne lui reste rien à faire. Sur cette terrasse, elle pense à Annabel qui, la première, crée ses chansons. À Gréco, vêtue de noir, dans cette salle du casino Antipolis à Antibes. Elle a été louée par Anet Badel, un homme avisé, qui reconstitue, l'été, l'ambiance du Vieux-Colombier avec l'orchestre de Claude Luter. Juliette s'avance : *Si tu t'imagines, fillette, fillette*… Après la chanson de Queneau, ce sera celle de Sartre, *La Rue des Blancs-Manteaux*.

Saint-Tropez a perdu de sa magie. Ses gendarmes bonasses ont maintenant des têtes de CRS. Circulez ! Il n'y a plus grand-chose à voir de la paisible bourgade de Colette, de Dunoyer de Segonzac, de René Clair, de Vadim venu mettre en scène *Et Dieu créa la femme*, de Brigitte Bardot qui achète La Madrague, à l'origine un hangar à bateaux. Le ravissant petit port varois a mal tourné… Embouteillages inextricables à l'approche de la presqu'île qui résiste tout en acceptant l'inéluctable. Saint-Trop' est condamné à devenir un caravansérail du mauvais goût, une tour de Babel de la consommation à outrance, un microcosme du m'as-tu-vu. Certains autochtones ne comprennent pas que ce qu'ils possèdent de meilleur va être irrémédiablement anéanti. Leur liberté intrinsèque contre la mauvaise odeur de l'argent jeté à poignées. Foin des obsessions de richesse ! Au début des années quatre-vingt, Brigitte Bardot est encore la proie des touristes. Frédérique, une adolescente qui l'admire, assiste avec sa mère, prénommée Brigitte, à une scène de poursuite : « Dans une petite rue menant à la place des Lices, afin d'échapper à un groupe de gens, elle s'est mise à courir. Elle est passée tellement près de nous qu'elle faillit me bousculer. Elle s'est retournée, m'a prise par les épaules pour s'excuser. À ce moment-là, la porte d'une maison s'est ouverte. Une femme et un homme sont apparus sur le seuil : “Brigitte, venez !” Elle s'est précipitée vers eux en disant : “Oh, merci ! Quelle bande de connards !” »

Le premier à sentir que l'atmosphère se détériore est le réalisateur, écrivain et journaliste Alexandre Astruc, pilier de Saint-Germain-des-Prés, inventeur de la « caméra-stylo ». Ses brouillons se résument à deux courts métrages en 16 mm : *Aller et retour* (1948) et *Ulysse ou les mauvaises rencontres* (1949) inspiré des aventures d'Ulysse et de l'*Odyssée*. Financé par Anet Badel, c'est au Vieux-Colombier que le tournage de ce dernier film a lieu. Il réunit Marc Doelnitz, l'un des fondateurs du Tabou, Juliette Gréco, Annabel, Anne-Marie Cazalis, Christian Bérard, Jean Cocteau, Boris Vian, Jean Genet, Daniel Gélin, Simone Signoret, François Chalais, France Roche.

En 1952, pour *Le Rideau cramoisi*, adapté d'une nouvelle de Barbey d'Aurevilly, Astruc reçoit le prix Louis-Delluc, le Goncourt du cinéma, et sera salué au festival de Cannes par un hommage spécial du jury où figure Raymond Queneau. À vingt-neuf ans, il est étiqueté cinéaste « littéraire ». « C'était une façon, me précise-t-il, de retrouver le cinéma à travers la littérature[6]. » En février 1956, il fait partie de la bande à Françoise Sagan. Elle l'invite à Saint-Tropez pour écrire ensemble le scénario de *La Plaie et le Couteau* tiré de Baudelaire. « Je suis la plaie et le couteau. Et la victime est le bourreau. » Dans la grande maison qu'elle a louée, des individus des deux sexes entrent et sortent comme des personnages d'un vaudeville. Il est mal à l'aise au milieu de ce va-et-vient bordélique. Alexandre n'a rien d'un bienheureux. « Pour moi c'était déjà la nausée, malgré les attentions délicates de Françoise[7]. »

Aujourd'hui, cette référence à *La Nausée* le réjouit, étant l'auteur du film *Sartre par lui-même* (avec Michel Contat) présenté au festival de Cannes de 1976. À l'époque, la faune qu'il fréquentait avait provoqué ce vide nauséeux qui l'accable. Même si Saint-Tropez n'a pas encore totalement viré à la pagaille et cédé à des appétits insatiables. En fait, il n'a jamais aimé la vie frelatée de la Côte d'Azur.

Dans un livre de souvenirs, Alexandre Astruc évoque son état d'esprit d'alors : « Rien ne m'était plus étranger que cette fiévreuse indifférence, sorte d'ennui laborieux dont l'épaisseur était savamment entretenue à petits coups d'alcool de malt et à grands coups de frisson : la mort en face, sur des bolides conduits à un train d'enfer. J'étais exaspéré par toutes ces créatures au sexe indéterminé, paresseuses, hébétées, dégoûtées, anéanties à la seule pensée d'avoir un jour de plus "à tirer" sous ce soleil splendide [...]. Cette description peut paraître cruelle, mais elle correspond parfaitement à l'atmosphère de ce mois de février à Saint-Tropez dans la maison de Françoise où j'étais censé travailler avec elle[8] [...].

Né le 4 juillet 1923, Alexandre Astruc, surnommé « le Monstre » par Anne-Marie Cazalis, est le « vieux » de la bande. Avec Françoise, d'une douzaine d'années sa cadette, il ne sait quelle attitude adopter. Aîné ronchon ou Père Fouettard capable de fondre devant sa gentillesse ? Elle est d'humeur badine. Le cinéaste, au contraire, a une envie frénétique de créer, après le demi-échec de son film *Les Mauvaises Rencontres*. Françoise Sagan et Bernard Frank l'ont vu en projection privée. Après quoi, elle lui propose cette collaboration. « J'arrivais à lui arracher une demi-heure d'écriture par jour[9]. »

À ce rythme, le scénario reste en rade[10]. Astruc baisse les bras. Dans le sillage de la romancière, il écume les bars et les boîtes de nuit, s'approche des tapis verts au Palm-Beach de Cannes où Darryl Zanuck et l'ancien roi Farouk jouent gros sans sourciller. Tout en continuant à déblatérer contre ces petits jeunes à mourir d'ennui, Alexandre trompe le sien avec le whisky et en se bâfrant de langoustes grillées au feu de bois. Tout cela aux frais de la princesse de Sagan[11].

Dans son manuel des faits et gestes germanopratins, Boris Vian lui a tiré le portrait : « Il doit traîner quelque part des photos d'Alexandre ivre mort avec des sandwichs entre les doigts de pied, mais ce souvenir atroce (mêlé à beaucoup d'autres) ne l'empêche pas de dormir, car depuis longtemps Alexandre a cessé de s'administrer ces cuites mémorables qui, au Tabou, semblaient le désosser vif [...]. Il avait une façon de danser particulièrement fascinante, et, ce faisant, transformait en serpillière une épaisse chemise de coton dans le temps que met une personne normale pour cuire un œuf sous son aisselle[12]... »

L'arrivée de Roger Vadim à Saint-Tropez est l'occasion pour Alexandre Astruc de décamper. Sur le point d'achever le tournage de *Et Dieu créa la femme* aux studios de la Victorine, à Nice, il vient se confier à Françoise à propos de Bardot. Celle-ci, très amoureuse de Jean-Louis Trintignant, est en train de lui échapper. Brigitte veut être rassurée sur la qualité de son jeu et l'importance du film. Vadim craint qu'elle le laisse en plan. Astruc est bien placé pour donner un avis de professionnel. Il rassure le mari malheureux, sa femme boudeuse et l'amant renfrogné.

« Je vis le bout à bout, en fus enchanté : c'était foisonnant de vie et de jeunesse. Je dis à Brigitte qu'elle était la nouvelle Rita Hayworth. Elle se jeta éperdue de bonheur à mon cou, tandis que Vadim me faisait un clin d'œil et me demandait de rester un moment[13]. »

La fascination érotique de Rita Hayworth, on la retrouve chez Brigitte Bardot. Dans le rôle de Juliette Hardy qui porte son nom avec une hardiesse déconcertante, elle devient un sex-symbol au même titre que la Gilda du film de Charles Vidor. Elles sont partagées entre deux hommes au sein d'un enfer passionnel.

Alexandre Astruc, qui a assisté à la scène où Brigitte, nue sous une blouse, passe la serpillière sur le carrelage de la cuisine, suggère à l'actrice de recommencer en enlevant ses chaussures. Vadim a retrouvé son sourire et laisse son ami prendre momentanément sa place. Effectivement, la scène aura plus de force. Les pieds nus accentuent le pouvoir érotique de Juliette et de son cœur en berne. Une B.B. mythique naît sous leurs yeux. « La seule chose, souligne Astruc, qui ait jamais excité Brigitte, la seule chose qui pouvait la tirer de l'apathie ennuyée où, comme Sagan, mais d'une manière animale, elle se plongeait, était de lui parler de son corps. Elle se mettait alors à briller comme si on lui faisait l'amour. Narcisse femelle, elle avait mis, sans le savoir, son âme dans ce corps ravissant et l'âme s'animait quand celui-ci était concerné[14]. »

Sa spontanéité, sa bouche étrangement sensuelle et gourmande, sa façon de se servir de son corps avec le charme pervers d'une jeune fille qui menace la morale bourgeoise – « une immoralité sincère », dit Vadim – font de Brigitte Bardot une beauté tentatrice et accessible. C'est ce que perçoit immédiatement Curd Jurgens quand il la rencontre pour la première fois. L'acteur allemand est une vedette internationale. Sans lui, *Et Dieu créa la femme* n'aurait pas été réalisé avec les mêmes moyens financiers. « S'il participe au film, nous aurons plus d'argent et comme ça, on pourra tourner en couleurs », a dit le producteur Raoul Lévy à l'agent artistique Olga Horstig-Primuz qui défend les intérêts de Curd Jurgens. Elle obtient le rendez-vous espéré par Lévy et Vadim. Devant leur enthousiasme, Curd accepte de faire le film[15]. Il ignore à ce moment-là que son rôle n'a pas encore été écrit !

Olga invite Curd Jurgens à déjeuner au Fouquet's, sur les Champs-Élysées. Elle doit lui faire signer le contrat de *Michel Strogoff* du réalisateur italien Carmine Gallone. Elle a aussi l'intention de lui présenter Brigitte, conviée à prendre le café. Quand elle arrive, l'acteur est frappé par sa démarche. « Je n'ai jamais revu une démarche pareille », souligne-t-il dans ses Mémoires[16]. Le séduisant quadragénaire à tempes grises pose son regard sur la poitrine de sa future partenaire. « De gros seins en liberté sous le pull de cachemire qui s'accroche à leurs pointes[17]. » Dans le rôle du riche armateur, Curd Jurgens découvre au début du film Brigitte/Juliette qui se dore nue au soleil derrière un drap séchant sur un fil. La scène lui rappelle son émerveillement lorsqu'elle est apparue dans le restaurant où les hommes la regardaient bouche bée. « Vous êtes très belle, Brigitte. Et je crois volontiers que le Bon Dieu y est pour quelque chose[18]... » Après avoir vu le film achevé, il demande que le nom de Brigitte Bardot soit au-dessus du sien sur les affiches. « Brigitte le mérite, c'est elle la vedette ! »

Olga Horstig-Primuz a joué un rôle primordial dans le lancement de la fusée Bardot vers les étoiles. Disparue en 2004, « Mama Olga », comme l'appelait Brigitte, aura été sa seconde mère. Sans la juger, elle veillait au grain. Au carnaval de Rio de Janeiro, sous la protection du Christ du Corcovado, les bras en croix, cent mille personnes chantent le nom de sa protégée sur un air de samba : « Brigitte, beijo, beijo ». À Rome, les dignitaires de l'Église la vouent aux gémonies. Le film de Marc Allégret, *En effeuillant la marguerite*, tourné juste avant *Et Dieu créa la femme*, a déjà ému le Vatican. Sur les murs, des panneaux publicitaires montrent Brigitte en train d'exécuter un numéro de strip-tease.

« Je me suis longtemps arrêté pour l'admirer : elle était d'une beauté éblouissante », se souvient Massimo Gargia qui deviendra l'un des plus fidèles chevaliers servants de Françoise Sagan. À l'époque, il a trouvé ridicule la déclaration de Pie XII accusant le gouvernement italien de violer les termes du concordat de 1929. Ce genre d'affichage mettait à mal les relations de la République et du Saint-Siège[19].

Pendant la Semaine sainte, en avril 1950, Pie XII assiste à une représentation théâtrale au Vatican : *L'Annonce faite à Marie* de Paul Claudel. Dans le rôle de la mère, Ève Francis, veuve de Louis Delluc, qui a tourné, en 1936, dans un film de Jacques Deval, *Club de femmes* (avec Danielle Darrieux). C'est la première fois que des comédiennes jouent devant le pape. Depuis les Borgia et Alexandre VI, aucune représentation n'a eu lieu. Et en ce temps-là, les rôles féminins sont tenus par des hommes. Diabolisée par l'Église, Brigitte Bardot, la nouvelle Ève, rentrera en grâce quarante ans plus tard.

« Pour la petite histoire, note son ami Henry-Jean Servat, elle se marie à l'église dans *Et Dieu créa la femme* et drague un curé, Mathieu Carrière, dans *Don Juan 73*. » Il remarque également que « Brigitte sort du couvent au début des *Bijoutiers du clair de lune* et y entre à la fin des *Novices*[20] ».

C'est en septembre 1995 que les portes de la Ville Éternelle s'ouvrent à B.B. Elle rencontre Jean-Paul II lors d'une audience générale hebdomadaire. Elle est venue à Rome avec une quarantaine de délégués de diverses associations de protection des animaux. Assise au premier rang, se signant au début et à la fin de l'audience, l'actrice s'entretient quelques instants avec le pape. Le Saint-Père lui fait remarquer que les animaux et les hommes se rapprochent lorsqu'ils ont besoin les uns des autres. « Je l'ai trouvé fatigué, dit-elle, mais il a l'air si bon. Il est un peu au-dessus de tout cela, comme éloigné déjà peut-être des choses terre à terre[21]. »

Marxiste et chrétien mystique, Pier Paolo Pasolini, qui réalise en 1964 *L'Évangile selon saint Matthieu* (en référence constante au pontificat de Jean XXIII), fait, comme B.B., l'objet d'un culte admiratif et d'une haine violente (ou tout le moins, d'une hostilité scandalisée). Dans l'hebdomadaire communiste *Vie Nuove* où il tient, de 1960 à 1965, la rubrique des « Dialoghi » (courrier des lecteurs), Pasolini répond, le 15 octobre 1960, à un lecteur qui l'interroge sur la tentative de suicide de Brigitte Bardot.

« Comment peut-il se faire qu'une fille comme elle, à qui la vie a tout donné, veuille mourir ? Qu'en pensez-vous ?

– Croyez-vous, répond-il, que "la vie a tout donné" à Brigitte Bardot ? Moi, non. Je ne connais pas l'actrice, c'est vrai, ni Vadim ni aucun de ceux qui l'entourent ; et tout ce que je sais de ce qui s'est passé dernièrement, je l'ai appris par les journaux. En fait, la seule idée de lire ces journaux me déprimait profondément, je n'aurais jamais pu les affronter. Je sais tout ce que l'opération journalistique a de faux : elle s'empare de morceaux de réalité isolés, superficiels, dont la signification peut être immédiatement accessible, peut immédiatement devenir une sorte de formule ; puis elle les rapetasse hâtivement sur un "ton" moralisateur qui est purement et simplement destiné à aller dans le sens du lecteur [...]. À partir de là, quelle part de vérité croyez-vous que les journaux auraient pu nous apprendre ? [...].

« Le succès, c'est ça : une vie mystifiée par les autres, qui te revient mystifiée et finit par te transformer pour de vrai. On dit souvent de quelqu'un : "Le succès lui est monté à la tête", entendant par là qu'il est devenu égoïste ou présomptueux, ou qu'il ne mérite plus ce succès parce qu'il ne travaille plus avec la même passion, la même authenticité, etc.

« Il s'agit en réalité d'autre chose : quand le succès "vous monte à la tête", on se soumet à sa mystification [...]. Une atmosphère complètement artificielle se crée peu à peu autour de la personne “qui a eu du succès”. Ses actes, ses gestes, ses paroles se cicatrisent en une espèce de rigidité cadavérique où se condense, tel un précipité chimique, le mythe de la célébrité [...]. Moi qui ai eu ces dernières années un certain succès – bien limité, c'est sûr, si on le compare à celui de Brigitte Bardot –, je sais ce que cela veut dire, et je comprends très bien les velléités suicidaires de cette jeune femme. Je sais ce que c'est que d'être regardé comme une bête curieuse, d'être sans discrimination jeté en pâture à la haine (et beaucoup plus rarement à la sympathie), d'être continuellement, systématiquement l'objet de mensonges, de ne servir qu'à “faire un titre”.

« Je ne crois pas que Brigitte Bardot ait tenté de se suicider par simple dépit amoureux ; même s'il s'agissait de cela, ce ne serait qu'un prétexte. En réalité, je connais beaucoup de jeunes filles devenues très rapidement célèbres (même si ce n'est pas au même point que Brigitte Bardot) et je décèle chez elles les symptômes d'une sorte de névrose de dissociation qu'on pourrait appeler “névrose de succès” – et que les médecins ne sont pas encore parvenus à identifier, je pense, si ce n'est en la rangeant avec bien de la légèreté sous la rubrique “épuisement”. On comprend clairement son action de dissociation en songeant qu'objectivement la personnalité se scinde en deux parties : celle de l'humble vie quotidienne, c'est la vraie, et celle qui est faussée, souvent atrocement, et qui constitue le mythe que propagent les journaux[22]. »

Pasolini dit que la parole de Jésus est devenue la parole de Marx. Le cinéaste, écrivain, journaliste, poète, est convaincu qu'une bonne lecture de l'Évangile peut être une bonne préparation à une pratique marxiste. « Saint Paul à sa façon se veut le porteur de l'esprit du peuple, il pense qu'il a pour mission d'affranchir le peuple italien des carcans moraux et des règles catholiques qui pendant des siècles l'ont castré, le rendant honteux de son sexe », écrit Pierre Clémenti, la vedette de *Porcherie* (1969)[23]. Son film *Théorème*, où un jeune homme s'introduit dans la famille d'un riche industriel milanais et y sème la perturbation, peut être vu comme une parabole christique. Quoique contesté, il est récompensé, en 1968, par le prix de l'Office catholique international du cinéma. Anne Wiazemsky, petite-fille de François Mauriac, joue le rôle de la fille. Héros solitaire, aimé et détesté, ayant le goût de l'exhibition et celui du martyre, Pasolini est tué à coups de bâton à Ostie le 2 novembre 1975. Victime de sa pédérastie exaspérante ? Un garçon de dix-sept ans avoue avoir agi seul, contre toute vraisemblance. L'assassinat est alors présenté comme une banale « affaire de mœurs ». Mais dans une Italie en proie aux démons de l'extrémisme, Pasolini est un prophète de malheur à rayer du nombre des vivants. Est-il tombé dans un guet-apens ? Brigitte Bardot a voulu mourir le 28 septembre 1960, le jour de ses vingt-six ans. Il faut admettre la « vérité » des ténèbres.

10

« Fais-toi sucer en Russie, Simone ! »

« Encore une demoiselle bien coquine qui file à Saint-Tropez. » Sur le palier de sa maison de Saint-Cyr-sur-Morin, en Seine-et-Marne, Pierre Mac Orlan, coiffé d'un béret écossais à pompon, me désigne du tuyau de sa pipe une coccinelle. C'est une journée d'août, au début des années soixante. La bête à bon Dieu a du chemin à faire avant d'atteindre l'antre du Diable…

Marguerite Duras aurait pu lui servir de guide. L'exode des vacanciers lui a inspiré un article publié dans *France-Observateur*. Je l'imagine en train de l'écrire sur un coin de table, dans son appartement de la rue Saint-Benoît, à Saint-Germain-des-Prés. À moins qu'elle ne soit déjà dans sa maison de Neauphle-le-Château ou aux Roches Noires à Trouville. Chère Marguerite – la fleur fétiche de Bardot – qui s'épanouissait quand je lui rendais visite pour l'interviewer. Elle adorait ces entretiens à bâtons rompus dont elle rectifiait certains passages par un coup de téléphone nocturne. « C'est Marguerite ! » Si elle se prenait bien pour la sublime Duras, sa formidable liberté en faisait un personnage qui n'avait rien de conventionnel. Une diva de la littérature ayant assez d'ironie et d'énergie pour mener une existence de combat. « Scandaleuse » Marguerite qui vous invitait à rester à ses côtés quand elle épluchait ses pommes de terre dans la cuisine. « Ouvrez le magnétophone, ça ne me dérange pas ! »

Le génie du mot à l'emporte-pièce. Parfois diffamatoire. Son discours vient d'abord du cœur.

En lisant ses articles, j'entends sa voix rauque, contenue, les silences. Le style Duras en surimpression : « Parisiens, en ce moment, votre ville doit atteindre le tiers de son effectif. Celui-ci doit être, à peu de chose près, celui qui fit, en 1789, la révolution, écrit-elle. Il y a trois jours, dix mille ouvriers de chez Renault ont pris la route. Ça continue. Jusqu'au 15 août qui est, comme on le sait, un événement national [...]. Avec son effectif révolutionnaire, Paris est calme. Paris n'est plus. Il est ailleurs. Il est entre Troyes, Remiremont et les Cévennes. En Espagne, il paraît qu'on se bouscule. Une certaine partie de Paris est à Saint-Tropez. Dont Brigitte Bardot. Que ferait-elle à Troyes ? Si Brigitte Bardot était à Troyes, il y aurait disparition pure et simple de Brigitte Bardot et non pas incognito. Les conditions de l'incognito étant la concomitance de la chose fuie et de la personne fuyante. Pas avec toi, mais pas sans toi. Et il en est ainsi de tout un chacun. On va à Saint-Tropez pour fuir Paris à condition de l'y retrouver, d'y retrouver son goût, un instant perdu. Et d'avoir à sa disposition le galop de chez Palmyre, le grand relais gymnastique commun à tous les membres de l'intelligentsia française. Le voir danser par ses idoles est à lui seul un exercice de déniaisement très efficace. Ceci est dit sans aucune intention péjorative. Mais simplement avec une curiosité chaque année un peu accrue. Dix ans que chaque jour d'été, le même air de galop, si simple à danser, émerveille l'intelligence française[1]. »

Dès la fin des années cinquante, Marguerite Duras publie de temps à autre des articles dans les journaux. Une façon pour elle de poursuivre son travail de romancière en sortant de sa chambre pour flairer l'air du temps. Elle a carte blanche, comme Françoise Sagan qui collabore également à de nombreux titres de la presse, qu'elle soit quotidienne ou périodique. Beaucoup d'« écrivaines » ont répondu aux sollicitations des rédacteurs en chef. Entre autres, Christiane Rochefort, Violette Leduc, Françoise d'Eaubonne, sa sœur Jehanne Jean Charles, épouse de l'auteur de *La Foire aux cancres*, Françoise Parturier, Louise de Vilmorin, Benoîte et Flora Groult, Françoise Mallet-Joris,

Régine Deforges, Edmonde Charles-Roux, Françoise Giroud, Madeleine Chapsal, ces trois dernières étant à l'origine des journalistes professionnelles. Sur les sujets les plus divers, leur regard sort de l'ordinaire. On peut s'attendre à quelques réflexions judicieuses – féministes ou non – qui donnent une couleur singulière à leurs « papiers ». Autrefois, Colette en a été le meilleur exemple si on se réfère au volume qui réunit une sélection de son abondante production journalistique. Sa règle : « Il faut voir et non inventer[2]. »

La presse féminine fait volontiers appel à ces « plumes en liberté ». Il n'est pas question pour autant qu'elles deviennent des « auteurs pour dames ». Si Marguerite Duras écrit pour l'édition française de *Vogue* qui a vu le jour en 1920 – Colette y a collaboré à différentes époques –, c'est parce qu'elle a besoin d'argent. « Tous les articles de *Vogue* sont alimentaires[3] », précise-t-elle. Elle fait les portraits de Delphine Seyrig, Jeanne Moreau, Margot Fonteyn, Leontyne Pryce, Madeleine Renaud, Melina Mercouri, Maria Callas dont la traduction est publiée dans le *Vogue* américain. Elle ne l'a jamais vue chanter mais la « pige » de l'article la fait vivre pendant un an.

Sa chronique, « La Reine Bardot », paraît en 1958 dans *France-Observateur*. C'est *En cas de malheur* qui sert de déclic. Le film précédent, *Les Bijoutiers du clair de lune*, l'a laissée indifférente. « Bardot s'ennuyait d'elle-même. » En revanche, dans celui de Claude Autant-Lara, « elle est heureuse d'être Bardot – telle une chatte avec ses petits – splendide, comblée, se trouvant enfin coïncider avec sa renommée. Je regrette pour ceux qui n'ont pas aimé *En cas de malheur*. Mais moi, j'ai été ravie de ce film, ravie qu'elle existât, la reine Bardot, et de sa victoire sur moi, qui jusque-là me méfiais d'elle comme d'une peste qui n'en aurait pas été une, fausse, mensongère et mondaine. Que j'ai été contente qu'elle soit vraie cette peste[4] ! »

Depuis *Et Dieu créa la femme*, Brigitte Bardot est regardée de travers par celles que nos vieux traités de morale qualifient de « sexe faible ». Devant la force de ce sex-symbol national, elles éprouvent un sentiment de « recul apeuré ». La reine Bardot a pris le pouvoir. Les hommes s'inclinent, leurs femmes se sentent trompées. Valéry a vu juste en écrivant : « On ne peut pas sortir de l'ombre, même un peu, sans exciter la haine de beaucoup. » À vingt-quatre ans, B.B. est dans une lumière éblouissante. L'aveuglante réverbération de sa sensualité est un crime de lèse-majesté, car la plupart des spectatrices se voyaient en conquérantes. La reine Bardot est à l'opposé de « la reine Christine », l'impénétrable et inaccessible Greta Garbo.

Après avoir assisté à la projection de *En cas de malheur*, Marguerite Duras fait l'exégèse d'une vedette hors la loi. « Alors qu'Ava Gardner et Rita Hayworth éveillaient la tentation de la passion tragique et mortelle (le mot mythe étant lassant, je ne l'emploie pas, volontairement, à leur propos), la reine Bardot éveille celle de l'amour adultère, d'aubaine. Elle donne à croire que tout un chacun peut rencontrer sa reine Bardot. Elle n'a pas la beauté fatale, mais aimable. Elle est belle comme une femme, mais préhensible comme une enfant. Elle a le regard simple, droit. Elle s'adresse, chez l'homme, avant tout, à l'amour narcissique de lui-même. Si une femme comme celle-là m'était livrée, pense l'homme, je la ferais, jusqu'à la folie, à ma façon. Elle serait dépendante de moi comme une autre et je pourrais, à son propos, enfin exercer toute ma volonté d'asservissement. Car une femme parfaite donne toujours à l'homme, de façon plus ou moins claire, la nostalgie de la femme perfectible, à l'infini, par ses soins, une matière sur quoi exercer, jusqu'à la barbarie, son omnipotence. La reine Bardot se tient juste là où finirait la morale et à partir de quoi la jungle serait ouverte, de l'amoralité amoureuse. Un pays d'où l'ennui chrétien est banni[5]. » Les hommes singes n'en finissent pas de rêver au grand amour : « Moi, Brigitte, toi, Tarzan ! » King Kong, au sommet de l'Empire State Building, va mourir pour les beaux yeux de la comédienne Fay Wray, sa frêle amie qu'il tient dans sa gigantesque main de gorille forcément humaine.

Marguerite Duras ne parle dans ses livres que d'amour, d'érotisme, de l'approche de deux êtres. Leur séduction réciproque, leurs souffrances. Un soir de 1959, Alain Resnais lui téléphone. Il lui propose d'écrire le scénario d'une coproduction franco-nipponne. Un homme, une femme. Un Japonais et une Française. Il faut parler de « la bombe » et le texte doit être livré dans neuf semaines. Ce sera *Hiroshima mon amour*, avec Emmanuelle Riva et Eiji Okada :

« Lui : – Tu n'a rien vu à Hiroshima.

Elle : – J'ai tout vu, tout.

Elle : – Ainsi l'hôpital je l'ai vu. J'en suis sûre. L'hôpital existe à Hiroshima. Comment aurais-je pu éviter de le voir.

Lui : – Tu n'as pas vu d'hôpital à Hiroshima. Tu n'a rien vu à Hiroshima. »

Le 6 août 1945, à 11 heures, un B-29, avec à son bord douze hommes, larguait sur Hiroshima la première bombe atomique. La forteresse volante avait été baptisée *Enola Gay*. Une photographie de l'appareil signée par le colonel Paul Tibbets (pilote), le major Tom Ferebee (bombardier) et le sergent George Caron (mitrailleur) figurait dans un catalogue d'autographes. Elle est vendue 250 euros. À ce prix-là pourrait-on s'offrir les lignes ci-dessus de Marguerite Duras ?

Venu l'interroger pour *Réalités* en 1963, le journaliste Alain Hervé lui demande : « Que souhaiteriez-vous être encore ? » Elle répond : « Cette magnifique créature qui traverse les Champs-Élysées au mois de mai. Une Américaine de vingt ans. La créature à la Borges. C'est l'image de l'amour et de l'épouvante. C'est la femme de tous. » Elle ajoute : « C'est là mon absurdité, mais, pour une femme, c'est très difficile de ne pas être belle. » Marguerite Duras est une petite femme qui a besoin d'amitié, d'hommes à aimer, de rire. Elle fume, elle boit, elle ne vit qu'au bord de l'angoisse. « La beauté, poursuit-elle, est un gage d'assurance, de pouvoir, de bonheur, son seul risque, c'est d'éliminer tout le reste. Il n'est pas rare de trouver des femmes très belles sans charme. Bien sûr, le charme va aussi avec la beauté. Je pense à Jeanne Moreau pour qui j'ai une affection très profonde, mais vivre avec la beauté seulement… Ce sera terrible lorsque Bardot va vieillir[6]. »

Pour Danielle Darrieux, ce ne sera pas un drame. À quatre-vingt-dix ans, toujours à l'écran, elle considère que « vieillir est un privilège ». « Il n'y a pas de raison de s'arrêter. Tant qu'on veut des vieilles dames[7]… » Née en Hollande en 1952, Sylvia Kristel, qui doit sa célébrité mondiale au film de Just Jaeckin, *Emmanuelle*[8], tiré du roman éponyme d'Emmanuelle Arsan, assume son âge avec philosophie : « Fini, la déesse de l'amour ! Je joue maintenant des mères, des grands-mères[9]. » La princesse Diana, bronzée par le soleil de Saint-Tropez, disparaît en pleine jeunesse comme James Dean et Marilyn Monroe. Sauvée par le gong ! L'auréole d'une mort tragique a couronné leur destin de héros modernes. L'ultime mise en scène a été une mise en bière… Nos cœurs ne vieilliront pas ensemble.

Si un jour la vie t'arrache à moi
Si tu meurs, que tu sois loin de moi
Peu m'importe, si tu m'aimes
Car moi je mourrai aussi…
Nous aurons pour nous l'éternité
Dans le bleu de toute l'immensité
Dans le ciel, plus de problèmes
Mon amour, crois-tu qu'on s'aime ?…
… Dieu réunit ceux qui s'aiment !

Les chansons de la môme Piaf, en particulier *Hymne à l'amour* dédié à son amant, le boxeur Marcel Cerdan[10], sonnent le glas des pensées nostalgiques. De quoi inspirer une chronique à Jean d'Ormesson, trente-cinq ans, qui vient de publier chez Julliard *Un amour pour rien*, son deuxième roman : « Édith Piaf est ainsi entrée vivante – à demi-morte, mourante, presque morte, mais enfin vivante – dans ce musée [Grévin] imaginaire où Brigitte Bardot et le général de Gaulle occupent, au plus intime de nous-mêmes, rejetant déjà dans l'ombre de Bobet, Malraux et Maurice Chevalier les places d'honneur de notre petite mythologie nationale contemporaine. Le pont de Tancarville, *Paris Match*, la DS 19, la télé, les relèvements du plafond de la Sécurité sociale : nous avons encore de la chance, nous Français du XXe siècle, d'avoir, dans nos paysages d'acier et de papier imprimé, des statues de cire aussi pleines de sève et, en fin de compte, aussi distrayantes : elles animent notre monde technique d'une poésie âpre, éclatante, presque gigantesque et proprement fabuleuse.

« Quand elles auront disparu… – Ah ! Les statues meurent aussi, et les plus grandes sont les plus fragiles – quand elles auront disparu, chacun de nous sera un peu seul et veuf de ces monstres sacrés[11]. »

J'ai toujours pensé que Marguerite Duras était l'Édith Piaf de notre littérature. Le vieux phono d'un Nouveau Roman de bric et de broc. Elle a quarante-huit ans quand elle pressent la cruelle déchéance de la reine Bardot. Elle est l'auteur de dix romans, trois scénarios, deux pièces de théâtre ainsi que les dialogues et le commentaire de *Hiroshima mon amour*. Resnais ne les a presque pas corrigés. En novembre 1959, il part pour Nevers avec les paroles d'un hymne à l'amour et à la mort.

« J'avais besoin d'une ville à la taille de l'amour même. Je l'ai trouvée dans Nevers même.

« Dire de Nevers qu'elle est une petite ville est une erreur du cœur et de l'esprit. Nevers fut immense pour moi.

« Le blé est à ses portes. La forêt est à ses fenêtres. La nuit, des chouettes en arrivent jusque dans les jardins. Aussi faut-il s'y défendre d'y avoir peur.

« L'amour y est surveillé comme nulle part ailleurs.

« Des gens seuls y attendent leur mort. Aucune autre aventure que celle-là ne pourra faire dévier leur attente.

« Dans ces rues tortueuses se vit donc la ligne droite de l'attente, de la mort.

« L'amour y est impardonnable. La faute, à Nevers, est d'amour. Le crime, à Nevers, est le bonheur. L'ennui y est une vertu tolérée. Des fous circulent dans ses faubourgs. Des bohémiens. Des chiens. Et l'amour. »

La charmeuse Marguerite Duras a eu pour amant Jacques-Laurent Bost, ancien élève de Jean-Paul Sartre, époux d'Olga

Kosakiewicz (la « Xavière » de *L'Invitée* de Simone de Beauvoir). Sartre et Beauvoir se délectent des coucheries à Saint-Germain-des-Prés, principaux sujets de commérages. Mais devant le drame conjugal que cette liaison risque de déclencher, l'auteur du *Deuxième Sexe* conseille à Bost d'oublier Duras et de « trouver quelqu'un de moins en vue[12] ».

Les amours du romancier Jean Cau, secrétaire de Jean-Paul Sartre et scénariste, avec Anne-Marie Cazalis, de *Ulysse ou les mauves rencontres* tourné par Alexandre Astruc, prêtent moins à conséquence. « Les femmes riches se l'arrachaient, notamment l'épouse d'un industriel connu qu'on disait l'une des plus grosses fortunes de France, remarque Deirdre Bair, le biographe américain de Simone de Beauvoir. Cau lui-même poursuivait d'autres femmes avec plus ou moins de succès, pour la plus grande joie de Sartre et de Beauvoir. Il leur fit connaître la poétesse Anne-Marie Cazalis et Juliette Gréco, qui étaient alternativement amies et rivales. En mal de publicité, Gréco déclara aux reporters qu'elle avait une liaison avec Sartre. Ce qui rendit furieuse Anne-Marie Cazalis qui voulait coucher avec les deux et courrouça Michelle Vian[13] parce que Sartre avait promis de l'avertir s'il songeait à aller voir ailleurs[14] ».

« Fais-toi sucer en Russie, Simone ! » C'est sur les murs de la Sorbonne que Peter Adam, un étudiant allemand du cours de civilisation française, découvre ce slogan à l'automne 1951. Les années d'Occupation obligent le jeune homme à expliquer à tout le monde qu'il est juif. On ne le croit pas souvent. Malgré cette suspicion, il se sent revivre dans un quartier Latin en ébullition où Sartre est un dieu tutélaire. « Sartre, se souvient-il, portait généralement un costume élimé, sans cravate. Une cigarette ou un stylo, parfois les deux, pendouillaient de sa bouche et ses yeux étaient cachés derrière des lunettes à monture noire. Beauvoir était coiffée d'un turban. On nous parlait de la relation Beauvoir et du formidable Claude Lanzmann avec qui Sartre et Beauvoir formaient un trio hors norme. La moralité bourgeoise n'avait aucun sens pour eux et cela me plaisait beaucoup[15]. » « Avec Sartre, précise-t-il, je trouvais l'homme qui déclarait que quel que soit notre choix, bon ou mauvais, il menait toujours à l'absurdité et que la seule morale valable était celle du libre choix[16]. » Peter Adam a eu l'occasion d'approcher Sartre et Beauvoir à Berlin lors d'une répétition de la pièce *Les Mouches*, montée à Paris en 1943 par Charles Dullin au théâtre de la Cité.

« Je les revois assis dans une loge, sous un nuage de fumée, et nous parlant des intellectuels en France, de gauche naturellement. Sartre, souvent interrompu par Beauvoir, se voulait antibourgeois, antiaméricain, anticapitaliste, et surtout anti-impérialiste, ce que nous constations avec un léger sourire. Pour nous qui avions vu le communisme de si près, les Américains et leur plan Marshall, cette “aide afin de vaincre la faim et le chaos”, étaient des sauveurs[17]. » La veille de la générale des *Mouches*, Sartre et Beauvoir, qui habitent en zone française, sont prévenus par Manès Sperber de se méfier des Russes. « Surtout, nous dit Sperber que nous rencontrâmes à ce moment-là, ne mettez pas les pieds dans la zone soviétique : une automobile rase le trottoir, la portière s'ouvre, on se saisit de vous ; personne ne vous revoit jamais[18]. »

Le 15 novembre 1949, au Bundestag, Konrad Adenauer s'adresse au peuple français. « Le problème franco-allemand est véritablement la question angulaire qui régit les destinées de l'Europe. Je sais qu'en France aussi se manifeste la volonté de faire disparaître, une fois pour toutes, le différend franco-allemand. Je prie le peuple français et l'opinion mondiale de croire que la grande majorité du peuple allemand le désire également[19]. »

La solidarité atlantique et européenne ne doit pas masquer le danger soviétique, proche et menaçant. Radio-Moscou voit dans ce pacte une étape vers la transformation de l'Allemagne en base militaire américaine. Si l'URSS se pose ouvertement en ennemie de l'Occident, les États-Unis en apparaissent du moins comme le garant et le défenseur. D'où le radical slogan de la Sorbonne : « Fais-toi sucer en Russie, Simone ! » Son auteur anonyme ignorait que la grande prêtresse de l'existentialisme, également surnommée Notre-Dame de Sartre, est déjà, à l'époque, la maîtresse de l'écrivain américain Nelson Algren. Simone de Beauvoir portera toujours le bel anneau d'argent qu'il lui a offert au début de leur relation[20]. Elle se fera incinérer avec cet anneau.

11

Sartre, l'homme à femmes

Dans *L'Amérique au jour le jour*, le livre tiré de ses articles pour *Les Temps modernes* parus de décembre 1947 à avril 1948, Simone de Beauvoir décrit sa rencontre avec Nelson Algren. « Mes amis de New York m'ont donné deux adresses : un écrivain et une vieille dame. Si je ne veux pas que ma soirée soit perdue, il faut que l'un d'eux vienne à mon secours [...] l'écrivain me semble préférable. Je décroche le téléphone, je demande M. N. A. Une voix maussade me répond : "Vous avez un faux numéro !" Je vérifie dans l'annuaire ; c'est ma prononciation qui est fausse. Je décroche de nouveau. J'ai à peine ouvert la bouche que la voix répète, avec irritation cette fois : "C'est un faux numéro." On raccroche. Que faire ? [...] De nouveau je m'attaque à l'écrivain : il raccroche. Je m'entête. Je demande à la téléphoniste de prendre la communication. Dès qu'elle entend la sonnerie, elle dit avec une douce autorité et un accent qui inspire confiance : "Voulez-vous avoir la patience de garder la ligne une seconde[1]..." »

De son côté, Nelson Algren a donné sa version des appels de Simone de Beauvoir et de leur rencontre. « Je raccrochai deux fois en entendant la voix de Simone de Beauvoir quand elle m'appela de Chicago en 1947. Elle ne savait pas se servir d'un téléphone et j'en avais assez des gens qui faisaient des faux numéros. Finalement l'opératrice me demanda de bien vouloir rester en ligne, quelqu'un voulait me parler. La voix m'informa, avec un accent européen, qu'elle était au Little Café du Palmer House et qu'elle aurait un numéro de *Partisan Review*. Je me dis que si c'était une abonnée, je m'en apercevrais tout de suite et que je pourrais toujours filer. Je m'assis donc sur une chaise dehors, dans l'ombre. Je me rendis compte que la femme à la revue n'était pas une abonnée. En fait, elle ne manquait pas de séduction à première vue. Je la suivis au Petit Café. Elle parlait d'un ton volubile, intense, passionné, catégorique. Je ne comprenais pas un mot de ce qu'elle disait. Plus tard, elle m'affirma qu'elle non plus n'avait rien compris de ce que je lui disais. Elle me fit l'impression d'une institutrice française. Je n'avais jamais entendu son nom avant et je ne m'en souvenais plus très bien [...]. Quelques jours après son départ, je lus une interview du *New Yorker* où il était question de Simone de Beauvoir. C'était, de toute évidence, mon institutrice française[2]. »

En moins de deux, le bel Américain lui a cambriolé le cœur et le corps. Sous ses airs d'institutrice, elle se montre une élève appliquée en matière amoureuse. À Chicago, Simone de Beauvoir se laisse guider par Algren. Les bas-fonds de la ville, les bistrots du quartier polonais sont au programme de la visite. « Je voulais lui montrer que les États-Unis n'étaient pas une nation de "bourgeois" prospères, destinés tous à acheter une maison en banlieue et à appartenir à un country club. Je voulais lui montrer les gens tout aussi sûrement promis au pénitencier et à la prison. Je lui présentai des truands, des souteneurs, des voleurs des rues, des putains et des drogués. Ceux-là dégringolaient la pente, encore et toujours. J'en connaissais beaucoup, cette année-là. Je lui fis visiter la prison du comté et lui montrai la chaise électrique[3]. »

Simone de Beauvoir ne déteste pas les liaisons dangereuses. Contrairement à ce qu'elle écrit dans *L'Amérique au jour le jour*, elle ne rentre pas à son hôtel, mais suit Nelson Algren dans le petit appartement qu'il occupe dans Wabansia Street. Ils font l'amour pour la première fois, « d'abord parce qu'il voulait me réconforter, ensuite par passion[4] ». Revenue à Chicago après une tournée de conférences à New York et dans ses environs, elle retrouve Algren pendant trois jours. Le 17 mai 1947, dans l'avion du retour à Paris, Beauvoir écrit à son « gentil, merveilleux, bien-aimé "jeunot du cru" » : « J'ai appuyé mon front contre le hublot et j'ai pleuré au-dessus de la mer bleue, mais de douces larmes, les larmes de l'amour, de notre amour [...]. Où êtes-vous en ce moment précis ? Peut-être dans un autre avion. Quand vous regagnerez notre petit foyer, je serai là, cachée sous le lit et partout. Désormais je serai toujours avec vous, dans les rues tristes de Chicago, sous le métro aérien, dans la chambre solitaire, je serai avec vous comme une épouse aimante avec son mari bien-aimé. Nous n'aurons pas de réveil car ce n'était pas un rêve ; c'est une merveilleuse histoire réelle qui ne fait que commencer. Je vous sens avec moi, là où j'irai vous irez, non votre seul regard, vous tout entier. Je vous aime, il n'y a rien d'autre à ajouter. Vous me prenez dans vos bras, je me serre contre vous, je vous embrasse comme je vous embrassais[5]. »

De quoi plonger « dans un état de perplexité douloureuse, empoisonnée » l'avocate Gisèle Halimi, fondatrice au début des années soixante-dix et coprésidente de l'association Choisir. La Cause des femmes. « Déconcertée d'abord, je me remis – histoire d'avoir le moral – à la relecture du *Deuxième Sexe* et des quelques pages de mon propre Journal où je racontais l'émerveillement de mes rencontres avec Beauvoir, nos actions, nos discussions. Et j'en sortis avec une interrogation qui hypothéquait mes certitudes féministes : comment avait-elle pu écrire ces lettres presque en même temps que *Le Deuxième Sexe*[6] ? »

Pour Sartre, le fond de l'existentialisme, c'est la liberté. Une doctrine qu'il applique non sans dégâts dans sa vie privée. Sauf avec Mme Mancy, sa « petite maman », toujours radieuse quand son « petit Poulou » s'installait en face d'elle pour prendre le thé ou déjeuner, le philosophe qui « se voulait l'artisan de sa propre création, le maître absolu de son originelle liberté[7] » doit faire des acrobaties pour être au diapason de ses amours contingentes. Son secrétaire, Jean Cau, l'a vu plus d'une fois empêtré dans des histoires de femmes :

« Je ne peux pas ne pas être au courant des slaloms qu'il effectue entre ces dames, mais reste impavide avec mes "in petto". Il les devine qui tintinnabulent dans ma besace. Il vient de téléphoner à deux "personnes" en racontant à l'une le contraire de ce qu'il dit à la seconde. Il repose l'appareil.

– Ah ! C'est parfois difficile.

– Hé oui, dis-je, hé oui… Je me demande comment vous vous en tirez. Rude situation.

– Mon cher Cau, vous avez dit le mot exact, il y a parfois des situations que j'appellerai "pourries". Impossible de s'en sortir, si on essaie de les résoudre extérieurement intact. Vous voyez ?

– Oui oui, oh ! Je vois… Mais alors, intérieurement, comment vous en tirez-vous ?

– On est bien obligé, dans ces cas-là, d'avoir une morale provisoire.

« Tout Sartre est dans ce bref dialogue[8]. »

Françoise Sagan s'amuse de ce jeu de dames car elle figure sur le damier comme « l'espiègle Lili[9] » qui est née, jour pour jour, trente ans après Sartre. Ils se sont bien connus au moment où est mort Pierre Quoirez. « Mon père était très différent, mais il y avait une espèce de relais qui s'est fait intellectuellement et moralement. Sartre était gai comme un pinson. Les mensonges qu'il faisait à la belle Simone[10] ! » C'est en quelque sorte son père spirituel avec lequel elle partage des heures d'affectueuse complicité. Dans sa *Lettre d'amour à Jean-Paul Sartre* publiée d'abord dans *Égoïste*, le journal de Nicole Wisniak, elle se souvient de lui à la fin de son existence. « Et surtout ces femmes qui lui téléphonaient, à minuit parfois, quand nous rentrions de nos dîners, ou dans l'après-midi, quand nous prenions le thé et que l'on sentait si exigeantes, si possessives, si dépendantes de cet homme infirme, aveugle, et dépossédé de son métier d'écrire. Ces femmes qui, par leur démesure même, lui restituaient la vie, sa vie de jusqu'alors, sa vie d'homme à femmes, coureur, menteur, compatissant ou comédien[11]. » Au cours d'une émission de télévision, Françoise Sagan dit de Sartre : « C'était un homme charmant. » « La plus conventionnelle des formules, la plus désuète, la plus sucrée, et cependant, elle lui va comme un gant : il était charmant[12] », commente Françoise Giroud.

Jeune homme, malgré son aspect peu donjuanesque, il séduit les jeunes filles en leur expliquant leur âme. Ses conquêtes futures n'échappent pas à sa redoutable intelligence. Pendant la guerre, un étudiant lit *L'Être et le Néant* quand la Gestapo vient l'arrêter. Il emporte le livre pour le continuer dans sa cellule… Excommunié par le pape, confondu avec les danseurs des caves de la rive gauche, accusé de corrompre la jeunesse, l'écrivain est devenu Sartre « le scandaleux ».

Sagan a-t-elle aimé Beauvoir et vice versa ? Dans le second tome de *La Force des choses*, l'auteur du *Deuxième Sexe* donne son sentiment sur la jeune romancière en vogue qu'elle aurait voulu mieux connaître : « Sortie du cercle de mes intimes, je n'aimais causer avec les gens qu'en tête à tête, ce qui permet souvent de brûler l'étape des banalités mondaines ; je regrettais de n'avoir jamais su la dépasser au cours de mes rares entrevues avec Françoise Sagan. J'aimais bien son humour léger, sa volonté de ne pas s'en laisser conter et de ne pas faire de grimaces ; je me disais toujours en la quittant que la prochaine fois nous nous parlerions mieux ; et puis non, je ne sais trop pourquoi. Comme elle se plaît aux ellipses, aux allusions, aux sous-entendus, et qu'elle n'achève pas ses phrases, il me semblait pédant d'aller jusqu'au bout des miennes, mais il ne m'était pas naturel de les briser et finalement je ne trouvais plus rien à dire. Elle m'intimidait, comme m'intimident les enfants, certains adolescents et tous les gens qui se servent autrement que moi du langage. Je suppose que, de mon côté, je la mettais mal à l'aise. Nous nous sommes retrouvées, un soir d'été, à une terrasse du boulevard Montparnasse ; nous échangeâmes quelques mots, elle avait, comme d'habitude, de la grâce et de la drôlerie et je ne demandais qu'à rester seule avec elle. Mais elle me dit tout de suite que des amis nous attendaient à l'Épi Club. Il y avait Jacques Chazot, Paola Saint-Just, Nicole Berger, quelques autres. Sagan but en silence. Chazot raconta des histoires de

Marie-Chantal et cela m'étonnait de penser qu'autrefois rien n'était pour moi plus normal que d'être assise la nuit dans une boîte devant un verre de whisky ; je me sentais tellement déplacée ! Il est vrai que je me trouvais entourée d'étrangers et qu'ils ne savaient pas plus que moi ce que je venais faire parmi eux[13]. »

La romancière féministe Françoise d'Eaubonne n'a pas de mari mais deux enfants. Elle a acquis une certaine notoriété avec *Comme un vol de gerfauts* (prix des Lecteurs 1947). Son roman *Je voulais être une femme*, qu'on comparera à un *Tropique* parisien des années soixante-soixante et un, commence ainsi : « Qu'est-ce qu'une femme ? Croyez-vous que c'est facile à définir ? Je connais plus difficile : c'est d'en être une. Sartre a déclaré depuis longtemps qu'il était impossible d'être homme ; très bien. Mais femme, alors ! J'en sais quelque chose ; j'en suis une ; du moins ce sont les autres qui le disent ; cela devrait me convaincre[14]. » L'ambiguïté des sexes la fait se passionner pour l'homosexualité masculine. Mais, reconnaît-elle, c'était une naïveté. « J'ai eu un grand amour pour un homme ; malgré l'aspect ultra-classique de nos étreintes, je n'ai jamais su exactement si je l'aimais comme une femme ou comme un jeune garçon. C'est déconcertant, des énigmes pareilles[15]. »

Après s'être posé la question : « Qu'est-ce qu'un homme ? », Françoise Giroud répond : « À la fois mon double et mon contraire. Nous sommes pareils et autres, donc impuissants à nous connaître vraiment et si proches en même temps… S'il faut les mettre au pluriel, j'ai déjà écrit quelque part que les hommes ont de grands pieds et des petites lâchetés, ce par quoi ils se distinguent des femmes. Je n'ai jamais eu besoin, ajoute-t-elle, d'un homme pour me payer des robes, mais j'ai eu besoin de l'Un, de l'Autre ou du Suivant pour me dire que dans cette robe j'étais objet de désir. C'est une fonction importante de l'homme qui aime une femme[16]. »

Alors, qu'est-ce qu'un couple : un homme et une femme, deux hommes, deux femmes ? Oui, voilà bien l'ennui : l'existence d'un partenaire qui vous englue et les problèmes que celui-ci pose à votre liberté…

Cette mystérieuse espèce qu'est La Femme, Sartre l'attire dans les filets de sa dialectique et laisse faire la vie. Il n'y a pas de plaisir supérieur à la liberté et la liberté supérieure est la contrainte qu'on s'impose à soi-même. Cette santé mentale a permis au philosophe d'être toujours amoureux de quelqu'un en dehors de sa relation avec Simone de Beauvoir, son âme sœur. Leur mariage improbable aurait ressemblé à un inceste. « Pourquoi nous cachez-vous que vous êtes mariée avec Sartre ? » lui reprochent des amis. Un témoin leur a même raconté la cérémonie ! Elle doit montrer son passeport pour les convaincre. Le Castor s'est contenté d'être la compagne idéale dans ce qui tient le plus à cœur à Sartre : la vie de l'esprit. Depuis leur rencontre sur les bancs de la Sorbonne, préparant tous deux l'agrégation de philosophie, ils deviennent inséparables. « Sans elle, il n'avait plus d'interlocutrice qui lui permettait de mettre en forme ses idées, le censeur qui portait un regard critique sur ce qu'il formulait, l'écrivain qui l'aidait à peaufiner ses textes, l'organisatrice qui assurait la bonne marche de sa revue, celle enfin qui s'interposait entre lui et les aspérités d'un monde intellectuel en proie à une effervescence de plus en plus intense[17]. »

« Il y a eu dans ma vie une réussite certaine : mes rapports avec Sartre. En plus de trente ans nous ne nous sommes endormis qu'un seul soir désunis[18] », souligne-t-elle. Balayés les ragots sur la participation de Sartre à l'écriture de ses livres, comme on murmure que Françoise Sagan n'est pas l'auteur de *Bonjour tristesse.* « On a bien dit devant moi, remarque Beauvoir, que Colette était arrivée "en couchant" : tant notre société tient à maintenir mes pareilles dans leur statut d'êtres secondaires, reflets, jouets ou vampires du grand sexe masculin […]. Je retrouve, à cinquante ans de distance, la vieille idée de mon père : "La femme est ce que son mari la fait." Il se trompait bien ; il n'a pas entamé d'un cheveu la jeune dévote façonnée par le couvent des Oiseaux. Même l'énorme personnalité de Jaurès s'était brisée contre le pieux entêtement de son épouse.

Ça pèse, ça résiste, une jeunesse : comment, telle que j'étais à vingt ans, aurais-je pu subir l'influence d'un croyant ou d'un fasciste ? C'est qu'on admet chez nous que la femme pense avec son utérus : quelle chiennerie vraiment[19] ! » Quand elle évoque les années soixante, Annie Ernaux écrit : « Avoir lu Simone de Beauvoir ne servait rien qu'à vérifier le malheur d'avoir un utérus[20]. » Ce qui a fait bondir Josyane Savigneau : « À moi, elle a appris que je n'étais pas seulement un utérus, et qu'il n'y avait aucune fatalité malheureuse à en avoir un. » Pour la journaliste et biographe de Marguerite Yourcenar et Carson McCullers, le choix de sa liberté porte un nom : Simone de Beauvoir[21]. « Beauvoir ?... Peut-être une grande sœur un peu incestueuse[22]... »

Comme Savigneau, Nicole Avril a raté le *Deuxième Sexe* par simple ignorance. Comme elle encore, la romancière (*Les Gens de Misar*) n'est pas passée à côté des *Mémoires d'une jeune fille rangée*. C'est la plus puissante et la plus éblouissante révélation pour cette fille unique qui a besoin d'indépendance et s'arrache à son milieu familial. L'œuvre de Simone de Beauvoir lui ouvre, à elle aussi, les chemins de la liberté. Après avoir lu ses trois cent trois lettres à Nelson Algren, traduites par Sylvie Le Bon, Nicole Avril se rend à Chicago sur les lieux mêmes où s'est noué cet amour transatlantique. Son mari, le journaliste Jean-Pierre Elkabbach[23], la photographie aux endroits stratégiques comme la vieille boutique du glacier grec, à deux pas de Wabansia Street, qu'a également fréquentée Al Capone[24].

« Faut-il être Simone de Beauvoir ou Brigitte Bardot ? That is the question ! Pour une jeune femme de la fin des années cinquante, elles sont les deux références, constate Nicole Avril. J'ai dû voir Bardot pour la première fois dans *Le Trou normand*, avec Bourvil, puis dans *Les Grandes Manœuvres*, avec Gérard Philipe et Michèle Morgan. Dans ces seconds rôles, elle était ravissante, mais je la découvre dans le film de Vadim, *Et Dieu créa la femme*.

« On a peine à imaginer aujourd'hui le choc. On semblait avoir inventé en son honneur le mot d'amoralisme. Plus de faute, plus de punition. Une totale liberté sexuelle. La Juliette du film pouvait coucher avec toute une fratrie de beaux garçons tropéziens, elle au moins n'encourait pas le danger de "tomber" enceinte. Quand elle dansait le mambo dans sa robe rouge moulée sur son corps superbe, c'était le triomphe de la jeunesse et de la liberté. Sa beauté révolutionnait l'esthétique et, une dizaine d'années avant Mai 68, la morale. Simone de Beauvoir comprit que cette Vénus était portée par l'écume des temps nouveaux et elle écrivit un beau texte pour un beau livre de photos de cette nouvelle star qui démodait d'un coup toutes celles qui l'avaient précédée[25]. »

Lorsqu'on demande à Simone de Beauvoir à quel texte il faut se référer pour interpréter et évaluer son œuvre, elle n'hésite pas à répondre : « Les deux essais *Pyrrhus et Cinéas* et *Pour une morale de l'ambiguïté*, et les essais réunis dans le volume intitulé *Privilèges* sont sans doute aussi importants. J'aime aussi ce que j'ai écrit sur Brigitte Bardot et puis… » *Le Deuxième Sexe*, *Les Mandarins* et ses *Mémoires* n'étaient pas non plus négligeables… Ne se considérant pas uniquement comme un « disciple de Sartre » et mésestimant ses capacités de philosophe, elle n'en attachait pas moins d'importance à ses courts essais philosophiques sur son interprétation de l'idée sartrienne de la liberté. Quant à Bardot – sortie comme elle d'un milieu bourgeois et aisé, d'une enfance bien douce –, son mythe a fait sauter les tabous sexuels hérités de l'époque victorienne.

« Vu de dos, s'émerveille Beauvoir, son corps élancé, musclé de danseur est presque androgyne. La féminité triomphe sur sa charmante poitrine. Les longues et voluptueuses tresses de Mélisande tombent sur ses épaules. La ligne de ses lèvres fait une moue enfantine. Elle marche pieds nus… » La liberté sous les sunlights. « Elle est tellement naturelle qu'elle devient surnaturelle[26] », écrit Violette Leduc, l'auteur de *La Bâtarde* préfacée par Simone de Beauvoir. Le Castor a été à l'origine de son entrée chez Gallimard, et lui a donné des conseils pour améliorer le manuscrit de son premier roman, *L'Asphyxie*, qui paraît dans la collection « Espoir » dirigée par Albert Camus.

Amoureuse de Simone de Beauvoir comme elle l'a été de Maurice Sachs, Violette Leduc a un visage particulièrement ingrat. Aucune chance de concrétiser ses fantasmes. Passion frustrée, une fois de plus. « Ma laideur m'isolera jusqu'à ma mort », écrit-elle dans *L'Affamée*, son deuxième roman. « Son "gros nez", souligne Beauvoir, ne décourage ni la camaraderie ni l'amitié. Si parfois elle fait rire, ce n'est pas à cause de lui ; dans sa toilette, sa coiffure, sa physionomie, il y a quelque chose de provocant et d'insolite : on se moque pour se rassurer. Sa laideur n'a pas commandé son destin mais l'a symbolisé : elle a cherché dans son miroir des raisons de s'apitoyer sur soi[27]. » En mai 1954, Violette Leduc termine le manuscrit de *Ravages*. Gallimard lui demande de supprimer la partie relatant sa liaison au collège avec Isabelle et le récit de son avortement. C'est un bibliophile, Jacques Guérin, qui édite à ses frais les pages censurées.

Roger Grenier, dont le premier livre, *Le Rôle de l'accusé* (1948), a été également publié par Camus avec lequel il a travaillé à *Combat*, en compagnie de Pascal Pia, avant de collaborer à *France-Dimanche* et à *France-Soir*, se souvient de Violette Leduc : « Une grande femme blonde, avec de longs cheveux, mais c'était un repoussoir à cause de son visage. Beauvoir l'appelait "la laide". Avant le succès de *La Bâtarde*, elle ne touchait pas le grand public. Chez Gallimard on lui faisait croire que ses livres se vendaient. Elle devait à Simone de Beauvoir les mensualités que lui versait son éditeur[28]. » Dominique Aury, alias Pauline Réage (*Histoire d'O*), consacre une chronique à Violette Leduc dans la *NRF*, lors de la parution de son livre posthume *La Chasse à l'amour* où Violette Leduc évoque son seul amour comblé à plus de cinquante ans. « Et peut-être est-il simpliste de se dire qu'elle a pour la première fois de sa vie trouvé le plaisir justement parce qu'elle avait cinquante ans passés et ne craignait plus d'être enceinte. Simpliste, pourtant sans doute vrai, tout comme cette même peur presque démente, consciemment ou non, l'a toute sa vie jetée vers les femmes et les homosexuels : frustrée mais à l'abri ; ravagée mais en paix.

Et seule. Et lucide. Elle se savait laide. C'est vite jugé. Sur la couverture de *La Chasse à l'amour*, sa photo en couleurs, aujourd'hui qu'elle est célèbre, prouve qu'elle exagérait. On n'est pas laide avec ce beau sourire aux lèvres fermées, avec le calme regard de ces grands yeux. C'était une grande fille mince aux longues jambes, aussi élégante avec les chandails et les blue-jeans d'Uniprix qu'avec les plus extravagantes inventions des grands couturiers, qu'elle put s'offrit quand éclata le succès[29]. »

Le magazine *Elle*, qui propose à ses lectrices plusieurs types de femmes, inscrit sous la photo de Simone de Beauvoir : « Vie exclusivement intellectuelle ». L'intense vie amoureuse du Castor est encore mystérieuse. Un secret de polichinelle ? Le 2 mai 1949, en couverture de *L'Hebdomadaire de la Femme* (rédactrice en chef : Hélène Gordon-Lazareff), une jeune fille sage comme une image fait ses débuts de mannequin : B.B., en robe de taffetas rose, est encore une fillette de quatorze ans et demi ! Dans ce même numéro d'*Elle*, la fin d'un roman-feuilleton illustré d'après un scénario de Jean Monteaux, intitulé *Le bonheur n'est pas à vendre*, dans lequel on découvre aussi la photo en couleurs pleine page du prince Charles en barboteuse qui tient un lapin en peluche. Le duc de Windsor s'est exclamé : « Oh ! » quand il a vu son neveu. Dans plusieurs décennies, il épousera Diana (1961-1997), la princesse qui choisira la liberté plutôt qu'une couronne.

Françoise Giroud rejoint *Elle*. D'abord pour remplacer Hélène Gordon-Lazareff, la créatrice du magazine, qui a dû prendre du recul. Pierre Lazareff, le patron de *France-Soir*, qui mène avec sa femme une vie aussi libre que Sartre et Beauvoir, lui avoue les vraies raisons de son absence. Hélène, enceinte, a fait une fausse couche. Elle ne reviendra pas au journal avant trois ou quatre mois. Étant donné leur relation, il ne se sent pas concerné par cette situation imprévue[30]. « Si vous voulez, je prends la responsabilité de la rédaction jusqu'à ce qu'Hélène revienne[31]. » Françoise Giroud, qui va être mère d'une petite Caroline, tient la barre de l'hebdomadaire avec élégance et fermeté. Au retour d'Hélène Gordon-Lazareff, elles créent un tandem professionnel efficace malgré leurs divergences. « Ce qui nous séparait, Hélène Lazareff et moi, a été certainement fécond. Nous formions une bonne combinaison, y compris sur le plan du travail matériel. Je suis plutôt un coureur de fond, régulier. Elle, plutôt un sprinter[32]. »

Pierre suit de près l'évolution du magazine qui fête, en novembre 1951, son sixième anniversaire par un numéro spécial auquel il collabore par un copieux article sur les femmes journalistes. « Sachez, souligne-t-il, qu'en l'an de grâce 1951, sur 6 614 titulaires de la carte professionnelle de journaliste, on ne compte que 731 femmes (1 pour 8 hommes) et que parmi ces 731 femmes, environ une centaine sont des sténos de presse et une bonne cinquantaine des dessinatrices. C'est que si, contrairement à ce qu'on pense, le métier de journaliste n'est déjà pas un métier facile pour un homme, il est encore plus difficile pour une femme[33]. »

Invitée à Bruxelles pour y prononcer une conférence, Françoise Giroud parle de la condition féminine et des escouades de machos rencontrées dans sa vie professionnelle. « Je ne fis pas scandale, mais jetai seulement quelque émoi par mes propos qui remportèrent un franc succès. Hélène voulut lire le texte de cette conférence. Et, comme elle était journaliste avant tout, sachant capter l'air du temps, quelque chose de neuf fut introduit dans le journal ; quelque chose comme de l'insolence. Mais je crus que Pierre Lazareff allait s'évanouir quand il découvrit, certaine semaine, une double page titrée : "Elle a choisi la liberté..." racontant l'histoire d'une femme qui se trouvait dans l'actualité, je ne sais plus laquelle, et qui avait divorcé. Il s'écria : "Vous allez perdre toutes vos lectrices de Bretagne ! Vous êtes folles !"

« J'ai beaucoup de gratitude pour les Lazareff, pour tout ce qu'ils m'ont donné de tendresse, tout ce qu'ils m'ont enseigné, aussi. Mais quand je tentai de pousser un pion timide à propos de la contraception, Pierre émit un "non" catégorique et dit : "On ne parlera jamais de contraception dans mes journaux, et on ne dira jamais du mal des chiens[34] ! » Françoise Giroud fait sensation. Quelques années plus tard, le 14 juillet 1956, elle s'exprime sur l'unique chaîne de télévision à propos de son article « Le drame inutile » publié dans *L'Express* le 15 février, sur le problème de la contraception. L'interdiction, souligne-t-elle, provoque chaque année, en France, un million d'avortements clandestins. Déclaration choc qui surprend dans une émission axée sur le thème de la défense des « bonnes mœurs », du mariage et la crainte de l'écroulement du mythe de la jeune fille[35], *Édition spéciale : les femmes jouent leur destin*, de François Chalais et Frédéric Rossif.

Le 8 juin 1961, les lecteurs de *L'Express* ont la surprise de retrouver la signature de Françoise Giroud, qui a été dans l'obligation de quitter le journal après sa rupture dramatique avec l'infidèle Jean-Jacques Servan-Schreiber, celui avec lequel Françoise avait fondé *L'Express* venait de la répudier pour épouser en secondes noces Sabine Becq de Fouquières. Après une tentative de suicide, elle fut recueillie à *France-Soir* par Charles Gombault, la conscience de gauche de Pierre Lazareff, qui la nommera rédactrice en chef. Son article, « L'invitée silencieuse », est consacré à la liberté dans le monde. Elle a retrouvé la sienne comme directrice de la rédaction de l'hebdomadaire de JJSS qui ne s'éloigne jamais vraiment de « ses » femmes. Madeleine Chapsal, sa première épouse, est passée par les mêmes souffrances. Elle aussi a tenté de mettre fin à ses jours. Elle revoit Françoise Giroud au journal. « Nous aurions pu profiter de notre double désarroi pour nous unir – mais trop de silence nous séparait. Nous n'avons fait que continuer à travailler ensemble. Tant qu'il y a eu "notre" *Express*[36]. »

12

Le sein droit de Catherine Millet

« Naughty ! » Simone de Beauvoir est nue. Elle relève ses cheveux en chignon et se regarde dans une glace. Ce « Naughty », qui peut se traduire par « vilain garçon ! », s'adresse à Art Shay qui vient de la photographier. Clic-clac au débotté. La scène est racontée dans le livre *Tête-à-tête* de Hazel Rowley (Grasset, 2007). Le Castor est la maîtresse de Nelson Algren, son « très cher maquereau sans vergogne de Wabansia », qu'elle a surnommé son « Crocodile », à cause de son « drôle de sourire, toutes dents dehors ». Il a demandé à son ami Art Shay de trouver un endroit où sa « crazy frog » (« Française folledingue »), appelée aussi sa « frog wife », pourrait se laver car son logement de Chicago ne dispose d'aucun confort. Le photographe fait le fameux cliché sans que l'auteur du *Deuxième Sexe* s'en offusque. Au contraire, elle rit comme si cette photo, prise pendant l'été 1952, l'autorise à croire à sa beauté malgré sa quarantaine bien sonnée. Moment fugace où elle préfère ses illusions à la réalité.

« À quarante ans, un jour, j'ai pensé : "Au fond du miroir la vieillesse guette ; et c'est fatal, elle m'aura"[1]. » « La vieillesse : de loin on la prend pour une institution : mais ce sont des gens jeunes qui soudain se trouvent être vieux. Un jour je me suis dit : "J'ai quarante ans !" Quand je me suis réveillée de cet étonnement, j'en avais cinquante. La stupeur qui me saisit alors ne s'est pas dissipée[2]. »

Chaussée de mules à hauts talons, des jambes assez fortes, un fessier rebondi, la taille cambrée ; le caractère sensuel, épanoui de ses formes aurait inspiré le sculpteur Aristide Maillol. À l'occasion du centenaire de sa naissance, le journal *Le Nouvel Observateur* lui consacre un dossier intitulé « Simone la scandaleuse[3] ».

La parution du *Deuxième Sexe* ne scandalise pas seulement François Mauriac, mais également Albert Camus qui l'accuse d'avoir voulu « déshonorer le mâle français ». Si l'hebdomadaire a choisi ce titre, c'est aussi parce qu'il présente en couverture et à l'intérieur l'étonnant nu de « crazy frog ». En effet, certaines féministes n'ont pas apprécié de voir leur idole réduite à une pin-up montrant ses fesses comme une vulgaire Playmate. Choisir. La cause des femmes, association fondée par Simone de Beauvoir et l'avocate Gisèle Halimi, a dénoncé le « côté clairement racoleur » du magazine. Ce numéro, qui a de la moelle, déclenche des réactions de lecteurs qui se sentent floués, et provoque une vive controverse sur les blogs et même au sein de la rédaction.

Dans le numéro suivant, Guillaume Malaurie et Michel Labro défendent l'honneur du journal dans « Retour sur une photo », un article d'une page illustré par une reproduction de la couverture contestée. « Toute sensibilité est respectable. Et le débat salutaire. Preuve que *Le Nouvel Observateur*, qui a porté le "Manifeste des 343 salopes[4]" et été distingué parmi les premiers Ni putes ni soumises, est toujours au centre des empoignades ! » Roulement de tambour et en voiture Simone ! « Cent ans après sa naissance, "le Castor" ne se laisse pas embaumer. Elle sent toujours le soufre. Qui s'en plaindra ? » Le journal *Le Monde* revient sur l'affaire en apportant des précisions sur l'auteur de la photo. À quatre-vingt-cinq ans, l'Américain Art Shay raconte l'histoire du scoop.

C'est dans l'appartement d'une amie qui disposait d'une baignoire que la scène « historique » s'est déroulée tranquillement. Nelson Algren l'a prévenu : « Fais attention à toi, elle aime les hommes jeunes ! » La porte de la salle de bains est restée ouverte. Quand elle se recoiffe, Art Shay sort son Leica. « Elle m'a entendu déclencher, s'est retournée et m'a dit en riant “Naughty !” Elle n'était pas fâchée. Elle avait, comme Nelson, des mœurs très libres. » Art Shay ne s'est plus soucié de la photo ni de la quinzaine d'autres qu'il a prises du couple. « Je croyais avoir perdu les négatifs. Quand je les ai retrouvés, Simone était morte, je ne pouvais pas lui demander son autorisation. Je suis sûr qu'elle me l'aurait donnée mais j'ai préféré laisser passer du temps[5]. » La photo est publiée pour la première fois en 2000 dans son livre *Album for an Age*. En avril 2008, elle est exposée à Paris, à la galerie Albert Loeb, avec d'autres images de Simone de Beauvoir, dont celles prises à l'occasion de son prix Goncourt pour *Les Mandarins*, en 1954.

Traquée par les reporters, ne jouant pas toujours le jeu, elle se met à dos certains directeurs de journaux, comme elle le raconte dans une lettre à Nelson Algren. « Celui d'un grand magazine a piqué une telle colère qu'il a publié une photo truquée de moi ; il en a choisi une jolie et l'a délibérément salopée, ajoutant des cernes sous les yeux, etc., j'avais l'air si vieille et si moche que ceux qui me connaissent ne comprenaient pas ce qui m'était arrivé. Heureusement, quantité d'autres ont contrebalancé, et il y a eu de bons articles[6]. »

L'hommage rendu à Simone de Beauvoir dans *Le Nouvel Observateur* s'accompagne de deux témoignages de femmes émancipées : Arielle Dombasle et Catherine Millet. La première, épouse du philosophe Bernard-Henri Lévy, a osé se montrer nue dans un spectacle du Crazy Horse, le cabaret de l'avenue George-V créé par Alain Bernardin. Celui-ci épousa sa star, Lova Moor, dont Alain Delon, qui a vécu plusieurs années avec la strip-teaseuse Rita Cadillac, fit le panégyrique : « Comme celui de Brigitte Bardot, son nom évoquera pour toujours, dans l'imaginaire collectif, la splendeur féminine à l'état pur[7]. » La seconde, directrice de la revue *Art Press*, auteur de la sulfureuse *Vie sexuelle de Catherine M.* parue au Seuil en 2001[8], se dénude sans vergogne et pratique l'échangisme comme Catherine Robbe-Grillet, l'épouse du chef de file du Nouveau Roman.

Elle a signé sous le pseudonyme de Jean ou de Jeanne de Berg des récits érotiques. En particulier *L'Image* (Éditions de Minuit, 1956) dédié à Pauline Réage, l'auteur d'*Histoire d'O* (Jean-Jacques Pauvert, 1954).

Ce qu'Arielle Dombasle aime le plus chez Simone de Beauvoir, « c'est l'amoureuse qu'elle a été, tombant dans tous les pièges. Elle s'est crue capable d'une liberté bien au-dessus de ses forces. C'était une belle tentative, et j'aime aussi l'idée que ça n'ait pas marché... Plus tard Simone de Beauvoir allait s'asseoir sur un petit banc, seule, près de la tombe de Sartre. Cette image d'elle, pleurant l'amour de toute une vie, me touche infiniment[9] ». Ayant suivi le cortège funèbre jusqu'au cimetière Montparnasse, j'ai été impressionné par le beau visage ravagé de la fausse épouse de Sartre qui était ce jour-là une veuve. Une bousculade faillit la faire basculer dans la fosse du néant. Au paroxysme de la douleur, elle avait amorcé la descente aux enfers.

« C'est la liberté sexuelle que Beauvoir s'est accordée avec Sartre qui m'a surtout intéressée, confie Catherine Millet, même si je n'ai en ce qui me concerne jamais établi ce genre de pacte. Avec mon mari Jacques, la liberté était tacite. Je ne peux pas m'empêcher du reste de voir dans cet impératif de transparence un côté bourgeois : il faut être honnête dans la vie, dire ce qu'on pense. Je ne vois pas pour ma part où est la honte à être hypocrite. Aussi drôle que cela paraisse, Beauvoir a aussi toujours été pour moi une figure érotique. Elle ressemble à une héroïne de Klossowski. Froide, intello, les cheveux tirés. Beaucoup d'hommes m'ont un jour fait l'aveu de ce fantasme[10]. »

Sept ans après son phénoménal best-seller, en 2008, l'année du centenaire de Simone de Beauvoir, Catherine Millet publie chez Flammarion *Jour de souffrance*. Revers de la médaille : quoi qu'on en ait dit, la « bête sexuelle » est un « animal blessé ». La jalousie la submerge quand elle tombe sur des photos et un carnet de son compagnon l'écrivain Jacques Henric où il révèle quelques aventures extraconjugales. Le critique littéraire Patrick Kéchichian fait cette analyse : « Selon un processus classique, cette découverte mit en branle l'appareil à broyer le tiers exclu du nouveau jeu amoureux : la narratrice, exposée dès lors à une souffrance sans remède. Une souffrance qui, à la lumière d'un subtil "dosage", peut se retourner en jouissance, ou du moins entretenir une étrange familiarité avec cette jouissance. En témoignent les pages sur les rêveries licencieuses qui accompagnent la douleur et sur l'onanisme où la masturbatrice choisit celle-ci pour partenaire plutôt que comme adversaire[11]. » Catherine Millet, depuis *Vie sexuelle de Catherine M.*, est la plus érotique des people intellos. Ce qui n'a pas échappé au *Nouvel Observateur* qui lui offre sa couverture où son sein droit fait quand même moins d'effet que les fesses de Simone de Beauvoir. Il inspire pourtant une chronique à Laurent Greilsamer, en deuxième page du *Monde*. En commençant par la célèbre tirade de Tartuffe à la belle Dorine : « Couvrez ce sein que je ne saurais voir : Par de pareils objets les âmes sont blessées. Et cela fait venir de coupables pensées », le directeur adjoint du quotidien fondé par l'austère Hubert Beuve-Méry ironise sur l'hebdomadaire de Claude Perdriel concurrencé par la couverture de *Paris Match* où l'on voit Flavie Flament, une animatrice de télévision, surgir de l'océan « la poitrine galbée par l'étoffe transparente de son corsage ».

« *Le Nouvel Obs*, lui, est fidèle à sa grande tradition d'hebdo politique et culturel. S'il affiche du nu à la une, c'est du nu signé, siglé. Presque habillé, en somme. Vous croyez admirer la poitrine de Catherine Millet à l'occasion de la sortie de son livre sur la jalousie ? Erreur, et vous le savez bien : en réalité, vous regardez en expert l'un des clichés de Jacques Henric, photographe et écrivain, accessoirement compagnon de son modèle – et vous en êtes légitimé dans votre intention de regarder posément ce sein parisien et intelligent[12]. »

La photographie est en noir et blanc. Catherine Millet n'est pas une petite fille modèle mais un modèle convenable. Elle pourrait figurer au catalogue des studios Harcourt. « Cette Catherine Millet qui s'offre avec l'innocence d'une jeune héroïne d'Éric Rohmer n'est plus la Catherine Millet que nous voyons apparaître aujourd'hui dans les médias, poursuit Laurent Greilsamer, toujours un peu narquois. Mais surtout, et c'est très fort, ce n'est pas la vraie Catherine Millet. Elle l'explique fort bien elle-même : "On m'a souvent demandé comment je pouvais accepter de me faire photographier nue, sans préparatifs, de façon presque impromptue, sur un quai de gare ou un banc de jardin, et j'ai toujours répondu que je m'en fichais. Ce sont les images d'un corps, certes, mais ça n'est pas moi. Mon corps n'est pas ma personne. Quand je le prête à d'autres, je peux m'en retirer." » Selon le caprice de sa verve, le journaliste n'hésite pas à se référer à Marcel Proust pour qui les faits et gestes d'un écrivain ne sauraient en aucun cas éclairer son œuvre. « Il nous reste à trouver une photo de Proust nu pour la publier à la une du *Monde*[13]. »

Celle d'Yves Saint Laurent, qui portait Proust au pinacle, aura été un succédané. À sa mort, *Le Monde*, daté du mardi 3 juin 2008, ne l'a pas choisie pour saluer le couturier en première page. Ayant posé pour Jeanloup Sieff, Saint Laurent, dépouillé de sa gloire, n'est plus qu'un modèle d'atelier. Corps et âme mis à nu. Que reste-t-il d'un être ? Le photographe et écrivain François-Marie Banier avait fourni cette réponse dans la revue *Égoïste* : « Les objets qui nous entourent, que nous avons choisis, recherchés, assemblés, rassemblés... Notre travail même, quelle que soit l'œuvre, ne restitue jamais ce que nous sommes, ce que nous avons été. Les pièces se vident, les objets se séparent, les œuvres se transforment dans la mémoire, mais pas ce visage, ce regard, ce rire que nous avions autrefois[14]. »

Dans le même numéro, Françoise Sagan faisait le portrait de Catherine Deneuve photographiée par Alice Springs et Helmut Newton. « Une lueur mate qui parfois surgit du châtain de ses yeux, s'affole et laisse deviner une fêlure dans toute cette blondeur[15]. » Au moment de cet entretien, l'actrice a quarante-deux ans et la romancière vient d'en avoir cinquante. La réserve de l'interviewée est palpable. Le rôle de l'intervieweur, c'est de forcer l'intimité. Il faut avoir l'esprit tout à fait libre pour se parler naturellement. Entre deux délicieux silences elles frôlent la vérité. Mais avant d'aller sonner à la porte de la star, Sagan se fait du cinéma : « La célébrité, ses soleils et ses casseroles, certaines femmes comme Garbo ont passé la moitié de leur vie à la fuir. D'autres comme Bardot ont failli lui abandonner la leur. D'autres, tant d'autres, tellement d'autres, l'ont recherchée jusqu'à leur mort, et certaines sont mortes de n'avoir pu la trouver. Mais chez toutes ces vedettes, hommes ou femmes, qu'il se soit transformé en passion ou en horreur, en nécessité ou en névrose, il y avait au départ un désir de résonance, d'écho, de reflet[16]. »

Lorsque l'image de la vedette s'absente des affiches et, encore plus terriblement, des mémoires, que reste-t-il de l'être tant aimé ? Flash-back. Lors des obsèques d'une personnalité du spectacle, devant l'église de la Madeleine, un reporter de télévision interroge au hasard des gens qui se pressent derrière les barrières métalliques. Une femme âgée dit quelques mots et précise aimablement : « Je suis Annabella. » Elle a été la vedette du *Million* et de *Quatorze juillet* de René Clair, elle a tourné aux États-Unis, et fut l'épouse de Tyrone Power. Ce n'est plus qu'un visage anonyme qui s'adapte à tous les décors.

« Contemplée, chérie, aimée par des millions d'êtres humains, physiquement désirée par la moitié de ces millions, comment se résigner à n'être plus, un jour, désirée, aimée, chérie et contemplée que par un seul homme ou une seule femme ? Et cette vieillesse, même lointaine, qui se révèle déjà cruelle, humiliante et pénible pour tout le monde, comment supporter qu'elle soit en plus pour vous dégradante, déshonorante, implacable ? Comment supporter que le temps, cet ennemi vague de tout un chacun, devienne pour vous un ennemi si précis, si complet, destructeur aussi bien de votre carrière, votre entourage, votre mode de vie, que de votre travail même, c'est-à-dire, un peu, de votre honneur[17]... »

Françoise Sagan n'est pas d'une folle gaieté quand elle se rend chez Catherine Deneuve, un après-midi ensoleillé et pluvieux. « C'est très gentil de venir me voir, mais quelle drôle d'idée ? Je n'ai pas grand-chose à dire, vous savez... Je ne sais pas si comme ça, sans vous connaître, je pourrai vous donner une interview bien originale ni bien intéressante pour vous... » L'appartement de la comédienne, rue Bonaparte, donne sur la place Saint-Sulpice. Françoise lui a-t-elle raconté que, sur cette place, elle avait autrefois fait quelque extravagance ? En pleine nuit, avec son frère Jacques Quoirez, son amie Véronique Campion et d'autres joyeux noctambules, elle improvisait un rodéo particulier. Le petit jeu consistait à lancer sa voiture sur une autre et à l'éviter in extremis. Deneuve parle : « En fait, voyez-vous, quand je suis très heureuse, ça me fait peur. J'ai l'impression que le malheur, enfin la mélancolie est plus normale que la gaieté, que la joie. Quand je suis heureuse, j'ai l'impression que je vais devoir le payer plus tard et même souvent il m'arrive de le payer d'avance. Par exemple, je me suis arrêtée de fumer pour compenser une surprise, un bonheur que je n'attendais pas... Vous trouvez ça fou[18]... »

Deneuve poursuit : « La politique ? De temps en temps, je m'engage. Par exemple, vous vous rappelez la loi sur l'avortement de Simone Veil. J'avais signé un papier comme quoi je m'étais fait avorter illégalement. Vous aussi d'ailleurs, je crois. C'était un sujet privé, mais une loi importante. Mais je ne veux pas prendre position pour quelqu'un, c'est une exploitation de la popularité que je trouve malsaine[19]. »

Ont-elles évoqué leur ami commun, Yves Saint Laurent, dont la boutique de prêt-à-porter, Rive gauche, se trouve place Saint-Sulpice ?

Un peu avant minuit, début juin 2008, Yves Saint Laurent s'éteint paisiblement dans sa chambre. Atteint d'une tumeur au cerveau, il a soixante et onze ans. « Yves Saint Laurent meurt, laissant derrière lui le chagrin d'un monde qu'il ne reconnaissait plus et dont il aura été l'apprenti sorcier, lui, le premier à remettre le rétro au goût du jour (1971) et à n'avoir qu'un regret : "Ne pas avoir inventé le jean." Lui, le premier à avoir posé nu, avec l'insolence de ses doutes, l'aura de ses convictions. Il est celui qui a le mieux prouvé aux femmes que leur plus belle arme était la séduction[20] », commente sa biographe, Laurence Benaïm.

Pierre Bergé écrit : « Catherine Deneuve est venue, elle s'est couchée auprès de toi pour t'embrasser. J'étais très ému[21]. » Yves l'habille depuis leur rencontre pour *Belle de jour*, de Buñuel, en 1967. Qui pourrait prétendre impunément que cette femme est froide et distante ? « Je crois que c'est une femme fragile, courageuse et effrayée, et qui a plus peur d'elle-même que de n'importe qui[22] », remarquait l'extra-lucide Sagan. Le meilleur et le pire de son charme résident dans cette fêlure que rien ne ressoude. Ce secret qui l'auréole. Depuis la mort accidentelle de sa sœur, Françoise Dorléac, en 1967, également blonde, belle, éclatante et séduisante par procuration.

Je pense à nouveau à Anne-Marie Cazalis dont les blessures souterraines n'ont pas été inscrites dans son histoire de Saint-Germain-des-Prés. La jeune poétesse rousse qui accueillait les clients du Tabou, la cave de la rue Dauphine, a longtemps été une image de la légende existentialiste avant que je ne la rencontre, en chair et en os, pour découvrir la présence de Stéphane, son fils trisomique. L'amour de sa vie et sa plus grande douleur. Ce qui ne l'empêchait pas de rire et de potiner. « Chaque fois que j'ai revu Anne-Marie Cazalis, raconte Simone de Beauvoir, j'ai été sensible à son charme pointu, à sa malice, mais elle poussait le commérage jusqu'à l'indélicatesse[23]. » Le Castor et Sartre se permettent, eux aussi, des réflexions piquantes sur leur entourage. Le couple est toujours à l'affût d'une historiette. Lors d'un dîner chez Simone Berriau en compagnie de Cocteau et de Colette, c'est un festival d'anecdotes. Colette, « le monstre sacré », est là pour voir Sartre « et en sachant qu'elle était pour lui l'attraction de la soirée[24] ». « La rondeur bourguignonne de sa voix n'émoussait pas l'acuité de ses mots. Chez elle, la parole coulait de source et, comparée à ce naturel de grande classe, les brillants de Cocteau semblaient travaillés[25]. » Simone de Beauvoir l'observe, admirative, comme la spectatrice qui assiste à un numéro de haute voltige. Mais elle n'a pas oublié sa première visite à Colette.

« On m'avait dit qu'elle était peu aimable avec les femmes de mon âge et elle me reçut froidement. "Aimez-vous les bêtes ? – Non", dis-je. Elle me toisa d'un œil olympien. Ça m'était égal. Je ne m'étais attendue à aucun contact entre nous. Il me suffisait de la contempler. Percluse, les cheveux fous, violemment maquillée, l'âge donnait à son visage aigu, à ses yeux bleus un foudroyant éclat : entre sa collection de presse-papiers et les jardins encadrés dans sa fenêtre, elle m'apparut, paralysée et souveraine, comme une formidable Déesse Mère[26]. »

13

Louise de Vilmorin : « Marilyn Malraux »

Gabriel Chevallier, qui a connu un immense succès avec son savoureux *Clochemerle* paru aux PUF en 1934, publie chez Flammarion, en 1960, *Les filles sont libres*[1]. En exergue de ce roman, il cite Balzac : « Les mœurs sont l'hypocrisie des nations ; l'hypocrisie est plus ou moins perfectionnée », Virginia Woolf : « Je veux dire : qu'est-ce qu'une femme ? Je vous assure que je ne le sais pas. Je ne crois pas davantage que vous le sachiez. » Dans son avertissement, il fait référence au mot « fille » qui n'a plus aucun sens péjoratif. « On ne dit plus que rarement "jeune fille", et très exceptionnellement "demoiselle". »

Né à Lyon en 1895, Gabriel Chevallier est passé sans coup férir de Mme d'Aiglemont, l'héroïne de *La Femme de trente ans*, et d'Emma Bovary, celle de Flaubert, au siècle de Simone de Beauvoir et de Brigitte Bardot avec le regard d'un observateur curieux des nouvelles mœurs. « Sont-elles supérieures aux anciennes et les femmes ont-elles à y gagner ? C'est une question à laquelle je ne crois pas qu'il soit possible de répondre formellement. On n'en pourra décider qu'à l'usage. En attendant, il faut laisser marcher le siècle, et courir l'aventure de l'avenir. »

Avec l'apparition de la société contemporaine et la ronde de Spoutnik dans l'infini des cieux que l'on scrute pour que le petit satellite soviétique ne nous tombe pas sur la tête, la vedette moderne s'est substituée aux divinités défaillantes. L'image joue un rôle décisif dans cette révolution scientifique et culturelle.

Brigitte Bardot, c'est Vénus, ayant toutes les formes les plus charmantes de la femme. Dans *Les filles sont libres*, Dominique, vingt ans, plus émancipée que ses parents ne le pensent, aime sortir avec son père Arthur, un bourgeois de l'avenue Foch. Il propose à sa fille, qui le surnomme « papiche », d'aller au cinéma.

« Qui préfères-tu voir ? Lollo, Sophia ou B.B. ?

– Choisis à ton goût, papiche.

– Cette B.B. a un petit quelque chose… Je parle de son talent, bien entendu.

– Bien entendu, papiche.

– Pendant que j'y pense : inutile de dire à ta mère que nous sommes allés au cinéma. Elle ne peut pas souffrir B.B.

– Pourquoi donc ?

– Elle lui reproche de montrer ses fesses.

Moi, avec une immense innocence :

– C'est donc mal de les montrer ?

Il devient ponceau.

– Mais voyons, petite malheureuse !

Alors, posément, je mets les choses au point.

– En petit comité, je comprends bien. Mais à des millions de personnes, je ne vois pas où est le mal. Ce n'est qu'une question de notoriété. Et de patriotisme, puisque celles de B.B. font affluer les dollars en France.

Il me regarde, ébahi.

– Je n'y avais pas réfléchi. Je crois que tu as raison. Allons voir B.B., cette bonne petite Française[2] ! »

Gabriel Chevallier imagine que Dominique a lu en se cramponnant les deux volumes du *Deuxième Sexe*. Elle en parle à son amie Sylvia. « L'auteur pense le cas féminin d'une manière assez décourageante, accordant presque toute l'importance aux frigides. (Ce que je ne suis pas, Dieu merci. Ni toi, je crois savoir.) Il semblerait que les femmes soient en majorité des refoulées, des mutilées, des névrosées, plus ou moins mécontentes de leur sort. Pourtant je ne me trouve pas mal d'être femme, n'en éprouve aucun sentiment d'infériorité et n'ai jamais souhaité d'être un garçon. Je ne me sens nullement frustrée parce que je n'ai pas de pénis [...]. Mon cas qui est, je le suppose, celui des femmes normales, accomplies en tant que telles, me paraît passé sous silence. L'excitation et la jouissance viennent naturellement, sans que ça pose aucun problème. Est-ce donc si rare[3] ? » Son amant, Hubert, qui, lui aussi, a lu l'essai, porte ce jugement définitif : « Si on devait accepter tout ce qui est écrit là-dedans, nous ne saurions pas, les garçons, par quel bout vous prendre. Il y aurait de quoi nous flanquer de sacrés complexes en présence de votre sexualité tourmentée, de vos mystérieux circuits physico-psychiques et clitoridiens-vaginaux [...]. Un peu de Kâma-Sûtra serait grandement nécessaire pour compléter l'ouvrage[4]. »

Dominique suit le conseil que Stendhal livre à sa jeune sœur Pauline : « Une femme doit être d'abord mariée ; c'est ce qu'on lui demande ; après, elle fait ce qu'elle veut. » Mais en prenant à témoin son amie Sylvia, elle s'interroge sur la réaction de Jeanne Tournier, jouée par Jeanne Moreau dans *Les Amants* (prix spécial du jury du festival de Venise en 1958), le film de Louis Malle auquel collabore Louise de Vilmorin pour le scénario et les dialogues. « Enfin, chérie, conçois-tu de partir après une seule nuit d'amour, en compagnie d'un inconnu rencontré la veille, en laissant tomber ta fille, ton mari et un autre amant ? Ça m'a paru vraiment précipité[5]. » Une voix à la fin du film : « Ils partaient pour un long voyage dont ils connaissaient les incertitudes. Ils ne savaient pas s'ils retrouveraient le bonheur de leur première nuit. Déjà, à l'heure dangereuse du petit matin, Jeanne avait douté d'elle... Elle avait peur, mais elle ne regrettait rien... »[6]

Âgé de vingt-six ans, Louis Malle a déniché une nouvelle du XVIIIe siècle, écrite par l'égyptologue Dominique Vivant Denon, un contemporain de Choderlos de Laclos. Il montre le texte à Louise de Vilmorin, que connaît Jeanne Moreau, la vedette de *Un ascenseur pour l'échafaud* (1957). « Il s'agit d'une femme mariée, une comtesse, qui mène une existence ennuyeuse et désabusée dans un château de province. Et, un soir, elle a un coup de foudre. C'est très romantique, très en avance sur son temps. Ça s'appelle *Point de lendemain*[7] », raconte le cinéaste. Cette histoire l'intéresse d'autant plus qu'elle ressemble beaucoup à un scandale qui s'est produit dans son entourage. Une femme qu'il connaît bien a quitté son mari et ses enfants pour quelqu'un qu'elle venait de rencontrer. « Une passion instantanée, mais qui n'avait pas eu une fin très heureuse [...]. Bien sûr, ce que j'avais en tête, c'était une dénonciation de l'hypocrisie de la bourgeoisie et du fait que les femmes sont supposées être de bonnes épouses, de bonnes mères et s'en tenir là. J'ai travaillé avec Louise, en la poussant à écrire des choses qu'elle n'avait peut-être pas envie d'écrire. Mon intention n'était pas de faire un film qu'on trouverait érotique et scandaleux. C'est pourtant ce qui s'est produit[8]. »

Louise de Vilmorin est l'esprit et le charme mêmes. « La séduction incarnée. Je comprends que Malraux l'ait aimée[9] », dit Roger Peyrefitte. L'auteur des *Amitiés particulières* souligne que la majeure partie de ses droits d'auteur – son plus grand succès, *Madame de...*, a été adapté à l'écran par Max Ophüls, en 1953, avec Danielle Darrieux – passe dans l'entretien du château de Verrières-le-Buisson (Essonne). « Elle fut notamment l'amie de Roger Nimier, qui s'était installé, comme plus tard Malraux, au château de Verrières. Je me rappelle, j'étais allé la voir, alors qu'elle était souffrante. Nimier habitait là, aussi à l'aise que chez lui[10]. » Dans la biographie qu'elle lui a consacrée, Françoise Wagener raconte qu'en 1969, l'année de sa disparition, Louise de Vilmorin a reçu à dîner Brigitte Bardot. La star est accompagnée de son agent Olga Horstig-Primuz. À l'origine de la rencontre, le producteur de cinéma Georges Loureau, qui est venu avec son épouse. B.B. est aussitôt séduite par la femme de lettres qui lui parle en poète des plantes de son jardin :

« Pendant le dîner, très vieille France, et superbement élégant, écrit Bardot, Malraux semblait hors du temps, bégayait, avec l'œil rouge et mouillé, la lèvre pendante, la parole ânonnante et le geste tremblant. J'étais déçue. J'appris qu'il était drogué[11]. » « Ce en quoi elle se trompe[12] », rectifie la biographe qui évoque ensuite l'anecdote de la cigarette que Brigitte, autorisée à fumer au dessert, veut allumer à la flamme d'une bougie. Pour André Malraux, c'est le geste qui tue ! « Il m'apprit qu'on ne devait jamais allumer une cigarette sur une bougie, c'était signe de mort. Du coup je ne fumai plus de la soirée, impressionnée par cette réaction brutale[13]. »

Quelques mois plus tard, le 26 décembre 1969, Louise de Vilmorin meurt des suites d'un malaise après qu'un médecin lui a fait une piqûre pour donner un coup de fouet à l'organisme. Elle est enterrée dans le jardin de Verrières selon ses vœux. Avec sa devise « Au secours ! » inscrite en guise d'épitaphe sur un banc de pierre où l'on peut s'absorber dans la méditation. Son ultime supplique à Malraux : « Ne vous éloignez pas de ma pauvre âme. Écoutez ma prière. Tenez-moi dans vos bras. Je suis votre mendiante. Un baiser de vos lèvres est l'étoile qui me fait croire aux jours et domine mon destin. » C'est avec un abominable sentiment de culpabilité que Brigitte Bardot écrit à André Malraux. Il ne répondra jamais à ses étranges condoléances qui, pour l'ancien ministre d'État en charge des Affaires culturelles, seront lettre morte… Habité par le tragique, il passe sa vie en tête à tête avec la Faucheuse[14].

Louise, qui s'est surnommée elle-même « Marilyn Malraux », a émerveillé l'auteur de *La Condition humaine*, comme Arthur Miller a été ébloui par Marilyn. « Pourquoi croyez-vous que Miller soit tellement fasciné par Monroe ? » demande le journaliste Lawrence Grobel à Truman Capote. « Parce qu'il ne la connaissait pas », répond l'auteur de *De sang-froid* qui a fait son portrait dans *Musique pour caméléons*[15]. Louise de Vilmorin sait s'adapter à toutes les situations et a le pouvoir de créer d'agréables illusions. C'est un merveilleux caméléon que Malraux n'a pas totalement apprivoisé malgré son intuition divinatrice. Une certaine mélancolie dans son regard contraste avec cette apparence de gaieté. « La ressemblance est une émotion », écrit-elle après avoir vu le tableau d'Émile Grau Sala, illustrateur d'une édition de luxe de *Bonjour tristesse*, qui l'a peinte avec ses frères dans son cadre préféré, le salon bleu de Verrières.

Devant le puzzle d'une énigme, Malraux a-t-il essayé de reconstituer les images d'une femme enchanteresse ? À travers Sophie de Vilmorin, la nièce de Louise, qui sera sa dernière compagne, découvre-t-il l'*autre* ? Au CHU Henri-Mondor de Créteil, Sophie assiste à son agonie. « Le soir, restée seule, j'allais passer un moment dans la chambre de mon cher mourant. Cette nuit de lundi, il divaguait – mais pas tout le temps. Je caressai sa main, je lui ai dit : "Je vous aime." Et sa main, doucement, a pressé la mienne. Au matin, il a quitté ce monde. C'était le 23 novembre 1976. Ô la dernière pression, si faible, de la main d'André Malraux ! Ô mon André[16] ! »

Roger Peyrefitte, qui déteste André Malraux, assiste, le 27 novembre, à l'hommage officiel rendu à l'écrivain : « Il y eut un phénomène curieux à la cérémonie funèbre de Malraux dans la cour du Louvre : une nièce de Louise était là. Même tenue, mêmes gestes, mêmes attitudes que sa tante à qui elle avait succédé dans l'admiration du faux grand homme. On avait l'impression de revoir Louise, boiterie en moins[17]. » Roger Peyrefitte fait allusion à la coxalgie de l'enfance de Louise de Vilmorin « qui lui avait laissé un léger boitement, qu'elle dissimulait en se créant une démarche un peu aérienne et en faisant flotter des voiles. Elle subit courageusement des opérations pour corriger cette infirmité, sans succès[18]. »

L'écrivain Jean Chalon, journaliste au *Figaro littéraire*, faisait partie de la cour de Louise de Vilmorin. Une cour de récréation à cause de la liberté et de l'entrain qui y régnaient. Entrer dans son jeu, c'était frôler les ailes du rêve. Elle a été l'une de ses « déesses ». Leur rencontre eut lieu à l'occasion d'un déjeuner du mécène Florence Jay Gould, à l'hôtel Meurice. « Louise me fait parfois l'effet d'un lutin civilisé qui vous entraîne, comme par effraction, dans un monde irréel qui, avec son vin de Champagne et ses rideaux en dentelle, ressemble au monde réel dans lequel vit cette même Louise. Cette aristocrate pratique un socialisme élégant, fastueux et voudrait que tout le monde habite des hôtels particuliers. J'ai rarement vu une telle obsession de charité, de bonheur universel[19]... » Epistolière infatigable, bavarde au téléphone, alors que Malraux préférait griffonner un billet, Louise de Vilmorin adressa à Jean Chalon des lettres pétillantes d'anecdotes. Dans l'une de ses missives, datée du 17 juin 1965, signée Loulette, elle termine par ce poème de quatre lignes :

Que ne suis-je la vague
Où baignent tes secrets
Et que ne suis-je l'algue
Liée à ton poignet[20]...

En novembre 1966, Louise de Vilmorin devient un personnage populaire grâce au chanteur et compositeur Guy Béart, qui produit à la télévision l'émission *Bienvenue à...*, réalisée par Raoul Sangla, dans les conditions du direct. Annabel et Bernard Buffet sont également conviés à ce rendez-vous. Le peintre sera agacé qu'on le reconnaisse ensuite dans la rue. « Des gens l'abordaient pour le complimenter sur sa prestation alors que son exposition sur la corrida était passée inaperçue[21] », dit Annabel. L'auteur de *Madame de...*, une amie du couple Buffet, alors que Malraux dédaigne l'artiste, est, au contraire, ravie de cette soudaine notoriété. Son beau visage, sa fantaisie, sa coquetterie, sa légèreté, la liberté de ses propos subjuguent les téléspectateurs. Sur le plateau, elle remarque, dans le regard des autres invités, qu'elle fait mouche à chaque mot. Elle récite des poèmes, les siens, Tristan Bernard, Apollinaire, Victor Hugo... Guy Béart chante un texte de Louise intitulé *Dans les journaux*. Vittorio De Sica, son interprète de *Madame de...*, Dany Robin qui a tourné dans *Julietta* de Marc Allégret d'après son roman éponyme, le vainqueur du Tour de France Louison Bobet, l'historien Philippe Erlanger[22] interviennent en faire-valoir. Elle est la reine d'un soir comme dans son salon bleu de Verrières où elle trône à l'égale d'une Juliette Récamier, amie de

Chateaubriand. *Vous*, la chanson de Guy Béart, lui semble destinée :

Ce qu'il y a de bon en vous c'est vous
Tout le reste ne vaut rien du tout
Tout ce qu'il y a autour
N'est que matière à discours
Pour le reste je me tais c'est vous[23].

André Malraux a-t-il regardé le *Bienvenue à*… qui a fait de Louise de Vilmorin une célébrité occasionnelle du petit écran ? Comme le remarque Françoise Wagener, en 1966, il n'y a aucune trace de sa relation avec Louise qui a été son amante en 1933. Leur rupture a eu lieu à l'automne, avant qu'il n'obtienne le prix Goncourt pour *La Condition humaine*. Mais le 9 janvier 1967, un mois et demi après la diffusion de l'émission, ils déjeunent ensemble et retrouvent vite l'intimité de jadis. Le ministre des Affaires culturelles du général de Gaulle est partisan d'une télévision éducative dans l'esprit des Maisons de la culture. Le 11 janvier 1975, il prononce une allocution à Verrières-le-Buisson pour l'inauguration de la bibliothèque municipale et du centre socioculturel André-Malraux : « Le moyen de la connaissance n'est pas la bibliothèque, nous vivons au temps de la télévision et la télévision va très vite changer, parce qu'elle porte en elle son destin[24]. » Sophie de Vilmorin, qui se tient à ses côtés, est à la dévotion de l'écrivain en fin de vie, telle une compagne admirative prête à entrer dans la légende de l'homme de ses rêves. Lors de la cérémonie du transfert du cercueil de Malraux au Panthéon, le jour du vingtième anniversaire de sa mort, sans doute s'est-elle remémoré ce 20 mai 1972, dans le fumoir de Verrières, après le dîner. Elle était assise dans un petit canapé, lui dans un fauteuil, en face de la cheminée. Un verre de whisky à la main, il monologuait sur des poètes lyonnais. Sophie se laissait doucement enivrer par ses paroles quand elle vit tout à coup son visage se figer.

« André s'est mis debout. Si soudainement que mon cœur a battu d'inquiétude et que je me suis levée d'un bond. Il s'est alors approché de moi. Il m'a prise dans ses bras et il m'a embrassée d'un long baiser d'amour. Le bonheur, comme un tourbillon, m'a emportée au-delà de toute pensée, ailleurs, là où la raison n'atteint pas ; et en même temps, je me sentais claire, calme : j'étais entrée au port.

« Cette nuit-là, nous sommes devenus des amants. Jusqu'à la mort d'André Malraux, mes jours ont été éclairés de la lumière de ce premier soir[25]. »

Dans l'émission de Guy Béart, Sophie de Vilmorin est aussi la bienvenue. Elle escorte sa tante jusqu'au piano de Georges Van Parys et chante avec la séductrice. Un an plus tard, à la fin de 1967, Sophie tombe sur André Malraux qui vient ronronner auprès de la châtelaine de Verrières. Voyant sa nièce intimidée, Louise lui dit : « Tu dois l'appeler "monsieur le ministre" ; mais ne t'inquiète pas, il est très gentil[26]. » À l'époque, elle n'a pas discerné le phallocrate qui lui dira tout à trac : « Pendant que les hommes sont aux champs, les femmes s'occupent des bêtes… » Et aussi : « Comment Simone de Beauvoir se permet-elle de parler des femmes, alors qu'elle a refusé d'être mère ? Elle ne connaît pas la question[27]. » Mais elle s'efforcera d'être une compagne idéale aux yeux de Malraux le conquérant qui ne supporte pas qu'on vienne empiéter son territoire : « Son rôle à lui était de gagner l'argent du ménage ; le mien, de tenir la maison et de le valoriser par mon élégance[28]. »

Louise de Vilmorin souffre en silence d'être cette « Marilyn Malraux » qu'elle met si joliment en scène. Pour prolonger la brève aventure de 1933 – l'année où Clara Malraux donne naissance à sa fille Florence –, Louise s'enferme peu à peu dans ce bonheur imprévu. En 1933, André Malraux rompt aussi avec Renée Ballon, journaliste et enseignante, proche de Simone de Beauvoir, qu'il a rencontrée aux célèbres Décades de Pontigny. Éperdument amoureuse, elle est persuadée qu'il divorcera pour l'épouser. « Laissons au hasard le soin de nous rencontrer[29] », lui dit-il en la quittant. À la loterie du hasard, c'est Louise de

Vilmorin qui fait les frais de touchantes retrouvailles. La romancière et biographe Dominique Bona note justement : « Intimité et mondanité : elle réussit à créer autour de Malraux un équilibre parfait, au détriment de son œuvre et peut-être même de sa vie personnelle. Cette grande figure de la séduction accepte de s'effacer pour laisser toute la place à son compagnon, qui brille à sa table, en face d'elle, tandis qu'elle ravale ses reparties, prêtes à fuser, et met un frein à son humour[30]. »

Les chansons de Guy Béart semblent parfois taillées sur mesure pour Louise de Vilmorin qui crie « Au secours ! » et a choisi pour emblème le trèfle à quatre feuilles. La dernière strophe de *Qui suis-je ?* résume bien son itinéraire, dans le sillage d'André Malraux :

J'ai pris la route droite
La route défendue
La route maladroite
Dans ce monde tordu
En allant tout droit tout droit tout droit
Je me suis retrouvé derrière moi !
Qui erre
Qui espère
Dans ce monde mystère
Qui erre
Qui espère
Dans ce monde en émoi[31] *?*

14

La volonté du bonheur

Sartre et Camus sont friands de jeunes beautés. À eux deux, leur tableau de chasse au Café de Flore peut impressionner les dragueurs de Saint-Germain-des-Prés. Chacun sa technique de séduction. Le premier excelle à discourir sur des sujets de morale. Le second, avec sa belle gueule de Méditerranéen, se contente de ne pas dire non. Des aventures sans lendemain, alors que le succès durable de *L'Invitée* (1943) dévoile au grand jour le trio que Simone de Beauvoir forme avec Sartre et Olga Kosakiewicz, à qui est dédié le roman. Elle a été l'élève du Castor au lycée de Rouen, et c'est la créatrice du rôle d'Électre dans *Les Mouches*, sous le nom d'Olga Dominique. Wanda, sa sœur cadette, également comédienne, à qui est dédiée la pièce et que Sartre imposa dans *Les Mains sales*, comme Bianca Biennenfeld et Nathalie Sorokine que Beauvoir a remarquée au lycée Molière à Passy, sont passées des bras de l'une à l'autre[1].

Olga épouse Jacques-Laurent Bost, un ancien élève de Sartre qui est resté son disciple. Simone de Beauvoir raconte dans *L'Invitée* comment Bost est devenu son premier amour contingent. « Je riais, lui dit-elle, en me demandant quelle tête vous feriez, vous qui n'aimez pas les complications, si je vous proposais de coucher avec moi… » Sartre, informé par lettre, approuve les liens nouveaux qui unissent « son cher Castor » et le « petit Crâne[2] ». Mais dans ces mêmes amours contingentes,

Camus, qui vient de publier *L'Étranger* (1942), aurait-il accepté de jouer le troisième larron ?

Roger Grenier n'a pas la mémoire qui flanche. « Dans sa vie sentimentale, Camus n'a dit non que deux fois dont une à Simone de Beauvoir. Elle lui avait fait des avances. Leur éloignement vient de là. En dehors de sa femme Francine, c'est Maria Casarès qui a compté le plus. Mais Camus avait des principes. À ses amis qui courtisaient de ravissantes inconnues, il disait : "Si cette fille tombe enceinte, tu répares[3] ! » Le cinéaste Alexandre Astruc, familier de Sartre et de Beauvoir, voit en celle-ci « une Mme Le Trouhadec saisie par la débauche ». « Un côté jeune fille rangée qui jette sa petite culotte. Quant à Sartre, il avait vis-à-vis des femmes une dialectique qui les rendait complètement folles[4]. » Maria Casarès, une actrice de vingt ans, fille d'un ministre de la République espagnole, a été l'interprète de la pièce de Camus, *Le Malentendu*, représentée pour la première fois au théâtre des Mathurins, le 24 juin 1944. Lors d'une fête organisée dans le vaste appartement de Charles Dullin et Simone Jolivet, ancien coup de foudre de Sartre, elle impressionne Simone de Beauvoir « par son étrange beauté, et sa robe de chez Rochas aux rayures violettes et mauves[5] ». La bamboche de l'intelligentsia parisienne – en tête, la « famille » existentialiste et les gens de la *NRF* – a lieu le 5 juin 1944, la veille du débarquement en Normandie.

Jean-Paul Sartre propose à Camus, qui n'est pas existentialiste, le rôle de Garcin dans *Huis clos* et d'assurer la mise en scène. Créée le 27 mai 1944 au théâtre du Vieux-Colombier, la pièce est finalement montée par Raymond Rouleau sans l'auteur de *L'Étranger* sur les planches. Les deux écrivains s'étonneront toujours de voir leurs noms associés. Mais l'amitié et une admiration respective sont des conditions suffisantes pour les rapprocher. Ils appartiennent au jury du prix de la Pléiade et votent pour *Enrico* (1944), le premier roman de Mouloudji paru dans *L'Arbalète*, la revue de Marc Barbezat, puis édité par Gallimard. « C'était un séduisant petit monstre », dit Beauvoir de ce jeune Berbère aux dons multiples : outre l'écriture, il chante, peint et joue la comédie. « Je vivais un peu dans le brouillard, raconte-t-il, c'est toujours mon état d'esprit. Aujourd'hui, à la lecture des *Mémoires* de Simone de Beauvoir, je comprends qu'elle était une femme comme les autres, avec des qualités, des travers, un sexe, des tendresses et certainement aussi des faiblesses, plus un formidable besoin de réussite[6]. » « En ce qui me concerna, ajoute-t-il, je dirai simplement que Mme de Beauvoir avait quelquefois la dent dure, mais souvent creuse[7]. »

On retrouve Sartre et Camus pendant une répétition de la pièce de Picasso, *Le Désir attrapé par la queue*, dans son atelier de la rue des Grands-Augustins. Simone de Beauvoir est de la partie ainsi que Jacques Lacan, Pierre Reverdy, Valentine Hugo, Dora Maar, la très jolie Zanie Campan, femme de l'éditeur Jean Aubier, Michel Leiris qui a le rôle principal. C'est dans le salon de l'appartement des Leiris qu'a lieu la lecture publique de la pièce.

« Pour Sartre, pour Camus et pour moi, il ne s'agissait que d'une amusette, mais, dans ce milieu, on prenait au sérieux – du moins en apparence – tous les faits et gestes de Picasso », constate Simone de Beauvoir. Extrait du monologue de Gros Pied (Sartre) s'adressant à La Tarte (Zanie Campan) : « Tu as la jambe bien faite et le nombril bien tourné, la taille fine et les nichons parfaits, l'arcade sourcilière affolante, et ta bouche est un nid de fleurs, ta hanche un sofa, et le strapontin de ton ventre une loge aux courses de taureaux aux arènes de Nîmes. »

Max Jacob tire l'horoscope de Camus. Parmi ses annotations : « Pourrait "faire la bombe", boire et le reste. Pourrait aussi s'occuper des hautes sciences, de philosophie surtout. » Il ajoute : « Je ne sais ce qui fait dire que vous mourrez de mort tragique. »

Roger Grenier remarque qu'à cette époque la tragédie court les rues : « Le nombre des accidents, des violences, sans parler du fait que l'on était en pleine guerre, permettent de lancer cette prophétie avec une sérieuse probabilité. Elle nous frappe aujourd'hui parce qu'elle s'est réalisée[8]. »

C'est le 4 janvier 1960 qu'Albert Camus meurt. Claude Lanzmann annonce au téléphone à Beauvoir qu'il vient de se tuer dans un accident de voiture en remontant du Midi. « Je reposai l'écouteur, la gorge serrée, la bouche tremblante. "Je ne vais pas me mettre à pleurer, me dis-je. Il n'était plus rien pour moi." Je restai debout contre la fenêtre, regardant descendre la nuit sur Saint-Germain-des-Prés, incapable de me calmer comme de sombrer dans un vrai chagrin. Sartre fut ému, lui aussi, et toute la soirée avec Bost nous avons parlé de Camus[9]. » Leur amitié défunte renaissait de ses cendres après la rupture de 1952 à propos de *L'Homme révolté* – « c'est d'abord un grand livre manqué », a écrit Francis Jeanson dans *Les Temps modernes* – et la polémique qui s'ensuivit.

L'hebdomadaire *Samedi-Soir* avait titré sur trois colonnes, dans son édition du 6 septembre 1952 : « La rupture Sartre-Camus est consommée. » C'est le même journal à sensation qui, le 3 mai 1947, signa, sous la plume de Jacques Robert, le faire-part de naissance des « existentialistes » avec la photo d'un jeune couple anonyme. Le garçon, c'était Roger Vadim, et la fille, Juliette Gréco. Sartre et Beauvoir eurent l'impression de se perdre dans la nuit des temps. Tristement, le Castor se souvient du jeune écrivain ambitieux « fou de la vie, de ses plaisirs, de ses triomphes, de la camaraderie, de l'amitié, de l'amour, du bonheur[10] ». Dans *La Mort heureuse*, considéré comme le premier roman de Camus[11], son héros, Mersault, dit à l'un des personnages féminins : « L'erreur, petite Catherine, c'est de croire qu'il faut choisir, qu'il faut faire ce qu'on veut, qu'il y a des conditions du bonheur. Ce qui compte seulement, tu vois, c'est la volonté du bonheur, une sorte d'énorme conscience toujours présente. » Pour Mersault, comme pour Camus, la mort n'est qu'un « accident du bonheur[12] ».

L'expression est singulièrement adaptée à l'accident de voiture de Françoise Sagan, le 14 avril 1957. Le bonheur irrigue sa jeune existence. À ce moment-là, au volant de son Aston Martin achetée d'occasion, l'auteur de *Bonjour tristesse* est loin de penser, comme Mme de Staël, que « la gloire est le deuil éclatant du bonheur ». Sa célébrité la rend heureuse et elle en fait profiter ses amis. Même si la vie est une « sinistre blague », sa volonté de gaieté reprend le dessus. À son bord, Véronique Campion, Bernard Frank, Voldemar Lestienne, reporter à *France Dimanche*. Sur la route de Corbeil, la voiture dérape sur du gravier, fait une embardée, bascule dans le fossé, avant de finir sa course dans un champ de blé, l'arrière se dressant à la verticale. Légèrement blessé, le journaliste, qui a été l'amant foutraque de Françoise – ce qui lui inspira un roman, *L'Amant de poche*, qui obtint le prix Interallié en 1974 –, se fait cette réflexion en voyant Sagan qu'il croit morte : « J'ai pensé à l'amour que j'avais éprouvé pour elle. Assis à ses côtés dans la voiture, je la tenais par l'épaule quand l'accident est arrivé. "Je serai le dernier à l'avoir serrée dans mes bras", me suis-je dit dans un sursaut d'orgueil[13]. »

Jusqu'à son accident, Françoise s'était crue invulnérable. Deux jours plus tard, quand elle se réveille à l'hôpital, elle pense d'abord qu'on a dû la réopérer de l'appendicite. « Les vrais ennuis, dit-elle, ont commencé trois semaines plus tard. On m'a fait des tas d'opérations très embêtantes, puis on m'a mise debout et une de mes jambes est partie complètement sur la droite. Elle échappait à mon corps. Cette fois, j'ai cru que j'allais rester infirme et j'ai eu très, très peur. Il m'a fallu trois mois avant que je récupère mes jambes. La maladie est une chose atroce que je ne pouvais imaginer avant cet accident. Là, personne ne peut rien pour vous. Avoir mal tout le temps pendant un an, c'est beaucoup. Chamfort disait : "Mon Dieu, épargnez-moi les peines physiques, les morales je m'en charge." C'est un petit peu devenu ma devise[14]. »

L'accident de voiture de Sagan relègue le reste de l'actualité française au second plan. On oublie momentanément les affaires d'Algérie. Le général de La Bollardière demande à être relevé de son commandement et, dans une lettre rendue publique, se solidarise avec Jean-Jacques Servan-Schreiber, inculpé pour atteinte au moral de l'armée en raison de ses articles publiés dans *L'Express*. Heureusement, pour la reine Élisabeth et le prince Philippe, que leur visite officielle à Paris s'est déroulée du 9 au 12 avril ! L'Entente cordiale est au beau fixe. Quelques échauffourées entre manifestants et policiers à la suite d'un mouvement de grève à la RATP ont peu d'écho[15]. Le 24 avril 1957, à la une de *France-Soir*, « le seul quotidien français vendant plus de un million d'exemplaires » : le visage tuméfié de la jeune romancière. Comme le titre l'annonce, c'est la première photo de Françoise Sagan en convalescence après son accident[16]. « J'avais préparé sa nécro, se souvient Roger Grenier. Et en 1954, dès la parution de *Bonjour tristesse*, j'ai écrit un grand article pour *France Dimanche*. Mais Yvette Bessis, l'attachée de presse de Julliard, m'a demandé de ne pas le publier. "Sinon, me dit-elle, il n'y aura pas les quatre pages prévues dans *Paris Match* qui veut l'exclusivité." Plus tard, j'ai raconté à Françoise Sagan que les deux papiers que j'avais faits sur elle ne sont jamais sortis. Heureusement pour le second[17] ! »

Le journal de Pierre Lazareff se distingue par sa force de frappe qui fait de ses lecteurs les premiers témoins d'un spectacle exclusif. Au début du mois de janvier 1960, la une du mercredi 6 montre les photos exclusives de l'accident mortel de Villeblevin (Yonne) où Albert Camus (prix Nobel de littérature 1957) a été tué sur le coup : « La voiture a éclaté en trois morceaux. » À la page 7 du quotidien : d'autres photos et la vie de Camus racontée par Roger Grenier[18]. La une du jeudi 14 montre la première photo du bébé de Brigitte Bardot. Elle a été prise dans l'appartement de l'avenue Paul-Doumer où la star a accouché. « Le petit Nicolas (trois jours) et "la plus jolie maman du monde" se portent bien[19] », souligne *France-Soir*, toujours en tête, alors que la télévision, sous la tutelle directe du ministre de l'Information, est encore à la traîne ou muette. En septembre, au journal télévisé, le Manifeste des 121 sur « le droit à l'insoumission dans la guerre d'Algérie » est interdit de commentaire. On n'y fait même pas allusion. Les cent vingt et un artistes, écrivains et universitaires qui l'ont préalablement signé seront rejoints par des dizaines d'autres. Parmi les personnalités, Arthur Adamov, Jean-Louis Bory, Alain Cuny, Édouard Glissant, Simone de Beauvoir, Jean-Paul Sartre, Claude Lanzmann, Jacques-Laurent Bost, Jérôme Lindon, Claude Sautet, Théodore Monod, Maurice Nadeau, Claude Roy, Maurice Pons, André Breton, Alain Robbe-Grillet, Maurice Blanchot, Pierre Boulez, Marguerite Duras, Dionys Mascolo, Christiane Rochefort, François Truffaut, Simone Signoret, Nathalie Sarraute, Jean-François Revel, Françoise Sagan, Florence Malraux et son futur mari Alain Resnais cautionnent cet acte de rébellion. En leur âme et conscience, ils déclarent collectivement : « Nous respectons et jugeons justifié le refus de prendre les armes contre le peuple algérien. [...] Nous respectons et jugeons justifiée la conduite des Français qui estiment de leur devoir d'apporter aide et protection aux Algériens opprimés au nom du peuple français. [...] La cause du peuple algérien, qui contribue de façon décisive à ruiner le système colonial, est la cause de tous les hommes libres. »

Que la fille d'André Malraux s'engage ouvertement contre la politique gouvernementale est un crime de lèse-majesté. Le Premier ministre, Michel Debré, fait d'amers reproches au ministre des Affaires culturelles qui a du mal à cacher sa colère. Il ne peut pas accepter la prise de position de Florence. À ses yeux de père, c'est trahir sa fidélité au général de Gaulle. « Je n'avais pas tout à fait prévu les conséquences de mon engagement, dit Florence Malraux. La police interrogea tout le monde sauf moi, mais si les inculpations contre les "121", dont la liste s'était beaucoup allongée, continuaient de pleuvoir, personne n'a été arrêté[20]. » Clara Malraux n'est « pas complètement d'accord avec l'esprit du manifeste ni avec sa rédaction », mais elle signe la seconde pétition. « Comment aurais-je accepté que ma fille allât sans moi en prison[21] ? » Sartre et Beauvoir veulent être arrêtés. Les policiers se déplacent pour recueillir leurs dépositions. « Avec ça, vous êtes tranquilles, vous tenez votre inculpation », leur dit un commissaire. « Mais non. La veille du jour où il nous avait convoqués, le juge d'instruction se fit porter malade[22]. » Ordre de De Gaulle : « Laissez les penseurs en paix. » Ce qui n'empêche pas une véritable chasse aux sorcières : Laurent Schwartz perd sa chaire à l'École polytechnique, Jean Pouillon et Bernard Pingaud, secrétaires-rédacteurs à l'Assemblée, sont suspendus, des professeurs interdits de cours, la comédienne Évelyne Rey, sœur de Claude Lanzmann, est expulsée d'un programme à la télévision. Par solidarité, les acteurs des studios des Buttes-Chaumont se mettent en grève[23]. Pour avoir parlé à l'émission *Lectures pour tous* de *Beatniks et jeunes écrivains américains*, le livre collectif dirigé par Maurice Nadeau, paru chez Julliard en 1960, l'un des signataires, Max-Pol Fouchet, est interdit d'émission, les 12 et 19 octobre 1960. « De quoi punit-on les téléspectateurs ? Pourquoi leur interdire d'entendre parler d'un livre ou d'une revue dont l'auteur ou le directeur ont commis un acte qui ne concerne en rien la littérature ? » s'étonne François Mauriac dans sa chronique télé de *L'Express* du 27 octobre 1960[24].

L'appartement de la famille Quoirez, boulevard Malesherbes, est plastiqué par l'OAS. Le père de Françoise Sagan échappe de justesse à l'attentat. Une charge d'explosif est déposée dans l'entrée de l'immeuble de Sartre, au 42, rue Bonaparte, que sa mère, Mme Mancy, a quitté quelques semaines plus tôt. Elle ne fait que de légers dégâts.

Dans *L'Express* du 16 juin 1960, la romancière a publié un article sur le martyre de Djamila Boupacha : « La jeune fille et la grandeur. » « C'est Gisèle Halimi qui m'a sortie de ma réserve, à propos de Djamila Boupacha. Elle est venue me voir, m'a montré des documents irréfutables. Là, j'ai compris que ma "célébrité" pouvait être utile à Djamila[25]. » L'avocate, qui assure, avec d'autres, la défense de l'Algérienne, a également alerté Simone de Beauvoir. Elle écrit une « Tribune libre » dans *Le Monde*, qui est saisie à Alger, et fait paraître, en 1962, *Djamila Boupacha* (Gallimard) en collaboration avec Gisèle Halimi, où figurent les témoignages de Françoise Mallet-Joris, Jean-François Revel et Jules Roy. Sur la couverture : le portrait de la jeune Algérienne par Picasso.

Djamila Boupacha, vingt-deux ans, a été arrêtée par des gardes mobiles dans un faubourg d'Alger. « Après avoir été torturée et empalée sur une bouteille, écrit Françoise Sagan qui va avoir vingt-cinq ans dans quelques jours, elle "avoua" avoir déposé une bombe dans un café (bombe qui fut désamorcée à temps, d'ailleurs), ce qui justifie son procès de vendredi. Malheureusement, ayant l'imagination stimulée par certaines électrodes et certaine baignoire, elle "avoua" en même temps dix autres attentats imaginaires. Durant ce séjour, elle eut le réconfort d'être confrontée, nue et sanglante, avec son père, âgé de soixante-dix ans, et dans le même état [...]. À la protestation de son père : "De Gaulle a interdit la torture", le petit capitaine qui piétina Djamila répondit par : "De Gaulle n'a rien à faire ici" (je suis polie). Allons, du moins on ne torture pas en son nom. Pour le souci de notre grandeur, il nous reste le pont de Tancarville. Il fait l'orgueil de cette Normandie herbeuse où j'habite, riche province de notre tendre France. Seulement c'est insuffisant. Nous pouvons poser des questions, si nous ne pouvons exiger des réponses. En 1944, on demandait à André Malraux : "Comment définissez-vous notre époque ?" Il répondit : "Le temps du mensonge." Il n'est pas possible que ce soit vrai. Je n'imagine pas que les fanfares de la grandeur puissent couvrir les hurlements d'une jeune fille. »

L'article de Françoise Sagan paraît en encadré, en haut de la page 5 réservée au courrier des lecteurs. Une étudiante de Paris fait cette remarque : « J'aime beaucoup les critiques de cinéma de Françoise Sagan dans *L'Express*. Elles sont à la fois lucides et humaines ; elles sont nuancées, ce qui les différencie des "chroniques" de certains de vos collaborateurs habituels. » Sa critique du film de Claude Chabrol, *Les Bonnes Femmes* (1960), prend à contre-pied les attaques qu'a subies le cinéaste. « Je ne citerai pas ces critiques une à une, chacun s'y retrouvera et ce sont les mêmes sottises. "C'est un film vulgaire, sordide, bas, etc." Or la vérité n'est jamais sordide. Et la vulgarité n'est qu'un effort pour dissimuler ou faire semblant [...]. Sommes-nous condamnés, au cinéma, à ne voir que des princesses, des avocats, des intellectuels, des gens aisés ? Ou plutôt, sommes-nous condamnés à ne voir les autres, "les fauchés", qu'avec le bon clin d'œil malicieux, tendre et paternaliste de certains films italiens ? [...] N'y a-t-il pas cette grande peur du futur chez *Les Bonnes Femmes*, cette angoisse quotidienne, mal expliquée et étouffée, avec les moyens du bord ? Et les moyens du bord, c'est les "types", les dragueurs, rarement pitoyables pour les bonnes femmes. La dernière image du film, où cette bonne femme inconnue attend dans un petit dancing, attend "l'autre", attend l'amour, attend l'avenir, attend ce "à quoi rêvent les bonnes femmes", est merveilleuse de pudeur et, je le dis sans rire, de bonté[26]. »

À la une de *L'Express* du 4 août 1960, une photo de Dag Hammarskjöld, secrétaire général de l'ONU, avec, en légende, une phrase de Goethe : « Ici et aujourd'hui commence une ère nouvelle de l'histoire du monde et vous pourrez dire que vous y avez été. » La manchette du journal est en rouge. Elle claque comme un drapeau révolutionnaire : « Sagan chez Castro. » Pages 20 et 21 débute le reportage avec cette accroche : « Invitée par Fidel Castro, chef de file de la révolution cubaine, 32 ans, Françoise Sagan, chef de file de la jeune littérature, 25 ans. » La romancière et les journalistes internationaux venus à Cuba assisteront à « un spectacle infernal ». « Le 26 juillet 1953, Cuba entendait pour la première fois le nom de Fidel Castro. À la tête de quatre-vingts hommes, il avait attaqué la caserne de Santiago, et accompli ainsi son premier acte révolutionnaire. Sept ans plus tard, avant-hier, il convoquait tout le peuple cubain à venir célébrer cet anniversaire dans son ancien maquis de la Sierra Maestra ; le peuple cubain et cinquante journalistes. » Et son reportage se termine par : « Un reporter de *Match* me dit qu'en dix ans, il n'a jamais fait une expédition pareille. Si nous en sortons, j'essaierai de voir Castro et de parler un peu plus précisément de Cuba. De toute façon, le 26 juillet 1961, je le passerai à la maison[27]. » La semaine suivante, la suite du reportage de Françoise Sagan s'intitulera : « Cuba, ce n'est pas si simple. » Elle a bien compris que Fidel le sauveur va devenir Castro le dictateur.

Amenée à *L'Express* par son amie Florence Malraux, assistante de Françoise Giroud, Françoise, sentimentalement de gauche, est apparemment à son aise dans le journal de JJSS où François Mauriac commente librement, dans son *Bloc-notes*, l'actualité politique et littéraire. Mais elle n'apprécie guère le côté sérieux et appliqué de l'équipe qu'elle trouve « trop ennuyeuse ». Il lui manque le bonheur de vivre, ce simple bonheur de vivre qu'elle aime à la folie.

En décembre 1963, l'industriel Claude Perdriel – premier mari de Michèle Daniel –, fasciné par la presse, vient d'acquérir *France-Observateur*. Avec Jean Daniel à la tête de la rédaction, l'hebdomadaire est transformé de fond en comble. Florence Malraux et Bernard Frank sont de l'aventure. À trente-sept ans, Claude Perdriel, polytechnicien, homme d'affaires entreprenant, est un personnage entraînant. Daniel n'est pourtant pas séduit d'emblée par son bouillonnement intellectuel. « L'univers un peu trop fitzgeraldien dans lequel Françoise Sagan et Bernard Frank le faisaient vivre m'empêchait de penser que je pourrais un jour me lier avec lui d'amitié[28]. » Dans *Le Nouvel Observateur*, Françoise inaugure une chronique de télévision. Avant Maurice Clavel, dont la sortie théâtrale, lors d'un débat télévisé, en 1971, qui l'oppose à Jean Royer, député-maire de Tours, est encore dans nos mémoires : « Messieurs les censeurs, bonsoir ! » Et bien avant Françoise Giroud, la revenante de *L'Express*, qui terminera sa carrière de journaliste au *Nouvel Observateur*, interrompue par sa disparition en janvier 2003 à l'âge de 86 ans.

« J'ai toujours trouvé que la télévision était une chose détestable, écrit Sagan. Détestable d'ailleurs point par la quasi complète inanité de ses programmes que par l'usage immodéré et fanatique qu'en font ses possesseurs. J'ai vu des gens intelligents béer devant des âneries, j'ai vu des gens bien élevés répondre la tête détournée à leurs invités, j'ai vu des télé-parties où des gourmets se passaient, en grognant, de vieux sandwichs, les yeux fixés sur cette tache blanche ; bref, j'ai vu bafouer devant ce petit autel en Plexiglas l'intelligence, l'éducation et les sens. Néanmoins, tous les mardis, mercredis, jeudis, à sept heures tapantes, revenant essoufflés d'un cauchemar de voitures, de rues embouteillées et de rendez-vous abrégés, nous sommes au moins trois à attendre, frémissants, la joyeuse musique de M. Pierre Sabbagh. *L'Homme du XXe siècle* a obtenu de nous ce qu'aucun homme vivant sans doute ne pourrait obtenir : une ponctualité quotidienne[29]. »

Françoise Sagan, et sa réputation de fêtarde qu'elle traîne comme un boulet de réprobation, est regardée de travers par certains collaborateurs du *Nouvel Observateur*. « Oserais-je le rappeler, cela n'enchante pas tout le monde, se souvient Jean Daniel. Il y a dans son univers trop d'argent, trop de mondanités, trop de frivolité cynique. La gauche était alors volontiers puritaine. Nous, je veux dire les responsables, savions ce qu'elle allait écrire deux ans plus tard, et toujours dans nos colonnes : "Si vous parlez de la femme qui claque des centaines de millions, qui écrase les vieilles dames avec une Jaguar, qui éprouve un plaisir cynique à choquer et qui passe sa vie entière dans les boîtes de nuit, non, ce personnage n'existe pas." Mais surtout elle incarnait à nos yeux le talent à l'état pur et la liberté à l'état premier[30]. »

15

Le bikini d'Ursula Andress

C'est en 1942, à Megève, que Jean-Jacques Servan-Schreiber et Madeleine Chapsal se sont vus pour la première fois. Il a dix-huit ans et se prépare à rejoindre les troupes du général de Gaulle par l'Espagne et l'Afrique du Nord, pour suivre ensuite, aux États-Unis, un entraînement de pilote. Elle est un peu plus jeune et ne s'attend pas qu'après guerre, ce beau garçon ressurgisse en uniforme de lieutenant de l'armée américaine lors d'une surprise-partie dans un petit appartement du XVIe arrondissement. Dans *Passions,* son livre autobiographique, Jean-Jacques Servan-Schreiber trace ce portrait louangeur de celle qui a succombé au charme irrésistible et à la brillante conversation de l'homme de sa vie, en l'occurrence son futur patron à *L'Express* qu'ils ont créé ensemble.

« J'ai rencontré une jeune femme qui tranche sur les autres. La fille de la grande couturière Marcelle Chaumont. C'est Madeleine Chapsal. Elle est la délicatesse et la grâce. Elle a tous les dons : elle dessine et peint naturellement. Elle a aussi – je l'aide à le découvrir – un original talent d'écrivain. Elle est confiante, délicate – et d'une rare intelligence. Je dois beaucoup à Madeleine, à sa sûreté de jugement et à quelque chose que je perçois pleinement – sa passion de la vérité. D'où sa ferme douceur. »

C'est à la fin de l'année 1951, lors d'un dîner chez l'éditeur René Julliard, que Jean-Jacques Servan-Schreiber et Françoise

Giroud se plaisent immédiatement. Il s'est fait remarquer par ses éditoriaux de politique étrangère dans *Le Monde*. À trente-cinq ans, elle dirige la rédaction du magazine *Elle* auprès d'Hélène Gordon-Lazareff, directrice-rédactrice en chef. Elle vient de publier une enquête : *Où en est la Haute Couture française ?* : « Mais faut-il la sauver ? On a le droit de poser la question et de se demander si le principe même de la Haute Couture n'est pas aussi périmé à notre époque que le fiacre ou la lampe à pétrole. On a le droit de penser qu'une industrie qui fonctionne aujourd'hui comme il y a cinquante ans doit disparaître ou rajeunir ses procédés. Mais en admettant même que l'on accepte de jeter brusquement sur le pavé tous ceux qui en vivent, il faut, avant de condamner la Haute Couture, considérer ce que nous perdrions avec elle. Une robe telle qu'elle sort des mains d'un couturier parisien, c'est beaucoup plus qu'un vêtement : c'est une des expressions les plus vivantes, les plus glorieuses de notre génie national, au même titre que la peinture ou la musique. C'est une des formes de la beauté, c'est la preuve, chaque année renouvelée, que le monde ne peut pas se passer de cette étincelle mystérieuse qui jaillit des doigts français et qui, de dix mètres de mousseline, fait un chef-d'œuvre là où les autres ne font qu'une robe[1]. »

Ce soir-là, le couple est déjà en train d'exister. Françoise Giroud ne parle pas chiffons avec Jean-Jacques Servan-Schreiber. Elle l'écoute refaire le monde. L'art de la politique l'enflamme. Il l'invite à l'accompagner à l'Assemblée nationale pour entendre Pierre Mendès France qui doit intervenir sur le budget et parler de l'Indochine. Pour Françoise, c'est l'occasion d'une rencontre pour sa rubrique hebdomadaire dans *France Dimanche*. Après avoir interviewé les vedettes de l'actualité, elle brosse leurs portraits, jusque-là plutôt ceux d'écrivains et d'artistes en tous genres. Il n'y a que Paul Guth, dans *La Gazette des lettres*, pour rivaliser dans ce genre d'exercice.

« Surveillant, M. le président Édouard Herriot toisait d'un œil lourd ses élèves indisciplinés auxquels il semblait distribuer mentalement des zéros de conduite, qui ne figureront jamais sur aucun carnet… Au premier rang, il y avait, naturellement, les premiers de la classe, c'est-à-dire les ministres en exercice, qui semblaient, plongés dos rond dans leurs dossiers, repasser une leçon difficile… Et puis soudain, vers six heures moins le quart, on entendit : "La parole est à M. Mendès France…"

« Alors, un léger frémissement parcourut les travées… Les têtes se levèrent, les murmures cessèrent, le président Herriot se fit brusquement attentif… Un homme petit, brun, au visage pâle et presque douloureux, quitta le siège qu'il occupait au centre du groupe radical, monta posément à la tribune, ouvrit un dossier épais, commença à parler. Deux heures plus tard, il parlait encore. » La conclusion de Françoise montre qu'elle est prête à découvrir de nouveaux horizons. Forcer le destin. Franchir le Rubicon au bras de Jean-Jacques qu'elle aime déjà : « Mais dans un monde que l'on s'efforce de nous représenter pourri et lâche, il est dans le camp de ceux qui font crédit aux hommes de son pays, qui les croit dignes et capables de supporter les plus dures vérités, de les souhaiter peut-être. Il a la terrible voix pure de ceux qui sont certains d'avoir raison. »

« Sa façon d'aborder les problèmes était, à l'époque, entièrement neuve pour moi, dit Françoise Giroud. Il articulait tout son discours politique autour de l'économie. Le lendemain, il n'y avait pas dix lignes dans la presse sur son intervention au Parlement, sauf dans *Le Monde*[2]. »

Ses portraits sont réunis en plusieurs volumes : *Françoise Giroud vous présente le Tout-Paris*, livres publiés chez Gallimard, dans la collection « L'Air du temps », dirigée par Pierre Lazareff, qu'animera ensuite Roger Nimier. Le portrait de Pierre Mendès France est préfacé par Marcel Achard. À cause de l'ordre alphabétique, l'auteur dramatique figure en tête de cette galerie où, après Mendès France, on tombe sur François Mitterrand, jeune ministre (« Son ambition est immense et ne se nourrira pas de merles là où il y a des grives »).

Achard est, lui aussi, subjugué par Françoise Giroud : « Elle est très jolie. Elle est même belle. Elle est élégante. On s'en aperçoit tout de suite. Mais on l'oublie dès qu'on a regardé ses yeux. Des yeux qui sont en même temps – et c'est difficile ! – profonds et perçants. Plein de curiosité et de mystère. Des yeux d'almée qui enregistrent chaque détail avec l'implacable précision d'une caméra[3]. » L'ancienne scripte, qui a travaillé sur les films de Marc Allégret et a collaboré avec Jean Renoir, a le coup d'œil infaillible. Elle perçoit tout de suite chez Jean-Jacques la flamme de l'idéal correspondant à ses propres espoirs. « Jusqu'à la naissance de *L'Express*, jamais les relations que j'ai eues avec tel ou tel homme ne m'ont aidée ou infléchi ma vie professionnelle. Je vous dirais aussi bien le contraire si c'était vrai. Les hommes qui m'ont aidée, et il y en a eu beaucoup, ont été mes amis, pas mes amants[4]. »

Lors de ce dîner, elle fait le choix de dire non à une vie distrayante et confortable. 1952 sera l'année des ruptures. Avec un homme, avec un journal, avec la notoriété. En femme libre et lucide. Sur le point de tout quitter pour une aventure aléatoire, Françoise Giroud devient ministre ! Avant de l'être vraiment sous Giscard, comme secrétaire d'État à la Condition féminine, elle figurait dans un « ministère pour rire » composé uniquement de femmes. C'était une idée de *Elle* qui offre à la journaliste le portefeuille de ministre de l'Information et lui demande quelles seront ses premières mesures. Réponse : « Supprimer mon ministère qui est né de la guerre et qui aurait dû mourir avec elle. Dans un pays libre, c'est aux journaux libérés qu'il appartient d'"informer" et pas à un ministre, à quelque parti qu'il appartienne[5]. » Martine Carol, qui est choisie pour le ministère des Loisirs, s'adresse à sa collègue de l'Information pour qu'elle interdise les films noirs, « mauvais pour la jeunesse », avant d'ajouter : « Et puis, je suis contre les cabarets où l'ambiance n'est pas saine. » Plus sérieusement, Charlotte Perriand, une des rares femmes architectes, collaboratrice de Le Corbusier, souhaite que, à son poste de ministre de la Reconstruction, une croisade soit lancée « pour la propreté de nos grandes villes ».

Dans l'hebdomadaire d'Hélène Gordon-Lazareff, les sujets divertissants sont en vogue. Enquêtes dignes des « Potins de la commère ». Comme ces hommes célèbres qui disent pourquoi ils aiment leur femme. Henri-Georges Clouzot, marié depuis un an à Vera Amato : « J'aime Vera parce qu'elle m'a offert son monde, le monde de la joie. » Jean Gabin, marié depuis un an et demi à Dominique Fournier : « J'aime ma femme parce que je l'aime. Cela résume tout. On n'explique pas les raisons pour lesquelles on aime sa femme. Moi, en tous les cas, je ne les connais pas. » François Mitterrand, marié depuis six ans à Danielle Gouze : « J'aime ma femme pour le climat poétique qu'elle crée autour d'elle. Dès que je l'ai vue, il y a eu un petit miracle : j'ai été transporté dans une autre zone, à mi-chemin entre le rêve et la réalité. Le miracle a toujours continué. Son secret ? Je crois qu'elle ne vit pas tout à fait : elle rêve qu'elle vit. » André Maurois, marié depuis vingt-cinq ans à Simone de Caillavet : « Elle donne sa vie à mon travail ; elle est ma secrétaire, la meilleure secrétaire du monde ; elle travaille dix heures par jour, parfois la nuit, et toujours bien. Elle n'est pas une ménagère, elle n'a pas le temps. Secrétaire ou ménagère, il faut choisir. Je choisis ma femme[6]. »

François Mitterrand réapparaît dans un numéro d'octobre 1951 que *Elle* a consacré aux hommes. Il figure parmi les quatorze messieurs sélectionnés par la rédaction qui a titré : « Nous, les femmes, nous vous trouvons beaux. » Les « beaux » professionnels, c'est-à-dire les acteurs, ont été exclus du sondage. Mitterrand, député de la Nièvre et président du groupe parlementaire UDSR, se retrouve en compagnie d'Albert Camus, lui aussi du style beau ténébreux, Jacques Chaban-Delmas, député-maire de Bordeaux, l'aviateur Pierre Clostermann (*Le Grand Cirque*), député de la Marne, Maurice Druon, prix Goncourt en 1948 pour son roman *Les Grandes Familles*, le colonel Louis de Fouquières, attaché à l'état-major de l'armée de l'Air (sa fille Sabine épousera Jean-Jacques Servan-Schreiber), les couturiers Jacques Fath et Hubert de Givenchy, l'explorateur Paul-Émile Victor, dont la femme, Éliane, a appris à conquérir son indépendance en devenant journaliste, le coureur cycliste Louison Bobet, deux fois champion de France sur route, les journalistes Jean-François Brisson, fils de Pierre Brisson, le directeur du *Figaro*, André Labarthe, directeur du magazine *Constellation*, l'ambassadeur Hervé Alphand, délégué aux questions atlantiques au Quai d'Orsay, Louis François-Poncet, directeur commercial de la Compagnie Union française du film et fils d'un ambassadeur de France[7].

Ce numéro exceptionnel, Hélène Gordon-Lazareff et Françoise Giroud en dévoilent les coulisses par des notes reproduites en début de journal. Celle d'Hélène, datée du 15 octobre 1951, annonce qu'elle a demandé à Roger Nimier l'article de tête et que l'écrivain doit être interviewé d'urgence. Dans la sienne, Françoise s'adresse à Roger Giret, de la direction artistique : « Que pensez-vous de cette photo ? » Elle représente un couple de jeunes mariés qui s'embrassent après la cérémonie. La directrice de la rédaction ajoute aussitôt : « Bonne, il me semble, pour le numéro des hommes. Après tout, c'est au mariage que tous les ennuis commencent. » Autre note de Françoise Giroud, cette fois à Guy Selz, secrétaire général de *Elle* : « Pour les pages échos, trouvez-moi des photos de Dean Acheson, ministre des Affaires étrangères des États-Unis, sous toutes les coutures. C'est l'homme le plus élégant (avis aux hommes de la rédaction) de son pays. Il représente l'Amérique à la session de l'ONU qui débute le 6 novembre à Paris. » Réponse de Guy Selz : « Voici les photos Acheson. Il fait très "anglais". Mais je trouve que sa femme n'est pas mal non plus ! Très élégante. Voulez-vous des photos d'elle aussi[8] ? »

C'est la rédactrice Henriette Pierrot qui a interviewé Roger Nimier. Elle adresse une note à Jean Monteaux : « Voici l'épreuve de mon interview de Nimier. Essayez, pour une fois, de ne pas trop la massacrer. » L'article nous apprend qu'il vient de publier *Les Enfants tristes*, qu'il a vingt-six ans tout juste, mais on lui en donnerait dix-huit. L'auteur du *Hussard bleu* aime Malraux et Bernanos, admire Marcel Aymé, déteste Georges Duhamel, Saint-Exupéry et Camus. Sur l'épreuve, le nom de ce dernier a été barré. Il ne s'intéresse pas à la politique. Très fier d'avoir été champion de boxe. « Il est fier aussi de compter parmi ses ancêtres des corsaires malouins. Cela corrige sa silhouette de pur intellectuel. » Les films qu'il préfère : *Manon* de Clouzot, *Le Diable au corps* d'Autant-Lara. L'actrice de son choix : Lauren Bacall. « Dans la vie, les jeunes filles qui lui plaisent ont la taille fine, les cheveux courts[9]. »

Note de Colette Hymans (rédaction) à Françoise Giroud : « Clouzot nous envoie cette photo d'Yves Montand dans *Le Salaire de la peur*, film tourné uniquement avec des hommes, et dans lequel il conduit un camion d'explosifs. Je le trouve… à exploser. Qu'est-ce qu'on en fait ? » Note de Simone Hendrickx et Denise Vedrune (secrétariat de rédaction) à la direction : « Si vous continuez à changer les textes et les photos, nous ne sortirons pas cette semaine DU TOUT. Impossible loger articles calvitie, bedaine et chaussettes. Avons déjà coupé 30 cm de texte. »

L'article de Roger Nimier s'intitule : « Attention : hommes amoureux ! » Démarrage sur les chapeaux de roues : « Comment les jeunes gens d'aujourd'hui voient-ils les femmes ? Ils en voient de toutes les couleurs. » Le reste suit comme un film en accéléré de la Nouvelle Vague – Françoise Giroud n'a pas encore inventé l'expression. « Les unes sont brunes, les cheveux coupés court et semblent sortir de la forêt vierge. Les autres ont des cheveux blonds, interminables et tant de rêves dans leurs yeux bleus qu'on voit bien qu'elles ont bu du chocolat à leur petit déjeuner. Certaines portent des robes si serrées qu'elles ont l'air de marcher sur la pointe des pieds. Certaines encore ont des jupes plissées, de l'ampleur dans la démarche et un côté houleux qui n'est pas désagréable. Jamais on n'a vu tant de variétés dans l'aspect physique des femmes […].

« D'une part, il n'y a plus d'âge idéal. On n'a pas inventé l'immortalité, mais on a trouvé le moyen de ne pas être vieille à quarante-cinq ans. Et on n'est plus tellement jeune à vingt ans, avec un regard triste et des cheveux suffisamment noirs. D'autre part, la beauté au sens classique du mot est une notion oubliée. On n'aime plus les visages réguliers. La sauvagerie, un certain déséquilibre dans les traits, un air étrange sont devenus séduisants au même titre que le fameux profil grec.

« Parallèlement à cette évolution des goûts, les femmes ont acquis une liberté qu'elles ne comprenaient pas autrefois d'une manière aussi claire. Ce ne sont pas les droits qu'on leur a donnés qui importent : c'est la manière dont elles les ont utilisés. Autrefois, les hommes pouvaient toujours les impressionner en parlant de la guerre, de leurs affaires ou de la politique. À l'exception d'une minorité, leurs épouses les écoutaient avec une humilité mêlée d'amusement pour toutes ces petites choses compliquées, dont leurs maris faisaient un si grand cas. Ce temps est fini. [...] Les femmes ne sont pas libres parce qu'elles peuvent être aviatrices ou avocates, mais parce qu'elles choisissent leur genre de beauté. Elles ont profité de ce que les hommes étaient à la guerre, en 1917, pour se couper les cheveux. À l'inverse de Samson, ce jour-là, elles ont retrouvé leur force. »

Roger Nimier termine son article par cette vision paradoxale. Le nucléaire, mal absolu depuis Hiroshima, est devenu le symbole de la beauté sidérante. « Par une idée monstrueuse, qui comporte une part de génie car elle définit l'époque, l'explosion de Bikini ne désigne plus qu'un maillot de bain. Les habitants de la terre se moquent de leurs malheurs. Et comme la terre semble précisément les avoir assez vus, il est bien normal, en retour, qu'ils oublient et qu'ils tombent amoureux les uns des autres[10]. »

« Bikini : la première bombe anatomique ! » En 1946, après les premiers essais atomiques américains au large des atolls de Bikini et d'Eniwetock appartenant à l'archipel Marshall (Océanie), le Français Louis Réart trouve ce slogan pour lancer son invention : un maillot deux-pièces qui a créé la polémique jusque dans les années soixante. Comme l'explique Patrick Alac, auteur de *La Grande Histoire du bikini* (Parkstone, 2002) : « Dès son apparition sur les plages, en 1949, le bikini est interdit par la loi en Espagne, en Italie et en France. En 1951, le journal du Vatican annonce que les cavaliers de l'Apocalypse apparaîtront sans doute en bikini. Les communistes affirment qu'il attise la lutte des classes. Les féministes l'accusent de transformer la femme en objet de désir. C'est la chasse aux sorcières[11] ! » Betty Page, qui a incarné l'ultime pin-up de l'Amérique puritaine des années cinquante, proclamée à l'époque « Miss Pin Up of The World » ou « The Queen of Curves » (« La Reine des courbes »), s'exhibe en petite tenue. À Miami Beach, le mannequin Bunny Yeager pose dans un bikini confectionné sur mesure. Ce vêtement minimal n'est pas encore en vente libre. Alors que la pin-up de papier a soutenu le moral des Marines américains tout au long du second conflit mondial.

Les photos paraîtront dans le monde entier. La chanson de Paul Vance, *Itsy Bitsy petit Bikini*, est un tube planétaire.

Le bikini symbolise la libération sexuelle de la femme. Mais à Bikini, le pays aux mille cocotiers, les femmes se baignent dans l'océan tout habillées. Le bikini à fleurs de Brigitte Bardot, sur la plage du Carlton, en 1953, a ému Marcel Pagnol, le président du jury du festival de Cannes. Jayne Mansfield pose en deux-pièces dans le magazine *Life* ainsi que Rita Hayworth et Marilyn Monroe qui, dans *Certains l'aiment chaud*, reprend « Poo poo pee doo », le gimick de Betty Boop. La bimbo du cinéma d'animation des années trente, en robe bustier et jarretière coquine, est faite pour le bikini.

C'est la Suissesse Ursula Andress dans *James Bond 007 contre Dr No*, réalisé par Terence Young à la Jamaïque en 1962, qui immortalise le provocant maillot. Dans le rôle d'Honey Rider, la « demoiselle en détresse », elle sort des flots en bikini blanc, réajuste son poignard et marche vers l'agent double zéro sept interprété par Sean Connery. La légende de James Bond, personnage créé par Ian Fleming en 1953, est née. La scène de la plage suffit pour faire d'Ursula Andress un sex-symbol et être désignée comme « l'une des plus belles filles du monde ». En revoyant le film, le premier d'une série de dix-sept longs-métrages, la fameuse séquence n'a rien d'un morceau d'anthologie du cinéma érotique.

En 1963, à l'aéroport de Hong Kong, le metteur en scène Philippe de Broca attend l'arrivée d'Ursula Andress, la vedette féminine de son film *Les Tribulations d'un Chinois en Chine*, avec Jean-Paul Belmondo. Maria Pacôme, Paul Prébois, Mario

David et Darry Cowl font également partie de la distribution. Farceur invétéré, Darry Cowl a fait le pari de l'embrasser sur la bouche à sa descente d'avion. La mythique James Bond girl se souvient du baiser de ce rigolo de service (César du meilleur acteur en 2004 pour sa composition dans le film d'Alain Resnais, *Pas sur la bouche*). Darry Cowl est accompagné de sa femme Rolande, une comédienne dont la beauté attire Ursula Andress qui invite le couple à dîner. « Rien que nous trois », dit-elle à l'acteur. Celui-ci a compris la situation et s'attend, plutôt amusé, à ce qui va se produire. À peine passés à table, « la main d'Ursula folâtrait sur le haut de la cuisse de ma Rolande[12] ». Sans perdre son sang-froid et avec l'humour qui convient, elle dit sur le ton le plus doux : « Darry, et vous aussi Ursula, sachez que je suis totalement novice dans ce genre de sport, alors, comme je m'en voudrais de gâcher l'ambiance, je vous propose, si vous le voulez bien, que nous nous susurrions des trucs cochons, les plus cochons qu'il soit possible d'imaginer, mais les mains sur la table[13]. »

Madeleine Chapsal se doute-t-elle que la fiction du ménage à trois va briser la réalité de son mariage avec Jean-Jacques Servan-Schreiber ? Le jour où sa rivale fait irruption dans sa vie personnelle, elle est en train de lire le roman de Simone de Beauvoir *L'Invitée*. « Comment peut-on vivre l'amour à trois ? » pense-t-elle. Son mari, qui vient d'entrer dans le salon comme une tornade, lui dit :

« J'attends Françoise.

– Françoise ?

– Oui, Françoise Giroud... Nous allons travailler sur un projet de journal. »

Madeleine Chapsal comprend que l'avenir de son couple dépend de la journaliste. Tout ce qui arrive d'important est imprévu et imprévisible. C'est Alain, et non pas Sartre, qui l'affirme. Pour l'auteur de *Propos sur le bonheur*, on maîtrise les passions, les désordres de l'imagination et du cœur par l'esprit.

« Elle arrive quand ? demande Madeleine.

– Tout de suite. Il vaudrait mieux qu'on ne soit pas dérangés, on va réfléchir aux maquettes[14]… »

Madeleine part chez sa mère dont la maison de couture se trouve à proximité. Elle ne comprend pas les amours contingentes. Mais la passion peut avoir des nuances nouvelles, où l'amitié tient une grande place. Reste à savoir comment s'opère le mélange. Jean-Paul Sartre dit dans son jargon : « Nous appellerons situation la contingence de la liberté dans le "plenum" d'être du monde en tant que ce "datum", qui n'est là que pour ne pas contraindre la liberté, ne se révèle à cette liberté que comme déjà éclairé par la fin qu'elle choisit. » « Le malheur, souligne Françoise Giroud, est que, dans les plus obscurs comme dans les plus clairs de ses propos, Sartre réitère une affirmation selon laquelle l'homme est libre. Sans aller plus loin et sans essayer de savoir comment le philosophe l'entendait, on en fit à Saint-Germain-des-Prés une sorte de geôlier bon enfant qui ouvrait toute grande, avec la clef de l'existentialisme, la porte que papa-maman tenaient fermée.

« Libre de ne plus me laver les dents, de faire un enfant à ma petite cousine, de ne pas passer mon bachot. Libre, c'est M. Sartre qui l'a dit, et il en connaît un bout[15]. »

À l'époque, cette forme de liberté caricaturée par Giroud correspond en effet à l'exemple « existentialiste » de Sartre et Beauvoir. Michelle Perrot, étudiante à la Sorbonne dans les années 1947-1951, se souvient que Simone de Beauvoir était son inaccessible modèle. « Moins peut-être par ses œuvres – j'ai mis du temps à assimiler et même à lire *Le Deuxième Sexe* qui m'avait d'abord rebutée – que par sa vie dont j'admirais l'audace sans oser l'imiter. Je participai à la misogynie habituelle aux femmes en voie d'émancipation, qui assimilent sommairement les femmes et le féminin à l'archaïsme, et, qui plus est, "bourgeois". Car je détestais la "bourgeoisie", insupportable péché originel[16]. »

À l'incitation de son professeur Ernest Labrousse, Michelle Perrot s'intéresse à l'histoire ouvrière et à l'étude des grèves, qui sera plus tard l'objet de sa thèse. « Les femmes y étaient minoritaires. La grève, liée au salariat à part entière, est un acte viril, le trouble de subsistance étant l'affaire des femmes. Je fus néanmoins frappée de leur subordination. Les temps changeaient, imperceptiblement. Brigitte Bardot, dont j'applaudissais l'impertinente liberté, Françoise Sagan, Éliane Victor et ses *Femmes aussi* à la télévision, bien d'autres introduisaient des notes discordantes. Les sociologues s'ébranlaient. Andrée Michel, Évelyne Sullerot, Madeleine Guilbert publiaient leurs premiers ouvrages. À partir de 1964, le Planning familial (fondé en 1956) mobilisait de plus en plus de femmes. Il fut le banc d'essai du féminisme[17]. »

16

Lanzmann chez Sagan

Travaillant à la fois pour *Les Temps modernes*, la revue de Jean-Paul Sartre, et pour les journaux de Pierre et Hélène Lazareff – un grand écart qu'il assume sans peur en se moquant des reproches –, Claude Lanzmann est un reporter tout terrain. Sous son nom ou sous le pseudonyme de Jean-Jacques Delacroix, à cause de Servan-Schreiber et du peintre Eugène, il excelle dans les sujets les plus divers. Le futur réalisateur de *Shoah* a la carrure d'un baroudeur de l'information comme Lucien Bodard et c'est l'un des grands portraitistes de la presse au tournant des années soixante. Durant l'été 1959, il se rend en Normandie pour interviewer Françoise Sagan, récente propriétaire du manoir du Breuil à Équemauville, près de Honfleur. Elle vient de publier *Aimez-vous Brahms...*, son quatrième roman qui est le premier depuis son accident de voiture et son mariage avec Guy Schoeller, à la mairie du XVIIe arrondissement, le 13 mars 1958.

L'article de Claude Lanzmann paraît dans *Elle* à la fin du mois d'août. Ce numéro, avec, en couverture, le mannequin-vedette Marie-Hélène Arnaud tout de neuf habillée par Chanel, a choisi pour thème les nouveautés de la rentrée : « Quoi de neuf de A à Z. » À la lettre S, ce sont les disques en stéréophonie qui font leur apparition sur le marché français. La plupart des appareils de radio mis en vente ont la modulation de fréquence. Donc la stéréophonie. Comme le dit Carmen Tessier dans sa rubrique d'échos : « On n'arrête pas le progrès. » Sagan de la rentrée, c'est d'abord une histoire qui a failli effacer la romancière du monde des vivants. Pour Claude Lanzmann, sa mort, en avril 1957, à bord de l'Aston Martin est inscrite dans un destin à la James Dean resté inachevé. Le journaliste imagine la disparition de l'auteur de *Bonjour tristesse*.

« Donc, Françoise Sagan s'était tuée à l'âge de vingt-deux ans dans un accident d'automobile sur la route de Milly-la-Forêt. Le mythe, avec ses exigences et sa logique, se contruisait à toute vitesse et cette mort était si juste, si parfaitement accordée à ce qu'on avait su de sa vie, qu'on oubliait que la jeune femme se trouvait encore à l'hôpital et qu'elle n'allait peut-être pas mourir. Et tandis que les médecins s'acharnaient à la sauver, l'époque, indécente et superstitieuse, découvrait rétrospectivement dans son talent précoce, sa gloire, sa fortune, son goût du whisky et son amour des voitures de course, tous les signes de la mort violente. Il y eut alors des millions de faux prophètes, maniaques de la justice immanente, pour jurer qu'ils l'avaient prédit, que tout se payait et que "ça devait arriver". On se répétait aussi le titre si étrange de son prochain roman *Dans un mois, dans un an*, qui paraîtrait à titre posthume et comme il n'y a pas de limites à ces satisfactions esthétiques, on chuchotait bien sûr qu'elle en avait remis le manuscrit à son éditeur juste la veille de sa mort. Jamais Françoise Sagan ne fut autant aimée qu'au cours de ces journées : ses détracteurs même consentaient à lui reconnaître du talent parce qu'elle avait eu le bon goût de disparaître à temps. Et les autres, ceux qui déploraient qu'elle eût trop aimé jouer avec sa vie, se demandaient, eux aussi, comme les premiers, si cette mort stupide n'avait pas finalement un sens : vivante, elle aurait peut-être perdu son talent. Tout était bien : cette jeune vie se bouclait superbement par une tragédie. L'ordre régnait[1]. »

Périr à la fleur de la jeunesse aurait été dans l'ordre des choses, en effet. En septembre 1962, Roger Nimier, trente-six ans, et sa passagère la jeune romancière Sunsiaré de Larcône, se tuent sur l'autoroute de l'Ouest. Quelques semaines avant l'accident, l'auteur du *Hussard bleu* a dit à Simone Gallimard : « On me retrouvera mort sur l'autoroute[2]. » Comme Françoise Sagan, il roulait dans une Aston Martin. Avant eux, Jean-René Huguenin, écrivain de vingt-six ans, les deux fils d'André Malraux, Albert Camus et James Dean (au volant de sa Porsche 550 Spyder, en 1955, le tournage de *Géant* à peine terminé) ont fini dans un tombeau de ferraille ou, selon Antoine Blondin, dans « des draps de ferraille atrocement froissés[3] ». « Seulement voilà : Françoise Sagan n'est pas morte et elle ne s'est pas excusée, poursuit Claude Lanzmann. Elle avait trop à faire et d'abord la chose la plus difficile de toutes, celle qu'on pardonne le moins : survivre à sa fin légendaire. Survivre aussi à ses trois premiers livres, à ses gros tirages, à sa ou ses réputations, bref, continuer. [...] Les gens sérieux, qui lui reprochaient les tumultes de sa jeunesse, battirent des mains comme des fous lorsqu'ils apprirent qu'elle se mariait. Là-dessus, ils en savaient long : pour une fille comme elle, le mariage, c'était la fin, le tombeau, bien plus sûrement que l'accident d'automobile. Elle se mariait : la voilà donc qui retombait à l'argile ordinaire, l'état d'écrivain et celui de femme mariée sont incompatibles, la célébrité de Françoise Sagan était liée, organiquement, au célibat. On allait voir[4]... »

Claude Lanzmann, en arrivant au manoir du Breuil qui a appartenu à Lucien Guitry, le père de Sacha, va-t-il trouver une jeune femme rangée des voitures ? « Voilà deux ans et demi que Françoise Sagan est morte, un an et demi qu'elle est mariée. Son quatrième roman s'appelle *Aimez-vous Brahms...* » C'est le livre d'une résurrection qu'il lira ensuite. Il est chargé par Hélène Lazareff de raconter aux lecteurs de *Elle* que la morte de 1957 se porte de mieux en mieux. Effectivement, le « charmant monstre de dix-huit ans » et la « terrible petite fille », comme l'avait baptisée François Mauriac à l'occasion du prix des Critiques[5], est intacte. Pas de traces de l'accident ni du mari. La vie d'avant les deux événements a repris le dessus. Lanzmann, qui a passé là-bas un après-midi, le constate : « Je ne sais pas si Françoise Sagan est une bonne épouse et son mari un bon mari : je ne les ai pas vus ensemble [...]. Elle n'a donc rien changé à ses habitudes et comme elle le faisait sans interruption depuis trois jours du matin au soir, nous avons joué à la belote. C'est un beau jeu innocent qu'elle pratique avec une passion louable, jusqu'à l'épuisement, avec ses amis, Bernard Frank, jeune écrivain, et copain de longue date, et le danseur Jacques Chazot, de l'Opéra-Comique, et père de Marie-Chantal. Il y avait de l'herbe, des vaches, il faisait beau et chaud. Une odeur d'enfance[6]... » Sur la photo qui illustre l'article, on aperçoit également Véronique Campion, la fidèle et blonde amie, la comédienne Nicole Berger, le compositeur Michel Magne. Des chaises pliantes de jardin et une table basse, deux chiens assoupis complètent le décor. Un certain Rodriguez a signé le reportage photographique de cette journée à la campagne. L'image de Françoise Sagan allongée dans l'herbe, avec, en arrière-plan, le manoir, exprime la mélancolie d'une jeune fille enfoncée dans ses rêves. « La violence du temps déchire l'âme, écrit Simone Weil. Par la déchirure entre l'éternité. » À cet instant, le visage de Françoise illustre tous ces problèmes se rapportant au temps qu'elle a choisi d'assumer dans leur plénitude.

Claude Lanzmann prend aussi la température du talent de la romancière que les critiques attendent au tournant. « Mais *Aimez-vous Brahms...* ? Je l'ai lu, rentré à Paris. C'est le plus beau livre, le plus poignant qu'elle ait jamais écrit, le meilleur de tous : cette survivante, cette dame mariée, cette joueuse de belote de vingt-quatre ans est un grand écrivain. *Aimez-vous Brahms...* ne se raconte pas ou alors en deux lignes et ça n'a pas beaucoup de sens parce qu'il est vain de replacer par une autre la voix de Françoise Sagan. C'est un livre simple, à trois personnages : une très ancienne histoire. Il y a Paule, une femme de trente-neuf ans, lucide et belle, menacée par le temps et la solitude, Roger, un homme – il a quarante ans – et Simon, un jeune homme de vingt-cinq ans. C'est tout, et, comme le disait Françoise Sagan elle-même, à la fin de *Un certain sourire* : "Il n'y a pas de quoi faire des grimaces.[7] " [...] Jamais encore elle n'avait aussi bien parlé de l'amour, de la vieillesse, de la possession, de la fatigue, des raisons d'une vie. Deux citations suffisent :

« "Mais cela n'empêchait pas qu'elle vécût avec Simon, qu'elle soupirât dans ses bras, la nuit, qu'elle le retienne contre elle parfois dans un de ces mouvements que peuvent seuls arracher les enfants ou les amants trop habiles, un mouvement si possessif, si épouvanté à l'idée de la précarité de toute possession que même Simon n'en percevait pas l'intensité. En ces moments-là, Paule touchait à la vieillesse, à cette passion merveilleuse, unique de l'amour qu'a la vieillesse et elle s'en voulait ensuite, en voulait à Roger qui lui ne l'obligeait pas à dissocier, à Roger qui n'était pas là. Quand Roger la prenait, il était son maître, elle était sa propriété, il était à peine plus âgé qu'elle, tout était conforme à certaines règles morales ou esthétiques qu'elle ne s'était pas jusque-là soupçonnée d'entretenir…"

« Et celle-ci encore, au moment de sa rupture avec Simon : "Et déjà elle s'affolait à la simple idée de devoir expliquer Roger. Elle ne dirait pas : *Lui*, elle dirait : *Nous*, car elle ne parvenait pas à dissocier leurs deux vies. Elle ignorait pourquoi. Peut-être parce que les efforts qu'elle avait faits pour leur amour depuis six ans, ces incessants, ces douloureux efforts, lui étaient enfin devenus plus précieux que le bonheur. Peut-être parce qu'orgueilleusement elle ne pouvait supporter qu'ils eussent été inutiles et que ce même orgueil en elle, à force de subir ces coups, s'en était peu à peu nourri, finissant par choisir et consacrer Roger comme son maître à souffrir. Enfin, il lui avait toujours échappé. Et ce combat douteux était devenu sa raison d'être." »

Claude Lanzmann, âgé de trente-quatre ans, n'ignore rien des règles du trio amoureux. En lisant *Aimez-vous Brahms…*, il pense forcément à sa relation avec Simone de Beauvoir, inséparable de Sartre, qui ne renonce pas à ses starlettes. D'ailleurs, en fin d'article, il écrit : « Et la vie continue. Simon est revenu à ses vingt-cinq ans, Paule à Roger et Roger à ses starlettes[8]. » « L'amour, c'est ce qui se passe entre deux personnes qui s'aiment », a écrit Roger Vailland. Une phrase que Françoise

Sagan a placée en exergue de son deuxième roman, *Un certain sourire*, dédié à Florence Malraux. Lorsqu'une troisième entre dans ce jeu trompeur, c'est au roi de cœur de distinguer sa dame ou de partir avec une autre comme l'a fait Jean-Jacques Servan-Schreiber !

En 1987, au cours d'un entretien avec Jacques Laurent, Françoise Sagan aborde le thème de la fidélité. « On peut vivre avec deux hommes, dit-elle. Il y en a un qu'on aime et l'autre par qui on se laisse aimer. » Également père de *Caroline chérie*, le prix Goncourt 1971 avec *Les Bêtises*, élu l'année précédente à l'Académie française, sait de quoi il parle. « Oui, c'est différent ; on éprouve des sentiments différents mais qui peuvent permettre des relations intimes dans les deux cas. » Françoise Sagan enchaîne gaiement : « En revanche, on ne peut tromper un homme que s'il vous rend très heureuse, quand on est bien avec lui, on peut avoir aisément des histoires très courtes avec d'autres hommes parce qu'on dispose d'un capital bonheur. Si un homme vous rend très malheureuse, on ne peut avoir d'histoire avec personne parce que l'on se sent coincée, on ne se sent pas séduisante, on ne ressent rien[9]. »

Dans ses Mémoires, *Le Lièvre de Patagonie*, Claude Lanzmann évoque sans détour sa liaison de sept ans avec Simone de Beauvoir (de 1952 à 1959). L'hôtel La Ponche, à Saint-Tropez, est un endroit paisible en 1953. Il le sera beaucoup moins les années suivantes, quand la bande à Sagan et le film de Vadim *Et Dieu créa la femme* troubleront la vie somnolente du petit port varois. Les diableries nocturnes de l'établissement sont pour plus tard. Sartre, Beauvoir et Lanzmann logent à La Ponche au début du mois de mars, à la veille de l'irrésistible printemps du Midi que Colette guettait autrefois à La Treille muscate. Comme dans les meilleurs vaudevilles, l'esprit de famille du trio fait que Sartre a sa chambre, Beauvoir et son jeune amant la leur. Le lundi, Sartre et le Castor dînent ensemble dans un des deux restaurants ouverts. Lanzmann s'installe dans l'autre qui est contigu. « Le Castor a toujours eu la voix forte, savait que je me trouvais à côté et n'avait pas de secret pour moi : j'entendais chacune de ses paroles et rien, de la voix métallique de Sartre, ne m'échappait. Je lisais ou tentais de lire. Quand elle et moi nous retrouvions pour la nuit dans notre chambre, elle me racontait par le menu tout ce que je venais d'entendre. Le mardi, c'était au tour de Sartre d'être condamné à la solitude et de ne pas manquer un seul de nos mots, qu'elle lui répéterait fidèlement le lendemain. Le mercredi était plus civilisé : nous dînions à trois, ce qui faisait l'économie d'un récit. Oui, l'entente entre nous était idyllique[10]. »

Jean-Paul Sartre déteste les disputes avec Simone de Beauvoir. Mais l'amour sans la jalousie n'est pas l'amour. « Je me souviens, raconte Gisèle Halimi, d'avoir entendu sans le vouloir une scène plutôt violente que le Castor faisait à son compagnon. Scène de jalousie classique. Elle criait et Sartre se défendait mal, en excuses inachevées. Elle y mit fin après qu'elle eut obtenu une soirée supplémentaire avec lui, comme prix du forfait – lequel ? – qu'il avait commis[11]. » Marié à l'avocate, l'écrivain Claude Faux, secrétaire de Jean-Paul Sartre après Jean Cau, reçoit une étonnante confidence de Mme Mancy, la mère du philosophe, qu'il rapporte à sa femme : si son « Poulou » avait voulu un enfant, « Simone de Beauvoir le lui aurait donné avec joie[12] ». Le Castor, qui signe le « Manifeste des 343 », n'a jamais été enceinte. Mais elle estime que c'est de son devoir de le signer. Lors d'un séjour à Capri, Sartre, qui est avec Arlette Elkaïm, une étudiante juive algérienne, subit les foudres de Beauvoir à son arrivée dans le grand palace, le Quisisania. L'écrivain Roger Peyrefitte (cousin du ministre de l'Information Alain Peyrefitte), en train de préparer son livre *L'Exilé de Capri*, apprend qu'il y a de l'eau dans le gaz. « Des témoins m'ont raconté qu'il y eut une scène assez vive entre eux. Ils sont repartis tous les trois, dans une atmosphère agitée. Sartre, que je sache, n'est plus revenu à Capri[13]. » « Voilà un homme, poursuit-il, avec qui je n'ai aucun point commun, qui représente le contraire de ce que je suis, le contraire de ce que je fais. Il est pourtant l'un des rares écrivains que je respecte. Pourquoi ? Parce qu'il est resté dans sa ligne, comme moi j'ai été fidèle à la mienne[14]. »

Lorsque Sartre, en janvier 1965, dépose une demande auprès des tribunaux pour qu'Arlette Elkaïm devienne sa fille adoptive légale, Simone de Beauvoir est frappée de plein fouet. Elle parle d'un « acte d'agression ». Le biographe américain de Sartre, John Gerassi, rapporte cette anecdote : « Un jour, Sartre marchait dans la rue avec Arlette ; comme ils passaient devant un fleuriste, il l'invita à entrer choisir un bouquet. "Qu'est-ce qui plairait à Monsieur pour sa jolie fille ?", demanda le commerçant. Sartre regarda Arlette et a dû penser en son for intérieur : "Je ne vaux plus grand-chose au lit et ce type est la voix du bon sens. Si tu es ma fille, tu deviens française et personne ne pourra t'expulser car tu ne seras plus juive algérienne[15]." » En mars 1965, un jugement d'adoption permet à la jeune femme de porter désormais le nom d'Arlette Elkaïm-Sartre.

En 1960, Sylvie Le Bon, une étudiante rennaise de dix-huit ans, fait la connaissance de Simone de Beauvoir. Elles deviennent vite inséparables. Pour Sylvie, c'est « de l'amour entre Castor et moi. La difficulté tenait au fait qu'aucune de nous deux ne s'attendait, surtout moi, à aimer quelqu'un qui était une femme. Mais indéniablement c'était de l'amour, un point c'est tout. » Elle sera la fille adoptive de Simone de Beauvoir après la mort de Sartre en 1980. La jeune femme a longtemps hésité à accepter cette officialisation. « Peu habituée à subir la curiosité du public, elle se jugeait incapable de supporter les attaques dont elle ferait sûrement l'objet et les comparaisons malveillantes avec Arlette[16]. » Elle attendra la disparition du Castor pour utiliser le nom de Sylvie Le Bon de Beauvoir. Selon le philosophe Hazel Barnes, « les femmes sont ce qu'elles croient être, et en l'occurrence Simone de Beauvoir ne se croyait manifestement pas lesbienne[17] ». Beauvoir parle d'amitié avec Sylvie. La plus forte et la plus importante de sa vie. Elle est absente des Mémoires de Claude Lanzmann. Il est pourtant témoin du jugement d'adoption après avoir insisté auprès de la jeune femme pour qu'elle accepte d'être légalement responsable de la personne de Beauvoir et de ses biens. Lanzmann, qui est la plume à tout faire des Lazareff, tandis que son frère Jacques devient directeur du magazine *Lui* lancé par Daniel Filipacchi, va à la rencontre des vedettes : « Je les ai toutes et tous vus, tous traités, et je puis dire, sans vanité, que j'ai fait faire à la carrière de certains un saut qualitatif. Bardot me confessant ses passions uniques et définitives pour chaque nouvel élu, Moreau, à Cuernavaca, au Mexique, au bord d'une longue piscine à l'eau verte qu'une lesbienne américaine folle amoureuse faisait joncher chaque jour de pétales de roses frais, Ava Gardner encore sublime et déjà ivrognesse à Madrid, sur le tournage des *55 jours de Pékin*[18]. » Richard Burton et Liz Taylor qui s'entredéchirent, Gary Cooper déjà rongé par le cancer, Simone Signoret, seule à la Colombe d'Or, l'auberge de Saint-Paul-de-Vence, bouleversée de savoir son mari Yves Montand dans les bras de Marilyn à Hollywood[19], Sophia Loren qu'il rencontre à six heures du matin dans la cuisine de son appartement romain, « seule heure de l'aube qui permette d'éviter la jalouse et fureteuse présence de son mentor, Pygmalion, amant, bientôt mari, Carlo Ponti[20]. »

« Claude Lanzmann avait été chargé d'écrire un article sur Violette Nozière, l'héroïne d'une célèbre affaire criminelle, se rappelle Roger Grenier, à l'époque chef du rewriting à *France Dimanche*. Il s'est brusquement arrêté au milieu du papier. Bloqué par sa mère qui lui disait que Violette Nozière est une salope. J'ai presque dû intervenir à la manière d'un psy pour qu'il avance[21]. » Roger Grenier stupéfie Lanzmann « par sa rapidité et sa capacité à tout réécrire sans effort apparent : il s'installait devant sa machine et pouvait taper pendant des heures, totalement étranger à l'angoisse de la page blanche[22] ».

À *France Dimanche*, situé 100 rue Réaumur, dans le même immeuble que *France-Soir* et *Elle*, Claude Lanzmann croise souvent Françoise Giroud. La star de l'hebdomadaire est la cible des *Temps modernes* qui tourne en dérision sa rubrique de portraits de personnalités. L'article intitulé « Du hareng saur au caviar » est attribué à tort à Lanzmann alors que son auteur est

Jacques-Laurent Bost. Règlement de comptes des sartriens après son portrait du philosophe et de sa compagne. « Il est laid et sans vrai regard, parce que ses yeux pâles sont divergents, derrière ses lunettes d'écaille. Pourtant, il est tout pétri de sympathie et d'une sorte de gentillesse timide. Il a cet air des bonnes gens qui ont toujours du sucre dans leur poche pour votre chien, des bonbons pour votre enfant et du feu pour votre cigarette [...]. "À quelle page est-ce, l'existentialisme ? demandait une dame plongée dans un roman de Sartre. Il fait passer le noyau parce qu'il le présente dans une cerise. Seulement, le public mange la cerise et jette le noyau. C'est ainsi qu'il est devenu à la fois un auteur populaire et parfaitement incompris [...]. C'est en Amérique qu'il déclara à un journaliste qui voulait à tout prix une définition de l'existentialisme : "C'est ce qui me procure les moyens d'exister." Il connaît toute l'Europe, et il a découvert l'Afrique, en compagnie de Simone de Beauvoir. Ils ont été agrégés ensemble, mais ils ne sont pas mariés. Simone de Beauvoir, qui massacre un beau visage intelligent avec une coiffure et des ornements de mercière apprêtée pour la messe, habite l'hôtel. Sartre habite rue Bonaparte chez sa mère [...]. La popularité a mis à Jean-Paul Sartre un masque de clown derrière lequel il se débat. Quand il l'arrache, on cesse de le regarder. Quand il le porte, on ne perçoit plus son véritable visage, et c'est dommage, parce qu'on perd ainsi l'occasion – rare – de regarder l'honnêteté intellectuelle en face[23]. »

17

Bardot et le syndrome de Lolita

Bernard Frank, l'oiseau rare. Il niche souvent chez Françoise Sagan qui admire ce jeune écrivain. Elle voit en lui une sorte de jumeau intellectuel. C'est son point de repère du côté de la bonne littérature. Quand il la rencontre pour la première fois à l'occasion d'un cocktail aux éditions Denoël, en mai 1954, il a l'intuition qu'auprès de cette fille épatante tout peut arriver et tout peut s'arranger : « J'avais l'impression qu'elle cherchait désespérément à ne pas s'ennuyer[1]. » À ses côtés, elle se sent en sécurité : « J'aime vivre près de Bernard Frank parce qu'il est drôle, équilibré, sûr... Et puis il sait qu'on perd aussi bien les êtres à force de vouloir les comprendre qu'à force de ne pas le faire[2]. » Bernard est foudroyé par une crise cardiaque, le 3 novembre 2006, dans un restaurant corse, proche de son domicile parisien. Il dînait avec Igor, son ami cardiologue, qui n'a rien pu faire pour le sauver.

La revue *Égoïste* publie en 1984 son article « Du cœur au dent » qui se révèle prémonitoire : « Un cœur qui flanche, c'est la belle mort. Cet organe est bonasse. Nous n'avions qu'à faire attention, nous ménager. Moins manger, moins boire, moins fumer, moins baiser, et encore [...]. Nous en savons autant sur lui que notre médecin. Il faut le ménager, un point c'est tout. Comme cette pile fameuse, il ne s'use que si l'on s'en sert. D'ailleurs, il y a un signe qui ne trompe pas, le cardiologue, parmi les spécialistes, n'est pas considéré comme un "chaman".

Il peut se tromper, ça peut être un honnête cardiologue, un médecin consciencieux et même qui a du flair, ça ne sera jamais un magicien. On en a toujours un très bon à vous proposer, comme l'armagnac. »

Dans *Un siècle débordé* (1970), il résume par cette phrase sa propre philosophie : « Il ne faudrait pas trop me forcer pour que j'avoue que la chose qui me peine le plus au monde, c'est de savoir, de source totalement sûre, qu'un jour je ne serai plus là. » En 1996, dix ans avant sa disparition à soixante-dix-sept ans, il publie un recueil de chroniques rédigées entre 1961 et 1971, parues pour la plupart dans *L'Observateur*, les magazines *Adam* et *L'Actualité*. Sur l'exemplaire qu'il m'adresse, Bernard a écrit en guise de dédicace que « nos souvenirs feraient un charmant livre[3] ».

Ce livre qui flotte encore dans les limbes d'une émotion indéfinissable aurait-il évoqué les doubles rideaux de la chambre de Frank ? Sagan me demande de l'accompagner lorsqu'un après-midi elle part les acheter. Au volant de sa petite Austin, elle se gare devant le magasin où une place vide semble l'attendre. « Vous avez du pot ! » dis-je à Françoise qui ne s'étonne pas de ce coup de chance. Stationner ne lui a jamais posé de problèmes, au risque de retrouver sa voiture à la fourrière. C'est le prix de sa liberté de mouvement dans Paris. Bernard Frank, qui n'a pas son permis de conduire, se ruine en taxis. En collaborant à un journal ou à une revue, il s'offre le superflu qui lui est très nécessaire.

« Quelle saumâtre idée de m'avoir réveillé en plein mois d'août pour vous parler de Brigitte Bardot ! On devrait savoir à la longue qu'en août et quel que soit le jour, c'est toujours quatre heures de l'après-midi, et que la pâteuse sieste n'est pas compatible avec des variations sur la beauté[4]. » Jacques Lanzmann, directeur de *Lui*, téléphone à Bernard Frank pour qu'il anime une conversation entre Françoise Sagan et Brigitte Bardot. L'interview serait présentée dans le magazine comme un scoop : Bardot par Sagan. Une pige substantielle pour l'écrivain en meneur de jeu. Accompagnée de son fiancé de l'époque, Bob

Zaguri, la star arrive chez Sagan qui habite avec son mari américain Bob Westhoff et l'inséparable Bernard un appartement près du boulevard Saint-Germain et du métro Solferino.

« Bardot était belle comme tout avec sa robe-tablier en daim gris. Plus belle que sur les photos, ou plus belle que dans les mots, et, en ce sens, je n'étais pas du tout d'accord avec Antonio, notre valet de chambre espagnol, qui avait mis sa veste blanche et qui devait se dire déçu[5]. » Denis Westhoff, alors âgé de huit ans, refuse de sortir de sa chambre pour saluer l'actrice. « Je ne voulais pas la voir car elle me faisait peur. À tort ou à raison, le petit garçon que j'étais sentit inconsciemment qu'elle n'aimait pas les enfants[6]. » L'interview qu'espérait Jacques Lanzmann tombe à l'eau. « On s'était aperçu, note Bernard Frank, que *Lui* était un journal affreux parce qu'il avait écrit un vilain article contre Bob Zaguri. Nous étions tous horrifiés. Sagan comprit vite et bien les nobles raisons de Bardot. Je crus même remarquer sur son visage comme un air de gaieté, franchement antipathique pour un journaliste. Elle qui n'a jamais faim parla tout de suite d'aller dîner comme s'il y avait le feu[7]. » Sagan et Bardot, escortées chacune de leur Bob, se retrouvent à la Chope d'Orsay, rue du Bac, un restaurant suggéré par Bernard. Celui-ci n'est pas invité par Sagan à les suivre malgré l'insistance de B.B. – elle a la gentillesse de s'étonner par trois fois que « l'intervieweur » ne les accompagne pas. Ce « vilain article » qui a fait capoter l'entretien s'intitule « Bob Zaguri, l'amant public numéro un[8] ». « Robert Zaguri, dit Bob Zaguri, inconnu avant Bardot et célèbre pour avoir réussi le plus audacieux des kidnappings amoureux », lit-on à propos de ce play-boy né au Maroc qui tente de se faire une place sous le soleil du Brésil. « Bon an mal an, Bob importe, exporte, trafique, combine et, entre deux, tombe les Brésiliennes à la pelle. Plus qu'un bourreau des cœurs, c'est un assassin des âmes pour lequel on se damne[9]. »

Au mois d'avril 1961, à Rio de Janeiro, il copine avec Sacha Distel, l'ex-chevalier servant de Bardot. « Je lui dois les six mois les plus heureux de ma vie. C'est la seule femme que j'ai aimée », confie le crooner au journaliste Voldemar Lestienne[10]. Ses tubes, *Scoubidou* et *Quelle nuit*, ont fait sa fortune. Il entre dans la vie de Brigitte alors que Jean-Louis Trintignant vient d'en sortir. Aujourd'hui, le chanteur de charme file le parfait amour avec Francine Bréaud, la championne de ski qu'il épousera trois ans plus tard[11]. « Je t'attends l'année prochaine à Saint-Tropez », dit-il à Zaguri. Bob le Brésilien est intégré dans la bande à Sacha. On le voit tendrement enlacé avec Annette Stroyberg, récemment divorcée de Vadim, l'ex-époux de Brigitte. La presse annonce que Bardot s'amuse à Saint-Trop' avec un noceur du nom de Bob Zaguri. L'article de *Lui* parle de ce flirt en termes explicites. Dans une déclaration vengeresse, Annette balance Brigitte qui n'a pas joué le jeu et lui a soufflé Bob. Brigitte réplique en traitant son ancienne rivale de « petite gourde ».

Sami Frey, le partenaire de Bardot dans *La Vérité*, déambule comme une âme en peine dans l'appartement de l'avenue Paul-Doumer. Lui aussi a été catalogué : le fiancé de B.B. Désormais, il n'est plus qu'un jeune premier romantique sans étiquette. Ce beau ténébreux échappera-t-il à ses tourments ?

Sous une perruque noire et le faux nom de Simonsen – celui de l'un des propriétaires de la Panair do Brasil –, Brigitte Bardot s'envole pour Rio rejoindre son amant. Une nuée de journalistes et de photographes l'attendent à sa descente d'avion. Le couple, pour obtenir la tranquillité, accepte de tenir une conférence de presse. C'est à Buzios, au nord-est de Rio, une de ces plages dont les premiers jésuites portugais débarquant au Brésil écrivaient « qu'elles font croire à l'existence de Dieu », que B.B. et Bob se réfugient. La nouvelle Ève d'Amérique du Sud et son Adam « pied-noir » ont, semble-t-il, trouvé leur paradis dans ce village de pêcheurs sans électricité, ni eau courante, ni téléphone.

« Et Bardot créa Buzios », titre le journaliste Jean-Pierre Langellier en évoquant une idylle des années soixante qui a causé un grand émoi médiatique. Hormis un rapide passage au carnaval de Rio où elle réussit à se mêler incognito aux danseurs, B.B. reste trois mois et demi à Buzios. « José Geraldo Chaves, qui avait douze ans, se souvient d'avoir cueilli des fruits pour elle. Soca prétend qu'il est devenu plongeur professionnel parce que la star lui avait offert son premier tuba. Sur les photos autorisées, prises par un ami, on la voit, la fleur à l'oreille, en compagnie d'une chèvre, d'un chat ou d'un perroquet, ou assise sur un tonneau, entourée d'enfants. Entre deux baignades, elle caresse une guitare et chante des airs de bossa-nova, comme *Maria Ninguem*, le standard de Carlos Lyra, qu'elle enregistrera cette année-là en portugais. Elle lit un peu, notamment *Le Deuxième Sexe* de Beauvoir. Cheveux au vent, visage nu, esprit libre, Bardot correspond alors à ce que Roland Barthes écrivait d'elle sept ans plus tôt dans ses *Mythologies* : “Elle représente un érotisme dépouillé de tous ces substituts faussement protecteurs qu'étaient le semi-vêtement, le fard, le fondu, l'allusion, la fuite[12].” »

Son séjour à Buzios eut pour conséquence de transformer cette plage tranquille en « Saint-Trop' brésilien » avec un port pour les yachts. Mais les villageois ne s'en plaignent pas. L'icône B.B. arrive toujours en tête du box-office touristique. « Sur la “promenade Bardot”, raconte Jean-Pierre Langellier, une B.B. de pierre, œuvre de la sculptrice Christina Motta, contemple la mer, en jean et tee-shirt rayé, une valise près d'elle. Pour retrouver le parfum de l'époque, il faut surtout aller chez José Wilson Barbosa, entrepreneur de métier et collectionneur par passion. Affiches, livres, photographies, dessins, magazines : il a tout récupéré, parfois à prix d'or, de ce qui a été publié sur les deux voyages de l'actrice au Brésil et rêve que Buzios abrite un musée Bardot[13]. » Dans ses *Mémoires*, l'actrice d'hier n'a pas oublié Buzios : « J'y ai trouvé un bonheur que je recherchais depuis longtemps. C'est peut-être là, dans cet univers tellement vrai, que j'ai passé les plus beaux jours de ma vie[14]. » A-t-elle vraiment lu à Buzios *Le Deuxième Sexe* ? À sa parution, *Paris Match* avait consacré sept pleines pages à Simone de Beauvoir. « Une femme appelle les femmes à la liberté. » Sur la bande de son livre, une formule suscite aussitôt la polémique : « La femme, cette inconnue. » Bardot, Beauvoir, les deux B majuscules qui caractérisent la femme moderne de la société française d'après-guerre. « Mon idéal serait une mère de famille nombreuse, qui aurait le physique de Brigitte Bardot », répond une jeune fille à Menie Grégoire qui a lancé une enquête sur la femme idéale dans les années soixante[15].

Bernard Frank nous tire par la manche. Le peu qu'il sait sur le mythe Bardot – ce mystérieux succès que l'on exècre et qui vous fascine – provient de lectures de circonstance : « Ne partez pas, j'ai un conseil : je crois me souvenir que Simone de Beauvoir et Nourissier ont remis à son propos d'excellentes copies, si vous voulez avoir des idées et non de grossières envies. Mes illustres confrères ont fait preuve d'un bagout tout à fait épatant. Quel caquet, doux Jésus, sur sa chevelure, son nez, ses jambes, sa manière d'être et sa voix de bébé[16] ! » En 1959, le magazine américain *Esquire* demande un article à Simone de Beauvoir qui vient de lire *Lolita* de Nabokov. Elle écrit un essai : *Brigitte Bardot and the Lolita syndrome*, qui aura une carrière éditoriale inattendue. « Si nous voulons comprendre ce que B.B. représente, souligne-t-elle, il est inutile de connaître la jeune femme qui s'appelle Brigitte Bardot. Ses admirateurs et ses détracteurs ont affaire à une créature imaginaire qu'ils voient sur l'écran à travers une énorme publicité. Sa légende est nourrie de sa vie privée autant que de ses rôles. Cette légende reprend un ancien mythe que Vadim essaye de rajeunir. Il a inventé une version résolument moderne de “l'éternel féminin” et, ce faisant, a lancé un nouveau genre d'érotisme. C'est cette nouveauté qui séduit les uns et choque les autres[17]. » Ce texte méconnu de Simone de Beauvoir tombe par hasard sous les yeux de François Nourissier lorsqu'il déambule, à l'automne 1959, dans les allées de la Foire du livre de Francfort. « Les éditions Grasset m'y avaient envoyé pour flairer la production étrangère et éventuellement négocier des droits. À ma grande surprise, j'ai découvert un album où le nom de Simone de Beauvoir apparaissait en couverture au-dessus du corps allongé de Brigitte Bardot[18]. » Le texte du Castor est en italien. Une production de Lerici, un éditeur de Milan. « Mais comment ignorions-nous que Mme de Beauvoir avait écrit sur Bardot ? Où se trouvait l'original du texte et pourquoi ne l'avait-on nulle part commenté, nulle part publié ?

« Nous négociâmes en hâte l'achat de l'album italien. Qu'achetions-nous au juste ? Le droit de traduire et de proposer en français ce texte “italien”. Hum… L'affaire n'était pas des plus limpides, mais elle était trop tentante[19]. » Rentré à Paris, le jeune Nourissier téléphone à Beauvoir pour lui annoncer avec précaution que la maison Grasset détient les droits « français » de son texte sur Bardot. « Je l'ai sentie très ennuyée. Elle a fini par me dire qu'elle ne souhaitait pas le voir paraître en France. Nous ne voulions pas la contrarier et peut-être nous mettre dans un mauvais cas. Il fallait remplacer son texte et trouver une plume notoire pour lui succéder. Ni Roger Vailland ni André Pieyre de Mandiargues n'ont accepté la proposition. Je crois bien avoir également sollicité Paul Morand qui refusa à son tour. Du coup, mon éditeur, Bernard Privat, me demanda d'écrire moi-même ce petit texte sur B.B. L'album est sorti chez Grasset en 1960[20]. » François Nourissier rapproche l'aventure Bardot de l'aventure Sagan. Étrangement cousines, elles respirent le même air des bons quartiers. Brigitte et Françoise, c'est l'Union sacrée qui fait tourner les rotatives.

« La presse, avec Bardot, a joué ses deux rôles possibles : d'abord révéler, multiplier, imposer un nouveau style humain – ensuite forcer une vie privée et la faire collaborer, de gré ou de force, à la nourriture du mythe. Puisque ce naturel de Bardot était scandaleux à travers ses personnages, que serait-ce donc “à cru”, traqué à travers sa propre vie ! D'où la “meute”, la “biche forcée”, etc., cette chasse abominable dont un accident de voiture de Françoise Sagan, voilà trois années, nous avait déjà donné la mesure. Il est absurde, bien sûr, de se scandaliser. Tout a été dit là-dessus. Reste qu'il existe un bon usage des mythologies. Tenons-nous-y[21]. »

François Nourissier ignore que – indépendamment d'*Esquire* – le texte de Simone de Beauvoir a été également publié dans un album anglais[22]. Outre-Manche, ce sont les Beatles, la frange sur le front, qui bousculent les mœurs alors que Mary Quant raccourcit les robes de ses mannequins et invente la minijupe. « La minijupe, écrit Marcel Achard, de l'Académie française, encourage le rêve, stimule l'imagination et ne laisse le cochon sommeiller que d'un œil[23]. » Notre B.B. nationale, locomotive du cinéma[24] de l'esclavage duquel elle se délivrera un jour, est en avance d'une révolution : « Bardot symbolise une femme libérée – son corps l'exprime admirablement –, mais qui, sa liberté une fois acquise, la sacrifie avec allégresse au désir de l'homme. En ce sens, cette femme-enfant est bien une fille du XXe siècle ; une insurgée avide de remettre à l'homme les clés de sa bastille, à peine accomplie sa révolution. Elle illustre un nouveau rapport de l'homme et de la femme qui ignorera de plus en plus l'épreuve de force, l'affrontement exquis d'un vainqueur et d'un vaincu[25]. »

Simone de Beauvoir a vu en Bardot une nouvelle femme, un combiné de vamp et de Lolita, de femme fatale et de fruit vert. « Le mâle est un objet pour elle exactement comme elle est un objet pour lui, elle est le chasseur autant que la proie… Une femme libre est le contraire d'une femme légère. » « Un geste obscène, explique-t-elle, réduit une femme à l'état d'objet dont un homme peut faire ce qu'il veut sans se soucier de ce qui se passe dans son esprit, dans son cœur et dans son corps. Mais B.B. n'a rien de la “fille facile”, rien qui permettrait à un homme de la traiter avec cette légèreté. Il n'y a rien de vulgaire en elle. Elle a une espèce de dignité spontanée, quelque chose de la gravité de l'enfance. » Lorsque Juliette danse le mambo dans *Et Dieu créa la femme*, on ne voit que Bardot, pas son personnage. « C'est B.B. qui s'exhibe. Elle est aussi seule sur l'écran que celle qui exécute son strip-tease sur scène. Elle s'offre directement à chaque spectateur. Mais l'offre est fallacieuse, car les spectateurs qui l'observent savent parfaitement que cette belle jeune femme est célèbre, riche, adulée et totalement inaccessible. Il n'est pas surprenant qu'ils se sentent floués et se vengent en la dénigrant[26]. » À Angers, trois jeunes gens de bonne famille assassinent un vieillard endormi dans un train. Aussitôt, des voix s'élèvent pour accuser B.B. d'être la vraie responsable du crime. La projection de *Et Dieu créa la femme* dans un cinéma de la ville aurait tourné la tête de la jeunesse locale. La Juliette du film, donc Bardot, doit payer pour ces gamins diaboliques.

B.B., présentée comme un monstre d'immoralité. Simone de Beauvoir comprend d'autant mieux la star qu'elle-même a été victime de son image. « Je suis une folle, une demi-folle, une excentrique […]. J'ai les mœurs les plus dissolues ; une communiste racontait, en 45, qu'à Rouen, dans ma jeunesse, on m'avait vue danser nue sur des tonneaux ; j'ai pratiqué tous les vices avec assiduité, ma vie est un carnaval, etc. Souliers plats, chignon tiré, je suis une cheftaine, une dame patronnesse, une institutrice (au sens péjoratif que la droite donne à ce mot). Je passe mon existence dans les livres et devant ma table de travail, pur cerveau […]. Rien n'interdit de concilier les deux portraits, […] l'essentiel est de me présenter comme une anormale[27]. »

18

La philosophie de Monsieur Playboy

« Merci beaucoup, mais j'ai signé hier avec Julliard. » Charles Orengo, directeur général de Plon, vient de manquer de peu *Bonjour tristesse*. La vénérable maison d'édition a laissé passer une belle occasion de rajeunir son catalogue. À la devanture des librairies, les couvertures démodées des romans qu'elle publie ne donnent guère envie de les lire. La critique s'y intéresse à peine et les jurés des grands prix de fin d'année les recalent d'avance. En comparaison, René Julliard est un éditeur d'avant-garde vers lequel la nouvelle génération d'écrivains se tourne naturellement. Les trois Goncourt d'affilée pour Jean-Jacques Gautier (1946), Jean-Louis Curtis (1947), Maurice Druon (1948) ont servi de tremplin aux débutants d'après-guerre.

Michel Déon, dont le premier roman, *Adieu à Sheila*, a failli être édité par Julliard qu'il est allé voir à Vichy en 1943 – il sort en août 1944 chez Robert Laffont qui a fondé sa maison d'édition à Marseille en 1941 –, a beaucoup regretté d'avoir loupé le coche avec Françoise Sagan. Collaborateur extérieur du comité de lecture de Plon, en se rendant rue Garancière, il tire d'une pile de manuscrits une chemise jaune qui attend un lecteur depuis une semaine. « Je lus un joli titre : *Bonjour tristesse*, à l'intérieur le nom de l'auteur, Françoise Quoirez, et une indication plutôt rare : elle avait dix-huit ans[1]. » Michel Déon est aussitôt conquis. « Nul ne pouvait douter, dès la première page, que l'auteur avait une voix, chantonnait avec un précoce talent.

Un jour, peut-être, elle s'exprimerait plus gravement. Je rapportai à Orengo le manuscrit lu dans la journée avec une note suffisamment chaleureuse pour éveiller sa curiosité. Et puis l'auteur avait dix-huit ans ! Comment ne pas espérer recommencer le coup de Grasset avec Radiguet[2] ? » Charles Orengo lit immédiatement le manuscrit, mais quand il téléphone à Françoise Quoirez, René Julliard a déjà pris la décision d'être son éditeur. « Le roman racontait une histoire simple, en demi-teinte, joliment écrite, avec des personnages de leur temps, c'est-à-dire déjà de l'après-sartrisme : désinvoltes, légers et mélancoliques, libres de leur corps[3] », souligne Michel Déon.

À la parution, en 1966, des *Belles Images*, Simone de Beauvoir, qui est heureuse d'avoir renouvelé sa technique et son style, se voit reprocher par la plupart des critiques ce changement d'univers romanesque. « C'est le monde de Françoise Sagan, ce n'est pas le vôtre. Ce n'est pas du Simone de Beauvoir[4]. » Dans un court roman, rapidement écrit, la théoricienne par excellence du féminisme a imaginé une héroïne, Laurence, qui aurait pu effectivement appartenir à l'univers de Sagan. Elle écrit des slogans publicitaires suggérés par les « experts en motivation » de sa société. Son mari, Jean-Charles, travaille également dans la pub. Son amant, Lucien, se plaint de ne pas la voir autant qu'il voudrait. Les parents de Laurence sont séparés. C'est de son père qu'elle se sent le plus proche, mais lorsqu'il envisage de se remarier avec son ex-femme, elle réagit par une succession de crises d'anorexie puis de boulimie. Les critiques les plus acerbes parlent d'une pâle imitation de Sagan. De quoi ulcérer Simone de Beauvoir qui s'approche des tirages de la romancière que jalousent beaucoup d'écrivains et non des moindres. « Je suis accablé par le succès de Françoise Sagan. C'est incroyable qu'une fille comme elle ait des tirages pareils, auxquels on n'arrive pas », se plaint Montherlant dont la série des *Jeunes Filles* a été l'un des plus gros succès d'édition de l'entre-deux-guerres[5].

Plus de cent mille exemplaires des *Belles Images* se vendent en quelques mois. C'est à peu près à cette époque que Sagan et

Sartre se lient d'amitié, déjeunant ou dînant ensemble et plaisantant sur leur date de naissance commune, le 21 juin. L'auteur des *Mots* aime bavarder avec l'« espiègle Lili » et savoir que son Castor a construit un roman « saganesque » a dû beaucoup l'amuser. Les féministes, qui ont vu, à tort, dans ses *Belles images* une bluette vite oubliée, se tournent vers l'Américaine Betty Friedan. Son livre, *La Femme mystifiée*, traduit en France par Yvette Roudy[6], prend la relève du *Deuxième Sexe*. « Lorsque les lectrices du livre de Friedan cherchèrent en Beauvoir un chef de file et un maître à penser, beaucoup continuaient à voir en elle seulement la fidèle disciple de Sartre et jugeaient qu'elle ne s'exprimait pas à titre personnel ni en féministe [...]. Beauvoir suivait activement Sartre partout où il allait, des réunions du tribunal Russell aux voyages dans les pays de l'Est et en Amérique latine. Ses déclarations de cette période, avec leur petit côté "moi aussi", exaspéraient les femmes selon qui la cause exigeait qu'elle prenne son indépendance par rapport à Sartre[7]. »

Aux États-Unis, Hugh Hefner, fondateur et directeur de *Playboy*, est paradoxalement un allié de Betty Friedan et de Kate Millett que l'on voit discuter avec Beauvoir dans un film sur le *Deuxième Sexe*[8]. Le patron milliardaire d'un empire basé sur le sexe, monarque de six cents Bunnies, lutte à sa manière contre le refoulement d'une société puritaine. Il prêche la bonne parole « playboyiste » : la vie étant une fin en soi, préférons le plaisir à la souffrance. Sa dénonciation de l'hypocrisie des bien-pensants reçoit le soutien du mensuel protestant *Ramperts* qui publie un article intitulé « L'Évangile selon Hefner », composé typographiquement comme un missel. Le révérend Harvey Cox, professeur de christianisme à la Divinity School de Harvard, cite Hefner dans ses sermons. Quant à Allen Moor, pasteur méthodiste qui détient la chaire d'éducation chrétienne à l'École de théologie de Claremont, il déclare que le « playboyisme » est un mouvement religieux. « Ce que l'Église est trop timide pour tenter, le grand prêtre de l'empire Hefner le tente... » La religion pratiquée par le patron de *Playboy* a ses assises à Chicago où Simone de Beauvoir s'est transformée en femme soumise dans les bras de Nelson Algren, sa « très chère brute de mâle ». En avril 1961, dans une lettre à son amant américain, elle lui dit : « J'aime énormément votre histoire du club *Playboy*. Sartre a reçu le mois dernier un exemplaire de leur revue, fort proche de la pornographie pure [...]. Connaissez-vous Casanova ? Voilà un type qui savait baiser, du moins l'affirme-t-il dans ses *Mémoires*, mais il ne méprisait pas les femmes pour cela[9]. » 1340 North State Parkay, Chicago. À cette adresse s'élève la maison du « Bon Dieu » Hugh Hefner. Quarante pièces, une armée de domestiques, trente Bunnies à demeure réparties en dortoirs de quatre ou en chambres de deux. De son vaste lit rond, Hefner, en pyjama ou robe de chambre, contrôle la marche de son empire qui repose sur les femmes qu'il veut libérer du carcan moraliste pour leur imposer le rigorisme de ses propres lois.

Interrogé en 1966 par le magazine *Plexus*, la revue qui décomplexe, Hugh Hefner, trente-neuf ans, divorcé, père d'une fille de treize ans et d'un fils de onze ans, n'est pas sorti de sa vaste maison depuis deux ans. « Ici, explique-t-il, je travaille, me distrais, suis au centre du monde sans avoir besoin de sortir pour courir à sa recherche, car le progrès, la technique et l'utilisation rationnelle que j'en fais me l'apportent à domicile [...]. Je puis vous l'assurer, bientôt beaucoup de gens vivront ainsi. Aujourd'hui déjà la maison est plus qu'un simple refuge contre les éléments, un endroit où prendre ses repas et dormir. Depuis l'avènement du téléphone, de la radio, de la télévision, elle est devenue un centre de réception et de transmission des nouvelles, un instrument de communication et sera bientôt un lieu de détente et de travail. Elle devient un petit cosmos qui, loin d'empêcher les contacts avec le monde extérieur, les multiplie. Une forme de liberté [...]. Je bénéficie à la fois de la solitude, de l'isolement de la société et de son contact immédiat. Naturellement, il faut de l'argent pour se permettre un tel luxe. Mais je l'ai. Et c'est délicieux[10]. »

L'empire de Monsieur Playboy n'en finit pas de faire rêver. Le magazine est arrivé au bon moment. L'Amérique, qui s'achemine vers une révolution sexuelle, a vu dans ces filles nues un symbole de désobéissance, un retour à la sexualité, un pied de nez au puritanisme. « N'oubliez pas, dit Hugh Hefner, que le rapport Kinsey date de 1948 et 1953[11], et que le premier numéro de *Playboy*, présentant le calendrier avec Marilyn Monroe nue, est sorti en 1954[12]. On commençait alors à prendre conscience de l'hypocrisie américaine envers le sexe : une hypocrisie enracinée dans le temps et indépendante de l'Église, de la religion. Une hypocrisie sociale légale. Ne vous laissez pas abuser parce que l'on parle ici continuellement de sexe et parce que la publicité tout entière, des boissons gazeuses aux automobiles, est centrée sur le sexe : pour un placard publicitaire vantant les mérites de Pepsi-Cola avec une fille nue, vous trouverez cent jeunes gens qui se marient puceaux. En Europe, le prestige de la virginité a toujours concerné les femmes, en Amérique, il concerne aussi bien les hommes que les femmes [...]. Quarante-neuf États américains, c'est-à-dire tous sauf l'Illinois, condamnent comme crime très grave tout acte qui n'a pas la procréation pour but. Savez-vous que deux adultes non mariés et conscients peuvent théoriquement finir en prison pour avoir fait l'amour ? N'oubliez pas qu'il y a quelques années, les films qui montraient un mari et sa femme dans le même lit étaient censurés et que les journaux qui publiaient la photo d'un enfant en train de naître étaient interdits. Voilà le climat dans lequel *Playboy* a explosé et ce fut comme parler de liberté en temps de dictature et brandir un drapeau[13]. »

La fille nue de *Playboy* n'est jamais sophistiquée. À l'opposé de la mystérieuse femme fatale, sa beauté saine reflète une jeunesse d'esprit et une fraîcheur de sentiments. Elle suggère le rire et la simplicité. Comme les Bunnies des clubs, les filles de *Playboy* doivent être irréprochables. Au moindre écart, elles sont congédiées. « Devenir Playmate du mois, poursuit Hugh Hefner, est un passeport assuré pour la télévision et le cinéma. Nous les payons très bien : 2 500 dollars pour poser et 2 500 dollars pour l'utilisation publicitaire des photographies.

La plupart des jeunes filles choisies par *Playboy* viennent des collèges et des universités[14]. »

Les actrices qui sont sollicitées n'hésitent guère à se déshabiller. Comme Carroll Baker, la vedette de *Baby Doll* d'Elia Kazan (1957). La scène où, allongée sur un petit lit de fer, en chemise très courte, elle suce son pouce, fait scandale. Le cardinal Spellman devient écarlate de rage et frise l'infarctus : « Celui qui osera voir ce film, ou encore qui osera lever les yeux sur cette femelle impudique, commettra un péché mortel, car jamais – dans ce pays qui craint Dieu – on n'avait vu quelque chose d'aussi révoltant, dégoûtant, voire immonde. » Sa diatribe sous les voûtes de la cathédrale St. Patrick à New York lance le film et contribue finalement à modifier une future édition du rapport Kinsey. Le cardinal Spellman a donné à la fellation digitale de Caroll Baker les dimensions d'une référence sexuelle[15].

En tant qu'expert en matière de sexe, Hugh Hefner est interrogé sur les stars de l'époque. C'est Ursula Andress qui l'attire le plus grâce à des critères précis : sa musculature, sa santé, son côté sportif. Et Brigitte Bardot ? « Oui, très sexy. En particulier au début de sa carrière, elle représentait le type par excellence que je préconise[16]. » Sophia Loren ? « Elle me plaît en tant qu'être humain, et m'est sympathique bien que je ne la connaisse pas. Elle avait à vingt ans un corps fantastique[17]. »

Quant à Simone de Beauvoir, c'est la « beauté éclatante d'étoile du soir » de Rita Hayworth, une ex-« pin-up girl », rencontrée à Londres en juillet 1947, qui la subjugue. Assise en face de l'actrice lors d'une réception après la première de *La Putain respectueuse*, elle raconte la soirée à Nelson Algren : « Sartre seul dans un coin mâchait mélancoliquement du *corned-beef*, moi, assise en face de Rita Hayworth, je m'efforçais de lui parler, en admirant ces épaules et ces seins magnifiques qui auraient rendu fou plus d'un homme mais ne m'étaient à moi d'aucun usage. Elle s'ennuyait ferme, Sartre s'ennuyait ferme, tout le monde s'ennuyait ferme[18]. » Sartre et Beauvoir donnent l'illusion d'un couple marié. Hugh Hefner, qui a épousé à vingt-deux ans une camarade d'université, ne regrette pas cette expérience conjugale. « Elle m'a permis d'avoir deux enfants et m'a enlevé toute curiosité à ce sujet. Mais je ne recommencerai pas[19]. » Le créateur de *Playboy* préfère vivre au milieu de ses Bunnies et avoir de grands moments d'intimité avec sa « favorite ». « Le problème de la fidélité avec elle ne se pose pas : il n'est pas question pour moi d'ignorer les autres filles. Depuis deux ans et demi, ma favorite est Mary. Mais au cours de tout ce temps, j'ai fait d'innombrables écarts sans importance. Avant Mary, il y eut Cinthia, elle aussi avec des écarts. Avant Cinthia, Betty, qui était elle-même avec une autre fille, qui s'appelait Joyce. Cela couvre une période de douze ans, c'est-à-dire depuis la fondation de *Playboy*. Quoi qu'il en soit, je tiens à préciser qu'il n'a jamais été question de pseudo-mariage, mais de cohabitation ; ce qui entraîne malheureusement quelque jalousie[20] ! »

Macho mais pas manchot avec les femmes, Hugh Hefner n'a rien du pornographe de la presse de charme, quoi qu'en dise Simone de Beauvoir. En avril 1961, lorsqu'elle qualifie *Playboy* de revue « fort proche de la pornographie pure », le Castor ne parle pas au nom de Sartre qui en a reçu un exemplaire. Quatre ans plus tard, dans son appartement parisien du boulevard Raspail, le philosophe donne une longue interview à un journaliste de *Playboy* américain. Elle paraît aux États-Unis dans les pages d'ouverture du numéro de mai 1965. Cet entretien est reproduit dans l'édition française du magazine, en juin 1980, deux mois après la mort de Sartre. Évidemment, il est question des femmes. Le journaliste lui demande d'abord pourquoi il a peu écrit à leur sujet. « Parce que j'ai d'autres choses à dire. Ça ne veut pas dire que je n'ai pas, et que je n'ai pas eu, mon lot d'attachements sentimentaux ; en fait, les femmes jouent un assez grand rôle dans ma vie, et un petit rôle dans mes livres. Les ivresses de Camus, je les connais bien, mais je n'aime pas écrire à ce sujet parce que ça implique qu'on peut vraiment être un "homme" de nos jours, alors qu'en fait c'est impossible. Camus peut dire qu'on doit défendre le droit de l'homme au bonheur : il a raison, mais il pense que ce bonheur peut et doit être défendu “immédiatement” ; autrement dit, que les conditions du bonheur peuvent être remplies “aujourd'hui”. Ce serait évidemment très agréable de pouvoir partager ces ivresses sensuelles avec tout le monde par l'écriture – mais en jouir seul signifie se fermer à certains rapports avec les autres êtres humains. »

« On nous a dit qu'en public vous étiez presque constamment entouré de belles admiratrices ? » enchaîne le reporter. « Il est vrai que j'ai toujours essayé de m'entourer de femmes qui soient au moins agréables à regarder. La laideur féminine m'indispose. Je l'admets et j'en ai honte. Mais la raison en est plus simple. Même au niveau le plus officiel, même dans les rapports les plus neutres, l'association d'un homme et d'une femme a toujours une connotation sexuelle. Une femme laide peut évoquer, comme toutes les femmes, ce plaisir spécial que nous, les hommes, éprouvons en compagnie féminine, mais elle le gâche par sa laideur. Hélas. Quand la laideur intervient dans un rapport entre homme et femme, qu'elle soit provoquée ou niée, c'est une situation très gênante. Mais la principale raison pour laquelle je m'entoure de femmes est simplement que je préfère leur compagnie à celle des hommes [...]. Les discussions avec les hommes ne m'amusent jamais, la conversation finit toujours par retomber. Avec une femme, on a l'intelligence d'un être différent, une intelligence peut-être supérieure à celle de l'homme et qui n'est pas entravée par les mêmes préoccupations. »

Jean-Paul Sartre dit encore, à propos des femmes, qu'il y a en lui un côté féminin qui leur plaît. « Et comme Simone de Beauvoir, je suis pour l'émancipation totale des femmes. Mais quand ce jour viendra, les qualités particulières pour lesquelles je préfère leur compagnie seront le fruit du hasard : parfois ce sera une femme qui les aura, parfois ce sera un homme. »

En 1975, interrogé par Simone de Beauvoir qui s'étonne, avec une certaine véhémence, qu'il ait ignoré l'« oppression dont les femmes sont victimes », Sartre fait cet aveu : « Dans sa généralité, je n'en avais pas conscience. Je ne voyais que des cas particuliers. Bien sûr, j'en voyais des tas. Mais, chaque fois, je considérais l'impérialisme comme un défaut individuel de l'homme, et une certaine obéissance particulière comme un trait de caractère des femmes[21]. » Le petit « Poulou », dont l'enfance a été entourée de femmes et de petites filles, pense qu'elles sont son milieu naturel et qu'il y a en lui une sorte de femme. Lorsque l'auteur du *Deuxième Sexe* écrit son long article sur Brigitte Bardot qui lui est royalement payé, connaît-elle l'histoire d'*Esquire* à l'origine du phénomène des « pin-up girls » ? En 1933, dans le premier numéro, figurait une « Petty Girl » (pin-up dessinée par George Petty). Le magazine publie une pin-up par mois et un calendrier par an. Le terme pin-up, du verbe anglais *to pin*, désigne une « fille à épingler ». Aguicheuse et légèrement vêtue, elle préfigure la poupée Barbie, seins en obus et jambes fuselées, lancée au Salon du jouet de New York en mars 1959[22]. Les ventes du journal grimpent. Ses lecteurs sont au septième ciel. Hugh Hefner, un ancien d'*Esquire*, améliore la formule : la pin-up se métamorphose en playmate.

En France, dans les kiosques à journaux des années cinquante, fleurissent *Paris Hollywood* et *Paris Frou-Frou* où dessins et photos tiennent en haleine les garçons boutonneux. *Nous Deux*, un magazine pour midinettes, fait pendant à ces revues de femmes nues. Je reluquais les strip-teaseuses de *Paris Hollywood*, « la plus belle revue de nu artistique » (*sic*), mais avec mon argent de poche j'achetais *Tintin*, *Spirou*, ou *Tarzan*. Vingt-cinq ans plus tard, je collabore à l'édition française de *Playboy*, interviewant, en 1976, Édith Cresson, secrétaire nationale du Parti socialiste. Une femme libre qui porte des jeans et ne s'imagine pas encore ministre. « Vos objectifs à vous, ce sont d'abord les municipales et ensuite les législatives ? – Oui, c'est ça. – Et puis qui sait, plus tard, une carrière de ministre ? – Pas du tout ! – Mais si François Mitterrand devient le chef du gouvernement, il choisira ses ministres parmi des secrétaires nationaux du Parti socialiste... – Il ne faut pas oublier que François Mitterrand aurait été élu si les femmes n'avaient pas le droit de vote. Car les hommes étaient en majorité pour le candidat du Programme commun. Jamais, m'entendez-vous, jamais on n'aurait eu le Front populaire si les femmes avaient pu s'exprimer. Résultat, si l'on veut que la gauche non seulement arrive au pouvoir mais s'y maintienne, il faut que les femmes comprennent où est leur intérêt. Pour cela, le fait qu'elles fassent de la politique et qu'éventuellement elles deviennent ministres peut leur ouvrir les yeux[23]. »

François Mitterrand, le président qui aime tant les femmes, dit qu'elles « ont toutes une âme d'infirmière[24] ». C'est sous sa présidence que le pays a, pour la première fois, une femme Premier ministre : Édith Cresson, nommée à Matignon le 15 mai 1991. D'emblée, elle essuie le feu des machistes. « Sa popularité est sapée et ses compétences dénigrées au sein même de son gouvernement. Car elle est la "Pompadour", la favorite, l'égérie, et elle ne devrait sa place qu'à des "complaisances sexuelles"[25]. »

Quinze ans plus tôt, elle a accepté cet entretien en sachant que ses propos figureraient dans un journal dont l'attraction est la playmate complètement nue. Ce voisinage choque certains militants du PS. La liberté de la première secrétaire nationale de l'époque se manifeste par une longue interview à *Playboy* où les photos suggestives de Karen, une jolie brune affriolante, servent la cause d'Hugh Hefner. Le sexe de la playmate a un visage, contrairement au tableau de Courbet *L'Origine du monde*, une commande de Khalil Bey, un Égyptien résidant à Paris. Cette huile sur toile peinte en 1866 n'est exposée en public pour la première fois qu'en 1988, plus d'un siècle après la mort de l'artiste. Vendue en 1954 à Jacques Lacan, le psychanalyste l'accroche dans sa maison de campagne La Prévôté, à Guitrancourt. Mais l'œuvre qui continue de choquer est dissimulée par un panneau décoré par son beau-frère, le peintre surréaliste André Masson[26]. « Les voisins ou la femme de ménage ne comprendraient pas », disait Lacan pour justifier le « cache-sexe »...

La toile, de petit format (46 x 55 cm), qui représente deux cuisses écartées sur une toison pubienne, est restée la propriété de l'actrice Sylvia Bataille, compagne de Jacques Lacan et ancienne femme de Georges Bataille, jusqu'en 1995, date à laquelle ses héritiers en ont fait don à l'État. La même année, elle est exposée au musée d'Orsay « habillée » d'un lourd cadre doré[27]. La psychanalyste et sexologue Marjorie Genest fait cette analyse : « Le tableau réveille l'angoisse archaïque de nos origines, le traumatisme de notre naissance. Il y a là l'angoisse du trou, du vide. Le gouffre et le noir peuvent être angoissants pour les hommes en proie au sentiment de castration[28]. »

Lors de l'accrochage officiel de *L'Origine du monde*, le ministre de la Culture, Philippe Douste-Blazy, évite d'être photographié devant le tableau. On naît tous du sexe d'une femme, mais, en posant, il aurait offert une image selon laquelle « l'homme domine sexuellement la femme », origine du pouvoir masculin. « Le secret de la femme, écrit Jean-Bertrand Pontalis, Courbet, avec *L'Origine du monde*, s'en est approché au plus près, dévoilant, exhibant au premier plan, ce qui, avant lui, n'avait jamais été montré [...]. Mais il ne peut montrer que ce qui se voit : les seins, les cuisses écartées, la toison noire, la fente du sexe. Comment donner à voir l'invisible ? Cet invisible, ce n'est pas l'intérieur, ce n'est pas la matrice, cette chambre obscure d'où nous venons. Serait-ce la jouissance dont nous ne connaissons que les signes extérieurs, en espérant qu'ils ne soient pas feints, mais que nous ne sommes pas à même d'observer ni de peindre ? Étrangement, seules des mystiques et des saintes ont été représentées en pâmoison par les peintres[29]... »

▲ En 1954, une jeune fille de dix-huit ans, Mademoiselle Quoirez, choisit le pseudonyme de Françoise Sagan. Son premier roman, *Bonjour tristesse,* lui ouvre les portes de la célébrité. Le mythe Sagan est né.

La même année disparaît Colette. L'Eglise refuse des obsèques religieuses à cette ancienne divorcée. L'auteur du *Blé en herbe*, jugée trop scandaleuse, n'était pas en odeur de sainteté. ▶

Pionnière du féminisme, Louise Weiss, coiffée d'un chapeau blanc, manifeste dans les années 30 pour que le droit de vote soit accordé au « deuxième sexe »… ▶

© Keystone

Mademoiselle Chanel fait de Romy Schneider son modèle d'un jour. Sissi impératrice est examinée sous toutes les coutures. Dans les salons de la rue Cambon, c'est Coco qui règne sans partage ! ▼

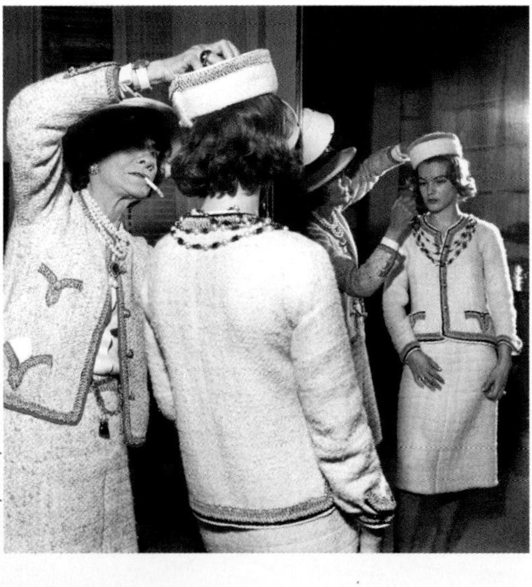

© Botti / Stills / Gamma

Marguerite Yourcenar est la première femme élue à l'Académie française. Le 22 janvier 1981, Maurice Schumann, au premier plan, ne perd pas une miette de son discours de réception. Un événement historique ! ▶

© Keystone

© Keystone

▲ Brigitte Bardot, star mondiale depuis *Et Dieu créa la femme*, fait sienne la devise de James Dean : « En voiture, je me sens une étoile. »

▲ Vedette de la chanson dans les années 60, Annabel a enregistré plusieurs poèmes de son amie Françoise Sagan mis en musique par Michel Magne. L'ancien mannequin est dans le bain du showbiz !

◀ Libraire, puis éditrice à partir de 1967, Régine Deforges intitule son premier catalogue *La Conquête du sexe*. Le futur auteur de *La Bicyclette bleue*, considérée comme la papesse de l'érotisme, sera victime de la censure.

Rendez-vous des existentialistes dans un de leurs QG, le café de Flore : Boris Vian et Jean-Paul Sartre, sous le charme du Castor. ▶

◀ Annabel la rebelle a trouvé son maître : Bernard Buffet. Entre la chanteuse et le peintre, le courant passe. La rencontre à Saint-Tropez par l'intermédiaire du photographe Luc Fournol est électrisante…

◀ L'avocate Gisèle Halimi, figure emblématique des combats féministes. En 1972, au procès de Bobigny, elle s'illustre avec courage en défendant une jeune mineure qui a avorté à la suite d'un viol.

Au volant de son Austin, Françoise Sagan se faufile dans les rues de Paris et stationne souvent en double file. Devenu en 1985 son biographe officiel, elle m'invite à la suivre sur le terrain… Nous allons acheter des rideaux pour la chambre de Bernard Frank. ▶

Collection particulière

© Keystone

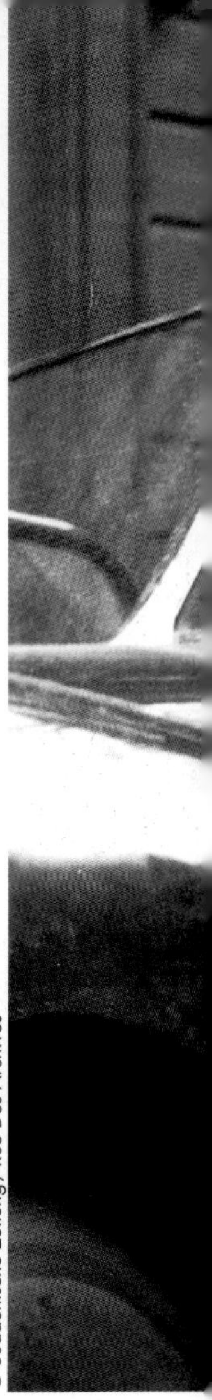

© Suddentsche Zeitung / Rue Des Archives

▲ Juliette Gréco fête le 14 Juillet avec un Américain à Paris. Son partenaire d'un soir, Eddie Constantine, incarne au cinéma Lemmy Caution, le héros de Peter Cheyney.

© Pierre Boulat / Cosmos

◀ Jean-Jacques Servan Schreiber et Françoise Giroud. Une combinaison amoureuse et professionnelle à l'origine de *L'Express*, et qui marque l'histoire de la presse française d'avant-guerre.

Celle que tous surnomment la « tsarine de la mode », Hélène Gordon-Lazareff, directrice de *Elle*, met Christian Dior à ses pieds. ▶

▲ Argent, whisky, boîtes de nuit et voitures de sport… Françoise Sagan qui dit porter sa légende comme une voilette, fait la une des journaux en avril 1957 : près de Corbeil, son Austin Martin part en dérapage et termine sa course dans un champ de blé.

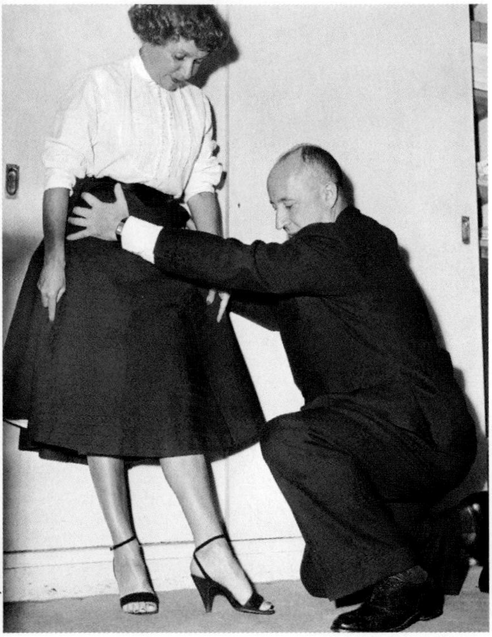

◀ Nelly Kaplan, la belle Argentine, sera le dernier coup de cœur d'Abel Gance, le célèbre réalisateur de *Napoléon*. Elle sera son assistante pour le tournage d'*Austerlitz*, en 1960.

◄ Les 40 ans de Brigitte Bardot à Saint-Tropez. Un gâteau d'anniversaire qu'elle partage avec un groupe d'amis. Sagan, à ses côtés, est perdue dans ses pensées. Fou rire de BB, nostalgie de Françoise.

Sur le sable de « La Madrague », Brigitte Bardot joue la Vénus au bain devant l'objectif de son grand ami Jicky Dussart. ▼

Dominique Aury cache bien ses jeux érotiques. L'auteur d'un des plus scandaleux romans du XXe siècle, *Histoire d'O*, révèle en 1994, quarante ans après sa publication, qu'elle est Pauline Réage. Un secret de Polichinelle. ▼

Un an après son accident, Françoise Sagan retrouve deux de ses passagers, Véronique Campion, sa camarade en propédeutique, et Voldemar Lestienne, journaliste. Eux aussi l'ont échappé belle. ▼

19

Les grands remous d'*Histoire d'O*

Mai 1954. La guerre d'Indochine est perdue. Le « fer de lance » du corps expéditionnaire a été décimé à Diên-Biên-Phu : quatre mille tués et de nombreux blessés, et huit mille prisonniers. La nouvelle est connue en France le 8 mai, alors qu'on se prépare à célébrer le neuvième anniversaire de la victoire sur l'Allemagne. Françoise Sagan n'a pas encore dix-neuf ans, Simone de Beauvoir a quarante-six ans, Dominique Aury quarante-sept ans. C'est l'année de la disparition de Colette à quatre-vingt-un ans. Toutes ont scandalisé. La parution de *Bonjour tristesse* (prix des Critiques) et des *Mandarins* (prix Goncourt) fait du tintamarre. En revanche, la sortie, en juin, d'*Histoire d'O*, un livre à la couverture jaune portant le nom de Pauline Réage et la mention « À Sceaux chez Jean-Jacques Pauvert », un des futurs éditeurs de Sagan (*La Femme fardée*), n'a aucun retentissement. Après des décennies d'anonymat le secret est éventé. L'auteur se révèle être Dominique Aury. Lorsqu'elle me dédicace une édition de poche, j'espère que la romancière mettra les choses au clair : mais c'est sous son célèbre pseudonyme qu'elle signe sans sourciller. Je pense à Pierre Mac Orlan qui a toujours refusé de dédicacer ses livres érotiques de jeunesse dont certains ont été réédités, souvent sous forme d'ouvrages de luxe, jusqu'à la fin des années quatre-vingt.

Proposé par Jean Paulhan, le manuscrit d'*Histoire d'O* a été refusé par Gaston Gallimard[1]. Après avoir transité par les éditions des Deux Rives dirigées par René Defez, il trouve en Pauvert l'homme de la situation. En 1947, à l'âge de vingt ans, n'a-t-il pas entrepris la publication des œuvres complètes du marquis de Sade après avoir lu les trois volumes des *Cent Vingt Journées de Sodome* ? Un choc absolu. « Il n'y avait pas d'autre exemple, à ma connaissance, de ces indécences énormes, de ces outrageantes obscénités, de ces détails atroces multipliés méthodiquement[2] », écrit-il dans ses Mémoires.

Faut-il brûler Sade ?, un essai de Simone de Beauvoir, est paru dans *Les Temps modernes* en 1951. Son amant américain, Nelson Algren, est au sommaire de la revue de Sartre en mai 1954. Elle publie un extrait de sa plaquette sur Chicago, traduite par Michelle Léglise-Vian[3]. En quatrième de couverture, il est annoncé que le *Bloc-notes* de François Mauriac sur les événements politiques et littéraires paraît désormais chaque semaine dans *L'Express* du vendredi.

En ce début des années cinquante, Paulhan est très intéressé par Jean-Jacques Pauvert, ce jeune éditeur qui n'hésite pas à prendre des risques. Un jour, il lui glisse une enveloppe avec, à l'intérieur, le manuscrit, tapé à la machine, d'*Histoire d'O*, déjà transmis à René Defez qui habite, avec sa femme Simone, un appartement de quatre cents mètres carrés avenue Foch. Les Defez accueillent le jury du prix des Critiques où siègent Jean Paulhan, redevenu directeur de la *NRF* en 1953, et Dominique Aury, secrétaire de rédaction de la revue. C'est ainsi que l'auteur d'*Histoire d'O*, son mentor et amant, préfacier de Pauline Réage (son *Avant-propos à une littérature érotique* a fait jaser), ont participé au vote qui a consacré *Bonjour tristesse* par huit voix contre six au roman de Jacques Audiberti, *Le Jardin et les fleuves*, paru à la NRF.

Quand Pauvert rencontre René Defez, celui-ci est confronté à de graves problèmes après la publication d'un livre de Jacques Despuech sur le scandale du trafic des piastres en Indochine qui met en cause des généraux et des personnalités politiques[4]. « Il m'exposa ses ennuis, puis : “Ah ! oui, *Madame d'O*, le petit porno que Paulhan m'a refilé ! Ce n'est vraiment pas le moment. Vous êtes vraiment intéressé ? J'ai versé cent mille francs, remboursez-les-moi, et le contrat est à vous"[5]. » Somme équivalente à celle que reçoit Françoise Sagan de la part de Florence J. Gould, le mécène du prix des Critiques. Si Pauvert fait un chèque, la jeune romancière, elle, reçoit des espèces. Étant encore mineure, elle n'a pas le droit d'en toucher un. Sa mère, Marie Quoirez, en voyant la liasse de billets dans le tiroir d'une commode, se demandera si sa fille n'a pas commis un hold-up !

Bonjour tristesse est tiré à près d'un million d'exemplaires. À la fin de l'année, il s'est vendu à peu près mille exemplaires du roman de Pauline Réage. Malgré la pugnacité de Jean-Jacques Pauvert qui a mis un petit encart dans chacun des livres, affirmant qu'*Histoire d'O* fera date dans l'histoire de toutes les littératures. En janvier 1955, il obtient le prix des Deux Magots grâce aux efforts d'Henri Philippon, le secrétaire général du jury. Évidemment, la lauréate brille par son absence. Dominique Aury, dont le nom circule sous le manteau, a écrit le mois précédent un article sur le prix Goncourt intitulé « Personne ne triche ». « Depuis le temps qu'on porte à l'actif des femmes toutes sortes de vertus dont elles sont fort embarrassées, il en est une qu'on oublie : l'humour, et singulièrement féminin, lorsqu'on appartient à un groupe d'intellectuels, romanciers, philosophes, engagés de surcroît dans la politique, pour les regarder avec la tranquille attention de Simone de Beauvoir, humour amical, mi-souriant mi-cruel, mi-figue mi-raisin, qui s'avoue dans le titre : *Les Mandarins*[6]. »

Dominique Aury s'attache surtout aux femmes du récit, « variées et autonomes, à la fois vraies et romanesques ». Ainsi, Anne Dubreuil, la femme du philosophe et romancier Robert Dubreuil (inspiré par Sartre), ses brèves amours en Amérique, notamment à Chicago, avec Lewis Brogan (copie conforme de Nelson Algren), sont, en soi, « un des plus saisissants romans d'amour que femme ait jamais écrits ». « Tout y est, la brusque et déchirante révélation, l'émerveillement de la première nuit, le grand feu du bonheur, la cendre des séparations, l'angoisse des silences, les alternances de l'espoir et du doute, l'ambiguïté des retours. Sans doute parce que Anne en est amoureuse, Lewis Brogan, pourtant romancier, lui aussi, et donc mandarin, est plus vivant que les autres, plus que Dubreuil, à qui cependant Anne revient parce qu'il est sa vraie vie, dans la mesure où la vie a un sens[7]. » Le Castor n'envisagera jamais de quitter Sartre.

On peut dire que la sulfureuse Pauline Réage a aimé *Les Mandarins* dont Dominique Aury connaît certainement les clés. En mai 1959, l'auteur caché d'*Histoire d'O* lit *Lolita* de Nabokov. C'est l'occasion pour Réage/Aury de s'interroger sur le scandale en littérature. « La question est de savoir si la littérature est ou n'est pas dangereuse. Là-dessus, on peut s'accorder. Si la littérature est efficace, il semble qu'elle devrait aussi être dangereuse, comme l'alcool, ou l'aspirine, ou une paire de ciseaux, ou un courant électrique. Ce premier point étant posé (mais il est discutable), il faut décider quelle sorte de littérature peut être dangereuse. D'avance, il semble qu'on devrait laisser de côté les deux formes de littérature générale considérées comme les plus pernicieuses (sans préjudice de leur qualité : il y en a d'excellentes, et même de géniales ; il y en a d'exécrables, et de la dernière vulgarité) : ce sont les érotiques et les policiers. Ils ne cherchent à tromper et ne trompent effectivement personne : contes de fées pour grandes personnes, aventures de Tintin pour adultes, ils relèvent probablement de la psychanalyse, comme le rêve éveillé ; ils éclairent pour chaque époque le contenu des mythes collectifs, mais quelle incidence ont-ils sur le réel ? Ce n'est pas pour avoir lu Sade que Jack l'Éventreur massacrait les prostituées de Londres. Les gangsters américains n'ont pas attendu de lire Chase et Cheyney pour mitrailler leurs compatriotes. Ces remarques devraient être banales, comme appeler “littérature de défoulement” ces rêves organisés qui offrent une inoffensive dérivation aux instincts secrets de luxure et de meurtre des plus paisibles citoyens[8]. »

On ne saurait penser à tout. Mais supposons que le lecteur, se regardant dans le miroir d'une fantasmagorie comme dans les romans noirs du XIXe siècle, veuille ressembler à l'image que reflète cette histoire épouvantable. « Ici se fait jour l'équivoque, ici naissent le scandale, la fureur, l'horreur, ici interviennent au besoin des lois. La société offensée prétend jeter aux oubliettes le tentateur qui a donné par l'écriture et l'imprimé, par le prestige du talent et du style, une sorte de laissez-passer à des conduites jusque-là impensables ou tenues pour telles, même s'il démontre qu'elles sont funestes, ou s'il les condamne ouvertement[9]. »

L'exemple des *Liaisons dangereuses* de Choderlos de Laclos est celui qui vient aussitôt à l'esprit. Rejeté par sa caste qui estimait qu'avoir dit la vérité était une trahison, il écrira dans le *Journal de la Constitution* : « Les fictions atroces ou scandaleuses à l'aide desquelles les écrivains combattaient et dévoilaient les caractères infâmes qu'ils mettaient en scène étaient encore au-dessous de la vérité. » Son roman par lettres, véritable traité du mal incarné par le vicomte de Valmont et la marquise de Merteuil, ne trouvera pas en Vadim le réalisateur qui convient, malgré la réputation scandaleuse du cinéaste et la collaboration de Roger Vailland. La transposition moderne à l'écran des *Liaisons dangereuses* n'exprime pas le degré de cynisme et de perversité des protagonistes du récit épistolaire de 1782. Au nom du « droit moral » de l'auteur, la Société des gens de lettres, dépositaire et protectrice de l'œuvre de Laclos, crie à la trahison par la voix de son président, Francis Didelot. François Mitterrand, dans sa robe d'avocat, plaide pour *Les Liaisons dangereuses*. « Oui, s'exclame-t-il, le film de Vadim et Vailland est infidèle pour une part et cette part reste en deçà des descriptions, suggestions et actions licencieuses qui emplissent le livre. Cette infidélité correspond au souci qu'ont non seulement la société des Films Marceau, mais aussi les auteurs de l'adaptation, de ne pas souligner par la technique cinématographique, si différente de l'expression livresque, l'audacieuse et permanente propension des personnages de Laclos à dépasser les limites de la science érotique. »

Moralité de l'affaire : c'est le spectateur qui sera seul juge. Depuis la sortie des *Liaisons dangereuses 1960*, la salle Le Colisée qui projette le film ne désemplit pas. Les files d'attente serpentent sur le trottoir des Champs-Élysées.

Nabokov a plus de chance avec le *Lolita* de Stanley Kubrick. Même si le cinéaste raconte l'histoire d'une fille de vingt-quatre ans interprétée par Sue Lyon déguisée en gamine alors que dans le roman le quadragénaire, joué par James Mason, est amoureux d'une nymphette de douze ans. La beauté du récit fait oublier son aspect provocant dénoncé par le critique anglais Philip Toynbee dans l'*Observer*. « S'il existe un seul cas, dit-il, où l'on puisse démontrer que, pour avoir lu *Lolita*, un adulte a séduit une petite fille, il faut interdire le livre. » « À la vérité, remarque Dominique Aury, il n'y a jamais à la fois littérature et malheur, littérature et scandale. Les Ballets roses[10] et les perversions existent depuis que le monde est monde. Le scandale, qui a lieu tous les jours, n'a rien à voir avec la littérature, qui ne surgit que par miracle. *Lolita* n'est pas un scandale, c'est un chef-d'œuvre[11]. » Le 5 juillet 1960, une douzaine de comédiennes à la fleur de l'âge brandissent une banderole devant l'Académie française : « Non, Monsieur Nabokov, nymphette est français depuis Ronsard. » L'écrivain revendiquait en effet l'invention du mot « nymphette ».

En faisant l'éloge de *Lolita*, Dominique Aury prêche pour la paroisse de Pauline Réage et de son héroïne, O, une créature d'un autre monde. Esclave de l'amour qu'elle porte à son amant René avant que sir Stephen ne devienne son seul maître, cette femme soumise aux plaisirs sadiques est un être purement imaginaire. Qu'il ait pris naissance dans la tête d'une personne respectable de l'édition, un des pivots de la *NRF* – elle en partagera le secrétariat général avec Jean Grosjean – membre du jury Femina, a surpris plus d'un journaliste littéraire. « Dominique Aury était quelqu'un de très réservé, un peu coincé même, dit André Bourin, à l'époque rédacteur en chef des *Nouvelles littéraires*. Dans le milieu, nous connaissions sa liaison semi clandestine avec Jean Paulhan qui donnait l'impression de se comporter en homme libre[12]. »

Paulhan répond-il à l'esprit du libertin dans son sens originel ? Celui qui refuse d'avoir peur de Dieu, et qui prouve à chaque instant sa liberté à l'égard du ciel en commettant ce qu'on appelait le péché ? « Plus tard, dès le milieu du XVIIIe siècle, déclare Roger Vailland à Madeleine Chapsal, le mot s'est dégradé ; on a appelé libertin l'homme qui est libre dans ses mœurs, qui estime qu'on a le droit de faire ce qu'on veut dans le domaine de l'amour[13]. » Dans ses *Écrits intimes,* publiés en 1968, trois ans après sa mort, Roger Vailland note ce qu'une de ses amies lui a confié : « À seize ans, j'ai donné dans le mysticisme, à dix-neuf j'ai failli entrer au parti communiste, maintenant je donne dans l'érotisme. »

Pauline Réage est-elle vraiment une femme ? Même si d'autres noms circulent, comme ceux de Lucie Faure (l'épouse d'Edgar Faure qui dirige *La Nef*, revue littéraire mensuelle), de Suzanne Lilar (la mère de Françoise Mallet-Joris, auteur d'un roman érotique, *La Confession anonyme*, Julliard), de Violette Leduc (dont le livre *Thérèse et Isabelle*, Gallimard – un chapitre censuré de *La Bâtarde* – a été publié en 1966), et bien sûr de Dominique Aury à cause de Jean Paulhan qui aurait été l'instrument de ce cauchemar destiné à l'enfer des bibliothèques, il paraît difficile de le croire. Qu'une femme ait couvert de son nom un récit digne de Sade est impensable. « En tout cas pas une femme ! » s'écria Camus. Interdit à l'affichage, à la vente aux mineurs et à la publicité, *Histoire d'O* et ses mots qui brûlent déclenchent l'ire de François Mauriac alors que, après le problème indochinois, les questions d'Afrique du Nord sont au centre des préoccupations du pays. Il écrit dans son *Bloc-notes* de *L'Express*, à la date du 5 novembre 1954 : « "N'êtes-vous pas dégoûté de toute cette politique ?" Je réponds à ce cher confrère : "Bien loin de là ! C'est la littérature, ce qu'aujourd'hui vous appelez littérature, ce sont les mœurs littéraires qui me font vomir." »

« Je ne parle ici ni en moraliste ni en chrétien. Je ne serais pas chrétien que je n'aurais pas plus de goût pour les vieillards qui se déboutonnent et pour les vieilles femmes qui livrent au public les lettres de leurs amants... Pauvres amants qui ne peuvent plus mourir de honte, puisque, heureusement pour eux, ils sont morts.

« Le pape lui-même, celui des lettres, Jean Paulhan, présente, dans un Avant-propos, les confidences d'une belle, dont quelqu'un qui s'y connaît me disait : "Toute la littérature érotique qui a précédé ce petit livre se trouve d'un seul coup changée en eau de rose."

« L'exhibitionnisme des vieillards ! Il faut dire aux enfants que les livres nouveaux attirent, comme quelquefois devant les cages du Jardin des Plantes : "Ne regarde pas les singes." Les muses de ce temps bourdonnent au-dessus des latrines des maisons de correction[14]. » François Mauriac évoque ensuite Simone de Beauvoir « dont le roman, du plus haut intérêt, traite des premières années de l'ère sartrienne ». Sans citer le titre *Les Mandarins*, pas plus qu'il n'a cité *Histoire d'O*, il note que son auteur « se force à de mornes descriptions d'une sexualité minutieuse, scolaire et appliquée ». « Elles ne tiennent pourtant pas au sujet, ajoute-t-il, car "l'acte", en 1944, n'était pas réglé autrement, ni ne comportait pas plus de variations que cent ans plus tôt ou dix ans plus tard[15]. »

François Mauriac et Jean Paulhan ne s'apprécient guère. Dans son *Bloc-notes* de février 1953, Mauriac l'épingle drôlement en écrivant qu'il a toujours aimé Paulhan autant qu'on aime un Chinois ! L'auteur des *Fleurs de Tarbes*, qui se remue comme un beau diable pour qu'*Histoire d'O* soit considéré dans sa dimension littéraire, est convoqué à la Brigade mondaine avec l'éditeur de Pauline Réage, les seuls à connaître l'identité de la mystérieuse romancière. Évidemment, ils ne la révèlent pas : l'anonymat de Dominique Aury est préservé, même après ses entretiens avec Régine Deforges, *O m'a dit*, publiés en 1974 chez Pauvert. « C'était très amusant, se souvient l'auteur de *La Bicyclette bleue*. Nos rencontres avaient lieu dans des chambres d'hôtels. On avait même envisagé de faire un guide de la femme seule à Paris[16]. »

L'année suivante, Michel Droit écrit dans *La coupe est pleine* : « Comment une femme aurait-elle pu d'ailleurs écrire ce livre bien stylé mais pourri de mépris pour la femme, et accablant d'ennui, œuvre évidente d'un vieillard lettré et libidineux. » En 1975, plus de vingt ans après la parution d'*Histoire d'O*, le film de Just Jaeckin, avec Corinne Cléry dans le rôle-titre, relance la polémique avec le soutien inattendu de *L'Express*, alors qu'à l'automne 1954, Françoise Giroud avait écarté le roman dans la grande enquête lancée par le journal sur les livres qui ont marqué l'époque. Devenu président du Parti radical et député de Nancy, l'incorrigible Jean-Jacques Servan-Schreiber veut faire un coup. Il en parle à Philippe Grumbach, le rédacteur en chef de l'hebdomadaire, qui pense à une blague de son patron. Mais en rentrant de voyage, le jour du bouclage, il découvre que la plaisanterie s'est transformée en une couverture accrocheuse. Corinne Cléry expose sa poitrine avec des traces de coups de fouet. Sous la photo, cette légende : « Enfin une femme qui avoue ! » Signé : Jean Paulhan de l'Académie française. Citation tirée de sa préface, *Le Bonheur dans l'esclavage*. « Qui avoue quoi ? ajoute-t-il. Ce dont les femmes se sont de tout temps défendues (mais jamais plus qu'aujourd'hui). Ce que les hommes de tout temps leur reprochaient : qu'elles ne cessent pas d'obéir à leur sang ; que tout est sexe en elles, et jusqu'à l'esprit. Qu'il faudrait sans cesse les nourrir, sans cesse les laver et les farder, sans cesse les battre [...]. Bref, qu'il faut prendre un fouet quand on va les voir. »

Madeleine Chapsal, l'ex-femme de JJSS, future dame du Femina – jury dont elle a été exclue et que quittera Régine Deforges par solidarité –, a accepté de s'occuper du numéro consacré à *Histoire d'O*. Des extraits retouchés du roman – certains mots trop crus ont été caviardés –, un cahier photos en couleurs du film et une interview de Pauline Réage par Régine Deforges font de l'opération un événement à double tranchant. Les ventes au numéro augmentent de cinquante mille lecteurs, mais il y a deux mille désabonnements et des annonceurs menacent d'annuler leur campagne. Éditorialiste de *L'Express*, l'écrivain Paul Guimard démissionne. Des militantes du MLF envahissent les locaux du journal en criant : « Jean-Jacques Servan-Schreiber maquereau ! » Selon Madeleine Chapsal, elles n'ont pas compris que Jean-Jacques a voulu œuvrer à la gloire des femmes[17]... Le nom de Françoise Giroud, secrétaire d'État à la Condition féminine, disparaît de l'ours alors qu'il s'y trouvait avec la mention : « En congé[18] »... Petit détail : 1975 est la première année de la Femme ! Benoîte Groult vient de publier son manifeste féministe *Ainsi soit-elle*. Gaston Defferre, le maire de Marseille, époux d'Edmonde Charles-Roux, lui écrit une lettre de six pages qui la touche énormément. « J'ai tout aimé dans *Ainsi soit-elle* : le style, la pensée, la violence parfois, la documentation, la force de l'argumentation et en filigrane, à travers tout le livre, j'ai apprécié votre humour[19]. »

Benoîte Groult, qui a épousé Paul Guimard, le meilleur ami du grand reporter Georges de Caunes, son précédent mari, passe avec l'auteur des *Choses de la vie* un contrat tacite d'indépendance. Elle accorde beaucoup d'importance à l'humour qui ne fait pas toujours rire les féministes. « Il faut un certain degré de liberté pour pouvoir rire, de soi et des autres... Ce seuil, il suffit que quelques-unes l'aient franchi pour que le rire, l'humour, mais aussi la rigolade ou le droit à la gaudriole, à une certaine grossièreté – c'est important aussi la grossièreté – soient ouverts à toutes[20]. » Dominique Aury trottinant dans les couloirs de la maison Gallimard, rue Sébastien-Bottin – la « nonne des lettres », comme la désigne Roger Grenier –, ne manque pas d'humour. « Un humour qui a non seulement quelque chose de libérateur... mais encore quelque chose de sublime et d'élevé », selon la formule d'André Breton qui mentionna *Histoire d'O* parmi les « Éphémérides surréalistes ».

Dans la biographie que Angie David a consacrée à Dominique Aury (éditions Léo Scheer, 2006), la personnalité à facettes de l'auteur d'*Histoire d'O* est dévoilée. « Une vraie figure de liberté, qui appliqua à la lettre la maxime : “Pour vivre heureux, vivons cachés.” À l'exception de Jean Paulhan, disparu en 1968, qui aurait pu penser que cette petite dame cachait une nature hors du commun ?

Sa fiche signalétique correspond assez bien à ce qu'en dit Marianne Payot dans *L'Express* : « Née Anne Desclos en 1907, passée de la mouvance d'extrême droite à la Résistance, soumise avec les hommes et conquérante avec les femmes – Édith Thomas, notamment, la puritaine militante communiste, succomba à ses avances –, parfaitement intégrée à l'intelligentsia parisienne mais rebelle au modèle bourgeois[21]. » En écrivant *Histoire d'O* en trois mois, elle veut épater son amant Jean Paulhan par la « décence impitoyable » du roman. Fouettée et enchaînée par René qui lui dit « je t'aime », O, « tremblante, s'aperçut avec terreur qu'elle lui répondait "je t'aime" et que c'était vrai. » Dans *L'Express*, Pauline Réage explique à ses détracteurs : « Les chaînes sont, pour moi, une façon d'illustrer, de figurer que, lorsqu'on aime quelqu'un, on n'est plus maître de soi. On naît, on vit dans un réel esclavage intérieur. Un esclavage du cœur, parfois des sens et de l'esprit. L'amour est une bénédiction, mais aussi une malédiction. »

C'est dans le *New Yorker*, en 1994, à l'âge de quatre-vingt-sept ans, que Dominique Aury, chevalier de la Légion d'Honneur, officier des Arts et des Lettres, passe aux aveux. Quarante ans après la parution d'*Histoire d'O* (que Leonor Fini illustre en 1975) et quatre ans avant sa mort, elle reconnaît avoir écrit l'un des romans les plus scandaleux du XXe siècle. « Je n'étais pas jeune, je n'étais pas jolie. Il me fallait d'autres armes », dit-elle. Pourquoi avoir choisi le pseudonyme de Pauline Réage ? C'est rapprocher phonétiquement ce prénom du nom de Paulhan, mais elle veut surtout se référer à Pauline Borghèse, la sœur de Bonaparte, qui a mené une existence libre et indépendante. Ainsi qu'à Pauline Roland, une pionnière du féminisme, amie de George Sand, à laquelle Benoîte Groult consacre un ouvrage, *Pauline Roland ou comment la liberté vint aux femmes* (Laffont, 1991). Le village de Réage, en Seine-et-Marne, lui apporte son pseudonyme. Dominique Aury a une propriété à Samois, en lisière de la forêt de Fontainebleau. On retrouve cette maison basse, au fond d'un grand jardin, dans le roman. C'est celle d'Anne-Marie, la maîtresse SM, chez qui sir Stephen enverra sa « chose » marquée par « trois zébrures noires qui rayaient le devant de ses cuisses, et se répétaient sur les reins ». « Qui t'a fouettée, dit-elle, sir Stephen ? – Oui, dit O. – Avec quoi, et quand ? – Il y a trois jours, à la cravache. – Pendant un mois à partir de demain, tu ne seras pas fouettée, mais tu le seras aujourd'hui, pour ton arrivée quand j'aurai fini de t'examiner. »

La liberté de Dominique Aury, alias Pauline Réage, est aussi illusoire que celle des filles de Madame Claude qui se mettent au vert à Cajarc. Jacques Quoirez essaie ses protégées lors de virées érotiques avec Maurice Ronet. Le frère de Sagan collabore à la rédaction des *Mémoires* très édulcorés de la fameuse mère maquerelle. Elle est une résidente discrète de ce coin du Lot où le Premier ministre Georges Pompidou et sa femme Claude viennent en vacances. Les créatures que Claude Gruet – son nom patronymique – a « éduquées » pour satisfaire une riche clientèle se croient libres. À Cajarc, une antiquaire, Yvette Baran, l'ex-femme de Jean-Claude Merle, un fêtard de Saint-Germain-des-Prés, habite une maison rachetée à la famille Quoirez. Elle est mitoyenne de la maison natale de Françoise. « Venez dîner ce soir, j'ai une invitée surprise », me dit-elle. C'est Madame Claude, petite femme rigide et bavarde, qui me raconte qu'*une* de ses « pensionnaires » a été choquée par le comportement de son partenaire d'une nuit. « La gamine me téléphona en larmes.

– Madame, c'est très grave.

– Que t'est-il arrivé ?

– Il m'a dit que j'étais une putain ! »

Comme O, victime d'un misérable mirage d'amour.

20

La conquête de l'érotisme

Un écrivain masqué se sent plus libre malgré la perte de son identité. Il devient un autre lui-même et acquiert une sorte de virginité. Mais cette part cachée de sa personnalité prend parfois trop d'importance et entrave inconsciemment son ego. Aragon s'est défendu d'être l'auteur du *Con d'Irène* que Jean-Jacques Pauvert réimprima clandestinement en 1953. De la même façon, il sera l'éditeur d'*Histoire de l'œil* de Georges Bataille et de *L'Anglais décrit dans le château fermé* d'André Pieyre de Mandiargues qui se dissimule sous le pseudonyme de Pierre Morion. Mandiargues accepte, en 1979, sa republication chez Gallimard avec une préface inédite « pour ce vieux livre abominable, mais que j'avoue chérir et qui me paraît digne d'être reconnu ».

« Au fond de la plupart de nous, souligne-t-il, dans des caves que beaucoup, je le reconnais, savent tenir fermées, le sadomasochisme fait étinceler des feux de joie qui célèbrent les noces spirituelles du salut et de la damnation. Délectations moroses, disaient les théologiens de jadis, non sans quelque indulgence… »

Le roman de Pauline Réage, qui n'a quasiment aucune presse à sa parution, est salué, en mai et juin 1955, par Mandiargues et Bataille, respectivement dans *Critique* et dans *La Nouvelle Nouvelle Revue française*. Le long article du premier est intitulé « Les fers, le feu, la nuit de l'âme ». Dans une lettre à Pauvert,

André Pieyre de Mandiargues a déjà exprimé son admiration pour *Histoire d'O*. « C'est assurément le plus beau roman qui ait paru en français depuis la guerre (et même avant), le plus neuf aussi. Cette écriture précieuse et si chaste jusque dans les pires horreurs est admirable, intelligente, perfide. J'aime aussi que le livre soit tellement fantastique en toute simplicité[1]. »

L'auteur de *La Motocyclette* (1963) et de *La Marge* (1967), marié, divorcé et remarié avec le peintre Bona, sa grande passion, est l'un des premiers à deviner qui se cache sous le pseudonyme de Belen. La parution, en 1959 et 1960, chez Éric Losfeld de trois plaquettes à tirages limités, *La Géométrie dans les spasmes*, *Délivrez-nous du Mâle* et *La Reine des sabbats*, est à l'origine de sa rencontre avec Nelly Kaplan. La mystérieuse et étrange Belen, c'est elle. Philippe Soupault, également au courant de son identité, porte lui aussi sur les fonts baptismaux de la littérature insolite et provocante cette jeune beauté Argentine, pétrie de poésie et de cinéma, qui a quitté son pays pour Paris en sachant qu'elle ne reviendrait pas à Buenos Aires. Comme dans le film de René Clair, elle aurait pu s'écrier : « À nous la liberté » en arrivant gare Saint-Lazare, après avoir débarqué au Havre le 16 janvier 1953. Elle possède la force d'une femme affranchie et indépendante.

« Il y a des hommes à femmes. La monogamie n'est pas leur fort. On les critique, on les jalouse, on les admire en secret. Il y a aussi des femmes à hommes. La monogamie n'est pas leur fort. On les critique beaucoup, on les jalouse en secret et on ne les admire point[2] », écrit-elle dans l'avant-propos du petit volume de sa correspondance avec André Pieyre de Mandiargues. Nelly Kaplan, alias Belen, revendique d'être une femme à hommes. « Dans le tumulte de mes amours, l'unité fut presque toujours absente. Dire que cette "non-exclusivité" plaît à mes amants serait mentir. J'ai beau leur expliquer que cela n'enlève rien à la beauté et à l'intensité de nos rapports, ces hommes, presque toujours des artistes ouverts à toutes les aventures de l'esprit, refusent bizarrement mon attitude avec des réactions de vierges effarouchées[3]. » Une seule exception : André Pieyre de

Mandiargues. Elle vit avec lui, dans les années soixante, une amitié amoureuse ludique et charmante. « Pas d'orages, pas de remontrances, beaucoup d'humour et, pendant deux années, des rapports érotiques puissants ayant pour témoin un bizarre lit recouvert de velours rouge[4]. »

Venue à Paris avec cinquante dollars en poche, Nelly Kaplan loue une chambre dans un petit hôtel, rue de Seine. « J'avais quitté une existence confortable pour mener une vie de bohème. Comme représentante de la jeune cinémathèque argentine, j'ai rencontré Henri Langlois à l'occasion d'un hommage rendu à Méliès à la Cinémathèque. Il m'a présentée à Abel Gance qui fut stupéfait par ma connaissance de son œuvre. Collaborant à une revue de cinéma de Bueno Aires, je suis allée le rejoindre à Cannes. Christiane Rochefort, qui s'occupait de la presse, m'avait accréditée pour la durée du festival[5]. »

Grâce à elle, le cinéaste du célèbre *Napoléon* (1927), pauvre et bien oublié, reprend goût à la création. Il l'engage comme stagiaire et figurante aux seins nus sur le tournage de *La Tour de Nesle* (1954). Elle devient son assistante pour *Austerlitz* (1960) et dirige les scènes d'action de *Cyrano et d'Artagnan* (1963). Abel Gance courtise avec des compliments la jeune femme qui fait vibrer ses vieux jours. « Nature impériale faite pour dominer – Amoralisme de haut lignage par-delà le bien et le mal – À la fois hermine et panthère noire – Propreté morale dans l'acception la plus élevée – Incapable de vile transaction physique – mais coquetterie active lorsque les événements le lui dictent.

« Noble – entière – farouche – tendresse énorme dissimulée – distinction. Ne sait pas se pencher – mais sait donner. Peut se reprendre sans plainte. Érotisme complexe qui n'a pas encore trouvé sa nourriture et qui la consume subconsciemment. Royale en toute chose – ne peut que diriger les orchestres de la vie sans jamais laisser jouer sur elle-même le plus habile[6]. » Nelly Kaplan, sous le pseudonyme de Belen, est une énigme. « Le mystère a duré quelques années. On disait même que c'était Madame Pompidou ou un homme travesti en femme. J'avais le sentiment d'être une pionnière de la rébellion. À cinq ou six ans, j'étais déjà une révoltée. Il fallait que j'assume cette étrangeté par rapport au quotidien[7]. »

Le Réservoir des sens, un recueil d'anciens et de nouveaux textes, est publié à La Jeune Parque en 1966 avec une préface de Philippe Soupault et des illustrations d'André Masson. On trouve dans chaque volume une fausse biographie de Belen « repartie dans sa nouvelle demeure des îles de la Sonde, où elle investit le reste de sa fortune dans la culture et l'apprivoisement de fleurs carnivores, récente découverte révolutionnaire dans le domaine de l'avortement sans douleur ». Cela suffit à alimenter la chronique des rumeurs. On apprend aussi qu'elle rédige un premier volume de souvenirs : *Mémoires d'une liseuse de draps*. Présenté comme un roman lors de sa sortie chez Jean-Jacques Pauvert en 1974, il s'expose à la censure. Belen rejoint les auteurs réputés de mauvaise compagnie comme Pauline Réage et Emmanuelle Arsan, jeune femme asiatique, paraît-il, qui a envoyé par la poste à Éric Losfeld le manuscrit d'*Emmanuelle* publié clandestinement en 1959.

Cette année-là, le 7 février, Albertine Damien – nom que lui a donné l'Assistance publique – épouse à la maison d'arrêt d'Amiens – Damien (*sic*) – Julien Sarrazin qui l'a cachée après son évasion de la prison-école de Doullens. Albertine, vingt et un ans, envoie le jour même un petit poème à Julien. Il lui a apporté un bouquet de tulipes :

Convolances

Les photographiés
Leur sourire se noie
Aux tulipes de joie
Qui les ont mariés

Étaient de ce bonheur
Des bien chères maîtresses
Des jalons de caresses
Et des garçons d'honneur.

Des « garçons d'honneur » en uniforme de gardien. L'un d'eux, chargé de la censure, lui précise par un mot à l'écriture malhabile : « Les verts son interdits » (*sic*). En publiant, en octobre 1965, ses deux romans autobiographiques, *La Cavale* et *L'Astragale*, qui seront traduits en dix-sept langues, Jean-Jacques Pauvert apporte à Albertine Sarrazin une reconnaissance qu'elle espérait du fond de sa solitude d'enfant abandonnée. Entre deux séjours en prison, elle ose écrire : « Qu'on me foute un peu la paix, avec ma liberté. Ne dirait-on pas que je vais récupérer quelque chose ? Je sais, moi, que la liberté ne m'a jamais quittée[8]. » Prostituée à seize ans, l'ancienne taularde, qui a passé près de neuf années derrière les barreaux, devient la coqueluche du Tout-Paris. Cette écume du succès se transforme en une vague de chaleur humaine. « Par centaines, les lettres de lecteurs et surtout de lectrices affluaient vers elle, raconte sa biographe Josane Duranteau. Beaucoup de malheureux, de malheureuses croyaient se reconnaître dans ses livres où s'exprimait la douleur d'une jeunesse encagée ; beaucoup d'êtres humiliés s'identifiaient à l'écrivain, faisaient de sa victoire leur victoire, de son triomphe leur triomphe, et la remerciaient de leur offrir enfin cette revanche sur leurs souffrances et leur obscurité[9]. »

Albertine Sarrazin meurt le 10 juillet 1967. Hospitalisée à Montpellier où elle s'est installée, l'écrivain ne se réveille pas à la troisième opération qu'elle subit. L'auteur de *La Traversière*, son dernier roman, publié en novembre 1966, succombe à des négligences médicales que la justice a sanctionnées au terme d'une longue enquête et d'un procès retentissant. Jolie, très à l'aise en public, elle ne s'étonne de rien. Hélène Lazareff, Marie-Laure de Noailles, Gisèle d'Assailly, la veuve de René Julliard, trois personnalités de la société parisienne la reçoivent avec curiosité. Dominique Aury lui fait la bise – « une de plus au tableau de chasse[10] », notera-t-elle. Elle est heureuse d'être reconnue par la vendeuse des Galeries, d'avoir été embrassée par Jacques Prévert et Ursula Vian, cite Véron. Elle donne des interviews et se fait tirer le portrait comme une vedette de cinéma. Mercredi 13 octobre 1965 : « Ça va, j'ai ma gueule à la une de *Midi libre*, et toute la fortune, tentée, tentante, impossible[11]... » Le photographe Lucien Clergue a conservé d'Albertine un souvenir ébloui : « Elle irradiait. Je n'ai pas connu de femme écrivain plus attirante. Elle avait un très beau regard, très impressionnant, qui vous imprégnait. Elle était d'une présence folle[12]. »

De quoi rendre jalouse Régine Deforges. Elle a une passion exclusive pour son amant Jean-Jacques Pauvert, qu'elle voussoie[13]. « Je pense que peut-être, il s'y ajoutait un peu de jalousie littéraire (Régine n'écrit pas encore, à part son journal intime). Elle confie plus tard, d'après sa biographie, qu'elle n'avait jamais voulu me demander quelle était la nature de nos relations, de crainte de les savoir trop intimes[14] », remarque l'éditeur dans ses *Mémoires*. Après avoir débuté comme libraire au Drugstore des Champs-Élysées, Régine Deforges, en 1967, avec un capital de 10 000 francs, fonde une société de ventes de livres par correspondance. Sa maison, L'Or du temps – hommage à André Breton qui avait écrit : « Je cherche l'or du temps » –, spécialisée dans la littérature érotique, se singularise vite par des procès en cascade. La sensuelle Régine, qui n'hésite pas à se faire photographier en tenue d'Ève, est traînée sur le banc d'infamie pour « apologie de la perversion ». Son premier catalogue s'intitule *La Conquête du sexe*. Sa préface est une profession de foi qui ose s'attaquer à l'ordre moral et à une surenchère de puritanisme :

« Si les hommes et les femmes d'aujourd'hui s'intéressent tant à l'érotisme, c'est qu'ils sentent plus ou moins confusément qu'il est un des moyens de conquérir sa liberté. Et c'est vrai. La connaissance précise de tout ce qu'il est possible de faire avec son corps, avec son âme, ou les deux ensemble, pousse l'être humain hors de ce qu'il croit lui-même, et des sentiers étroits que la société lui trace depuis toujours. Vers quoi ? La recherche du plaisir commence à peine à livrer ses secrets. Étant libraire, et pensant ce qu'on vient de dire, il m'a paru tout naturel de rédiger et de proposer le premier catalogue de librairie honnêtement et ouvertement consacré à l'érotisme, qui me semble un genre aussi respectable que la science-fiction ou le roman policier. J'espère pouvoir faire suivre ce catalogue de beaucoup d'autres, où sera recensé régulièrement ce que la libraire de langue française propose de plus réussi dans le domaine. Cette manière d'essayer de changer, peut-être, un peu le monde d'aujourd'hui n'en vaut-elle pas une autre ? » Le deuxième catalogue est illustré de photos de Régine Deforges nue.

Elle inaugure L'Or du temps avec *Irène*, la réédition du *Con d'Irène*. « Le con, c'est toi-même, comprends-tu ? C'est ce qui te rend belle, ma petite », dit à sa maîtresse l'amant de *Lady Chatterley*. Le livre dont Aragon n'ose pas avouer la paternité est saisi immédiatement. Il reparaît en avril 1968 avec un nom d'auteur vaudevillesque : Albert de Routisie. Aux questions de Frédéric de Towarnicki, de *L'Express*, le poète répond en souriant : « J'ai lu ce livre il y a longtemps. Je ne l'ai pas relu depuis. Cette dame a jugé bon de le publier. Oh, ce n'est pas un crime de sa part[15]… »

Régine Deforges est un des premiers « pornographes » à refuser de plaider le « mérite littéraire » de ses livres devant les tribunaux[16]. En 1972, la maison, persécutée par la justice, se retrouve en liquidation. Régine Deforges, qui comparaît, le 9 mars 1973, devant la XVIIe chambre correctionnelle de Paris pour trois ouvrages saisis, est soutenue par deux cents personnalités du monde des lettres, des arts et de la presse, comme le signale *Le Figaro littéraire* du 17 mars. Dans le même numéro du journal, le poète catholique Pierre Emmanuel, membre de l'Académie française, signe un remarquable article : « Les frontières de l'interdit. » « Enfreindre tout interdit, même dans le seul imaginaire, écrit-il, peut conduire à la folie, et ces livres sont démentiels avec rigueur. Ils approchent d'un point extrême de l'être, du lieu de non-retour. D'où leur fin, généralement catastrophique. Le lien qu'ils révèlent entre l'esprit et le sexe, entre le sexe, le sang, l'ordure, la mort, l'équivoque relation qu'ils soulignent entre victime et bourreau, tout cela est odieux à notre confort intellectuel. Mais cela est de l'énigme de l'homme, que notre temps redécouvre dans le chaos de l'histoire et le désordre des mœurs[17]. »

Pierre Emmanuel, dont l'œuvre a illustré l'esprit de la Résistance et exprimé une angoisse métaphysique nourrie de la Bible, publie, en 1973, *Sophia*, un vaste poème voué à la femme (« L'ordre des cieux n'est point mâle »). « Signer la pétition pour Régine Deforges, conclut-il, est ma façon de soulever l'interrogation suivante : quelle est la logique d'ensemble des autorisations et des interdictions ? La pornographie qui s'installe chez nous pour durer pose-t-elle ou non une question sociale, voire un problème philosophique, et notre société a-t-elle les yeux assez ouverts, l'âme assez solide, pour se les poser sans préjugé d'aucune sorte ? On peut concevoir qu'incapable de se les poser, elle se contente de laisser faire, parce qu'ainsi va la pente des mœurs. Mais dans ce cas, pourquoi cette sévérité contre un artisan de l'érotisme alors qu'il existe un commerce du sexe[18] ? »

« Compte tenu de l'évolution des mœurs », Régine Deforges est relaxée pour *Ma Vie secrète*, le journal d'un collectionneur de partenaires sexuels à l'époque victorienne. En revanche, elle est sévèrement condamnée pour *La Transparence* et sa philosophie démoniaque, ainsi que pour *L'Anglais décrit dans le château fermé* qui est réédité sans problème, six ans plus tard, par Gallimard. André Pieyre de Mandiargues n'est pas en odeur de sainteté sous la défroque de Pierre Morion ! Nelly Kaplan fait référence au livre dans une lettre du 8 mai 1962 adressée à Mandiargues, qu'elle signe « Divine Comtquise ». Dans sa réponse, datée du 12 mai, l'écrivain raconte à Belen qu'il a reçu « une lettre d'un fou méchant et pieux ». « Vous vieillirez, Monsieur, lui écrit-il. Votre corps connaîtra cette déchéance lente et sûre, cette dégradation qui tuera le désir chez les femmes, non en vous… » Il lui écrit aussi : « Je vous rappelle que les sodomites constituent une immense part de l'humanité. Ils pourraient dire aux normaux ce que disait Tertullien, parlant au nom des chrétiens de son temps : si nous nous retirions d'au milieu de vous, vous seriez effrayés de votre solitude[19]… » André

Pieyre de Mandiargues précise à sa correspondante « si chère et si précieuse » que le fou a préféré rester anonyme, mais, d'après le cachet de la poste, c'est un fou des « beaux quartiers ». Il habite le XVIe arrondissement.

Mandiargues, qui s'est confié à Jean Paulhan à propos de ce mystérieux courrier, apprend de celui-ci que l'écriture du « fou méchant et pieux » est identique à celle de François Mauriac. Paulhan se propose de la publier dans la *NRF* ! Le vendredi 29 juin 1962, l'auteur de *L'Anglais décrit dans le château fermé* apprend à Nelly Kaplan que la lettre est bien de Mauriac. « Il a écrit, signant cette fois, à J.P. pour le prier de ne rien publier. J'ai la seconde lettre (je voudrais bien ravoir la première). Elle commence ainsi : "Cher ami, j'ai écrit cette lettre anonyme au courant de la plume et sans peser mes mots." Sur papier à en-tête du *Figaro littéraire*... C'est presque touchant[20]. »

« L'érotisme coule à pleins bords, écrit François Mauriac dans son *Bloc-notes* du jeudi 21 avril 1966. Si les lettres et si les arts, en Europe et en Amérique, en ont tiré bénéfice, poursuit-il, si nous vivons une plus grande époque et plus féconde que celle des barrières et des interdits, je me doute qu'à mon âge il vaut mieux garder pour moi ce que j'en pense. Je m'irritais quand j'étais jeune d'entendre les vieux vitupérer le temps présent. Je me jurais, quand j'aurais atteint l'âge de Bourget, de ne point faire comme lui qui se moquait aigrement de Proust... Mais de quel Proust avons-nous aujourd'hui à prendre la défense ? Une pièce comme *Les Paravents* de Jean Genet, un film comme *Masculin féminin*, de Jean-Luc Godard (je ne les connais que par les comptes rendus des journaux), ou comme le prochain film de Bresson, manifestent le revers ténébreux d'une sainteté que vous avez reniée – et témoignent avec une évidence poignante pour cette vérité dont Rimbaud disait qu'elle nous entoure peut-être avec tous ses anges pleurant[21]. »

Ainsi répond-il à Michel Cournot, le critique cinématographique du *Nouvel Observateur* qui s'est déchaîné contre les congrégations qui ont demandé l'interdiction du film de Jacques Rivette, *La Religieuse* (1964), inspiré de l'œuvre de Diderot ; avec, en vedette, Anna Karina, une égérie de la Nouvelle Vague mariée à Jean-Luc Godard. C'est seulement après une campagne de protestations que la censure est levée. Le film restera plus d'un an dans les boîtes, avant d'être présenté au festival de Cannes !

« La petite-fille de François Mauriac fait du cinéma. » Ce titre en première page de *France-Soir* annonce les débuts à l'écran d'Anne Wiazemsky. Elle a été choisie par Robert Bresson pour être Marie, l'héroïne d'*Au hasard Balthazar* (1966), dont le personnage central est un âne. Dans son roman, *Jeune Fille*, Anne raconte qu'elle n'aurait jamais été actrice sans l'accord de son grand-père. « On avait déposé le scénario du film à François Mauriac et nous savions que la lecture qu'il en ferait serait déterminante. N'était-il pas celui qui allait décider de mon sort[22] ? » Le destin de cette jeune fille qu'il aime tant dépend de sa décision. La liberté de sa petite-fille passe par sa vigilance de moraliste. Il n'est pas déraisonnable d'y regarder à deux fois quand un reste de jeunesse continue de mener son tumulte en vous. Mais en cet extrême soir de sa vie, il ne veut pas se reprocher d'avoir été injuste avec Anne qui était au moment capital de faire peau neuve. « Ce scénario admirable demeure néanmoins d'une noirceur et d'un pessimisme absolus. Orgueil, cruauté, bêtise, sensualité, humiliation et violence sont partout présents. C'est toujours le mal qui l'emporte ! C'est presque un monde sans Dieu… Cela ne te fait pas peur d'incarner un jeune être aussi malmené par la vie[23] ? » Foudroyée de bonheur, elle est prête à jurer d'être irréprochable, y compris de réussir son baccalauréat…

Aux yeux d'un chrétien éclairé, le réalisateur des *Anges du péché* (1943), d'après une idée du père Brückberger, avec des dialogues de Jean Giraudoux, du *Journal d'un curé de campagne* (1950), une adaptation du roman de Georges Bernanos, du *Procès de Jeanne d'Arc* (1961-1962), est au-dessus de tout soupçon malgré l'« opacité » de ses films. Rythmée par une dialectique de la liberté et pénétrée par la grâce, l'œuvre de Robert Bresson tient du miracle. Mauriac n'a pas à s'inquiéter. Interprété dans des décors naturels par des non-professionnels, *Au hasard Balthazar* est tourné à Guyancourt, près de Versailles. Pendant l'été, la productrice du film Mag Bodard et son compagnon Pierre Lazareff, l'un des trois Pierre de *Cinq colonnes à la une* (avec Desgraupes, Dumayet et Igor Barrère), viennent rendre visite à l'équipe. Le patron de *France-Soir* envoie quelques jours plus tard un reporter et un photographe. D'autres journalistes sont attendus. Cette publicité tapageuse autour d'Anne Wiazemsky agace Robert Bresson. « J'ai tenté de refuser, de vous garder à l'écart de ces singeries, mais notre productrice n'a rien voulu entendre. Il paraît que ça intéresse la presse, “la petite-fille de François Mauriac qui fait du cinéma !”. Vous leur accorderez le minimum de votre temps, n'est-ce pas ? J'ai besoin que vous soyez toujours à mes côtés[24]. » Ce jour d'août 1965, la main cajoleuse du très beau Robert Bresson sur l'épaule dénudée d'Anne, c'est Ève et le serpent. La douceur du péché.

Anne Wiazemsky reste « la petite-fille de », mais elle a désormais le visage d'une romancière. Les écrivains que Madeleine Chapsal a interviewés à la fin des années cinquante sont devenus de vraies vedettes. On les a photographiés, on les a interrogés, on les a guettés. Comme aujourd'hui un Houellebecq, on les met à toutes les sauces. « Le regard glisse agréablement sur les lignes de Brigitte Bardot, de la princesse Margaret, mais l'esprit s'arrête devant une photo de Simone de Beauvoir ou de François Mauriac[25]. » Leur confidente de l'époque les attaque bille en tête. Interrogé au moment de la publication de ses *Mémoires intérieurs*, Mauriac évoque notamment la rupture entre la génération qui regarde la télévision et celle d'avant-guerre. « Voyez par exemple la disparition de la jeune fille. De ce que nous appelions une jeune fille. Elle n'existe plus. Je ne dis pas que ce soit mal ; mais la conception de la femme a changé, les femmes ont changé : la femme d'aujourd'hui est autre. Ce n'est pas une critique. Sur beaucoup de points elle est devenue l'égale de l'homme. Mais c'est un autre monde[26]. » En donnant sa bénédiction à Anne partenaire d'un âne, il lui offre sa première expérience de femme prête à ruer dans les brancards.

« Pendant le tournage d'*Au hasard Balthazar*, j'ai pris conscience de ce que pouvait être le bonheur de vivre ou, plus exactement, le bonheur de se sentir vivre. Cela ne ressemblait pas tout à fait à ce que j'avais pu lire dans des romans ou voir dans des films ; c'était plus brutal, plus sauvage et, me semblait-il, plus ouvert[27]. »

21

Sagan et la Nouvelle Vague

« Le goût du bonheur semble très vif parmi les Français de la Nouvelle Vague. » C'est le constat de Françoise Giroud. Les chiffres parlent en faveur de la joie de vivre : 24 % se disent très heureux, et 61 % assez heureux. En octobre 1957, elle lance dans *L'Express* un sondage d'opinion qui paraît en librairie l'année suivante sous le titre *La Nouvelle Vague. Portraits de la jeunesse*[1]. Sans rapport avec cette enquête, l'expression, reprise par Pierre Billard, rédacteur en chef du mensuel *Cinéma 59*[2], désigne le nouveau cinéma français (1959-1962) que Claude Chabrol considère comme une « transformation chimique du néoréalisme ».

Vingt-trois questions, illustrées par Jean Effel, sont posées à des jeunes gens venus de tous les horizons, nés entre 1927 et 1939. Parmi les milliers de réponses – près de quinze mille –, il y a celle de Françoise Sagan qui se présente ainsi : « Vingt-deux ans. Célibataire. Vivant à Paris. » C'est un document exceptionnel que nous reproduisons in extenso :

« Qu'aimeriez-vous le plus savoir sur votre avenir ?

– Si j'aurai toute ma vie une excellente santé.

– Croyez-vous que votre génération sera différente de la précédente ? Et en quoi ?

– Oui. Plus intelligente.

– Trouvez-vous que vous avez plutôt de la chance ou de la malchance à vivre à l'époque actuelle ? Pourquoi ?

– De la chance. Époque passionnante.

– Quel est votre métier ? (ou, si vous ne travaillez pas encore, quel sera votre métier ?) Êtes-vous satisfaite ? Pourquoi ?

– Écrivain, très satisfaite. C'est pour moi le meilleur métier.

– À votre avis, quel est le meilleur métier que peut choisir à notre époque un garçon de vingt ans ? Pourquoi ?

– Celui qui convient.

– Avez-vous pu faire les études que vous souhaitiez ? Considérez-vous que celles que vous avez faites vous ont donné une bonne formation pour réussir votre vie ?

– Deux bachots, un an de propédeutique, suffisant. Horreur de travailler.

– Êtes-vous heureuse ? (expliquez votre réponse).

– Oui. Ça ne s'explique pas.

– Sur le plan matériel, qu'est-ce qui vous manque le plus ? De quoi êtes-vous obligée de vous priver ?

– De rien.

– Est-ce que l'amour a de l'importance pour vous ? Est-ce que la fidélité vous paraît essentielle en amour ?

– Oui. La principale. La fidélité ? Nécessaire et difficile. La fidélité a gardé ses prestiges et Balzac s'ennuierait fort dans la Nouvelle Vague.

– D'après vous, qu'est-ce qui mène le monde à l'heure actuelle ? (par exemple, le pétrole, la finance, la foi, la technique, la passion politique, les instincts sexuels, le hasard ou quoi d'autre ?) Et pourquoi pensez-vous cela ?

– Des intérêts économiques échappant au commun des mortels.

– Pensez-vous que les gens comme vous peuvent avoir une influence sur les destinées de la France (en quoi ? ou, au contraire, avez-vous le sentiment d'être entièrement à la merci des événements ? Pourquoi ?)

– Les gens comme moi, si ça implique ma génération, sûrement un jour ou l'autre. Pas maintenant.

– Quel est pour les Français le problème national numéro un ?

– L'Algérie.

– Si vous aviez à dire ce qui va bien en France, que diriez-vous ?

– Les PTT, les moissons, l'amabilité générale.

– Et ce qui va mal ?

– La politique. 96 % des Français le pensent. Si 96 % des citoyens du Guatemala en pensaient autant… combien de ministres nous resterait-il, si ce n'était pas le bon et placide sang gaulois qui coulait dans nos veines ? Sans aller jusqu'à trucider nos ministres, qui d'ailleurs en réchapperaient dix fois vu leur résistance peu commune, ne pourrait-on trouver une autre solution ? En matière de souci, chacun a son petit jardin personnel : aux intellectuels, l'inquiétude et la gravité ; aux commerçants, les impôts, et aux ouvriers l'absence du petit jardin, voire l'absence de petite maison dans l'absence du petit jardin.

– Est-ce que vous croyez que vous seriez plus heureuse si vous viviez ailleurs qu'en France ? Si oui, dans quel pays et pourquoi ?

– Non. Ou alors sur une plage.

– Croyez-vous que la société française se transformera dans l'avenir en société de forme socialiste ? Le souhaitez-vous ?

– J'ignore. Je ne le saurai qu'alors.

– S'il y avait en France un régime communiste, est-ce que votre situation personnelle s'en trouverait modifiée ? Si oui, dans quel sens ?

– Oui. J'écrirais sur les machines à dépiquer et les tracteurs.

– Croyez-vous que vous verrez de votre vivant une nouvelle guerre mondiale ?

– Je le crains.

– Est-ce que vous attachez de l'importance à la manière dont les gens se sont comportés pendant la dernière guerre (résistance, collaboration, indifférence). Si oui, pourquoi ?

– Oui. Horreur de la persécution.

– À votre avis, est-ce que la guerre d'Algérie va durer encore longtemps ? Pourquoi ?

– Non. Les Français-Français vont s'insurger un jour ou l'autre. Tout ce petit désordre organisé – et sanglant – en Algérie pourrait avoir une fin.

– Si vous deviez désigner un des auteurs suivants comme ayant plus spécialement marqué l'esprit des gens de votre âge, qui choisiriez-vous ? Alain, Aragon, Bernanos, Breton, Camus, Gide, Malraux, Mauriac, Maurras, Sartre ?

– Sartre.

– Est-il une chose pour laquelle vous êtes prête à risquer votre vie ? Si oui, laquelle ? Pour quel motif ?

– En dehors des gens que j'aime, je ne vois pas ; n'importe quelle injustice organisée, sans doute.

– Croyez-vous qu'il est nécessaire d'avoir un idéal ? Si oui, quel est le vôtre ? Si non, quelle est votre raison de vivre ?

– Je crois que les idéaux s'imposent avec les circonstances. On s'insurge « contre » quelque chose et ça devient un idéal.

– Qu'est-ce qui vous paraît particulièrement injuste dans la société actuelle, autour de vous ? Croyez-vous qu'on puisse y remédier ? Comment ?

– L'inégalité sociale. Le traitement des professeurs. On peut y remédier en consacrant les milliards de la guerre d'Algérie à les augmenter. »

Si les journalistes de *L'Express* ont travaillé à l'élaboration du questionnaire, c'est l'Institut français d'opinion publique qui s'est chargé de la mise au point scientifique de l'enquête. « Nous ne saurons jamais, malheureusement, ce que les jeunes gens de la Nouvelle Vague pensent de cette situation : avoir un nègre pour beau-frère[3] », regrette Françoise Giroud. Les spécialistes de l'Ifop jugent la question inopportune. Ils rejettent, également, hors de la Nouvelle Vague, les plus de trente ans. Françoise Sagan fait office de pionnière. C'est la seule personnalité de la tranche d'âge des dix-huit-trente ans à avoir été interrogée. « Une jeune femme assez semblable aux autres, en somme. À moins que les autres ne soient assez semblables à elle[4] ? », commente la directrice de *L'Express*. La jeune romancière est parfois citée par les sondés. Ainsi, un étudiant lyonnais de vingt ans, de l'École supérieure de commerce, fait cette remarque : « Ce qui va bien en France ? Vous êtes fort pessimiste et défaitiste pour pouvoir poser une telle question ; il y a beaucoup de choses qui "vont bien" en France, et je pense qu'il serait trop long de toutes les énumérer. À titre d'exemples, je citerai les activités les plus disparates qui me viennent à l'esprit telles que : la technique, la science, la médecine, la morale et l'idéal d'une certaine jeunesse, très différente de celle dont parle Françoise Sagan qu'admire tant M. Mauriac. » Ou encore cette secrétaire de vingt-trois ans, fille de petits employés, qui habite les Basses-Pyrénées : « Matériellement, il me manque de l'argent pour me payer des toilettes, des fourrures, des bijoux et même une auto (pourquoi pas ?) comme Françoise Sagan. Je me prive parfois de manger deux fois par jour pour me payer la plus belle paire de souliers. L'amour a pour moi une énorme importance, je ne le cache pas. Le reste n'est qu'accessoire. Quant à la fidélité, bien sûr, c'est flatteur d'être aimée par un homme qui n'en fréquente pas d'autres. Mais je me demande si, à la longue, cela ne finit pas par lasser. C'est si amusant de recommencer avec un autre partenaire en amour. »

Françoise Giroud et son équipe déchiffrent minutieusement l'avalanche de lettres venues de tout l'Hexagone. Après les avoir classées, elles en extraient deux cents qui reflètent le mieux l'état d'esprit général. N'étant pas sociologue, la directrice de *L'Express* n'utilise pas de méthode particulière sinon son flair de journaliste qui la conduit vers les bonnes pistes d'une génération en devenir. « La liberté des mœurs ? Quel âge ont donc ceux qui croient discerner chez les jeunes gens une dégradation de valeurs auxquelles eux-mêmes auraient été si scrupuleusement attachés ? Quand 91 % des jeunes interrogés considèrent la fidélité comme essentielle et que 82 % ne font aucune différence entre celle que doit observer un homme et celle qu'il faut exiger d'une femme ? Là aussi on ne peut émettre que des hypothèses. La mienne est que jamais tentatives plus sincères n'auront été faites par une génération pour édifier des unions solides et pures de concessions. Seront-elles fructueuses ? Là aussi il leur faudra payer le prix de la liberté[5]. » Liberté chérie. 77 % des jeunes gens y tiennent comme à un droit absolu. « Liberté de parler, liberté de penser, liberté de s'embrasser dans la rue, liberté de vivre en marge des règles de l'Église sans être pour autant marqué du signe d'infamie, liberté de les observer sans être persécuté[6]. » Pour répondre à la Nouvelle Vague, l'écrivain Michel de Saint Pierre publie *La Nouvelle Race*[7]. L'auteur des *Nouveaux Aristocrates*[8] se borne à interroger des enfants de bourgeois âgés de dix-huit à vingt-cinq ans, laissant volontairement de côté les jeunes ouvriers et paysans. « Quoi qu'il en soit, souligne-t-il, les chefs de demain, ceux et celles dont dépendra le sort du pays, les nouveaux aristocrates en un mot, se trouvent pour la plupart, en ce moment même, sur les bancs de nos lycées, de nos collèges, de nos écoles, de nos amphithéâtres universitaires et de nos laboratoires. C'est à eux, c'est à elles que j'ai posé mes questions[9]... » Beaucoup de réponses de ces « blousons dorés », à une époque où une certaine jeunesse est qualifiée de « blousons noirs » ou de « tricheurs » en référence au film de Marcel Carné[10], rejoignent celles de l'enquête de *L'Express*. Michel de Saint Pierre, écrivain de droite, tient toutefois à préciser que Françoise Giroud « est profondément engagée dans l'action politique » et qu'il n'a trouvé dans « La Nouvelle Vague » « de réponses intelligentes qu'émanant de garçons ou de filles situés à gauche ou à l'extrême gauche [...]. C'est à croire qu'il n'existe à droite (et parmi les nationalistes, ce qui est encore autre chose) que de jeunes imbéciles. La relève, lointaine, des Thierry Maulnier, Antoine Blondin, Jacques Laurent, Jean Brune, Philippe Héduy, Roger Nimier, Jean Paulhac, Jules Monnerot, Serge Groussard, Roland Laudenbach, Marcel Jullian, Jacques Perret, et de tant d'autres brillants écrivains qui ne pensent pas comme des gens de gauche – qui pensent mal, par conséquent –, semblerait bien compromise. Dieu merci, mon expérience personnelle d'enquêteur m'incline à de bien autres conclusions, que je trouve plus optimistes[11]... »

Aimer la vitesse et les voitures de sport, c'est être de droite ou de gauche ? À la question posée par Michel de Saint Pierre : « Par ordre d'importance, pour quels motifs risqueriez-vous votre vie ? », des jeunes gens, assez nombreux, professent leur goût du risque « gratuit ». « Au volant d'une voiture par exemple, pour le simple plaisir de l'acrobatie… » Cette réponse n'est pas pour déplaire à Michel de Saint Pierre qui écrit au début de *La Nouvelle Race* : « J'aime notre époque, parce qu'elle est pour l'instant indéchiffrable, et parce que je suis curieux de nature. En dépit de tous les accidents de la route, j'adore conduire une voiture – une voiture aussi rapide que possible. Et ce qui me plaît dans le pilotage n'est certes pas la course en ligne droite. Ce sont les virages : le simple fait de tourner requiert de la part du chauffeur une certaine habileté, voire un certain sens du risque. Et puis, au-delà du virage, nous ne savons pas encore les paysages qui nous attendent[12]. »

Le jeu et la vitesse sont des prises de risque que Françoise Sagan assume avec élégance. Si elle a échappé à la griserie du succès, elle aime rouler sans contrainte et fait confiance aux lois du hasard en jouant à la roulette. « De même qu'elle rejoint le jeu, le hasard, la vitesse rejoint le bonheur de vivre et, par conséquent, le confus espoir de mourir qui traîne toujours dans ledit bonheur de vivre. C'est là tout ce que je crois vrai, finalement : la vitesse n'est ni un signe, ni une preuve, ni une provocation, ni un défi, mais un élan de bonheur[13]. » Elle dit aussi : « Quand on va vite, il y a un moment où tout se met à flotter dans cette pirogue de fer où l'on atteint le haut de la lame, le haut de la vague, et où l'on espère retomber du bon côté grâce au courant plus que grâce à son adresse[14]. »

Le 27 avril 1957, son Aston Martin retombe du mauvais côté. « Les Aston Martin, remarque Paul Morand, l'auteur de *L'Homme pressé*, sont de splendides voitures… sport, mais il ne faut pas les avoir à 4 places. J'en ai eu une en 54-55 à 2 places. De plus, elles ont le cul un peu léger dans les virages à plus de 140, ce qui fait qu'elles ont toujours été placées dans les courses, mais très rarement premières. » La jeune romancière, qui veut savoir si toute sa vie elle aura une excellente santé, souffre le martyre. « L'accident a eu lieu en avril et j'ai cessé d'avoir mal en octobre. La maladie est une expérience capitale... » Torturée par une inflammation des nerfs, elle fait appel au docteur Schwartz, qui signe Medicus ses chroniques médicales dans *France-Soir*. Il lui prescrit des piqûres de Palfium 875, un récent succédané de la morphine. Au bout de quatre mois d'injections régulières, Françoise Sagan est dépendante de la drogue bienfaisante. Une autre expérience l'attend : une cure de désintoxication dans la clinique du docteur Morrel, à Garches. Elle consigne dans son journal les affres du sevrage. Publié en 1964 sous le titre *Toxique*[15], avec des dessins et l'écriture caractéristiques de Bernard Buffet, il porte les stigmates d'un combat quotidien affûté par les traits de l'artiste. « Je m'épie : je suis une bête qui épie une autre bête, au fond de moi. »

Cette lutte de tous les instants traverse ces lignes à très haute tension psychologique : « Quand on n'a plus personne à embrasser, et que la solitude équivaut à un travail que personne ne vous demande plus, la vie doit être triste.

« Il repleut... Mon fume-cigarette m'a échappé, a glissé sur le rebord de la fenêtre. Je n'ai aucun geste, j'ai attendu qu'il s'arrête, par hasard, au bord de l'abîme, comme fascinée par l'événement, incapable d'intervenir. Curiosité. À y penser, il me semble que j'ai toujours été comme ça, sauf en voiture...

« J'avais seize ans. J'ai eu seize ans. Je n'aurai plus seize ans, moi qui me sens la jeunesse même. Je n'ai pas vieilli en fait, je n'ai renoncé à rien. J'ai appris des trucs, peut-être, des trucages.

« Ce capot noir qui s'élançait, ce bruit confiant, amical, Jaguar un peu longues, Austin un peu lourdes, je m'ennuie de vous à périr, après avoir failli périr par vous. »

Ses pensées se bousculent, les souvenirs se chevauchent ; dévorée par le temps qui passe, Sagan a hâte de retrouver ses amis, notamment Annabel et Véronique Campion qu'elle surnomme dans son journal « Annibal » et « Verinoc ». La chanteuse aurait dû se trouver dans l'Aston Martin, mais, au dernier moment, elle a préféré rester au moulin du Coudret, la propriété que Sagan avait louée au couturier Christian Dior, à proximité de Milly-la-Forêt. Annabel aussi est une écorchée vive qui doit se battre pour surmonter ses frissons d'angoisse depuis le suicide de sa mère. En 1964, quand son père met, à son tour, fin à ses jours dans sa maison de Garches, non loin d'une clinique où son amie Françoise s'est « habituée peu à peu à l'idée de la mort », elle exorcise également par l'écriture son sommeil cauchemardesque.

« Il s'est tué et je ne saurai jamais pourquoi. Il n'a pas jugé utile de me laisser une explication. Sachant qu'il faisait de moi une fille de suicidés, il aurait pu avoir ce geste de clémence !

« Un médecin m'a affirmé récemment que la neurasthénie est héréditaire. Comme je souriais, il a insisté sur le ton de courtoise autorité qui caractérise les professeurs, et m'a conseillé de me méfier et de soigner mes nerfs. Sur le moment j'ai ri, trouvé qu'il était imprudent de me tenir des propos aussi pessimistes et je n'y ai plus pensé. Le doute était né, il me guette, il rôde et j'ai peur. C'est probablement l'explication de mon cauchemar ! Personne ne peut m'aider que moi-même. La névrose d'angoisse se guérit à force de volonté et de patience. J'en viendrai à bout ! J'aime trop la vie pour me laisser aller à ces faiblesses morbides[16]. »

Véronique Campion, passagère de l'Aston Martin, a eu le bassin fracturé. Depuis leur rencontre au cours Maintenon, à Paris, une boîte à bac, Françoise et Véronique ne se quittent plus. Elles se surnomment respectivement « Plick » et « Plock », les lutins d'une bande dessinée de Christophe, l'auteur de *La Famille Fenouillard* et du *Sapeur Camember*. Françoise Quoirez signe aussi « Kiki », comme dans cette lettre où elle dit à son amie avoir essayé de lire *Voyage au bout de la nuit* de Céline. « J'ai trouvé ça grossier et ennuyeux. Je n'en ai pas lu trente pages. Quant à mon livre, j'hésite à l'envoyer à Gallimard qui demande deux ou trois mois pour lire quoi que ce soit. Julliard demande un mois maximum [...]. Nous allons probablement, ma mère et moi, acheter un Solex que j'ai trouvé à 10 000 francs et garanti deux mois. Si tu veux prendre une bronchite, je te le prêterai[17]. » Un matin, à dix heures, elle est reçue au permis. Le succès de *Bonjour tristesse* lui permet d'acheter sa première Jaguar. « Je viendrai te voir avec le 15 août », dit-elle à Véronique en faisant, au passage, cette remarque à propos d'un article : « As-tu lu le dernier *Match* ? La "petite et maigre" m'a affreusement vexée[18]. »

Partie aux Canaries avec Annabel, la fluette Françoise écrit à Véronique qui s'inquiète de la savoir malheureuse. « Merci pour ta lettre qui m'a touchée beaucoup. Ne t'inquiète pas, je ne suis pas aussi malheureuse que tous ces gens veulent le dire. Seulement on dit toujours ça des gens qui vous échappent par quelque côté, préférant leur malheur à sa propre déception. Je ne suis pas malheureuse du tout, et ma naturelle gaieté avec toi n'est pas le prix d'un terrible effort. Sauf ici où je m'emmerde prodigieusement, comme j'ai déjà eu la joie de te le télégraphier. Il fallait s'en douter. Annabel est charmante avec trois personnes et deux bouteilles. Mais ici ce tête-à-tête en toute sobriété est réellement terrible de bêtise. Heureusement il y a un pédéraste de cinquante ans, charmant, nommé Magnus, fort drôle et intelligent, mais elle ne nous laisse pas parler. Je n'ai jamais vu quelqu'un qui ait autant de renseignements sur tout qu'elle. Tous les matins j'ai droit pendant mon petit déjeuner au récit de la vie détaillée d'un acteur ou de ce qu'elle a dit à Untel qui disait qu'elle chantait faux, etc. Je suis vraiment excédée, à ma propre surprise d'ailleurs. Mais comme elle le dit elle-même : "C'est notre premier voyage seules. Au fond, on n'avait jamais pu se parler, même à Saint-Tropez, il y avait Astruc. Que viva Astruc."

« Bref je m'ennuie à mourir. Ça m'empêche presque de travailler. Quoiqu'il y ait quinze pages de ce fichu roman, toutes prêtes. Ma seule consolation, c'est toi et l'Aston que je vais avoir. Vive Milly. Il fait beau, remarque. Mais de ce fait, on va faire du nudisme dans les dunes avec Magnus. Moi, je n'y peux rien, ça m'emmerde d'être nue dans une dune, avec Annabel et Magnus nus dans les dunes voisines. Je trouve ça absurde. Je me demande ce que je fous là. Si, je lis Rousseau, c'est très, très amusant. Il y a un moment où l'on comprend quel faux jeton c'était et ça devient tordant. Mais tu m'avoueras qu'aller aux Canaries pour lire Rousseau… Faut pas être con, comme dit le soldat de Queneau. On rentre le 18. Heureusement le 16 à Madrid où mon consul m'attend. Écris-y-moi : Hôtel Fenix. Ça doit suffire. Je t'embrasse tendrement. Plick[19]. »

Selon le témoignage d'Annabel rapporté par les auteurs du livre *Bonjour Françoise*, le séjour aurait, au contraire, renforcé leur affection mutuelle : « Françoise et moi avons passé quinze jours aux Canaries. Nous avions pris l'avion et Françoise avait un peu peur. À Madrid nous avons eu une panne, ce qui redoublait ses craintes. Nous nous étions décidées à partir comme cela, tout d'un coup, parce que nous avions besoin de chaleur, de repos. Toute la journée nous restions étendues au soleil, côte à côte, sans parler. Nous nous sentions amies, nous étions bien dans notre peau[20]. »

Annabel, qui a sept ans de plus que Françoise, est fortement attirée par le charme androgyne de sa chère Kiki. Après l'accident, elle devient une espèce d'ange gardien. « Annabel est assez souvent chez Kiki[21] », constate Suzanne, la sœur de Françoise, dans une lettre à Véronique. On y voit aussi Jean-Paul Faure et Guy Schoeller qui est très attentif. « Il me paraît en l'occurrence parfait et je me demande si cette réputation de fou qu'on lui fait n'est pas usurpée[22] », souligne Suzanne. « Depuis trois jours, précise-t-elle, Kiki va faire un tour au bois de Boulogne en voiture et hier elle y a marché un moment. Je crois qu'elle va bien, sauf qu'elle souffre encore de son dos[23]. » Il est aussi question de la présence de Michèle, la femme de Jacques Quoirez. Ce qui agace beaucoup Annabel. « Motif supposé : la jalousie[24] », note Suzanne. Malgré son état de faiblesse, Françoise Sagan écrit à Véronique encore convalescente :

« Chère Plock,

« Ah comme la vie est lente et comme l'espérance est violente. J'en ai assez, assez. Et toi ? N'as-tu pas l'impression de vieillir sur pied, si je peux dire ? Quand vas-tu rentrer ? Je crois que tu seras guérie avant moi. J'en ai encore pour un mois avant d'aller chez Lipp. Décidément j'ai horreur des épreuves. Rien ne nous apprend moins, ne nous amuse moins, ne nous développe moins l'intelligence et l'humour que ce genre d'ennuis. Crois-tu que nous payons ainsi trois années de voiture un peu folle, les 160 aux Champs-Élysées la nuit, etc ? Je ne crois pas. Je ne crois pas qu'on paye les choses. C'est simplement un petit accès de malchance, de même qu'on se réveille avec un bouton sur le nez. Et ça ne sert à rien. Il aurait été aussi bon, aussi juste, aussi profitable que nous restions sur nos deux jambes – et la voiture sur la route. À propos, les Américains veulent l'acheter 6 millions, cassée (cf. Porsche James Dean). Et Aston va me vendre sa nouvelle voiture (280 km/h) moitié prix. Tout ça est réjouissant. Mais pas possible avant six mois (les 280 km/h). C'est bien long. Quand viens-tu ? Il y a plein de gens qui viennent me voir et me cassent les pieds. À part Guy et Annabel qui sont des anges. Et Jacques bien sûr. Tiens, ma belle-sœur aussi est enceinte. J'ai enfin quelque chose à t'opposer côté famille. Jacques se réjouit à l'idée d'être tranquille six mois. Écris-moi longuement. Je m'ennuie fortement de toi. De toi et de Paris, et de la vie en général. Je vais me faire vacciner contre la poliomyélite sitôt guérie. Et toi ? Je t'embrasse Plock.

Plick (furieux)[25]. »

22

La fuite de Greta Garbo

La Nouvelle Vague s'est moquée du cinéma de papa. Réplique de René Clair, dont le film, *Les Grandes Manœuvres* (1955) (avec Gérard Philipe, Michèle Morgan, Brigitte Bardot et Yves Robert), n'a pas pris une ride : « La Nouvelle Vague ? Une vague d'ennui. » En cinéaste précurseur, Jean-Pierre Melville, avec *Bob le flambeur* (1955), montre le chemin aux jeunes turcs de la mise en scène[1]. Il joue d'ailleurs, dans *À bout de souffle*, le rôle d'un faux Nabokov interviewé à sa descente d'avion.

La réconciliation symbolique entre les anciens et les modernes a lieu en avril 1984. À Romilly-sur-Seine, dans l'Aube, deux salles de cinéma portant chacune leur nom sont inaugurées par François Truffaut et Marcel Carné. Le réalisateur des *Quatre cents coups* (1959), de *Jules et Jim* (1962), de *L'homme qui aimait les femmes* (1977), très malade, visiblement à bout de forces, disparaîtra quelques mois plus tard, le dimanche 21 octobre à 14 h 30, avec à son chevet son épouse, Madeleine Morgenstern, et son dernier grand amour, Fanny Ardant, l'héroïne de *La Femme d'à côté* (1981)[2].

L'historien du cinéma Georges Sadoul, critique influent des *Lettres françaises*, a su distinguer cette nouvelle « tournure de style » dans un article décisif : « *Quai des Brumes* 1960. *À bout de souffle*, de Jean-Luc Godard[3]. » En dénonçant, en 1938, le relent de mort et de fatalité du film de Marcel Carné dont « les crapules sont les types les mieux réussis », il alimente sans le savoir le flux d'éloges de sa chronique concernant le jeune cinéaste et son héros incarné par Jean-Paul Belmondo, un voyou assassin qui n'échappera pas non plus à sa fatale destinée.

« Est-il possible que partant d'une situation rebattue, Godard ait pu (comme jadis Carné avec des "gens du milieu" en apparence traditionnels), exprimer certaines inquiétudes ou sentiments ? Je pose la question. Aux jeunes d'y répondre ? Ceux des avant-premières furent divisés. Certains portaient aux nues, d'autres vomissaient *À bout de souffle.* Nous saurons plus tard si un tel film a pu transcender vraiment un fait divers type "blousons noirs" et exprimer les préoccupations d'une certaine jeunesse[4]. »

Grand lecteur de faits divers comme François Truffaut – *France-Soir* est leur bible du genre –, Jean-Luc Godard, qui part un jour avec la caisse des *Cahiers du cinéma* et a auparavant commis quelques larcins[5], se passionne pour l'enquête sociologique de *L'Express* « La Nouvelle Vague. Portraits de la jeunesse ». Il y fait référence avec ironie dans *À bout de souffle* lorsqu'une étudiante interroge des passants : « Aimez-vous la jeunesse ? » Belmondo, alias Lucien Poiccard, tueur d'un policier, lui répond méchamment : « Non, moi j'aime les vieux… » Sa partenaire Jean Seberg, dans le rôle de Patricia, vendeuse du *New York Herald Tribune*, dont la fameuse réplique « Ça veut dire quoi dégueulasse ? » s'est imprimée comme une référence de cinéphile, appartient au star-system malgré l'échec de ses deux premiers films, *Sainte Jeanne* (1957) et *Bonjour tristesse* (1958), du réalisateur américain Otto Preminger.

C'est d'abord le nom d'Audrey Hepburn qui vient à l'esprit du cinéaste pour jouer le personnage de Cécile, dix-sept ans. La Natacha de *Guerre et Paix* (1956) de King Vidor a été remarquée par Colette sur le tournage de *Nous irons à Monte-Carlo* (1951) de Jean Boyer. Elle lui demande d'être « Gigi » sur les planches de Broadway, dans la mise en scène de Raymond Rouleau[6]. De Colette à Sagan, sur la même Côte d'Azur, Otto Preminger croit avoir trouvé l'interprète idéale. Ce n'est pas l'avis de Françoise qui voit dans le rôle une comédienne moins romantique et plus instinctive. Capable d'une douce perversité. L'accident d'Anne Larsen – qui se tue en auto sur la route de l'Esterel – est-il le fait du hasard ? Quel mystère cache la mort de l'éventuelle belle-mère de Cécile ? « Peut-on se suicider pour des êtres comme mon père et moi, des êtres qui n'ont besoin de personne, ni vivant, ni mort ? Avec mon père, d'ailleurs, nous n'avons jamais parlé que d'un accident. [...] Nous pûmes bientôt parler d'Anne sur un ton normal, comme d'un être cher avec qui nous aurions été heureux, mais que Dieu avait rappelé à Lui. J'écris Dieu au lieu de hasard ; mais nous ne croyions pas en Dieu. Déjà bienheureux en cette circonstance de croire au hasard. »

La fraîcheur enchanteresse d'Audrey Hepburn ne correspond pas à l'ambiguïté du personnage de Cécile. L'actrice, qui a reçu le script, déclare qu'elle ne tournera jamais « un rôle aussi immoral[7] ».

Comment dénicher l'oiseau rare ? La vedette espérée ne sortira pas d'un casting à Hollywood. Hélène Lazareff a l'idée d'organiser un concours ouvert aux starlettes. Les candidates doivent envoyer leur photographie à l'hebdomadaire *Elle*. Des centaines de jeunes filles se voient déjà en haut de l'affiche. Cécile sera choisie parmi les quinze dernières sélectionnées. Le 25 juillet 1956, sur la terrasse de l'immeuble, au 100 de la rue Réaumur, les postulantes sont présentées à un aréopage de journalistes, de critiques littéraires, de gens de cinéma et bien sûr d'Otto Preminger. Il ne manque que Françoise Sagan qui a oublié le rendez-vous et roule vers Saint-Tropez au volant de sa Jaguar.

Parmi les Cécile virtuelles, un bouquet de favorites pose devant les photographes. Gisèle Franchomme, Michèle Girardon, Marie Versini, nouvelle pensionnaire de la Comédie-Française, Mijanou Bardot, sœur de Brigitte, toutes croient fortement en leur étoile. Gisèle Franchomme est la préférée d'Otto Preminger. Il finit par renoncer à trouver sa vedette selon un système de concours comme celui de la Française de France organisée la même année au Grand Hôtel de Paris sous la présidence de Béatrix Dussane, sociétaire de la Comédie-Française.

Le réalisateur américain repense à Miss Seberg, née le 13 novembre 1938 à Marshalltown, une petite ville de l'Iowa. La jeune fille du Middle West qui avait été choisie parmi trois mille candidates pour interpréter le rôle de Jeanne d'Arc dans le film adapté de l'œuvre de G.B. Shaw brûle d'impatience de rencontrer Françoise Sagan. Elle a lu *Bonjour tristesse* en anglais et s'est enthousiasmée pour Cécile, cette jeune fille au crépuscule de l'adolescence. Et dont le désir ardent d'indépendance correspond à son propre goût de liberté. Qu'est-ce qu'une jeune fille ? « Une jeune fille, écrit Madeleine Chapsal, c'est une personne non mariée, du sexe féminin, qui n'a pas fait sa vie. Et c'est tout. L'âge, la virginité, n'ont là-dedans que très peu à faire. La Cécile des *Liaisons dangereuses*, et cette autre Cécile, celle de *Bonjour tristesse*, qui songerait à les appeler des femmes[8] ? »

Une photo parue dans *France-Soir* montre la comédienne et la romancière dans le hall de l'hôtel Plaza, avec cette légende : « Françoise est ravie. Jean est bien la sauvageonne un peu inconsciente et perverse qu'elle avait imaginée. » Après la mort mal élucidée de Jean Seberg, en 1979, Sagan confie à Maurice Guichard, le biographe de l'actrice, « qu'elle ne s'était pas du tout sentie inspirée, au départ, par le choix de Jean pour incarner le personnage de Cécile[9] ».

« Il avait loué, dit Cécile, en parlant de son père, sur la Méditerranée, une grande villa blanche, isolée, ravissante, dont nous rêvions depuis les premières chaleurs de juin. Elle était bâtie sur un promontoire, dominant la mer, cachée de la route par un bois de pins ; un chemin de chèvres descendait à une petite crique dorée, bordée de rochers roux où se balançait la mer. »

Françoise Sagan vient de décrire sans la connaître la grande maison blanche du Midi que Pierre Lazareff a achetée au nom de sa femme en février 1953. Amoureuse de la Côte d'Azur, Hélène Gordon-Lazareff « avait porté son choix sur une grosse maison bâtie sur un promontoire rocheux – la pointe de la Fossette – et entourée de dix mille mètres carrés de terrain face à la mer[10] ». Une grande partie du tournage de *Bonjour tristesse* se déroule à la Fossette, le nom de la superbe villa des Lazareff. Jean Seberg a notamment pour partenaires David Niven (Raymond, le père) et Deborah Kerr (Anne, la meilleure amie de sa femme défunte). Pour incarner Elsa, la dernière maîtresse du père, Otto Preminger cherche « une jeune fille rousse qui aurait un peu le style de Brigitte Bardot et qui parlerait anglais[11] ». Il tombe sur le *Cinémonde* d'avril 1957 dont la couverture présente Mylène Demongeot « nouveau visage de l'année » et cataloguée rivale de B.B. Signe astrologique : Balance l'une et l'autre. Mylène est née un 29 septembre, Brigitte, le 28, et partage avec elle l'amour des animaux. « Dans le film, raconte-t-elle, il y a aussi Walter Chiari. Il est, à l'époque, l'amant d'Ava Gardner, et je le regarde avec curiosité. Je brûle d'envie, mais je n'ose pas lui demander l'effet que ça fait, ce qu'on éprouve quand on a la chance, le privilège d'être l'amant d'une des plus belles femmes du monde[12]... »

Françoise Sagan, qui n'est pas une vamp mais peut vampiriser homme ou femme par son magnétisme, son intelligence, a ce privilège, à moins que ce ne soit la chance de l'actrice, moins rayonnante à l'époque, d'avoir rencontré la romancière. En 1968, aux studios de Boulogne, Ava Gardner, née en 1922, la mondaine quasi mythologique de *Pandora*, tourne *Mayerling*, le film de Terence Young, avec Catherine Deneuve et Omar Sharif. Premier tête-à-tête dans un bistro voisin des studios. Ava est seule ; Françoise, qui la sent à la dérive, l'invite à réveillonner dans son appartement de l'avenue de Suffren[13]. Elle écrit dans *Égoïste* : « Même s'il est vrai qu'Ava Gardner et moi nous nous soyons rencontrées, parlé, amusées, même s'il est vrai que nous ayons partagé des après-midi oisives, des nuits blanches et des petits scandales, des points de vue et des fous rires. Bref, que nous ayons été un peu complices pendant un mois il y a belle lurette, lorsqu'elle tournait *Mayerling.* »

On comprend encore mieux cette amitié amoureuse à la vue du portrait d'Ava Gardner en couverture du n° 8 d'*Égoïste* (1984). La photo d'Helmut Newton montre l'ancienne épouse de Frank Sinatra, beauté brune, les yeux noirs en amande, cigarette entre les dents, toujours séductrice. C'est un portrait qui ressemble à Peggy Roche, la femme aimée dont Françoise a porté le deuil jusqu'à la fin de ses jours. En 1960, Helmut Newton, photographe de mode, entre dans les bureaux de *Elle* après avoir claqué la porte de *Vogue*. Sagan raconte : « Il tombe sur Peggy Roche, un peu plus tôt mannequin chez *Elle*, à présent rédactrice de mode pour Hélène Lazareff. Elle est grande, mince et brune. Elle a des gestes, un caractère, une dégaine. Elle porte un chandail noir, une jupe fendue, elle ressemble à la Française de cinéma dont a toujours rêvé Newton[14]. »

Vingt ans plus tard, Helmut Newton s'est un peu détourné des mannequins. Sa renommée mondiale lui permet de s'exprimer sans contrainte. Devant l'immeuble du magazine *Femme*[15], sur les Champs-Élysées, il aperçoit Peggy Roche. « Elle est toujours grande, mince et brune, poursuit Sagan, elle a toujours sa dégaine, son caractère et ses gestes, mais elle porte un chandail et une jupe (non fendue) qui viennent de sa propre collection. Elle ressemble toujours à la Française de cinéma dont rêvait Newton et en plus sa mode le séduit. Il décide de la photographier, mais exige que ce soit sur Peggy elle-même qui, dit-il, “connaît ces gestes qu'un mannequin ne connaît pas à dix-huit ans – et bien des femmes, hélas, jamais”. Et ils passent l'après-midi ensemble. À faire des photos. Les plus modernes et les plus *Femmes* qui soient. Puis ils se séparent. Le soleil rassemble derrière eux les ombres longues, parallèles, de deux fous amoureux de la mode ; de ceux que l'élégance rapproche et que le temps ne sépare pas[16]. » L'élégance libre de Peggy Roche, on la discerne sur le visage d'Ava Gardner, sa complice en séduction sous le même objectif. Ava Gardner, qui confie à Caroline de Monaco que sa liberté de femme compte plus que tout. La fille de Grace Kelly est allée la voir à Londres. « Curieusement, il y a quelques années, ma mère m'avait suggéré d'écrire sur Ava, et elle me disait : “Ava est une des actrices les plus intéressantes, car outre son talent, elle a toujours rejeté le système, elle n'a jamais voulu être une actrice célèbre. Quelque chose en elle a toujours refusé ce métier"[17]… »

Comme Bardot et Garbo qui cessent de tourner parce qu'elles ne veulent plus être la biche aux abois. « Greta Garbo, cette biche relancée à travers l'Europe par la meute des journalistes, et qui brouille ses pistes, laisse des bagages dans un hôtel pour mettre les limiers en défaut, et se tapit dans un gîte inconnu, j'ai rêvé qu'elle poussait la porte de mon cabinet, qu'elle s'asseyait en face de moi qui ne la cherche pas. » C'est François Mauriac, éperdu d'admiration, qui imagine sa rencontre avec la « divine » : « Un soir, Greta Garbo[18]… »

Née en 1905, la petite fille des faubourgs de Stockholm qu'on a appelée, à son arrivée à Hollywood, « la grosse bonne femme », est devenue l'actrice la plus célèbre du monde, franchissant avec aisance l'épreuve du cinéma parlant. Voulant jouer une comédie, l'interprète de *La Reine Christine* aurait aimé tourner *Tovaritch*. Sous contrat avec la Métro, elle doit à contrecœur renoncer à ce projet. La Warner Bros a déjà acheté les droits de la pièce de Jacques Deval pour en faire un film. Il sera réalisé par Anatole Litvak, avec Claudette Colbert et Charles Boyer. Pour la consoler, Ernst Lubitsch lui écrit une histoire dont l'héroïne est une certaine « tovaritch » (camarade) Ninotchka. Greta Garbo se transforme comme par enchantement en une actrice pleine de fantaisie qui s'enivre au vin de Champagne.

Quel est son vrai visage ? Dans les salles obscures, les spectateurs ne découvrent qu'une figure hors du temps. « Ces yeux merveilleux de Greta Garbo, écrit François Mauriac, un garçon faible et fiévreux, perdu dans ces foules innombrables, en supporte tout seul le trouble immense. Chaque désir, en particulier, est éveillé par cette créature à la fois réelle et inaccessible. Impunément, la femme sourit, entrouvre les lèvres, gonfle le cou, laisse retomber à demi sa paupière. Elle est là, vivante et offerte à des millions d'hommes ; mais si l'un d'eux pris de folie se précipitait, il ne trouverait rien de plus que le chiffon tendu sur le vide, dont le taureau se leurre, il n'embrasserait que le néant[19]. »

Mauriac en extase : « Ô beauté de ce visage, de cette face qui pourrait nous apparaître (combien de fois l'ai-je rêvé !), qui pourrait apparaître tout à coup sur ce linge tendu, chaque soir, aux multitudes fascinées dans tous les cinémas du monde[20]. »

Patatras ! La « divine » est descendue de l'Olympe sous mes yeux. La star mystérieuse, qui a choisi la liberté, peut ressembler à une touriste anonyme. Un an avant le coup d'État des colonels du 21 avril 1967, Greta Garbo séjourne incognito au Hilton d'Athènes. Jamais je n'aurais percé son identité sans la complicité involontaire de Melina Mercouri. Venue à Paris, en 1952, jouer au théâtre du Marcel Achard et du Jacques Deval, elle a atteint la célébrité en montant les marches du palais du Festival de Cannes. En 1960, son jury lui décerne un prix de la meilleure actrice pour *Jamais le dimanche*, le film de son mari Jules Dassin[21]. Melina, superbe, qui joue franc jeu avec les journalistes, m'a donné rendez-vous dans le hall de l'hôtel. Avec elle, je suis certain d'enregistrer une interview qui ne sera pas le banal entretien d'une artiste en promotion. Après une assez longue attente et l'ayant aperçue au pied des ascenseurs en train de discuter avec l'une de ses amies, je signale ma présence. À ce moment-là, l'interlocutrice de Melina Mercouri, du style « touriste américaine sportive », en queue-de-cheval, chemisier blanc et blue-jean, me jette un regard affolé et abrège la conversation. Après que l'inconnue s'est éloignée, la comédienne et chanteuse se tourne vers moi, l'air furibard : « Malheureux, vous venez de faire fuir Greta Garbo. » S'ensuit un grand éclat de rire et lorsque je la quitte, deux heures plus tard, j'ai entre les doigts son koboloï, ce chapelet d'ambre que les Grecs dévident à longueur de journée. « Ce sera ton porte-bonheur », me dit-elle.

François Mauriac a reçu la visite du fantôme de Greta Garbo dans son cabinet de travail, « un jour de novembre où les volets sont encore ouverts, mais la lampe déjà allumée ». « Sans discerner ses traits, je l'avais reconnue. Sans doute aurais-je dû me lever, accueillir avec honneur cette beauté fameuse… Non : je demeurai étendu et silencieux. Il m'aurait paru fou de tenter le moindre geste, comme si mes lèvres eussent poursuivi, sur l'écran d'un cinéma, ses mains de lumière[22]. » À Athènes, dans la chaleur d'un mois de juin, sous le règne de Constantin II et de la reine Anne-Marie, je suis passé à côté d'une légende vivante ayant atteint la soixantaine en catimini. À la vue d'un jeune reporter de *France-Soir*, Greta Garbo n'a plus qu'une pensée : fuir ! Elle ne ressemble pas à la star des magazines. Personne ne s'est exclamé dans son dos : « Greta Garbo ! C'est Greta Garbo ! »

23

Les tourbillons de la vie

Qui aurait pu déchaîner la tempête d'une foule voulant s'approprier à « corps et à cris » la vedette de ses fantasmes ? Les funérailles de Rudolf Valentino, en 1926, donnent lieu à d'inouïes crises d'hystérie collective. Greta Garbo, une autre incarnation du sex-appeal malgré son incoercible froideur, entre dans la clandestinité après l'échec de son dernier film, *La Femme aux deux visages*. Une mauvaise farce de George Cukor. Garbo a le sens de l'humour, mais pas celui du comique. Elizabeth Taylor n'est plus que l'ombre mythique du star-system hollywoodien. Marlène Dietrich a, elle aussi, brisé les cœurs. La beauté éternelle de *L'Ange bleu* fait dire à Malraux qu'elle n'est pas une actrice, comme Sarah Bernhardt, mais un mythe, comme Phryné.

Mais le premier vrai sex-symbol, c'est Marilyn Monroe. « Car non seulement elle était naturellement "sexy", mais elle aimait cela – et elle le montrait[1] », remarque Marlène Dietrich dans ses *Mémoires*. Marilyn recèle une vérité profonde que son suicide n'a pas élucidée. De son propre mystère elle ne connaît pas les limites. « Il faut se faire à la solitude. Au bout d'un moment, on s'y habitue, mais cela ne signifie pas qu'on soit réconciliée avec elle[2] », dit Marlène. Lorsque Simone de Beauvoir, dans *Brigitte Bardot and the Lolita Syndrom*, fait de l'actrice une héroïne du féminisme, celle-ci rit et dit à Louis Malle, le réalisateur de *Vie privée*, qui lui en a traduit des extraits : « Ce n'est pas du tout moi. »

« Mais en réalité, c'était assez exact dans l'analyse de ce que Bardot représentait à l'époque… Un objet de scandale et de controverse ; Jeanne d'Arc pour quelques-uns, une putain pour la plupart[3] », souligne le cinéaste.

Assistant de Louis Malle, Volker Schlöndorff se souvient du tournage mouvementé de *Vie privée* : « Pour beaucoup de gens, surtout des croyants, et pour quantité de bigots, B.B. était le diable en personne, le péché, la corruptrice de la jeunesse et des bonnes mœurs. Tournant de nuit une scène tout à fait anodine dans la vieille ville à Genève, nous nous fîmes insulter par les bons bourgeois, qui nous balancèrent des ordures et des pots de chambre jusqu'à ce que nous prenions la fuite[4]. »

Le journaliste François Chalais n'oubliera jamais Bardot, au plus vif de sa gloire, assaillie par la foule dont les cris sonnent l'hallali. « Brigitte Bardot cernée par le flot de ses fanatiques qui se battaient pour l'approcher, mais qui, parvenus en face d'elle, tout près, se détournaient, l'air écœuré, lui grognant dans les oreilles : "C'est ça, Brigitte Bardot ?… Elle ne casse rien…" Pour un peu, ils l'auraient battue[5]. »

Avec *Cinépanorama*, une émission de télévision où le gratin du 7e Art vient comme à confesse, François Chalais est courtisé par les vedettes et les metteurs en scène. Évidemment, B.B. a été très souvent interviewée. François Mauriac, qui, en dehors de son *Bloc-notes*, tient, pendant plus de cinq ans, une chronique de télévision, à *L'Express*, puis au *Figaro littéraire* dès 1961, ne rate jamais un passage de la star dont il apprécie le naturel et la beauté. Le 23 juin 1960, il consacre une partie de sa chronique au magazine d'actualités cinématographiques. François Chalais, de sa voix nasillarde, interviewe ses invités sur un ton « détaché et supérieur », souligne Mauriac. « Mais il ne serait pas moins à la hauteur s'il interrogeait M. Merleau-Ponty. Pourtant, aujourd'hui, nous le sentons impressionné, il s'est fait beau ; en général, on l'entend mais on ne le voit pas ; cette fois, il se montre quelques secondes, tout reluisant, tout lustré : le temps que nous jugions de sa tenue au moment où il va paraître devant Brigitte Bardot. Car c'est d'elle qu'il s'agit ; nous verrons bien Clouzot d'abord, mais nous nous moquons bien de Clouzot et de son film *La Vérité*, et bien qu'il ait l'air de croire lui aussi que le monde tourne autour du studio où il a enfermé Brigitte (il doit y avoir des insectes mâles collés en grand nombre à la boîte qui contient la femelle). »

Devant son poste de télévision, François Mauriac, sur des charbons ardents, attend l'arrivée de la star. L'académicien, qui s'identifie au « téléspectateur moyen », a l'œil fixé sur le petit écran. « C'est elle que nous attendons ; qu'elle vienne enfin, qu'elle apparaisse, la merveille ! La voix de François Chalais monte d'un ton. C'est une sorte de glapissement solennel. La voilà, c'est elle, une B.B. un peu battue de l'oiseau[6], une innocente et une persécutée, et qui ne comprend rien à ce qui lui arrive. Elle faisait son métier d'artiste, n'est-ce pas ? Pourquoi le public se déchaîne-t-il ? "Que leur ai-je fait ? Qu'est-ce que je leur montre qui les met dans cet état ? Ce n'est évidemment pas, Madame, votre joli museau de carlin : les filles qui ont des museaux de carlin courent les rues et n'y causent aucun remous. Greta Garbo était aussi fameuse que vous l'êtes, nous étions fous d'elle, mais c'était son visage qui nous rendait fous : son regard. « Ô petite Circé qui changez les hommes en pourceaux, il ne faut pas leur en vouloir[7] ! »

Brigitte Bardot a une rivale dans le cœur de Mauriac : Françoise Sagan. Il guette ses apparitions dans l'émission *Lectures pour tous* où il apprécie les interventions de Max-Pol Fouchet. Lorsqu'elle vient parler de son roman *Aimez-vous Brahms...*, le chroniqueur télé de *L'Express* écrit, le 1er octobre 1959 : « Quelle surprise ! Voici une Françoise Sagan telle que je ne l'avais jamais vue, tirée à quatre épingles, ma parole ! sans cet air battu de l'oiseau que j'aime tant. Je cherchais en vain ce désordre vague et charmant d'une jeune femme un peu hagarde, qui a passé la nuit dans un train où il n'y avait pas de sleeping... Du moins ai-je retrouvé le meilleur de ce qui la rend si plaisante. On ne saurait être moins femme de lettres qu'elle ne l'est. Françoise Sagan en sait moins que nous sur ses personnages et n'a qu'une idée : se débarrasser au plus vite de l'ennui d'avoir à répondre à des questions. Ah ! en voilà une qui ne joue pas le jeu[8] ! »

B.B. ne joue pas non plus le jeu, mais pour d'autres raisons qui lui vaudront une brouille avec François Chalais. Celui-ci, venu au studio de Billancourt, est abordé par Roger Vadim : « Qu'as-tu fait à Brigitte ? Elle te garde un chien de sa chienne. » Son ex-femme en veut au journaliste d'avoir fait des commentaires désobligeants sur sa personne. En réalité, l'actrice est vexée par un article de presse à sensation : « Plus de Brigitte Bardot à *Cinépanorama* », avec en dessous : « François Chalais nous déclare : elle n'a rien à dire. » Ce titre « accrocheur » fait bondir Bardot qui déclare dans une interview : « Oh ! là, là, celui-là, qu'est-ce qu'il m'énerve… Qu'attend l'ORTF pour le flanquer à la porte… » Chalais tombe des nues. Il a répondu qu'ayant très souvent reçu la star, il cherche une autre façon de la mettre à contribution, par exemple en lui consacrant une émission d'une heure[9].

Dans ses entretiens avec François Chalais, Henri-Georges Clouzot dit de ses premiers films : « J'ai compris que ce qui me touchait le plus, c'était justement les passages où il n'y avait pas de scènes. Par exemple dans *L'assassin habite au 21,* l'interrogatoire de Noël Roquevert par les trois flics ; ou dans *Le Corbeau*, le rasoir sur l'ongle, le cimetière, la lampe qui se balance, les ventouses et quand la petite Liliane Maigné joue à la balle, ou encore, dans *Quai des Orfèvres*, la chanson au début dans le beuglant ; et dans *Manon*, la course dans l'église, le dialogue dans la cale, le départ de la jeep, le père qui arrive dans la chambre en désordre, le couloir interminable du train. »

Le cinéaste qui a été, avant guerre, le secrétaire du chansonnier René Dorin (père de Françoise Dorin) et a collaboré à *Paris-Midi*, engagé comme échotier par son farfadet de rédacteur en chef, Pierre Lazareff, met plus tard les points sur les *i*. *Les Diaboliques* tourne au grand guignol. L'érotisme suggéré dans *Manon* devient, dans *La Vérité*, la danse des fesses de Brigitte Bardot sous les draps. Dominique Marceau, son personnage, est jugé d'autant plus sévèrement par les magistrats parce qu'il lit *Les Mandarins*. « Le nom de Simone de Beauvoir est invoqué comme garantie d'un mythe culturel à la mode (la bohème de Saint-Germain-des-Prés) mais le film évacue les aspects véritablement révolutionnaires de Simone de Beauvoir : statut intellectuel et indépendance économique. Son nom est utilisé comme emblème du “nouveau”, mais le personnage de B.B. se réduit à l'ancienne valeur de la promiscuité sexuelle[10] », remarque Ginette Vincendeau.

Clouzot ne donne plus dans la nuance et fait régner la terreur sur le plateau. Mais avec Bardot, le tyran en sera pour ses frais. Essayant en vain de pleurer au cours d'une scène dramatique, elle reçoit du metteur en scène excédé une magistrale paire de gifles. « Sans réfléchir, je les lui retournai sur-le-champ. Il était hébété ! Jamais on ne lui avait fait ça[11] ! » Une autre fois, à la place de l'aspirine que Brigitte avait demandée, il lui fait ingurgiter deux cachets de somnifères, pour rendre plus crédible le coma de Dominique Marceau qui s'est suicidée... B.B. se réveille quarante-huit heures plus tard ! Le réalisme de la scène est indéniable... Louis Bardot a cru que sa fille était réellement en danger de mort. « Papa, fou de rage, alla trouver Clouzot, le menaçant de le poursuivre devant les tribunaux. Raoul Lévy fut obligé de lui faire une lettre afin qu'il s'engage à ne plus jamais recommencer pareil abus ! Cela fit une histoire pas possible. Tel était Clouzot qui ne reculait devant rien pour arriver à ses fins[12]. »

Le metteur en scène n'ignore pas que sa vedette, épouse de Jacques Charrier, est en pleine crise conjugale. De l'eau limpide puis boueuse a coulé sous les ponts depuis ce 18 juin 1959 où, à la mairie de Louveciennes (Seine-et-Oise), à dix-huit kilomètres de Paris, Brigitte et Jacques, blottis l'un contre l'autre comme des amoureux de Peynet, se sont dit oui et promis fidélité. La robe de vichy rose[13] de la mariée a été jetée aux orties. Sami Frey vient de perturber le « happy end » d'un film d'amour. Cela ne déplaît pas à Clouzot que la vie agitée de la star colle aussi bien au personnage qu'elle interprète. Il est même prêt à envenimer la situation, en versant de l'huile sur le feu de la jalousie du mari. Absent de Paris, celui-ci apprend par les journaux que la production de *La Vérité* lui interdit l'accès au plateau de tournage[14]. Cette nouvelle ne lui paraît pas fondée. Mais il va bientôt découvrir que sa femme lui a trouvé un remplaçant, en la personne de son partenaire. Non pas une doublure, mais un acteur de vingt-quatre ans qui joue désormais le premier rôle dans sa vie. À Saint-Germain-des-Prés, devant La Rhumerie martiniquaise, Jacques Charrier aperçoit Brigitte et Sami dans une voiture et exige sur-le-champ une explication. Après une discussion agitée – un coup de poing dans la figure de l'amant –, il laisse le couple à ses préoccupations. D'abord fuir les paparazzis lancés à leurs trousses.

Dans une valise, le mari éconduit retrouve une lettre que Brigitte lui a écrite un mois auparavant : « Tu m'as rendue meilleure ! Tu es ma vie ! Si tu me quittes je meurs, rien au monde ne compte plus que toi ! Les autres, je m'en fous, c'est toi que j'aime. Je te serai fidèle jusqu'à la fin des temps. Sans toi, je suis un petit rien du tout, tu m'as changée, moralement et physiquement. Je te dois tout mon amour[15]. » Charrier, le héros des *Tricheurs*, est tombé sur une femme qui ne triche pas en amour, quitte à faire souffrir et à en pleurer quand il sera temps. Sa liberté absolue, c'est d'aimer jusqu'à satiété, puis de dévorer d'un œil ardent le beau successeur. Toujours dans l'attente d'un amour qui régénère les chairs. Ces quelques lignes inédites de Françoise Sagan pourraient illustrer cet état d'âme : « … et ce que j'aimais, ce que j'aime par-dessus tout, c'est la douceur insensée de ces baisers. Cette fuite du temps entre les mots cruels et tendres que tu me dis et ceux que je te réponds. Enfin je t'aime. Quand tu prends ma tête entre tes mains, que tu attires ma bouche sur ta bouche, que tu te saisis en soupirant de ma langue, de mon sang, de ma vie, alors mon cœur déraille au long de mes côtes, tombe au fond de moi. J'ai peur, je suis mortellement bien, j'ai froid et ta bouche me brûle[16]. »

Dans le rôle de la sœur de Brigitte Bardot, Marie-José Nat est elle aussi maltraitée par Clouzot. « Je connaissais sa réputation de dureté avec ses acteurs. Il gueulait souvent sans aucune raison. Au lieu d'être dominée, je parlais plus fort que lui. Son ton dictatorial disparaissait aussitôt[17]. » Quelles relations entretient-elle avec B.B. et Sami Frey sur le plateau ? « Elle était mignonne et exquise. Jamais elle n'a joué la star. Sami, je l'avais connu au cours Florent[18]. » Elle confie toutefois que Brigitte Bardot lui demande de recommencer une scène après avoir vu les rushes : la petite sœur violoniste de Dominique Marceau doit être moins présente dans cette séquence. Avec des yeux d'anthracite et de jolies fossettes sur les joues, la Corse de Bonifacio, qui a débuté en 1954 comme partenaire de Jean-Claude Pascal dans un roman-photo et tenu tête à Jean Gabin dans *Rue des Prairies* (1959) de Denys de La Patellière, obtient au festival de Cannes de 1974 le prix d'interprétation féminine pour son rôle dans *Les Violons du bal*, un film de son mari Michel Drach. René Clair, président du jury, en a fait l'héroïne de son sketch dans *La Française et l'Amour* (1960).

« À part Jacques Charrier qui est comme mon frère, j'ai surtout des amies femmes, explique-t-elle à Anne Chabrol. Le sort des femmes m'intéresse. Je me sens solidaire. La vie est plus difficile pour elles. En plus du boulot, elles doivent se faire belles et s'occuper des enfants, de la vaisselle, etc.[19] » Féministe toute en douceur, charmeuse comme peut l'être Anna Karina – elle assiste à son mariage avec Jean-Luc Godard en mars 1961 –, Marie-José Nat vit un grand amour avec Michel Drach, ancien assistant de Jean-Pierre Melville. Elle est également son interprète dans *Élise ou la vraie vie* (1966), un témoignage sur les travailleurs immigrés nord-africains pendant la guerre d'Algérie. Adapté du roman de Claire Etcherelli, le film ayant eu des problèmes de censure n'est programmé qu'en 1970. Après la mort de son mari, la comédienne conserve le sourire de sa jeunesse, mais sa vie de femme s'arrête net. Elle n'a plus le temps d'aimer. Serge Rezvani le croit aussi lorsqu'il perd son épouse Danielle. L'inspiratrice de son deuxième roman, *Les Années Lula*, paru en 1968, était atteinte de la maladie d'Alzheimer. « Pour la garder près de moi, je lui avais fait un petit hôpital à côté de notre maison de La Garde-Freinet[20]. »

Leur fusion amoureuse rejoint, dans l'histoire littéraire du XXe siècle, la *Nadja* d'André Breton publié en 1928, l'année de naissance de Rezvani à Téhéran – d'une mère russe et d'un père iranien. « Je n'avais plus très envie de vivre. Certaines personnes m'ont presque reproché que je ne me sois pas suicidé[21]. »

Venu de la peinture, Michel Drach se tourne vers le cinéma. Serge Rezvani a commencé comme peintre avant d'écrire. Le romancier reprend ses pinceaux grâce à Marie-José Nat, sa compagne inespérée, devenue son modèle miraculeux. Le couple habite Bonifacio. « On se croirait dans les années cinquante[22] », dit-il.

En 1956, il s'était retiré avec Danielle (Lula), la Toulonnaise, peintre elle-même, dans une maison enfouie au creux d'un vallon des Maures. La Béate, comme on l'appelle, est cernée par des collines boisées. Quand il y a une menace de chantier à l'horizon, Serge et Lula plantent des arbres pour se protéger des envahisseurs. Leur refuge n'a pas l'électricité malgré une possibilité de branchement. Ne pouvant pas écouter de la musique, il s'est acheté une guitare et se met à composer des chansons, dont *Le Tourbillon*, que chante Jeanne Moreau dans *Jules et Jim* (1961), né en quelques minutes à partir de deux accords.

On s'est connu, on s'est reconnu
On s'est perdu de vue, on s'est r'perdu de vue,
On s'est retrouvé, on s'est réchauffé
Puis on s'est séparé.
Chacun pour soi est reparti
dans l'tourbillon de la vie…

« *Jules et Jim*, écrit Truffaut, sera un hymne à la vie et à la mort, une démonstration par la joie et la tristesse de l'impossibilité de toute combinaison amoureuse en dehors du couple[23]. » Adapté du roman d'Henri-Pierre Roché, le film est interdit aux moins de dix-huit ans, après que le représentant des associations familiales a demandé avec acharnement une interdiction totale. « J'ai vu peu de films moins immoraux. C'est à mon avis une des œuvres les plus importantes du cinéma depuis la Libération », écrit Pierre Lazareff à François Truffaut. La cinéaste Agnès Varda compare ce film à « un chant de flûte dans la nature », à « un ange qui passe ». « Vous avez retenu votre souffle par moments, avec une délicatesse qui m'a charmée. »

Jeanne Moreau, qui possède une maison à La Garde-Freinet, y reçoit Truffaut, ami de son ex-mari Jean-Louis Richard. Celui-ci connaît bien Danielle et Serge Rezvani. Il les présente au réalisateur des *Quatre cents coups*. *Le Tourbillon* est dédié à Jeanne et à Jean-Louis comme un raccourci de leur histoire. Parmi les disques que Jeanne Moreau enregistrera de ses chansons, un 33 tours mémorable de 1963. Cet album contient le fameux tube *J'ai la mémoire qui flanche*. « C'est François qui m'a poussé à écrire, dit l'auteur des *Années Lula*. Mes rapports avec lui ont été exceptionnels. J'ai eu la meilleure part de Truffaut[24]. » Il joue dans le film, sous le nom de Boris Bassiak, et signe Cyrus Bassiak en tant que compositeur et parolier. « Toute la nouvelle vague me fit les yeux doux. Pour *Pierrot le fou*, Godard a pris deux de mes titres, *Ma Ligne de chance* et *Jamais je ne te dirai que je t'aimerai toute la vie*, chantés par Anna Karina. Brigitte Bardot m'avait demandé des chansons, Juliette Gréco et Serge Reggiani également. Incapable d'écrire sur commande, j'ai refusé leurs offres comme la proposition d'aller à Hollywood. Pas question de perdre ma liberté[25] ! »

Dégoûté de la vie de Paris, du bruit infernal qui règne autour de son appartement, dans un HLM, à la porte de Châtillon, non loin des boulevards « terrifériques », Serge Rezvani finit par se réfugier dans le Var en compagnie de Danielle. Quelques années plus tôt, rompant avec sa carrière d'artiste prometteur de l'abstraction (au sein du groupe Les Mains éblouies qui exposait à la galerie Maeght), il est déjà venu dans la région pour se ressourcer. « Durant tout l'été 1947, avec le peintre Pierre Dmitrienko, père de l'actrice Ludmila Mikaël, et d'autres amis, on a repris à Cannes un endroit fréquenté par les homosexuels qui ne marchait pas du tout. C'est devenu La Boîte à ordures, un club genre Tabou[26]. » Serge Rezvani a entraîné dans l'aventure sa première femme Evelyne. Cette jeune beauté de dix-huit ans, sœur de Jacques et Claude Lanzmann, est devenue actrice sous le nom d'Evelyne Rey. En retrouvant une ancienne photographie de cette époque exaltante du Midi où elle expose sa nudité sur un rocher du bord de mer comme la Petite Sirène de Copenhague, Claude Lanzmann, dans ses *Mémoires*, cite deux vers chantés de Gombrowicz, dans *Opérette*, une pièce jouée par son épouse d'alors, Judith Magre, au petit théâtre de Chaillot :

Ô nudité jeune à jamais, salut !
Salut, jeunesse à jamais nue[27] !

Cette femme divine fait partie du décor. Elle appartient à une nature qui n'est ni romantique ni tragique. Une impression fugace de vacances au soleil. De la souffrance brûle à l'intérieur de ce corps splendide. Serge et Évelyne avaient trouvé un petit port d'attache : Saint-Tropez. « J'ai été, dit-il, le premier pêcheur sous-marin du golfe[28]. » À La Croix-Valmer, il distribue son poisson aux pêcheurs. Robinson de l'après-guerre qui se nourrit surtout de rêveries, le jeune homme a entrepris sa « révolution permanente » sans avoir lu Marcuse. La nostalgie a pris le relais. La tristesse aussi. L'utopie est morte et enterrée. Évelyne Rey s'est suicidée le 18 novembre 1966. Elle venait de tourner un film sur les Tunisiennes pour l'émission de télévision d'Éliane Victor *Les Femmes aussi*. Le philosophe Gilles Deleuze, les écrivains Claude Roy et Jean-Paul Sartre, le psychanalyste Norbert Bensaïd ont été amoureux d'elle. Claude Lanzmann n'essaie pas, aujourd'hui, de savoir qui a allumé l'incendie dévastateur dans le cœur inflammable de sa sœur éprise d'absolu. « Elle eut d'autres amours, plus que de raison sans doute, et chaque fois que j'en étais averti, je me récitais ces deux vers de Musset, dans *Rolla* :

C'est que croyant voir, sur ses amours nouvelles,
Se lever le soleil de ses nuits éternelles[29]... »

Dans *Pierrot le fou* où l'on parle du ciel, de la mer, Marianne et Ferdinand, des tueurs à leurs trousses, fuient surtout les lois et les rites d'une société organisée. La mort sera la conclusion logique de leur virée dans le Sud, sur la côte varoise. Jouant ce couple rebelle, Anna Karina et Jean-Paul Belmondo reçoivent la visite des Rezvani pendant la semaine de tournage sur l'île de Porquerolles, au large d'Hyères. Serge est avec Danielle, mais quand Karina, alias Marianne, dans sa robe rouge de Prisunic, improvise sa fameuse litanie en marchant sur la plage : « J'sais pas quoi faire… Qu'est-ce que j'peux faire ? » on pense au profond désarroi d'Évelyne. Interdit aux moins de dix-huit ans, le film de Jean-Luc Godard sort, à Paris, le 5 novembre 1965[30]. Le mois de la mort d'Évelyne Rey qui met fin à ses jours un an plus tard. Comme Marianne, elle voulait « vivre autrement ».

24

Le grand amour de Gérard Philipe

Le 17 août 1959, au petit matin, Jean-Luc Godard envoie cette lettre au producteur Georges de Beauregard : « C'est lundi, cher G. de B. Il fait presque jour, la partie de poker va commencer. J'espère qu'elle rapportera pas mal d'oseille (mot charmant, que l'on n'emploie plus guère). Je voulais vous remercier de me faire confiance. Je m'excuse d'avance, si par hasard je suis de mauvaise humeur le mois qui vient. J'espère que notre film sera d'une belle simplicité ou d'une simple beauté. J'ai très peur. Je suis très ému. Tout va bien. Je vous écris presque comme à mes parents et vous lègue, comme première mise pour la partie qui commence, cette devise de Guillaume Apollinaire : Tout terriblement. JLG. »

À partir d'une histoire ébauchée par Truffaut et Chabrol, sans scénario, avec un script de trois pages, improvisant les dialogues au jour le jour, Godard réussit un coup de maître après quatre semaines de tournage. Beauregard, qui est dans une situation difficile, empoche plus de 150 millions de francs. Grâce à *À bout de souffle*, il respire enfin. Raoul Coutard, le chef opérateur, ancien photographe d'actualité, raconte de quelle manière travaille le jeune cinéaste aussi insaisissable qu'imprévisible : « Il demandait : "Où faut-il mettre la caméra ? – Là… – Bon, eh bien, mettez-la plutôt ici…" et il désignait l'autre bout de la pièce. On tournait dans des triporteurs, dans des voitures d'enfants pour jumeaux, dans des chaises de paralytique. La caméra, toujours à la main : il voulait de la vitesse… On ne travaillait qu'à mi-journée. Le reste du temps, il réfléchissait, il écrivait son dialogue. Il était sale, avec les cheveux dans le cou, mal rasé, pas lavé. La star Jean Seberg se plaignait de son odeur. Il n'avait pas un sou, un clochard[1]. »

Arrivé à Paris sans argent, Jean-Luc Godard est hébergé à Verrières par Claude Mettra, son ancien professeur de philosophie à Lausanne. Mettra, devenu attaché de presse chez l'éditeur Arthaud, a fréquenté la Maison des lettres, installée dans un petit hôtel particulier, rue Férou. De 1944 à 1948, c'est un lieu d'accueil pour des étudiants auxquels se joignent les amis de leurs amis… Une sorte de phalanstère de jeunes gens qui refont le monde. Comme Jacques Lacarrière, Roland Dubillard, Romain Weingarten ou le mime Marceau, Gilles Lapouge a été l'un des occupants de la Maison des lettres. Très proche de Claude Mettra, il habite lui aussi dans sa maison de Verrières où Godard a passé plusieurs mois sans desserrer les lèvres. « J'aurais bien aimé qu'il me dise un mot de temps en temps, se souvient Lapouge. Il était plus jeune que moi, il n'y avait pas de raison que ce soit moi qui mendie. Je pensais qu'il ne me voyait pas. C'est une drôle d'impression. J'étais invisible. » Ensuite Godard est parti. Et il a fait *À bout de souffle*. Ça a été l'explosion[2]. »

Bien plus tard, Gilles Lapouge l'interviewe pour *Le Figaro littéraire*. « Je crois que je vous connais », lui dit le cinéaste. Les joues mal rasées, des yeux tristes et myopes derrière des lunettes fumées. Il a une tête d'indic comme on pourrait en voir dans une série policière.

« Je lui ai rappelé où nous nous étions connus, et il m'a dit, avec son accent suisse : "Ça y est, je vous remets !" Il m'a dit qu'il avait perdu Claude Mettra de vue, et je lui ai répondu qu'en effet, ce dernier m'avait dit, sans se plaindre, qu'il avait été étonné de ne l'avoir jamais revu. Godard a semblé embarrassé. "Maintenant que j'ai bien réussi, je ne voudrais pas lui donner le sentiment que je veux l'éclabousser." Bref, ajoute

Lapouge, c'est finalement la seule fois où je lui ai parlé, et il a été très aimable ! Je l'admire. Et *Le Mépris*, magnifique[3] ! »

Au moment du tournage de *À bout de souffle*, le cinéma français est à la recherche de celle qui pourra rivaliser avec Brigitte Bardot. Depuis *Les Tricheurs*, Pascale Petit est devenue le mythe d'une certaine jeunesse. Sur cent jeunes filles interrogées par Madeleine Chapsal pour son enquête sociologique, soixante-huit ont vu le film de Marcel Carné[4].

En 1955, shampouineuse chez Carita, un grand salon de coiffure parisien où on la baptise Pascale – son prénom véritable est Anne-Marie –, la nouvelle idole poursuit une carrière prometteuse. Durant l'été 1959, elle est la vedette de *Une fille pour l'été* d'Édouard Molinaro d'après le roman de Maurice Clavel. Son cachet est fixé à quinze millions de francs. Chez les sœurs Carita, rue du Faubourg-Saint-Honoré, elle se faisait dix-huit mille francs par mois. Il faut de l'humilité pour recevoir un pourboire. « Je m'enfermais dans les lavabos, tellement ça me rendait malade, raconte-t-elle à Danielle Hunebelle. L'ambiance de richesse est si déprimante, je jugeais ces femmes qui peuvent passer quatre heures chez le coiffeur, je les refusais en bloc, j'avais l'air de les insulter paraît-il. On n'était pas content de moi, alors j'ai fait tous les services. Au moins cela m'aura appris à me coiffer et me maquiller seule[5]. »

À vingt et un ans, elle vient de divorcer, vit avec l'acteur Gianni Esposito, également chanteur, peintre et sculpteur. Le couple pratique le bouddhisme. Pascale Petit n'a pas l'éclat radieux de Brigitte Bardot ni la gentillesse d'une Martine Carol. Les journalistes lui ont attribué le prix Citron de la mauvaise humeur. Sa réussite fulgurante lui fait peur. Elle n'aime pas être reconnue dans la rue. Ne veut pas sourire sur commande. Ne se prête pas à n'importe quelle photo. « Que pensez-vous de B.B. ? » lui demande Danielle Hunebelle. « J'ai de la sympathie pour elle. Mais c'est un destin difficile. Elle, elle s'est laissée submerger[6]. » Au mois d'août de la même année, Jean Renoir revient dans le domaine de son enfance, Les Colettes, à Cagnes, où il termine *Le Déjeuner sur l'herbe*. Sa vedette, Catherine

Rouvel, une Marseillaise de dix-neuf ans, représente le style de femme que Pierre Auguste Renoir aime peindre. Son fils l'a rencontrée à la cinémathèque à Paris. « C'est vous que je cherchais ! » Le peintre dit : « La femme nue sortira de l'onde ou de son lit ; elle s'appellera Vénus ou Nini. On n'invente rien de mieux… » Dans le film, Catherine s'appelle Nénette et se baigne presque totalement nue dans un étang.

Brigitte Bardot, dont la beauté aurait plu au peintre, est à Nice où elle a retrouvé, un mois plus tôt, Michel Boisrond, son metteur en scène de *Cette Sacrée Gamine* (1955). Elle tourne à la Victorine *Voulez-vous danser avec moi ?* avec Henri Vidal, Dawn Addams, Dario Moreno, Noël Roquevert et Serge Gainsbourg. Dans ses *Mémoires*, B.B. ne souffle mot du chanteur, mais raconte les visites d'Henri-Georges Clouzot en prévision de *La Vérité* et comment elle ruse pour masquer sa grossesse. « Clouzot, malgré son côté scrofuleux, faisait figure de don juan parmi ses interprètes. Il n'en est pas une qui n'y soit passée. Le fait que j'attende un bébé ne le rebutait pas, au contraire, il trouvait ça très excitant ! Il me dégoûtait et j'avais un mal fou à le remettre à sa place[7]. » Jacques Charrier joue dans *Les Dragueurs* le premier film Nouvelle Vague de Jean-Pierre Mocky, avec Charles Aznavour et Dany Robin.

À Saint-Tropez, Mijanou Bardot fait de la figuration pour le photographe de *Elle* qui « met en scène » Jean-Pierre Léaud, quinze ans, Antoine Doinel le héros des *Quatre cents coups*, l'enfant chéri du dernier festival de Cannes. Cocteau l'a embrassé, les femmes l'entourent en lui demandant un autographe, les journalistes l'interviewent autant que François Truffaut, vingt-sept ans, dont le film a reçu le prix de la mise en scène. À Saint-Tropez, outre Mijanou qui lui a payé une glace, il rencontre Françoise Sagan et lui demande : « Pourquoi t'aimes que les livres ? », joue aux boules avec Sophie Litvak, place des Lices, rejoint Marisa Pavan à l'heure du goûter, s'amuse comme un petit fou avec Nicole Berger, s'assoit à la terrasse de Sénéquier et joue le gavroche en sifflant les filles[8]. Toutes plus belles, plus coquettes les unes que les autres. Un cinglant démenti à la journaliste anglaise Jean Soward qui décrétait dans le *News Chronicle* : « Paris est peut-être la capitale de la création d'élégance – mais la façon dont la Française moyenne s'habille... Quelle terreur ! » Beaucoup de foulards, de chemisiers et de robes à carreaux Bardot. Sous le soleil de Saint-Tropez, de Cannes, de Saint-Jean-de-Luz, du Touquet, de Perros-Guirec ou de Cherbourg sous les parapluies, c'est B.B. qui fait la mode chez les demoiselles en vacances.

Depuis le 8 janvier, le général de Gaulle est à l'Élysée, captif de sa charge[9]. Les jeunes filles en fleurs de la Ve République voient la vie en rose vichy ! En couverture du numéro de *Elle*, Mylène Demongeot (en petits carreaux de vichy et chapeau de paille) montre aussi sa jolie frimousse en dernière page. La comédienne y fait la publicité d'un savon de toilette : « Mylène Demongeot a un penchant pour le rose qui lui va si bien, mais toute la gamme Lux égaye sa salle de bains ! » À la une des journaux, l'affaire des Ballets roses est un véritable feuilleton politico-judiciaire. Elle implique André Le Troquer, qui a longtemps été un fidèle de De Gaulle. L'ancien président de l'Assemblée nationale doit comparaître devant la XVe chambre du tribunal correctionnel de Paris pour « excitations de mineures à la débauche ». Dans son recueil *Trois minutes de vérité*, paru en avril 1963, le poète russe Eugène Evtouchenko s'exclame : « Diable ! Quelles filles, les filles de Paris/ Mais volontiers le diable les recevrait chez lui[10]. » Son lyrisme s'exprime aussi comme un doigt accusateur : « Ô palabres parlementaires dans le tumulte des séances !/ Ballets et ballets de mensonges : un pas ici est pas de danse/ Jeu que cela et rien que jeu/ Les partis jouent à se pourfendre/ L'on se rengorge vous disant : "Voilà où s'assemble la France[11]." » Le juge d'instruction, Marcel Sacotte, inculpe chaque jour de nouvelles personnalités. Devenu brusquement célèbre, les photographes le traquent jusque dans son jardin.

Avant que n'éclate l'affaire, Edmond Buchet lui a commandé un ouvrage sur la prostitution. Dans son journal, l'éditeur écrit, le 14 juin 1959 : « La publication de ce livre me permet de juger de l'hypocrisie d'une certaine presse bourgeoise. *Le Figaro* a refusé un placard publicitaire qui ne contenait pourtant que le titre et le nom de l'auteur, sous prétexte que le seul mot de prostitution provoquerait des désabonnements[12]. » *L'Express*, qui a publié des extraits de *Où en est la prostitution ?*, est saisi à la demande de l'actrice Thilda Thamar, « la bombe atomique argentine ». Une photo du film *Les Pépées du service secret* (1955), où on la voit en prostituée, sert à illustrer la première page du journal. Ayant été tirée du livre, la comédienne veut également le faire interdire. Le juge des « Ballets roses » est aux cent coups. Edmond Buchet interrompt la publicité et demande aux Messageries Hachette de retirer l'ouvrage de la vente en attendant une nouvelle édition amputée de la photo litigieuse[13]. Le 23 juin 1959, dans la salle du Petit-Marbeuf, près des Champs-Élysées, au début de la projection privée de *J'irai cracher sur vos tombes*, Boris Vian, trente-neuf ans, s'affaisse dans son fauteuil, victime d'un œdème pulmonaire. Il était venu à la séance à contrecœur. Le film de Michel Gast ne l'intéressait guère. Au point de demander que son nom ne figure pas au générique. Cette adaptation n'est qu'un ersatz de son roman, publié en 1946, officiellement suspecté d'enfreindre les lois sur la famille[14]. Sa chanson, *Le Déserteur*, a fait plus de barouf en pleine guerre d'Indochine. Cela dit, Boris Vian, l'antimilitariste, a traduit *Histoire d'un soldat*, les Mémoires du général américain Omar Bradley, parus chez Gallimard en 1952. Ce touche-à-tout ne vit pas seulement de son inspiration.

En 1952, dans son *Journal intime*, il ne cache pas son intérêt pour la réalisation. Mais sans les contraintes industrielles. « Quand ce sera aussi simple de filmer que de regarder, je m'y mettrai – mais dépendre de trop de gens, zut. Pas envie de commander aux gens[15]... » La Nouvelle Vague lui donnera raison. Un de ses précurseurs, son ami Pierre Kast, ancien critique à *Action*, à *L'Écran français*, aux *Cahiers du cinéma* et à *Positif*, lui fait jouer un petit rôle dans un court-métrage, *Un amour de poche* (1957), et dans son premier long-métrage, *Le Bel Âge* (1958), composé de trois sketches – le premier est adapté de

Moravia. Ce film se veut une revendication de la liberté amoureuse avec des couples qui se forment et se défont au gré des humeurs féminines. « S'il a accepté de tourner avec moi, dit Pierre Kast, c'était parce qu'il sentait que cela m'amusait de tourner avec lui. Lui, cela l'ennuyait plutôt, parce qu'il avait beaucoup d'autres choses à faire. Il venait comme ça, en vitesse, et il repartait aussi vite qu'il le pouvait. Moi, j'aimais beaucoup l'utiliser, à cause de cette fantastique étrangeté dont il rayonnait[16]. »

Boris Vian apparaît également dans *Les Liaisons dangereuses* de Roger Vadim. « C'était du travail un peu plus professionnel, poursuit Pierre Kast. Il avait une sorte de vrai rôle écrit, une composition, ce qui l'amusait un peu plus[17]. » Fantomatique, avec son air de somnambule, dès les premières minutes du film, il échange quelques mots avec Jeanne Moreau qui interprète Madame de Merteuil.

Après avoir pensé à Laurent Terzieff, la révélation des *Tricheurs*, pour devenir le haïssable séducteur Valmont, Vadim propose le rôle à Gérard Philipe. C'est son avant-dernier film, le vingt-cinquième. Dans des conditions climatiques difficiles, il enchaîne le tournage, au Mexique, de *La fièvre monte à El Pao* de Luis Buñuel. De retour en France, au début de l'été 1959, se sentant fatigué, il part en vacances dans sa maison de Ramatuelle avec sa femme Anne, ses enfants Anne-Marie et Olivier, Alain son beau-fils. Atteint d'un cancer du foie, il meurt le 25 novembre dans son appartement de la rue de Tournon (Paris VIe) à l'âge de trente-six ans.

Gérard Philipe est enterré trois jours plus tard au cimetière de Ramatuelle. Avec comme linceul la grande cape écarlate de Rodrigue. L'inhumation a lieu la veille du huitième anniversaire de son mariage[18]. Dans *Le Temps d'un soupir*, Anne Philipe écrit : « Le jour de ton enterrement, quand j'ai quitté le cimetière, j'ai su que j'y reviendrais souvent[19]. » L'année suivante, ce sont ses premières vacances sans l'être aimé. La réalité d'une absence. « À la fin de l'été, ta tombe m'était devenue familière. Je pus y penser souvent quand j'en fus éloignée et parfois avec un semblant de calme. Je suivais la croissance des arbres. Je sus quand ils dépassèrent le mur et que leur cime vit la mer. Je sais comment leur ombre joue sur toi, quels sont les vents qui les atteignent. Où que je sois, quand je le veux, j'entends les rumeurs de la route, les échos du village, les colères du mistral, les longues rafales du vent d'est, la pluie, le grincement de la porte de fer qu'un visiteur pousse. Oui, je connais tous les bruits tels qu'ils se rassemblent au-dessus de toi. Et je sais à quelles heures les oiseaux viennent boire l'eau des fleurs[20]. »

François Mauriac, qui ne connaissait pas l'acteur, n'en prend pas moins sa part de chagrin. Sa chronique de télévision dans *L'Express* est un hymne à son talent et à sa jeunesse foudroyés. « Gérard Philipe, héros cornélien et romantique : il était Rodrigue et il était Octave, l'Octave des *Caprices de Marianne* : il l'était à la perfection ; avec ce cynisme à fleur de peau et cette secrète tendresse qui jaillissait dans un cri. Ah ! Je crois l'entendre encore : “C'est moi qu'ils ont étendu sous cette froide pierre. Adieu la pureté de ma jeunesse, l'insouciante folie, la vie libre et joyeuse au pied du Vésuve… Adieu l'amour et l'amitié !” Quelqu'un me dit : “Vous savez qu'il était communiste ?” C'est donc que les autres existaient pour lui et qu'en dépit de sa merveilleuse réussite, il ne demeurait pas indifférent à la souffrance des hommes. Le voici tout à coup sur le petit écran, il nous parle. Les projecteurs font étrangement briller ses yeux. Je n'aimais pas toujours sa voix. Je l'aime ce soir. Il est revenu en fin de semaine pour une interview. Il explique pourquoi il peut interpréter des rôles qui ne répondent pas à ses idées, à ses sentiments personnels, un rôle religieux, par exemple. Ce qu'il dit à ce propos va loin. “Cette part de Dieu qui est en nous…” Oui, je suis sûr d'avoir entendu cela. Le mal qui l'a tué était-il lié à sa vie épuisante ? Toutes ces phalènes autour des sunlights… Mais lui, il était d'une autre race. C'était une âme. C'est une âme[21]. »

Gérard Philipe a rejoint le pays des étoiles. Le pacifiste signataire en 1950 de l'Appel de Stockholm contre les armes nucléaires ; le militant de gauche, président du Syndicat français des acteurs, en 1958 ; la star qui déterminait souvent l'existence d'un film ; l'aventurier du TNP (Théâtre national populaire) auprès de Jean Vilar ; tous ces rôles se résumaient dans celui du Cid qu'il avait incarné pour l'éternité :

Je suis jeune, il est vrai ; mais aux âmes bien nées
La valeur n'attend pas le nombre des années.

En quête de passion, que ce soit sur scène, devant une caméra ou dans la vie réelle, Gérard Philipe était habité à la fois par les tourments de ses personnages et les siens propres. Maria Casarès, lors du tournage, en 1947, de *La Chartreuse de Parme*, le film de Christan-Jaque, se souvient de l'avoir vu s'écrier : « Est-ce de ma faute si j'aime Nicole ? » au lieu de : « Est-ce de ma faute si j'aime Clelia ? » comme le demandait son texte. L'ethnologue Nicole Fourcade, rencontrée en 1946, se trouvait en Asie centrale. Elle était « la première Européenne à avoir parcouru, à dos de cheval, de mulet, de yak, la légendaire route de la soie[22] ». Son premier livre, *Caravanes d'Asie. Du Sin-Kiang au Cachemire*, est publié par René Julliard, avec une préface de l'écrivain et poète Claude Roy, un ami du couple et de l'éditeur. Mariée au sinologue François Fourcade, elle divorce en 1949. Gérard choisit de l'appeler Anne, le premier de ses quatre prénoms, quand elle devient sa compagne légitime, le 29 novembre 1951.

Au cours d'un voyage en Afrique noire, Claude Roy a la surprise de tomber sur elle au milieu d'une foule d'indigènes aux portes du désert. « Nous nous regardâmes, nous nous dépassâmes, puis chacun de nous se retourna, croyant à un mirage. C'était Nicole Fourcade, la jeune femme que Philipe avait épousée quelques mois plus tôt. Nous nous étions rencontrés au TNP, un soir, et voici que nous nous retrouvions ici, à des milliers de kilomètres, comme on se croise dans la rue… Elle ignorait que je voyageais en Afrique, j'ignorais qu'elle était ici afin de tourner un film pour le musée de l'Homme, parmi les tribus primitives. “Une femme avec une sacrée volonté et un sacré courage", m'avoua un vieux broussard. Car Gérard Philipe, à la différence de tant de comédiens qui se marient "dans le théâtre", avait choisi une femme ayant un métier différent du sien, passionnant comme le sien : deux êtres s'enrichissant mutuellement de leurs expériences. Il régnait sur le monde du théâtre, elle lui parlait du vaste monde qu'elle explorait. Les amours des gens de théâtre – et de cinéma ! – sont souvent feux de paille publicitaires. Le leur, dont personne ne parlait, était un grand amour[23]. »

Anne Philipe suit son mari dans ses déplacements à l'étranger : Chine, Japon, Pologne, URSS, États-Unis, Mexique où il a également tourné *Les Orgueilleux* (1953) d'Yves Allégret. Un jour, ils partent au Maroc pour réaliser un documentaire. À bord d'une jeep et avec une caméra 16 millimètres, Anne et Gérard visitent plusieurs régions du pays, indépendant depuis mars 1956. Non pas comme des touristes privilégiés, mais, au contraire, pour montrer l'envers des cartes postales. « Les gens ont trouvé que le documentaire n'était pas passable, confia Anne Philipe à Voldemar Lestienne. Gérard n'avait pas filmé la beauté des cimes. Il avait photographié en pleurant l'agonie d'un bourricot en plein désert[24]. »

Sollicité pour faire un dessin qui le définirait le mieux, Gérard Philipe esquisse un petit personnage sur un haut plateau où il y a un arbre. En guise de légende il écrit : « Les pieds sur la terre et la tête au ciel. »

25

Christiane Rochefort la guerrière

« La Française et l'amour. » C'est le titre de la grande enquête dans *Elle* lancée en 1959 par Hélène Gordon-Lazareff. Claude Lanzmann, qui vient de se séparer de Simone de Beauvoir, a été chargé de faire la synthèse d'une énorme documentation – récits d'expériences vécues, confessions, réponses à une série de questionnaires – reflétant la situation sentimentale des femmes dans le pays.

Comme pour la Nouvelle Vague, première tentative faite scientifiquement en France pour cerner la physionomie d'une génération, les techniciens de l'Institut français d'opinion publique ont réuni les informations sous forme de statistiques. Claude Lanzmann peut se mettre à l'ouvrage. Sous le pseudonyme de Jean-Jacques Delacroix, il analyse et commente cette exploration du cœur féminin. Exercice qui aurait séduit Jacques Laurent citant son double, Cecil Saint Laurent, lors d'une confession à Bernard Pivot dans le magazine *Lire* : « À tort ou à raison, il pense, je pense qu'une femme reflète plus entièrement son époque qu'un homme[1]. »

« Si les jeunes femmes de 1959 avaient le goût de lire Montaigne, écrit Lanzmann, alias Delacroix, ce passage des *Essais* ne manquerait pas de les révolter :

« "Je ne vois pas de mariages qui faillent plus tôt et se troublent que ceux qui s'acheminent par la beauté et les désirs amoureux : il y faut des fondements plus solides et plus constants et y marcher d'aguet ; cette brillante allégresse ne vaut rien... Un bon mariage, s'il en est un, refuse la compagnie et condition de l'amour..."

« Sur les huit millions cinq cent mille Françaises âgées de vingt à cinquante ans, six millions cinq cent mille sont mariées, cinq cent mille veuves ou divorcées. Bon an, mal an, la célébration d'environ trois cent mille mariages laisse penser que l'union fait la force de l'amour. Mais les statistiques de l'Ifop le démentent : l'amour conjugal est une déception pour une femme mariée sur trois.

« Certaines femmes, souligne le journaliste, sont si fières d'avoir un mari, n'importe quel mari, qu'elles pensent que l'amour vient sanctifier le mariage, au dernier moment, à l'instant même de l'échange des alliances. C'est la théorie du coup de foudre sacramentel, qui renverse la formule classique de la façon suivante : au lieu de dire : "J'aime cet homme, donc je l'épouse", on dit : "J'épouse cet homme, donc je l'aime". [...] Rien ou presque ne les menace : ni les retours de passion, ni les intermittences du cœur, ni les infidélités de l'époux. Ces femmes restent accrochées à leur homme, à leur "situation", comme un propriétaire foncier à ses terres[2]. »

Encore nombreux, ces cas extrêmes, survivances du siècle dernier, donnent raison à Montaigne.

Trois questions clés ont été posées par les enquêteurs : « Que vous a apporté le mariage ? », « À votre avis, est-ce que les femmes mariées sont plutôt satisfaites, plutôt indifférentes ou plutôt déçues par l'amour physique dans le mariage ? », « Est-ce que votre mari sait vous manifester sa tendresse aussi bien qu'au début de votre mariage, moins bien, mieux ou pas du tout ? » Les réponses dressent la carte du Tendre de l'année 1959, dix ans avant le millésime 69 ! 70 % des femmes pensent que le bonheur sexuel est une chose importante. Mais elles sont seulement 9 % à reconnaître qu'après un an de mariage, leur vie amoureuse s'est améliorée. C'est le même pourcentage pour celles qui ont franchi le cap des seize années d'union conjugale.

Faut-il en conclure que l'immense majorité des Françaises n'accèdent pas au plaisir souhaité ?

« Du *Diable au corps* aux *Tricheurs*, des *Cousins* à *À bout de souffle*, l'amour est à chaque fois montré comme un drame, une tragédie, où ceux qui prennent le plus de risques – donc le plus de plaisir – seront châtiés en proportion[3] », rappelle Madeleine Chapsal. Les mères sont-elles coupables d'avoir mal parlé à leurs filles de l'amour ? Le contact entre deux épidermes ne fait pas toujours des étincelles... Surtout, prenez garde ! Jouer avec l'amour est un péché mortel. La preuve, ces films interdits aux moins de seize ans où l'on en meurt. Voilà ce qu'elles osent parfois dire en substance.

« La plupart des mères, écrit Mme de La Fayette, dans *La Princesse de Clèves* (1678), s'imaginent qu'il suffit de ne parler jamais de galanterie devant les jeunes personnes pour les en éloigner. Mme de Chartres avait une opinion opposée : elle faisait souvent à sa fille des peintures de l'amour, elle lui montrait ce qu'il y a d'agréable, pour la persuader plus aisément sur ce qu'elle lui apprenait de dangereux ; elle lui contait le peu de sincérité des hommes, leurs tromperies et leur infidélité, les malheurs domestiques où plongent les engagements ; et elle lui faisait voir, d'un autre côté, quelle tranquillité suivait la vie d'une honnête femme, et combien la vertu donnait d'éclat et d'élévation à une personne qui avait de la beauté et de la naissance ; mais elle lui faisait voir aussi combien il était difficile de conserver cette vertu que par une extrême défiance de soi-même, et par un grand soin de s'attacher à ce qui peut seul faire le bonheur d'une femme, qui est d'aimer son mari et d'en être aimée. »

Claude Lanzmann, imprégné de sa grande histoire d'amour avec Simone de Beauvoir, a décortiqué en sociologue l'enquête de l'Ifop : « Si la conquête de l'indépendance par les femmes est un phénomène irréversible et si on peut envisager qu'un jour l'institution familiale de type classique en soit profondément bouleversée, les choses aujourd'hui ne sont ni claires ni simples, elles sont même plus brouillées qu'avant : la situation des femmes, en vérité, s'est compliquée et celles qui travaillent vivent selon un double statut. Car elles doivent, au même titre que les simples ménagères, s'acquitter elles aussi des tâches traditionnelles : elles ont leur métier, mais il leur faut en même temps s'occuper du ménage, de la cuisine, des enfants, du mari, comme autrefois[4]. »

Beaucoup de femmes ne peuvent pas envisager d'avoir une bonne à tout faire. Il y en a une chez mes parents qu'on avertit par une sonnette pour qu'elle serve à déjeuner. Cela se fait dans une famille de la classe moyenne des années cinquante-soixante. Affirmer sa liberté en travaillant comme ma mère, directrice d'un cours commercial, après guerre, c'est s'affranchir de certaines contingences de la vie quotidienne. George Sand, qui parlait d'elle-même au masculin « dès qu'il est question de littérature, de politique ou d'art[5] », avait pris sa plume pour dire à une amie qu'elle recherchait une employée à Paris. Cette lettre inédite du « grand homme[6] » nous éclaire sur sa personnalité féministe : « Si vous connaissez une bonne fille, honnête, active et propre ; pour balayer, essuyer, épousseter, faire le feu, ouvrir et fermer les portes du matin au soir, envoyez-la-moi tout de suite. Françoise a le mal du pays et ne peut rester. Dites à sa remplaçante, si vous en trouvez une, qu'elle aura beaucoup à faire, mais qu'elle sera bien logée, bien nourrie et bien payée… »

Sortie de la maison d'un père pour entrer dans celle d'un mari, la femme traditionnelle est montée à l'assaut des bastilles masculines sans chanter *La Carmagnole*. Une révolution qui passe par les premiers robots ménagers et ce slogan du moulin à café électrique : « Moulinex libère la femme. » Autre publicité d'époque : « Monsieur, vous qui aimez la bonne cuisine, offrez-lui une Super-Cocotte Seb[7]. » La *Complainte du progrès* de Boris Vian met de l'humour dans les épinards :

Viens m'embrasser
Et je te donnerai
Un Frigidaire
Un joli scooter

Un atomixer
Et du Dunlopillo
Avec un four en verre
Des tas de couverts
Et des pell' à gâteau.

« Elles travaillent comme les hommes, elles réussissent comme eux et il devient évident que les relations, à l'intérieur du couple, sont fondamentalement changées à partir du moment où l'épouse ramène à la maison autant d'argent que le mari et possède les droits politiques[8] », remarque Lanzmann. Dans « L'Indéfinissable Malaise »[9], Betty Friedan raconte qu'un matin d'avril 1959, dans la banlieue de New York, elle entend une mère de quatre enfants parler à d'autres mères de famille. Elles ont toutes le même « problème » assez indéfinissable. Parfois une femme dit : « Je me sens curieusement vide… incomplète. » Ou bien : « J'ai l'impression de ne pas exister. » Une jeune femme de vingt-cinq ans, en blue-jean, ayant suffisamment d'argent, de beaux enfants, une maison spacieuse et un mari ingénieur électronicien avec un bel avenir, s'interroge, elle aussi, sur ce malaise. « Un matin, on se réveille et on n'a rien devant soi, on n'attend plus rien. » Elle vient de découvrir que son bonheur apparent l'étouffe. « Je ne suis jamais moi-même », pense-t-elle.

« On pourrait croire que c'est la femme qui s'est le plus ardemment enivrée de sa beauté, de sa jeunesse, qui connaît les pires désarrois… mais non. La femme qui s'est oubliée, dévouée, sacrifiée, sera beaucoup plus bouleversée par la révélation soudaine : "Je n'avais qu'une vie à vivre et voilà quel a été mon lot. Me voilà ! Et elle s'épouvante des étroites limitations que lui a infligées la vie… Du fait qu'étant femme elle a subi plus ou moins passivement son destin, il lui semble qu'on lui a volé ses chances, qu'on l'a dupée, qu'elle a glissé de la jeunesse à la maturité sans en prendre conscience », dit Simone de Beauvoir.

« J'aurais voulu être une exploratrice », déclarait sa mère. Elle renoncera à beaucoup de ses rêves, car les désirs de son mari sont toujours passés avant les siens. « Il est dommage, écrit Beauvoir dans *Une mort très douce*, que les préjugés l'aient détournée d'adopter la solution à laquelle elle se rallia, vingt ans plus tard : travailler en dehors. Tenace, consciencieuse, douée d'une bonne mémoire, elle pouvait devenir libraire, secrétaire : elle aurait monté dans sa propre estime au lieu de se sentir diminuée. Elle aurait eu des relations à elle. Elle aurait échappé à une dépendance que la tradition lui faisait trouver naturelle mais qui ne convenait pas du tout à son caractère. Et sans doute aurait-elle alors mieux supporté la frustration qu'elle subissait. »

Betty Friedan a percé le secret de cet « indéfinissable malaise ». « Nous ne pouvons plus refuser d'entendre cette voix intérieure qui dans chaque femme répète : "Un mari, des enfants et une maison ne me suffisent pas. J'ai besoin d'autre chose[10]." » Dans *Le Bruit de nos pas*, IVe tome de ses Mémoires, Clara Malraux fait ce constat douloureux : « Je m'apercevais que vivre avec André était un cadeau royal que je payais de ma propre disparition. »

En décembre 1958, au Bar des Champs-Élysées, Christiane Rochefort reçoit le prix Nouvelle Vague pour son premier roman, *Le Repos du guerrier*, paru chez Grasset. Après l'annonce du résultat, l'un des jurés remarque : « Cette nouvelle vague est salée… » L'auteur ne s'embarrasse d'aucune précaution pour parler de l'amour et de ses asservissements. Quand on lui demande quelles femmes elle admire le plus, la lauréate répond : Séverine, la féministe visionnaire, et Marilyn Monroe. Entourée de photographes, elle accepte de prendre la pose en se faisant lustrer ses chaussures par Da-Ouda, roi des cireurs de Paris. Christiane Rochefort brille par sa liberté de langage. Cette petite personne aux yeux bleus grands ouverts, c'est tout un poème. Habillée à la diable, un visage rond, elle ressemble à Gelsomina, l'héroïne de *La Strada*. La chargée de presse du festival de Cannes est devenue une vedette de la littérature féminine. Généralement dans « un certain état de fureur », elle est toujours prête à fusiller du regard et à abattre d'une réflexion cinglante les machos de tout poil, comme ce militant gauchiste lançant : « Du calme les cuisinières » à un groupe de jeunes filles qui voulait intervenir dans une réunion politique[11].

Dès 1963, la machine à laver automatique, avec programmation de lavage, rinçage et essorage, entre dans les foyers et remplace son ancêtre Bendix, créée en 1937. Christiane Rochefort rédige un texte sur cette machine qui permet de laver son linge sale en famille : « Du battoir au tambour, ou la légende de nos siècles. »

« Je me demande combien de femmes sont restées en contemplation devant la machine à laver. Assise. Fumant une cigarette. Sans rien faire. Sans en foutre une broque nom de dieu. Contemplant.

« Contemplant le miracle, la fin des millénaires de femmes lavant.

« À la rivière avec un battoir et le savon de Marseille, hiver comme été, les mains rouges, les genoux dans l'humide, et parlant entre elles bien sûr, riant entre elles, il vaut mieux rire et qu'est-ce qu'on y peut ?

« Au lavoir, en ville, l'immonde grand lavoir municipal avec son petit drapeau en fer reproduisant les plis. Lavoir, et l'humidité là-dedans, la flotte partout, les pieds barbotant, le froid.

« À l'évier individuel, chez soi, toute seule, la corvée solitaire, le foyer, la confination à la petite cellule appelée bonheur par les geôliers, l'univers réduit, plus même de parlotes, les nouvelles du quartier, quel quartier ? Avec un chauffe-eau, OK. Mais lavant.

« Contemplant, assises devant la machine à laver, la cigarette à la main, oisives – contemplant la légende de leurs siècles de lessives.

« Constatant comme c'est simple, et bête, au fond, le fonctionnement de ce truc, il suffisait d'y penser.

« Pourquoi nous, on n'y a pas pensé ?

« Parce qu'on était trop occupées à laver[12] ? »

À la fin du *Repos du guerrier*, Renaud Sarti, l'écrivain raté et alcoolique sauvé du suicide par une étudiante, Geneviève Le Theil, se jette à ses pieds pour qu'elle lui pardonne sa violence, ses fausses fugues, son vrai désespoir. Il se livre à la justice de la femme de sa vie. « Passe-moi les menottes, lui dit-il, je t'en prie, vite, je pourrais encore me débattre, Dieu sait, dépêche-toi. Force-moi. Je m'en remets à toi. Tu entends ! Je veux appartenir à l'espèce humaine enfin, à cette saloperie d'espèce humaine pas finie. Je me croyais d'une autre ; fou. Oui, peut-être. Oui. Admettons. Mais c'était une espèce pas réussie, voilà tout ; on avait oublié de lui prévoir une armure, ça ne pouvait pas marcher. Je suis un avortement de la nature. L'homme est une fausse couche, je veux être rien qu'un homme, je veux dire : Bonjour. Comment allez-vous. Très bien merci et vous, je veux aller moi aussi dans la grande Machine à Laver, aide-moi, toi qui sais cela. Aide-moi à vivre. Force-moi à vivre, je te jure que je ne désire plus rien d'autre. Tu ne m'as jamais lâché : ce n'est pas le moment ; ne me lâche pas maintenant, ne me lâche plus jamais, jusqu'au bout. J'ai parlé sérieusement. Épouse-moi. S'il te plaît. »

Brigitte Bardot et Robert Hossein sont, en 1962, les personnages de cette tragédie de l'amour filmée par Roger Vadim. « Il m'intéressait, explique-t-il, de montrer qu'une femme peut arriver à conquérir sa liberté totale sans les entraves que rencontre habituellement le couple. La liberté, selon moi, c'est le respect de l'autre. À la fin j'ai voulu qu'elle gagne : elle n'est plus une victime déchue, avilie, c'est elle qui devient l'élément de force du couple, et au bout de l'aventure c'est l'homme qui vient mendier son amour, sa présence. Mais cette liberté qu'elle a conquise, c'est une liberté toute neuve. Elle va donc vouloir immédiatement en éprouver la puissance. C'est elle qui reprend alors le rôle du guerrier[13]. »

La fraîcheur érotique de *Et Dieu créa la femme* est quelque peu maniérée dans *Le Repos du guerrier* avec l'apparition des peaux de bêtes. Mais des scènes de lit plus classiques ont laissé de bons souvenirs à Robert Hossein. « Avec Brigitte je me suis beaucoup amusé. Sous les draps on jouait comme des gosses. Quand nous avons quitté la chambre à coucher du studio de Billancourt, il n'y avait plus personne sur le plateau[14]... » Robert Hossein est un des rares survivants du Saint-Germain-des-Prés des années quarante-cinq-cinquante qui s'incline chaque année sur la tombe de Vadim au cimetière de Saint-Tropez. « C'était un magnifique copain. À l'époque, je traînais dans le quartier où il m'arrivait de faire la manche. Un jour, je rencontre Christian Marquand qui me demande où j'habite. "Nulle part. – Viens chez moi, 15, rue de Bassano. Il y a déjà Vadim parti sur le tournage de *Maria Chapdelaine* de Marc Allégret avec Michèle Morgan. C'est aussi une des adresses de Marlon Brando quand il est à Paris[15]. Tu connais Jean Genet ? Il passe parfois." Comme je ressemblais à un clochard, j'ai enfilé un costume de la penderie qui m'allait comme un gant. Je n'avais pas encore vu Roger quand, dans la rue, un type me tape sur l'épaule. "Salut Vadim !" me dit-il. Je le regarde se marrer. "Puisque tu as mis mon costume, je t'ai tout de suite reconnu. C'est moi Vadim[16] !" »

Robert Hossein – mère russe et père iranien – épouse Marina Vlady, fille d'émigrés russes, le 4 décembre 1955 à Maisons-Laffitte. Il a vingt-sept ans, elle dix-sept. Ils se sont rencontrés en tournant *Les salauds vont en enfer*, lui comme réalisateur acteur, elle comme vedette. L'union de deux âmes slaves. Quatre ans plus tard, le couple divorce. La carrière de Marina, née Poliakoff – ses trois sœurs Odile, Hélène, Olga sont actrices –, coïncide un moment avec celle de son mari qui en fait une star. Face au phénomène Bardot, sa solide beauté blonde, surtout dans *Toi le venin* (1958), la situe parmi ses rivales. Sorti de l'Actors Studio de Lee Strasberg, Marlon Brando, « le meilleur acteur du monde » selon Elia Kazan, fait des avances à Marina Vlady, qui regrettera plus tard de ne lui avoir pas cédé. « Mais j'étais déjà en mains… », dit-elle un brin nostalgique.

La comédienne s'est mariée quatre fois comme Bardot, qui déclarera à Jacques Chancel : « J'adore me marier. Moi, je trouve que c'est joli de se marier. On se marie maintenant plusieurs fois dans une vie… Cela n'a pas d'importance… ou plutôt, l'important est ailleurs. On ne se marie plus avec n'importe qui. Quand on choisit un mari, que ce soit le deuxième ou le troisième… ou le quatrième, il faut être quand même très attentif. Oui, j'aime bien me marier[17]… »

Interrogée par le magazine *Lui*, en avril 1964, Christiane Rochefort parle de l'usure du couple. Dans son troisième roman, *Les Stances à Sophie*[18], Céline, qui couche avec Philippe depuis six mois, décide de l'épouser. Pendant la nuit de noces, la jeune femme s'aperçoit que cet amant qu'elle s'est choisi est devenu une obligation légale. Comment échapper à la lassitude sexuelle ? « Écoutez. Moi, je ne connais que deux histoires ; deux couples épargnés par la lassitude. Le premier fait de sa vie un drame permanent. Il ou elle feint à tout moment de partir. Ils jouent à se quitter, ils se rattrapent chaque fois à la limite de la rupture. Ils se séparent à nouveau. Ils se poursuivent. Ils se retrouvent. Ils jouent cette farce sans répit, en tragédiens. Ils gémissent, crient, se lamentent. Ils s'excitent. Ce sont des hystériques. Mais leur jeu réussit.

« Le second couple est plus calme. Ils ont soixante-quinze ans. Ils se tiennent toujours par la main. Est-ce de l'amour platonique ? Je ne sais pas. Je ne suis pas allée dans leur lit. Je les vois passer, feutrés, pudiques. Allez donc savoir…

« Il faut la "grâce animale" ou du génie pour ne pas se lasser en amour. Il faudrait qu'on soit vivant tous les jours… Et quand on n'est pas vivant, ne pas se parler, ne pas se toucher[19]. »

Au moment de la parution, en 1982, de son dixième roman, *Quand tu vas chez les femmes*, titre emprunté à la phrase de Nietzsche, « Quand tu vas chez les femmes, n'oublie pas ton fouet », Christiane Rochefort m'avoue : « Il m'arrive de rougir en me relisant. » Le livre met en scène un psychanalyste que ses fantasmes sadomasochistes conduisent à vivre des situations obscènes auprès des prostituées de la rue Saint-Denis ou au cours de soirées spéciales organisées par les gens de son milieu intellectuel. « Je suis fait à la marée de dégoût que mon apparition parfois soulève, quand je suis dans un de mes états. J'ai au moins une qualité d'homme : l'audace ne me fait pas défaut. C'est peut-être dans le sang, après tout », dit le narrateur, heureux d'offrir en spectacle sa déchéance. Christiane Rochefort le promène dans un Paris crépusculaire tel un supplicié qui a trouvé, au cours d'un cocktail mondain, de quoi attiser ses souffrances pour atteindre l'indicible joie du dépravé. Mais c'est aussi sa façon d'approcher Dieu blessé par la culpabilité des hommes et de montrer, comme l'a écrit Bataille, que le Christ en croix est l'expression la plus équivoque du mal.

Cette recherche absolue à travers l'odieux nous renvoie encore à une haine ancestrale qui s'est perpétuée sous des formes diverses de sévices. Comme les camps de la mort nazis, les goulags ou toutes les répressions totalitaires, les tortures d'hier et d'aujourd'hui depuis l'Inquisition jusqu'aux listes de disparus communiqués par Amnesty International. Le héros de Christiane Rochefort porte les stigmates d'une humanité perverse et le calvaire qu'il s'inflige par plaisir malsain correspond à la rédemption d'un monde de bourreaux. Voilà pourquoi ce livre, apparemment scandaleux, a la résonance d'un hymne à la spiritualité. *Quand tu vas chez les femmes* ne fait pas, en tout cas, rougir Pauline Réage, ni son double, Dominique Aury, qui a été impressionnée par *Le Repos du guerrier*. « Le récit jaillit comme de source, d'un trait, dans un langage dru, parfois grossier, mais net, brusque et savoureux, populaire au meilleur sens du terme, et qui dit tout sans broncher. Il reflète avec une vivacité merveilleuse cette liberté parfaite qui, elle aussi, accepte tout sans broncher, cette vitalité indomptable d'une petite imbécile qui, avec une obstination de fourmi, avec un courage de brute, vient à bout d'apprivoiser, d'épouser, de désintoxiquer son ivrogne, et même d'en avoir un enfant. C'est cela sans doute que les femmes admirent, la patience inépuisable, la force obscure, la victoire de l'ordre quotidien. Le pauvre Renaud, tout malin qu'il est, est possédé sur toute la ligne, il faut bien l'avouer. Au reste, cette histoire, qui est sinistre de quelque côté qu'on l'envisage, est pourtant très amusante : l'humour et la vie emportent tout[20]. »

26

Simone Veil, Mère Courage

Le seul lever du rideau qu'ait connu Brigitte Bardot a lieu en novembre 1953, au théâtre de l'Atelier dirigé par Jean Barsacq. Elle joue dans une reprise de *L'Invitation au château*, une comédie d'intrigues de Jean Anouilh. Le rôle d'Isabelle, une petite danseuse, a été créé naguère par Dany Robin. Le critique redouté du *Figaro*, Jean-Jacques Gautier, qui, deux ans plus tôt, a parlé de « l'éblouissante, l'éclatante démonstration de M. Gérard Philipe » dans *Le Cid*, a remarqué cette jeune débutante de dix-neuf ans. « Mlle Brigitte Bardot mérite trois des épithètes qui s'appliquent à son personnage ; la pièce la définit : "fine, jolie, racée". »

En 1951, l'année de l'apparition, sur la scène du TNP, d'« un jeune dieu cornélien », Brigitte devient apprentie comédienne parce qu'elle a posé pour l'hebdomadaire *Elle*. Marc Allégret, qui l'a vue en couverture du n° 232, du 8 mai 1950, demande à Hélène Gordon-Lazareff : « Qui est la jeune fille souriante ? Je voudrais son adresse, elle a le visage d'une des héroïnes de mon prochain film. »

Dans le n° 271 du 5 février 1951, une photo la représente face à Vadim, le scénariste des *Lauriers sont coupés*. Brigitte Bardot s'appelle Brigitte Mucel, comme l'indique l'article annonçant qu'elle est en train de tourner dans le nouveau film de Marc Allégret. Information prématurée. La lycéenne de seize ans a effectivement fait des essais. Le producteur, Pierre Braunberger, tergiverse puis abandonne le projet. À défaut de « lauriers », elle tourne en 1952 *Le Trou normand*, de Jean Boyer, avec Bourvil en vedette. Le futur sex-symbol refuse de se laisser embrasser par Roger Pierre, le jeune premier du film. Énervement du réalisateur.

« Mais enfin ! Brigitte !... » Et elle, rougissante : « C'est que je n'embrasse que mon fiancé[1] ! » Celui-ci est derrière la caméra. C'est Roger Vadim, l'assistant du réalisateur, un sourire retenu. Des yeux, ils se disent : « J'ai envie d'être dans tes bras. » Roger Pierre, dans le rôle d'un imprésario, lance à Brigitte : « On ne vous a jamais dit que vous avez un physique de théâtre ? » – « Je serai un jour une grande vedette et on parlera de moi à la radio. Je veux aller loin. » C'est bien vu ?

Brigitte Bardot préfère conserver son patronyme. Mucel, le nom de jeune fille de sa mère, ne sera jamais à l'affiche. Le label B.B. ne représente encore qu'une ravissante gamine. On la retrouve en couverture du numéro spécial anniversaire de *Elle*[2]. Pour les sept ans du journal, elle présente, en robe d'organza pékiné mauve, la petite fille *Elle* imaginée par l'affichiste Savignac. Brigitte, qui a suivi des cours de danse chez Boris Kniazeff, est déjà dans la peau d'Isabelle. Son unique expérience théâtrale laisse espérer d'autres rôles sur les planches. Des actrices de sa génération comme Jeanne Moreau, Marina Vlady, Annie Girardot, Nicole Courcel sont passées par la scène où leur talent s'est affermi. C'est au théâtre (air connu) qu'on fait ses classes. Ceux qui critiquent Bardot lui feront le reproche de n'avoir pas affronté les feux de la rampe. François Truffaut estime, au contraire, que B.B. qui travaille, sans s'en douter le moins du monde, à sauver le cinéma français, se suffit à elle-même. « Je trouve très bien que Brigitte Bardot ne soit pas une actrice de théâtre capable de tout faire, de même que je préfère Magali Noël qui chante faux en soufflant que cela en devient pathétique des chansons de Boris Vian, à douze chanteuses capables de vocalises extraordinaires. Le style, c'est la femme[3] ! »

En avril 1957, le second film de Roger Vadim, *Sait-on jamais ?*, met en valeur le corps d'une actrice dont le sex-appeal n'est pas démodé par son ex-femme. Françoise Arnoul est dans les bras de Christian Marquand comme l'a été Brigitte Bardot dans *Et Dieu créa la femme*. Pour Vadim comme pour Stendhal, « la beauté est une promesse de bonheur ». La sortie du film est saluée par l'équipe des *Cahiers du cinéma* qui en fait sa couverture. Pour la revue, c'est le seul cinéaste moderne. « On aurait tort de n'applaudir à *Sait-on jamais ?* que parce que ce film français est aussi résolument moderne que *Et Dieu créa la femme*, écrit Jean-Luc Godard. Roger Vadim est "dans le coup". C'est entendu. Ses confrères pour la plupart tournent encore "à vide". C'est entendu aussi. Mais il ne faut néanmoins pas admirer uniquement Vadim de ce qu'il fait enfin avec naturel, ce qui devrait être depuis longtemps l'A.B.C. du cinéma français. Quoi de plus naturel, en vérité, que de respirer l'air du temps ? [...] Ainsi, inutile de féliciter Vadim d'être en avance, car il se trouve seulement que si tous les autres sont en retard, lui, en revanche, est à l'heure juste[4]. »

Critique aux *Cahiers du cinéma* et à *Arts*, François Truffaut arrive avec caméra et bagages à Nîmes pour réaliser son premier film, *Les Mistons*, adapté d'une nouvelle de Maurice Pons. Fin juillet 1957, installé à l'hôtel Imperator, il fait passer une annonce dans *Midi libre* : « Metteur en scène cinéma cherche cinq garçons de onze à quatorze ans pour jouer *Les Mistons*. » Ils sont une cinquantaine à se présenter à l'agence du quotidien régional qui suit au jour le jour le tournage, commencé le 2 août dans les arènes transformées en studio. La Nîmoise Bernadette Lafont et son mari Gérard Blain, surnommé le « James Dean français » par un échotier de *Cinémonde*, sont embarqués dans ce court-métrage où, lors d'une scène, des garnements lacèrent l'affiche de *Chiens perdus sans collier* (1955), le film de Jean Delannoy avec Jean Gabin[5]. Pour Bernadette, dix-neuf ans en octobre, le rêve de sa vie devient réalité : elle est devant une caméra comme Brigitte Bardot, son idole.

Gérard Blain, divorcé de l'actrice Estella Blain, a accepté avec réticence que son épouse suive le même chemin. Il est hostile à ce qu'elle continue de jouer la comédie après ce « court-métrage entre copains ». « Sinon je te quitte ! » lui assène-t-il agacé. Si quelque chose l'exaspère, c'est de sentir Bernadette lui échapper. Ce garçon ténébreux que Claude Chabrol révélera dans *Le Beau Serge* (1958) et *Les Cousins* (1959) a tout à craindre d'une jeune femme qui lancera cette réplique dans *La Décharge* (1970) de Jacques Baratier : « Si vous voulez la liberté, prenez-la ! »

« Par cette matinée torride du mois d'août, j'enfourche ma bicyclette avec l'exaltante sensation de braver l'interdit, se souvient-elle. Des relents délicieux d'école buissonnière se mêlent aux senteurs de garrigue. Le monde m'appartient et B.B. n'a qu'à bien se tenir. Entre chaque prise, c'est le leitmotiv. Truffaut, qu'on surnomme le Petit Caporal à cause de sa ressemblance avec Napoléon sur le pont d'Arcole, répète : “À l'heure qu'il est, Brigitte Bardot ne se doute pas de ce qui lui arrive !” Un événement assez comique empêcha ma tête d'enfler comme une cougourle. Dans le *Midi libre*, sous ma photo, on pouvait lire : “Un des plus beaux spécimens des mulets d'Uzès.” Et le malheureux animal héritait de ma légende : “La fille du pharmacien fait du cinéma.” Notant au passage que l'hybride d'un cheval et d'une ânesse s'appelle un bardot, je déclarai que ma carrière commençait sous les meilleurs auspices[6]. »

Pour *Studio 43*, à l'occasion d'une rétrospective des films de Bernadette Lafont, en 1984, François Truffaut rappelle qu'ils ont débuté le même jour de l'été 1957, « elle devant la caméra, moi derrière ». « Le titre du film inscrit sur le clap était *Les Mistons*. Le cinéma “tenait” Bernadette Lafont et ne la lâcherait plus. Vingt fois, trente fois je l'ai revue sur l'écran, artiste fantaisiste et rigoureuse en même temps, jamais démagogique, droite chandelle jamais vacillante, toujours vaillante, jamais éteinte. Quand je pense à Bernadette Lafont actrice française, je vois un symbole en mouvement, le symbole de la “vitalité”, donc de la vie[7]. » Celle que Jacques Doniol-Valcroze (*L'Eau à la bouche*, 1959) appelle « la petite-cousine de Marilyn », incarne ce souffle libertaire que Nelly Kaplan a mis en scène dans *La Fiancée du pirate* (1969) ou Jean Eustache dans *La Maman et la Putain* (1973). Ce très long-métrage de plus de trois heures fait scandale au festival de Cannes – comme *La Grande Bouffe* de Marco Ferreri – mais il obtient le prix spécial du jury présidé par Ingrid Bergman. Dans les deux films, Bernadette se prénomme Marie : une sauvageonne libre et amorale chez Kaplan, une égérie des beaux quartiers rive gauche, dévouée et silencieuse, chez Eustache.

En voyant Jean-Pierre Kalfon, Pierre Clémenti et Bulle Ogier dans la pièce de Marc'O, *Les Idoles*, une satire délirante du monde du show-business, elle sait à ce moment-là que ce genre de folie correspond à son tempérament de femme-flamme. Après le spectacle, Jean Bouquin, le couturier excentrique de la bande à Marc'O, qui l'a aussi été de Bardot dans sa période au look néo-hippie – robes gitanes et gilets brodés –, débarque à La Coupole avec la troupe en folie. Déjà là, Jean Eustache, Topor et Arrabal, fondateurs du groupe Panique, le peintre Malaval ont allumé la mèche d'une soirée hallucinante. Au milieu de ces personnages tonitruants, Bernadette est submergée par une nouvelle vague de chaleur humaine. C'est désormais sa famille artistique. « Pierre Clémenti porte un pantalon archicollant dont les deux jambes sont de couleurs différentes. Bulle Ogier se meut dans un tutu de danseuse et Kalfon arbore un nœud pap fluo clignotant. Mon admiration pour Jean-Pierre m'a conduite sur le siège arrière de sa voiture. Moulinex libère la fée du logis mais la pilule révolutionne la vie sexuelle[8]. »

Après la sortie du film de Moshe Mizrahi, *Les Stances à Sophie* (1971), tiré du roman de Christiane Rochefort, Bernadette Lafont, qui joue Céline, est invitée par Simone Veil, secrétaire du Conseil supérieur de la magistrature. Nommée à ce poste par Georges Pompidou, elle n'est pas débordée de travail. Il lui arrive, de temps en temps, d'aller au cinéma l'après-midi[9]. « Simone Veil, raconte Bernadette Lafont, a été très sensible à la scène dans laquelle j'insulte le mari de Bulle, après l'accident de voiture qui a coûté la vie de mon amie[10]. » Celle-ci, jouée par Bulle Ogier, trouve en Céline, une ancienne hippie, son alter ego féministe.

Le combat pour l'égalité des sexes et l'émancipation féminine, c'est celui de Simone Veil qui est nommée ministre de la Santé après l'élection, en mai 1974, de Valery Giscard d'Estaing à la présidence de la République. Pendant sa campagne électorale, le nouveau chef de l'État, âgé de quarante-huit ans, a promis de féminiser le pouvoir et annoncé, non sans une certaine audace, la légalisation de l'avortement. « J'estimais qu'il était nécessaire de passer d'une société de répression à une société de responsabilité : la législation sur l'avortement punissait les femmes et les médecins de peines de prison, je voulais que les gens pèsent désormais la gravité de leur décision et l'assument eux-mêmes[11]. »

Dans le premier gouvernement Chirac, Simone Veil est la seule à avoir un portefeuille de ministre. Ses consœurs occupent des strapontins : Annie Lesur à l'Éducation, Hélène Dorlhac à la Justice, Françoise Giroud à la Condition féminine, sont toutes secrétaires d'État. C'est un petit bond en avant par rapport au gouvernement composé uniquement de femmes que le magazine *Marie-Claire* a imaginé quelques mois plus tôt, à l'occasion des fêtes de fin d'année. À l'époque, Simone Veil, encore inconnue du grand public, est pourtant choisie par le mensuel féminin pour être l'éventuel Premier ministre.

J'ai sous les yeux un numéro de *Marie-Claire* de 1941, l'année de ma naissance. Alors hebdomadaire, le journal, fondé en mars 1937 par Jean Prouvost, s'est replié à Lyon. Son adresse symbolise le plus bel avenir d'un pays occupé : 65, cours de la Liberté. L'éditorial, en page 2, s'intitule « Il n'est plus le même… » :

« Non, *Marie-Claire* n'a pas l'habitude de chercher à donner raison aux femmes contre les hommes. Chacun a ses défauts, chacun ses qualités, et lorsque nous leur parlons de leurs rapports mutuels, c'est toujours pour leur recommander la compréhension, l'indulgence, la tendresse.

« Mais tant de femmes nous écrivent, que l'on sent profondément blessées par l'attitude de ce mari dont le retour était si affectueusement attendu. Il est revenu, mais il n'est plus le même : son caractère s'est modifié. Il est amer, hargneux, et semble ne plus considérer sa femme et ses enfants comme ses biens les plus chers.

« Il est vrai que nombreux sont ceux qui ont beaucoup souffert. Mais infiniment nombreux sont aussi ceux qui n'ont pas plus souffert que les femmes et les enfants victimes de l'exode.

« Et la souffrance n'est pas une excuse : elle doit, au lieu de nous amoindrir, nous rendre profondément humains, et plus conscients de nos devoirs. Dans un pays aussi gravement blessé que le nôtre, nul n'a le droit de créer du malheur autour de soi, par égoïsme et par faiblesse.

« Il est concevable qu'un homme qui lutte souvent dans des circonstances dramatiques pour le pain quotidien soit soucieux, mais soucieux ne veut pas dire d'une humeur massacrante.

« La reconstruction du pays doit recommencer dans chaque foyer par un immense effort de bonne volonté et d'amour[12]. »

En feuilletant ce numéro, on découvre les robes qui « font du charme » ; les nouvelles coiffures – « les cheveux courts sont de plus en plus à la mode » ; l'article « J'attends un bébé » concerne l'élégance des femmes enceintes. Un titre qui fait penser au livre de Laurence Pernoud (*J'attends un enfant*, constamment réédité et remis à jour depuis sa parution, en 1956, aux éditions Pierre Horay, qui aborde les aspects scientifiques, médicaux, psychologiques de la grossesse)[13]. Le journal propose également à ses lectrices d'exécuter elles-mêmes une veste ou un gilet avec la peau de chamois qui ne coûte rien ! Ainsi que deux recettes de la cuisine lyonnaise : la carpe farcie de la mère Bigot et le poulet « Marie-Claire » du chef Bouchery. Avec ce commentaire : « Beaucoup d'entre vous préfèrent se priver durant la semaine, afin de pouvoir, le dimanche, offrir à une réunion familiale un plat "somptueux" qui fasse plaisir à tous. »

Dès 1941, les juifs étrangers puis français résidant en zone occupée sont obligés de se déclarer. La grande rafle du Vél'd'Hiv' a lieu en juillet 1942. Simone Jacob, qui épousera en 1946 Antoine Veil, un camarade de Sciences-Po, est la petite dernière d'une famille heureuse installée à Nice. Son père, André Jacob, a trente-deux ans quand il se marie avec Yvonne Steinmetz, âgée de vingt et un ans. « D'Yvonne irradie une beauté rayonnante qui évoque pour beaucoup celle de la star de l'époque Greta Garbo[14]. » En zone libre, les Jacob se sentent à l'abri, jusqu'à l'arrivée des Allemands en novembre 1942. L'année suivante, au lendemain des épreuves du baccalauréat, Simone tombe entre les mains de la Gestapo ainsi que ses deux sœurs, Madeleine surnommée Milou, et Denise, son frère Jean et leurs parents. Après avoir passé neuf mois à Auschwitz-Birkenau, elle est transférée, en janvier 1945, au camp de Bergen-Belsen, où sa mère meurt du typhus. À leur retour en France, le 23 mai 1945, Simone et Milou apprennent que Denise, déportée à Ravensbrück où elle rencontrera Geneviève de Gaulle, puis à Mauthausen, a survécu. En revanche, André Jacob et Jean, partis ensemble pour Kaunas, en Lituanie, ne sont jamais revenus.

Simone Veil, qui porte sur l'avant-bras gauche le tatouage de son numéro de déportée, entend cette ahurissante réflexion d'un haut fonctionnaire français lors d'une réception dans une ambassade allemande, au début des années cinquante, où son mari a été nommé au consulat de Wiesbaden, situé en zone d'occupation américaine, avant de rejoindre le consulat de Stuttgart : « C'est votre numéro de vestiaire », dit-il, avec le sourire, en pointant du doigt le numéro 78651. « Après cela, pendant des années, j'ai privilégié les manches longues[15] », confie la rescapée de la Shoah.

Le 26 novembre 1974, lorsqu'elle présente, devant l'Assemblée nationale, son projet de loi sur l'interruption volontaire de grossesse, le ministre de la Santé entend des propos ignobles. En raison d'une grève de l'ORTF, seules les cinquante premières minutes de la session parlementaire sont filmées. Mais l'enregistrement sonore des interventions est conservé. Des parlementaires n'hésitent pas à rappeler sa déportation, comme Emmanuel Hamel : « Vous, sauvée des camps de la mort où vous fûtes captive [...], est-ce parce que vous avez été prisonnière, puis, dans des circonstances tragiques, avez retrouvé la liberté, que vous voulez pour la femme toutes les libertés ? » Ou encore,

Jacques Médecin, député-maire de Nice, qui parle d'« une barbarie organisée, couverte par la loi comme elle le fut par le nazisme ». Quant à Jean-Marie Daillet, élu de la Manche, il choisit la pire des images en évoquant les embryons humains « jetés au four crématoire ». Plus tard, il regrettera son intervention : « Je garde comme un souvenir douloureux ce que j'ai dit avec beaucoup d'inconscience. »

Le 28 novembre, à 3 h 40 du matin, la loi est adoptée par toute l'opposition et un tiers seulement des députés de la majorité. Parmi ceux-ci, Lucien Neuwirth, qui la soutient avec tendresse et fermeté. « Qu'est-ce qu'elle a entendu, la malheureuse. Je lui disais : "Simone, Simone, reprenez votre souffle, continuez[16]". » Élu de la Loire, ancien questeur de l'Assemblée nationale, ce gaulliste est devenu « monsieur Pilule » grâce à une belle Irlandaise, Katleen, rencontrée à Londres pendant la guerre. Elle lui a permis de découvrir la contraception qui, en Angleterre, est déjà entrée dans les mœurs. « Lorsque je suis revenu en France, me retrouvant à vingt-trois ans maire-adjoint de Saint-Étienne, j'ai pris conscience qu'une des raisons profondes des divorces était la mésentente sexuelle. Des femmes qui se retrouvaient enceintes tous les ans finissaient par quitter leur mari sous prétexte qu'il ne prenait aucune précaution. On voyait des avenirs compromis, uniquement parce que nous vivions encore avec une mentalité du XIXe siècle. Je me suis alors promis qu'un jour, je ferais tout mon possible pour changer l'aberrante loi de 1920 qui réprime l'avortement ainsi que la propagande anticonceptionnelle[17]. »

Lorsqu'en décembre 1967 le général de Gaulle signe la loi Neuwirth sur la contraception, peut-être songe-t-il aux jeunes Français libres qui sont étonnés d'apprendre qu'on peut faire l'amour sans risquer d'avoir un enfant. « C'est lui, poursuit Lucien Neuwirth, qui a demandé en Conseil des ministres d'inscrire ma proposition de loi à l'ordre du jour. Il fut à ce sujet d'une très grande clairvoyance[18]. » « Transmettre la vie, c'est important, dit-il au député. Il faut que ce soit un acte lucide. Continuez[19] ! » De Gaulle refuse toutefois que la pilule soit remboursée. Selon lui, « la pilule, c'est pour la bagatelle. La Sécurité sociale n'a pas plus de raison de la rembourser que l'automobile[20]". » Alexandre Sanguinetti, « grognard » du gaullisme et intime du Général, plaide le dossier de la contraception auprès de madame de Gaulle qui se montre très intéressée par le projet. Ainsi que le relate le docteur Pierre Simon, il ne fait aucun doute que son avis a été pris en compte par le chef de l'État[21]. L'amiral Philippe de Gaulle déclare à Michel Tauriac que ses parents « en ont discuté ensemble, c'est certain, mais entre quatre yeux ». Et que sa mère « concevait malgré tout que la pilule pouvait éviter des drames dans certains cas[22] ». Il lui fait aussi cette confidence : « Un jour, Henriette, ma femme, a eu ces mots concernant sa belle-mère : "Elle n'est pas très féminine, mais elle est assez féministe." Je pense qu'elle avait raison[23]. »

En février 1968, deux mois à peine après le vote de la loi, André Harris et Alain de Sédouy consacrent leur émission *Zoom*, sur la deuxième chaîne, à l'« éducation sexuelle ». Un événement à la télévision, que la presse écrite commente largement. Mais il faut attendre plus de quatre ans pour que les décrets d'application de la loi soient tous signés après des difficultés qu'ont dû surmonter le Premier ministre Jacques Chaban-Delmas, et son ministre de la Santé publique et de la Sécurité sociale Robert Boulin. Georges Pompidou, qui passe pour un esprit libéral – le suicide de Gabrielle Russier, une prof de lettres de trente-trois ans amoureuse de Christian, son élève de seize ans, l'a bouleversé –, se montre farouchement opposé à l'action du député. « Alors, dit-il à Lucien Neuwirth, vous allez bientôt finir de nous embêter avec votre pilule, ça suffit comme ça ! – Enfin, monsieur le Président, ça vaut mieux que l'avortement ! réplique le député. – Non ! Notre clientèle n'en veut pas ! » répond Pompidou, excédé. « Il s'agissait certainement pour lui d'un problème de conscience lié à des motivations qui le concernaient très directement. D'autre part, lorsqu'il m'a fait ses plus vifs reproches en 1973, c'était quelques mois avant sa mort, ses souffrances physiques expliquant son caractère difficile du moment[24]. »

Lucien Neuwirth ne sera jamais ministre. Titre dérisoire à ses yeux face à son combat pour la pilule. À l'époque, il reçoit des flots d'insultes. Sur le portail de sa maison, l'inscription « Assassin d'enfants » est un avant-goût de ce que lui et sa famille vont subir. Sa fille Gabrielle, inscrite dans une école religieuse, doit quitter l'établissement, car les sœurs ont enregistré des plaintes de parents. Dans un paquet recommandé, il reçoit un fœtus avec ce mot : « Salaud, voilà ce que tu as fait ! » Pour ses détracteurs, il a mis le feu aux poudres. On lui reproche d'être responsable d'une véritable explosion culturelle. Certains l'accusent même d'avoir allumé la mèche de Mai 68. « Pour moi, c'est le concept de liberté qui primait. La contraception, c'est la liberté de la femme[25]. »

Libre de son corps comme Katleen que le jeune Lucien d'à peine dix-huit ans a couchée sur l'herbe de Hyde Park. Comme Lillan, ma petite fiancée suédoise qui m'a invité dans son lit avec l'approbation tacite de ses parents, très heureux d'accueillir chez eux ce timide « French lover » de dix-neuf ans portant au pinacle Ingmar Bergman, le cinéaste des femmes mises à nu. En 1961, mon été avec Ingalill, surnommée Lillan, s'interrompt à la fin juillet. À la radio j'entends que quelque chose se prépare en RDA. Reparti de Stockholm en autostop, j'arrive à Warnemünde, sur la Baltique, et continue, cahin-caha, vers Berlin-Est où l'on est en train d'ériger un mur. Des gardes, stupéfaits de découvrir un beatnik français avec un petit drapeau tricolore sur son sac à dos, l'envoient dans l'autre monde, plus exactement de l'autre côté de la porte de Brandebourg. Vive la liberté !

27

Mélancolique Françoise Hardy

« Camille est très belle, elle ressemble un peu à l'Ève du tableau de Piero della Francesca. Il faudrait que ses cheveux soient bruns, ou châtain foncé, comme ceux de Carmen. » Jean-Luc Godard a besoin d'une star incontestable pour tourner *Le Mépris*. Il a pressenti Kim Novak ; Carlo Ponti, l'un des principaux producteurs, lui, pense à sa femme Sophia Loren. Finalement, avec l'accord des deux autres, Georges de Beauregard et Joseph Levine, c'est Brigitte Bardot qui est choisie, d'autant qu'elle souhaite être l'Émilie du roman d'Alberto Moravia devenue Camille Javal dans le film. Avec une perruque noire, B.B. est l'héroïne idéale. « Chouette, je fais partie de la Nouvelle Vague[1] ! » se serait-elle exclamée après avoir signé son contrat le 7 janvier 1963.

Michel Piccoli est engagé pour être son mari, alias Paul Javal, un écrivain et scénariste chargé par le producteur américain Jeremy Prokosch (joué par Jack Palance) d'un travail de replâtrage d'une version de l'*Odyssée* qu'achève de tourner Fritz Lang dans son propre rôle. Francesca Vanini, la secrétaire-esclave de Prokosch, est interprétée par Giorgia Moll. Pour Godard, admiratif, le grand réalisateur allemand de *M le Maudit*, naturalisé américain en 1939, est la conscience de son film. Sous le regard de ce vieil homme sur le déclin, dernier représentant, avec le Danois Carl Dreyer, du cinéma expressionniste, le metteur en scène taciturne a envie de se surpasser. « Comme lui, je voudrais faire des plans qui soient extraordinaires en eux-mêmes, mais je n'y arrive pas… »

« Le roman de Moravia est un vulgaire et joli roman de gare, plein de sentiments classiques et désuets, en dépit de la modernité des situations. Mais c'est avec ce genre de roman que l'on tourne souvent de beaux films[2] », écrit-il. Godard l'adapte en appliquant « sa marque esthétique qui fait de son film une étape fondamentale dans sa carrière, dans celle de Bardot bien entendu et dans l'histoire du cinéma[3] », souligne René de Ceccatty.

Dans le livre paru en 1954 chez l'éditeur Bompiani, l'écrivain italien fait allusion à l'échec de son mariage avec Elsa Morante. L'appréciation sommaire du cinéaste sur son « vulgaire et joli roman de gare » ne le dérange pas outre mesure. Quand Camille/Bardot dit à Paul/Piccoli : « Je te méprise, c'est pour ça que je ne t'aime plus », Alberto Moravia ne se sent pas vraiment concerné. Dans le roman, le mari, qui a provisoirement renoncé à ses ambitions théâtrales pour le cinéma, réfléchit sur lui-même : « J'aimais Émilie, et il y a dans l'amour une grande capacité non seulement d'illusion, mais d'oubli. » Après avoir constaté que sa femme ne l'aime plus, il se dit qu'il lui faut maintenant trouver le courage de s'en séparer, « ainsi que me l'avait suggéré une impulsion désespérée de mon âme ».

Le cœur magnanime, Moravia déclare que « si Godard avait été moins original, peut-être aurait-il été fidèle, mais il était très original et c'est pourquoi il a été complètement infidèle. […] Godard est un homme génial qui a révolutionné le cinéma, mais c'est une personne avec laquelle il est difficile ou plutôt impossible de communiquer[4] ». Ce que conteste le metteur en scène : « Moi, je ne crois pas du tout à l'impossibilité de communiquer, au contraire[5] ! »

Brigitte Bardot a adoré le roman et de mystérieuses affinités l'ont rendue proche du personnage d'Émilie et de sa ligne de conduite. Mais pourra-t-elle en dire autant de la Camille de Godard ? Les relations sont compliquées avec le cinéaste. « Lorsque je le reçus, écrit-elle, nous n'avons pas échangé trois mots. Il me pétrifiait. Je devais le terroriser[6]. » Claude Brulé, venu sur le tournage à Rome pour le journal *Elle*, commence son article par cette confidence de Brigitte qui a loué une superbe villa sur la Via Appia : « Il est très intimidé, tu sais. Et moi aussi !... Il vient, on se dit “vous”, il me regarde marcher, servir le thé... Il dit qu'il a besoin de bien me connaître telle que je suis ; après il ne dit plus rien[7]... » Brigitte n'a pas oublié le procès Vadim contre Truffaut à propos de Jean Aurel écarté de la mise en scène de *La Bride sur le cou* au profit de l'ancien mari de l'actrice. Prenant fait et cause pour son ami Aurel, François Truffaut dénonce dans *France-Observateur* l'attitude « non confraternelle[8] » de Vadim. L'affaire se règle devant la XVIIe chambre correctionnelle de Paris. En tant que témoin, Jean-Luc Godard prend si violemment à partie B.B. qu'il faut l'expulser ! Mais à Cinecitta, elle garde son calme et fait totalement confiance à Godard, ayant conscience qu'il marquera sa carrière. « C'est formidable, répète-t-elle, je suis dans la Nouvelle Vague, maintenant... »

« Sa décision de tourner *Le Mépris* date de loin, raconte Claude Brulé. À la fin de l'été 62, Sami Frey signe un contrat pour un film adapté de la dernière pièce de Giraudoux : *Pour Lucrèce*. Il rencontra très souvent le metteur en scène et, le soir, en revenant de l'avenue Montaigne où il jouait du Brecht, il parlait de ces rencontres à Brigitte. Ce metteur en scène, dont la sensibilité ombrageuse s'accordait parfaitement avec la pudeur de Sami, c'était – bien sûr – Godard. Finalement, on se retrouva non plus à deux, mais à quatre : Sami avec Brigitte, Jean-Luc avec son Anna Karina. On buvait des verres chez Francis, place de l'Alma, en fumant des gauloises. Un beau soir, longtemps après la première rencontre, B.B. dit à Godard :

« C'est vrai ? vous voulez tourner *Le Mépris* ?

– Oui.

– J'ai toujours trouvé ce livre formidable, le meilleur de Moravia !

– Vous accepteriez d'être la vedette ?

– Oui[9] ! »

À la table d'une brasserie parisienne, les paroles s'envolent. Au fil des mois, le projet prend les proportions d'une production internationale à gros budget. Après des hésitations, le nom de Brigitte Bardot réapparaît comme une évidence. Quand il écrit son roman en 1953, Alberto Moravia dépeint son héroïne, Émilie, comme s'il faisait le portrait de la comédienne qui l'incarnera à l'écran dix ans plus tard. « Ses épaules, ses bras, son cou étaient les plus beaux que j'aie jamais vus, ronds, pleins, élégants… Elle avait une bouche charnue, fraîche, rieuse avec des dents d'une blancheur lumineuse, et qui paraissait toujours humide et éclatante ; ses très grands yeux… d'une expression sensuelle étaient, dans les moments d'abandon, étrangement battus et égarés… La minceur souple de sa taille donnait plus de relief aux courbes de ses hanches et de sa poitrine… à cause de son port altier… de la hardiesse et de la force juvéniles de ses longues jambes à la fois robustes et élancées. Il y avait en elle cet air de grâce et de calme majesté involontaire et spontané, qui ne peut venir que de la nature et qui, pour cette raison, paraît d'autant plus mystérieux et indéfinissable… »

Claude Brulé demande à Brigitte Bardot si elle comprend l'attitude d'Émilie dans le roman : ce mépris silencieux dont la jeune femme asphyxie peu à peu son mari.

« Oui, répond Brigitte à voix basse. Je la comprends très bien.

– Tu sais vraiment ce que c'est, le mépris ? Tu méprises des gens ?

– Peu de gens, dit-elle, mais violemment… »

Elle reste un instant sans parler, puis :

« C'est un sentiment terrible, parce qu'on ne peut pas y remédier… La jalousie, par exemple, on peut prouver à quelqu'un qu'on ne l'a pas trompé ; mais le mépris ! Une fois qu'il est là, c'est fini… Un homme qu'on méprise, on ne peut plus s'arrêter, parce qu'il ne pourra jamais prouver qu'il ne mérite pas ce qu'on pense de lui. Moi, j'en veux à ceux que je méprise : je leur en veux de me forcer à les mépriser[10]… »

Après plusieurs semaines de tournage à Rome, l'équipe s'installe à Capri dans la casa Come Me, la maison de Curzio Malaparte, mort en 1957. Construite sur une pointe rocheuse, avec son grand escalier de trente-deux marches en forme de trapèze qui débouche sur le toit-terrasse, elle ressemble à un temple aztèque[11]. Ce lieu magique avec des à-pics de soixante mètres au-dessus de la mer, a valu à l'auteur de *Kaputt* et de *La Peau*, son concepteur, les éloges de Le Corbusier. Pendant dix jours, Jean-Luc Godard est le seul maître à bord de ce vaisseau de béton. « Pour moi, la "vedette" c'était Godard, pas Bardot, dit Michel Piccoli. Non par vertu, mais parce que c'est toujours ainsi que j'ai fonctionné : ce sont les auteurs et les metteurs en scène qui m'attirent, avec qui j'ai envie d'avoir des échanges. Restait néanmoins la réalité économique du cinéma : Bardot touchait un cachet de trois cent cinquante millions d'anciens francs, moi deux malheureux petits millions seulement. Il y a vedette et vedette[12]... »

Encore peu connu à l'époque, le comédien raconte dans un livre ce tournage et ses rapports inattendus avec la star : « Tout n'était entre nous qu'inflation de mots. Je menais une vie de collégien, de joueur de cartes et de farceur qui nous mettait de bonne humeur. C'était mon côté lit en portefeuille. On aurait pu trouver paradoxale cette attitude vis-à-vis de la créature de Dieu et de Vadim. Indigne de mon étiquette de Don Juan séducteur aristocrate, j'ai fait de Brigitte mon meilleur copain de chambrée[13]. »

Le 6 janvier 1965, le réalisateur Jacques Doniol-Valcroze, ancien rédacteur en chef des *Cahiers du cinéma* et occasionnellement acteur, interroge Godard dans l'émission de télévision *Pour le plaisir*. Il est stupéfait d'apprendre que le metteur en scène du *Mépris* a dirigé Bardot en marchant sur les mains. « J'avais deux problèmes avec B.B. Lui faire baisser le niveau de la jupe au-dessous du genou ; donc, je l'ai mise le plus souvent possible en peignoir. Lui faire baisser la choucroute qu'elle a sur la tête, et ça c'était difficile. Je lui ai dit : "Écoutez, Bri-Bri, il faut baisser votre truc sur la tête, il fait quinze centimètres de hauteur." Elle m'a répondu : "Non, pas question, je fais comme je veux avec mes cheveux..." Je lui ai alors proposé : "Si je marche sur les mains pour vous, est-ce que vous baisserez la hauteur de vos cheveux d'un centimètre pour chaque mètre que je ferai ?" Elle m'a dit : "Oui, bien sûr, vous ne savez pas marcher sur les mains !" » Pour prouver qu'il en était capable, Godard a marché sur les mains devant un Doniol-Valcroze qui n'en revenait pas[14].

Le film terminé, Carlo Ponti et Joseph Levine trouvent que le corps de Bardot n'a pas été assez exploité. Ils exigent des scènes sexy supplémentaires. Godard refuse d'obtempérer, crie au scandale, demande que son nom soit retiré du générique. Mais, sur l'insistance de Levine qui distribue *Le Mépris* aux États-Unis, il finit par accepter de les tourner. La séquence d'ouverture est inoubliable. Dans le lit conjugal, le dialogue de B.B. nue et de Michel Piccoli aurait pu être écrit par Duras. « Tu vois mes pieds dans la glace ? – Oui. – Tu les trouves jolis ? – Oui, très. – Et mes chevilles, tu les aimes ? – Oui. – Tu les aimes mes genoux aussi ? – Oui, j'aime beaucoup tes genoux. – Et mes cuisses ? – Aussi. – Tu vois mon derrière dans la glace ? – Oui. – Tu les trouves jolies, mes fesses ? – Oui, très. – Et mes seins, tu les aimes ? – Oui, énormément. – Qu'est-ce que tu préfères : mes seins ou la pointe de mes seins ? – Je sais pas... C'est pareil. – Et mes épaules, tu les aimes ? – Oui. – Moi je trouve qu'elles sont pas assez rondes. – Et mon visage ? – Aussi. – Tout ? Ma bouche, mes yeux, mon nez, mes oreilles ? – Oui, tout. – Donc tu m'aimes totalement. » La phrase de Piccoli qui clôt cet hymne à l'amour : « Je t'aime totalement, tendrement, tragiquement » résume la dramaturgie du *Mépris.* Camille meurt à la fin du film. Partie avec Prokosch, ils se tuent en voiture. Paul pourra écrire sa pièce de théâtre. Cette femme qu'il aimait lui faisait du tort.

« Bardot, dit Godard, a influencé *Le Mépris* dans la mesure où les gens ne sont pas capables de la voir comme une femme normale et c'est dans cette mesure-là surtout qu'elle a influencé le film. Les gens voyaient Brigitte Bardot et non pas une femme ordinaire. J'ai donc été obligé de typer un peu plus les autres. Les personnages sont presque des prototypes[15]. » Pourchassée par les paparazzis, B.B. est contrainte de donner une conférence de presse à l'hôtel Excelsior, à Rome. Les photographes reviennent à la charge à Capri. Ils assiègent la maison de Malaparte. En toute liberté, Jacques Rozier a réalisé deux courts-métrages sur le tournage : *Bardot et Godard ou le Parti pris des choses* et *Paparazzi*[16]. Caméra à la main, le réalisateur d'*Adieu Philippine*, le meilleur film consacré à la jeunesse des années soixante, a su saisir, comme François Reichenbach dans *Brigitte Bardot aux U.S.A.* (1966), le personnage d'une femme qui aurait du mal à s'imaginer en Brigitte Bardot si sa légende ne lui sautait pas à la gorge. Ciao Capri ! La Nouvelle Vague, c'est fini. Elle doit commencer à Londres le tournage de *Une ravissante idiote* d'Édouard Molinaro. À son arrivée, les journalistes et les photographes se bousculent comme aux plus beaux jours du festival de Cannes. Quand B.B. apparaît, le flegme britannique n'est plus de mise. « Je commençais à regretter Capri, les paparazzis et les Italiens pourtant insupportables[17] ! » écrit-elle dans ses *Mémoires*. Son partenaire devait être Jean-Pierre Cassel, mais le marché français ne peut plus suffire. La production l'écarte au profit d'Anthony Perkins, une vedette internationale depuis *Psychose* (1960) d'Alfred Hitchcock.

Une ravissante idiote, adapté d'un roman policier parodique d'Exbrayat, n'est qu'un divertissement. Son metteur en scène a été averti par la police qu'au moindre trouble sur la voie publique, il serait expulsé. « Dès que Brigitte Bardot a fait son apparition, la foule s'est massée dans la rue. Elle a déchaîné une émeute dans le quartier. J'ai seulement réussi à la filmer en caméra cachée depuis une camionnette bâchée. Elle sortait de Hyde Park avec Tony et entrait dans le métro. C'est le seul plan tourné à Londres. Nous avons continué à Paris, en studio, près du canal de l'Ourcq[18] », se souvient le réalisateur. « Brigitte, ajoute-t-il, n'avait pas du tout un comportement de star. Sa seule exigence concernait les horaires : on ne la verrait pas sur le plateau avant 14 heures et à 18 heures elle commençait à me dire : "Doudou, si on s'arrêtait. Je me sens flemmarde." Elle était aussi coproductrice, ayant versé une partie de son cachet dans le financement du film qui n'est pas un chef-d'œuvre[19]... »

Le soir du 1er janvier 1963, B.B. refuse d'être payée pour l'émission *À vos souhaits*. C'est son cadeau de jour de l'An pour les téléspectateurs français. Ce soir-là, elle a une pensée particulière pour Suzanne Pénière dans sa chambre à l'hôpital Lariboisière. Opérée d'un cancer de la gorge, cette amie des bêtes a écrit à Brigitte Bardot qui lui fait livrer un poste de télévision et l'aidera discrètement jusqu'à la fin de sa vie[20]. Pendant le mois de répétitions et la semaine de tournage, la star ne cesse de se lamenter : « Ah ! si c'était en couleurs ! » Pourtant, les lecteurs de *Paris Match* découvrent le spectacle Bardot en couleurs grâce au reportage photo exclusif de Jicky Dussart. L'ami de Brigitte, qui vient d'épouser Anne de Miollis à la mairie de Neuilly, braque son objectif sur une B.B. Fregoli : la star se métamorphose pour chacune des chansons qu'elle interprète. Dans le magazine, le show noir et blanc de la télé a pris des couleurs[21]. Coiffure d'écolière sage, style Marie-José Neuville, elle apprend la guitare avec Olivier Despax dans le rôle du professeur. En jupe écossaise et chemisier vert, façon Sheila, elle accompagne Serge Gainsbourg en improvisant un twist.

Tu n'es qu'un appareil à sou-pirs
Un appareil à sou-rire
À ce jeu je
Ne joue pas
Je n'aime pas
Cet opéra de quatre sou-pirs
Cet air que tu as de sou-rire
Je ne pourrai qu'en sou-ffrir...

Une nouvelle vague de la chanson envahit la scène et les juke-boxes. C'est la vague yé-yé. *Paris Match* n'a pas mis B.B. en couverture du numéro où sont présentées les images de son show du 1er janvier. L'hebdomadaire de Jean Prouvost se tourne vers deux jeunes vedettes de dix-huit ans qui vendent plus de disques que Piaf ou la Callas : Sylvie Vartan et Françoise Hardy. Cette dernière est choisie pour faire la une du journal. Son regard mélancolique et son tube, *Tous les garçons et les filles*, complainte de la jeune fille solitaire, en feront une icône des sixties. Françoise Hardy écrit et compose elle-même ses chansons. Richard Anthony, vingt-quatre ans, Johnny Hallyday, dix-neuf ans, sont en tête du box-office, avec respectivement *J'entends siffler le train* et *L'idole des jeunes*. Le Golf Drouot, situé au-dessus du café d'Angleterre, dans le IXe arrondissement, est le rendez-vous des teenagers. Pour ces enfants du siècle, le rock est une seconde vie. Une équipe de télévision va à leur rencontre. François Mauriac constate que « ces filles et ces garçons aux cuisses de grenouille du Golf Drouot, interrogés par *Cinq colonnes à la une*, n'ont évidemment rien à dire, ils ne trouvent même pas leurs mots, abrutis dès qu'ils ont fini de gigoter[22]. » L'académicien n'a aucune indulgence pour les jeunes rockers. « Cette jeunesse-là, ce n'est qu'un peu de mousse à la surface d'une génération. » Il sera pourtant attendri par « une fille gentille dont les disques font fureur » : Sylvie Vartan, la fiancée de Johnny[23]. « J'ai toujours pensé, dit François Jouffa, que, d'une certaine manière, le couple que formaient Johnny et Sylvie a eu une importance comparable à celle de Jean-Paul Sartre et Simone de Beauvoir… Ils étaient jeunes, ils étaient beaux, ils avaient du succès et ils étaient reconnus par la société. Ils incarnaient eux aussi une forme de liberté nouvelle, presque révolutionnaire[24]. »

À 17 heures, Daniel Filipacchi, au micro d'Europe n° 1, apporte un supplément de bonheur aux yéyés avec l'émission *Salut les copains*. Cette foule immense de « copains » qui s'étourdissent de rythmes et de décibels se rassemble place de la Nation, le samedi 22 juin 1963. L'ami Daniel a lancé l'invitation sur les ondes de la station de la rue François-Ier : « Venez tous à la Nation, samedi soir à neuf heures. Il y aura Johnny, Sylvie et Richard. Ce sera formidable[25]. » Les organisateurs attendent trente mille fans tout au plus ; il en vient cent cinquante mille au cours de cette nuit mémorable. L'événement est analysé par le philosophe et sociologue Edgar Morin dans l'édition du *Monde* du 6-7 juillet. Son article s'intitule « Le temps du yé-yé ». « J'ai trouvé émouvante l'extase pour un chant, la transe provoquée par une voix musicale, ce rapport si violemment émotionnel avec le rythme et la musique, même accompagné d'adoration futile, quand cette adoration n'est autre que le remerciement pour l'extase éprouvée », écrit-il. L'ancien militant stalinien, né Edgar Nahum, dans une famille de séfarades provenant de Grèce et de Turquie[26], est un quadragénaire clairvoyant qui a choisi le camp de la liberté que symbolise cette jeunesse enfiévrée de « La nuit de la Nation ». « Il y a, ajoute-t-il, un message d'extase sans religion, sans idéologie, qui nous est venu par une prodigieuse injonction de sève noire, de négritude déracinée, dans la civilisation américaine, et qui s'est incorporée dans l'humanité du XXe siècle. Le yé-yé en témoigne de façon virulente. »

« Cet article, dit-il à son biographe Emmanuel Lemieux, fait partie de mes petites prophéties dont je suis assez fier[27]. » L'expression « yé-yé » est venue sous sa plume à partir d'une onomatopée des chanteurs de blues : « yeah ! yeah[28] ! » Revenant sur le fameux concert gratuit, Edgar Morin fait ce commentaire : « La Nation a révélé, sous l'apparence d'une fête gentillette, l'apparition d'une contestation, même si c'est Mai 68 qui va exprimer l'aspiration de l'adolescence à plus d'autonomie et plus de communauté. *Salut les copains* représentait la version adoucie et "vaselinée" de la culture adolescente qui avait jailli dans le rock américain et en Californie. Et la fête de la Nation montrait qu'il couvait là quelque chose de plus radical. Mais les intellectuels ignoraient ou dédaignaient ce mouvement car ils ne possédaient pas les repères indispensables pour comprendre ce qui se passait[29]. »

Hormis des débordements inévitables, la grande manif des yéyés se déroule dans une ambiance moins diabolique que celle dénoncée par certains journaux. « Salut les voyous ! » titre *Paris-*

Presse. « Quelle différence entre le twist de Vincennes et les discours d'Hitler au Reichstag, si ce n'est un certain parti pris de musicalité ? » s'interroge Philippe Bouvard dans *Le Figaro*. Le témoignage d'un prêtre dans *Paris Match* est une bénédiction pour Daniel Filipacchi, le grand manitou de la Nation : « Les quelques excès commis découlent logiquement du nombre de personnes rassemblées. Quand Jésus traversait Jérusalem, les gens grimpaient aussi aux arbres et l'Évangile rapporte que les arbres cassaient[30]. »

Dans son *Bloc-notes* du *Figaro littéraire* du 6 juillet 1963, François Mauriac écrit : « Hypocrites, qui vous indignez de ces violences sur la place de la Nation, osez donc nommer la seule coupable, l'idole qui règne sur nous, qui règle le détail de chacune de nos vies : la publicité. Nul n'échappe à son pouvoir. » Faisant allusion à l'appel de Daniel Filipacchi sur Europe n° 1, il poursuit : « Hypocrites, qui dénoncez l'abus que l'État peut faire de la télévision ou de la radio ! Le scandale n'est pas que l'État soit maître des ondes, mais qu'il n'en soit pas l'unique maître et qu'elles vous demeurent soumises, et que vous n'ayez qu'un mot à prononcer, et des centaines de milliers d'adolescents hurlent à la fois sur une place publique de Paris, brisent les glaces, violentent les filles. » Mauriac est ulcéré par le pouvoir d'un média capable de mobiliser « ces meutes hurlantes et féroces ». « Le jeune Hallyday n'est lui-même qu'un instrument. Les maîtres de ce pouvoir, de qui l'ont-ils reçu ? Il faudrait poser ici le problème de la liberté, de cette liberté dont nous nous targuons, face aux marxistes ; mais qui est une fausse liberté [...]. Que pourrait dire aujourd'hui un vieil homme aux garçons et aux filles de ce pays ? Non qu'il doute de leur indifférence. Quelques-uns pourtant l'entendraient. Dans chaque adolescent il y a une possibilité presque infinie ; chez presque tous il y a un moment de grâce à saisir [...]. Ô jeunes gens, il importe peu que vous vous "défouliez" un soir, si vous gardez intacte la foi dans cette part de vous-mêmes : votre âme dont la jeunesse est éternelle. Croire à son âme, c'est être jeune à jamais. »

L'interprète de *Tous les garçons et les filles* dont la jeunesse est éternelle grâce à cette chanson, fait, en 1963, ses débuts au cinéma dans *Château en Suède*, d'après la pièce de Françoise Sagan. Son metteur en scène, Roger Vadim, lui confie le rôle de la mystérieuse Ophélie. Pour son émission *Reflets de Cannes*, programmée pendant le festival, François Chalais reçoit la chanteuse. Devant son poste de télévision, Mauriac craint qu'il ne la croque comme n'importe quelle starlette. « J'ai frémi quand j'ai vu Françoise Hardy, pauvre souris, jouer entre ses pattes. Mais elles sont restées de velours. Peut-être lui faisait-elle pitié, cette petite inconsciente si fière d'avoir intéressé Vadim. » Et de citer *Athalie* de Racine :

> *Je te plains de tomber dans ses mains redoutables*
> *Ma fille*[31].

Dans son livre de souvenirs, Françoise Hardy raconte qu'elle a été « l'une des premières jeunes Françaises à utiliser la contraception – plus importante pour la libération sexuelle que Mai 68 –, quelques années avant sa légalisation en 1967, grâce à mon gynécologue, un original d'avant-garde, qui me posa un stérilet quand j'avais une vingtaine d'années[32] ». Elle fait également cette remarque sur les événements de Mai 68 : « Contrairement à ce que j'ai entendu dire par Daniel Cohn-Bendit, Mai 68 n'a pas transformé la société, c'est parce que la société s'était transformée que Mai 68 a eu lieu. La société britannique n'a pas eu besoin de ce genre de manifestation. Les Rolling Stones, les Beatles, la minijupe constituaient déjà autant de signes d'un incontournable changement de mentalité des mœurs[33]. » Carrefour des audaces, Carnaby Street, à quelques pas de Picadilly Circus, en est le meilleur exemple. Au mariage de David Bailey avec Catherine Deneuve, le témoin, Mick Jagger, look Carneby Street, porte un pantalon beige moulant, une veste de coton bleu, une chemise d'un violet clair, pas de cravate, des chaussettes rouges et des souliers beiges. Le style Bardot court les rues de la City. Le photographe allemand

Frank Habicht se souvient de ce qu'a dit devant lui John Lennon à Paul McCartney : « Plus nos copines ressembleront à Brigitte Bardot, plus nous serons heureux[34] ! » Swinging London ! Bob Dylan rêve, quant à lui, d'une égérie aux cheveux blonds, aux lèvres boudeuses et aux robes Vichy : « La première chanson que j'ai écrite était consacrée à Brigitte Bardot[35]. »

Artiste sentimentale, Françoise Hardy, qui manque pousser un « Pouah ! » lorsque Jean-Claude Brialy, son fiancé de cinéma (il incarne Sébastien dans *Château en Suède*), l'embrasse sur la bouche, est déjà à l'époque la femme libre inspiratrice de Prévert : « Elle chante le désarroi des amours d'aujourd'hui, la liberté dangereuse de l'amour libéré, le tourment lancinant de l'amour séparé, la vie d'"une jeune fille comme tant d'autres", c'est de cela qu'elle chante[36]. » Une jeune fille comme tant d'autres qui tombe, un jour d'été 1967, pour la pendaison de crémaillère de sa maison en Corse, sur le plus piquant des chanteurs : un cactus nommé Jacques Dutronc ! Astrologue par seconde vocation, il ne lui reste plus qu'à interroger l'avenir d'une vie en duo…

28

« Je t'aime moi non plus »

Championne de l'émancipation féminine, Évelyne Sullerot, mariée et mère de famille, n'a rien d'une amazone qui a déclaré la guerre aux hommes. Dans son livre, *Demain les femmes*, elle évoque sa découverte des suffragettes : « Quand, par hasard, j'ai été amenée à les connaître mieux en étudiant leur presse, j'ai été surprise moi-même de les trouver si diverses, d'en découvrir de jolies, chaleureuses, spirituelles, amoureuses et aimées, tant leurs traces dans la mémoire déformante de l'opinion me les avaient représentées moustachues, viragos, aigries et stériles. »

Blonde, mince, charmante et débordante de gaieté, vêtue d'une robe aux couleurs vives, la sociologue, membre fondateur du Planning familial, reçoit un journaliste du mensuel *Réalités* pour s'expliquer sur la place des femmes dans la société de demain. Nous sommes à la fin de l'année 1965. « Du fait des progrès de la science, nous entrons dans "le troisième âge" de la condition féminine[1] », explique-t-elle. Après l'âge préhistorique du matriarcat qui se perpétue dans quelques peuplades primitives, il y a celui du patriarcat où l'homme se considère comme l'unique créateur tout-puissant. Eschyle fait dire à Oreste : « Mon père seul m'a donné la vie. »

Aujourd'hui, c'est le début d'un « troisième âge » qui permet aux femmes de ne plus subir leur corps comme une fatalité. Grâce à l'emploi de produits contraceptifs et à la nature elle-même, l'âge de la ménopause ne cessant de reculer : en deux siècles elle est passée de trente-cinq ans à cinquante ans. Ainsi, pendant une grande période de leur vie, elles peuvent choisir leur destin. En revanche, l'âge de la puberté reste à peu près le même. Les lois Neuwirth et Veil sont les conséquences de cette liberté prônée par la sociologue qui n'hésite pas à se projeter dans un avenir relevant de la science-fiction. « Il peut devenir possible, dans une perspective de développement scientifique à long terme, de faire des accouchements de plus en plus prématurés qui, à la limite, supprimeraient la grossesse. Le fœtus serait délivré au bout de quatre semaines et se développerait dans un milieu biologique artificiel. Il grandirait ainsi en clinique et sa mère viendrait le rechercher huit mois plus tard. Naturellement, je ne dis pas que cette solution, si jamais elle devient possible, devrait être recommandée à toutes les mères. Mais celles qui auront une profession et qui voudront l'exercer avec la même liberté que l'homme pourraient recourir à une solution de ce genre[2]. »

Pour Évelyne Sullerot, l'homme et la femme ont autant besoin l'un que l'autre d'avoir une activité rémunérée. Mais elle souhaite que leur journée de travail soit réduite pour tous deux. « Ainsi la femme connaîtrait une vie professionnelle et l'homme connaîtrait ses enfants. Ceux-ci seraient éduqués autant par le père que par la mère[3]. » « Il n'y a que deux types d'activité qui, dans la grande majorité des sociétés, aient été constamment l'apanage des hommes : les tâches qui exigent une grande force musculaire, et la guerre, précise-t-elle. Mais de nos jours, la machine supplante le muscle et la guerre atomique fait courir le même péril aux femmes et aux hommes[4]. » À partir de cette constatation des valeurs dites viriles et féminines, elle met en cause certaines conclusions de Freud qui lui paraissent prématurées et fausses. « Freud était un bourgeois du XIXe siècle, assez misogyne, qui est parti de la psychologie de l'homme pour expliquer la psychologie de la femme. L'homme est comme ceci, donc la femme est comme cela. L'homme souffre du complexe d'Œdipe, donc la femme souffre du complexe d'Électre. Or les femmes qui préfèrent leur père à leur mère sont en fait la minorité. Il y a deux choses qui me paraissent particulièrement fausses et nocives dans les théories de Freud. Pour lui, la femme est un être passif et masochiste. En outre, elle souffre, paraît-il, d'un complexe de castration parce qu'elle n'est pas physiologiquement identique à l'homme. Cette dernière théorie est d'ailleurs remise en question par des psychanalystes modernes. Et c'est tant mieux car elle me paraît risible[5]. »

« N'allons-nous pas vers un monde psychologiquement asexué ? » lui demande le journaliste de *Réalités*. « C'est une question que je me pose moi-même et qui me tourmente parfois. Quand je croise dans la rue des filles en blue-jeans qui tiennent par le petit doigt des garçons aux cheveux longs, je suis tout de même un peu inquiète[6]. » Pour la philosophe et essayiste Élisabeth Badinter, la question se pose aussi, comme elle le notera, des années plus tard, dans *L'Amour en plus* : « Il est vrai qu'à les regarder de dos ou de loin, habillés et coiffés de même, le jeune homme et la jeune femme tendent à se confondre. Moins de poitrine, moins de hanches et de fesses chez les femmes. Moins de muscles et d'épaules chez les hommes. L'unisexisme existe, du moins en apparence[7]. » L'unisexisme sera-t-il « la voie royale vers la bisexualité, ou la complétude si longtemps rêvée par les hommes[8] ? ». Pourquoi l'homme et la femme de demain ne se fondraient-ils pas dans cette créature androgyne qui aurait l'apparence de Jane Birkin posant nue, le temps d'un plan rapide, dans *Blow-Up*, le film de Michelangelo Antonioni, grand prix international du festival de Cannes en 1967 ? Ou d'une autre Anglaise, la cover-girl Jean Shrimpton, surnommée « la crevette » ?

En revanche, Évelyne Sullerot ne craint pas une dévaluation des passions. « Je crois, au contraire, que le grand problème de demain sera l'approfondissement du mystère de l'amour du couple [...]. La conquête et la domination sont un jeu d'adolescent. L'amour adulte est celui de l'échange, de l'ajustement réciproque. Mais cela n'est pas possible dans une société où la femme n'est considérée, socialement, que comme un être procréant. Du fait de l'accumulation des interdits religieux et sociaux, dans un pays comme l'Espagne par exemple, 90 % des femmes sont frigides, d'après des enquêtes menées par des gynécologues. La vie du couple est donc un échec dans la grande majorité des cas. Pour qu'il y ait un véritable échange dans l'amour, il faut que l'Éros féminin puisse se hisser au niveau de l'Éros masculin. Or, il faut bien le dire, à part quelques exceptions rarissimes, les femmes, jusqu'ici, n'ont pas pu, n'ont pas osé chanter l'homme comme l'homme a su chanter la femme. L'Éros féminin n'a pas encore atteint l'ère du lyrisme [...]. Je ne vois que deux femmes qui aient atteint les situations limites de l'Éros : Emily Brontë et sainte Thérèse d'Ávila. La première fait dire à Catherine, l'héroïne des *Hauts de Hurlevent*, en parlant de son bien-aimé : "Je *suis* Heathcliff." Et Thérèse d'Ávila s'écrie : "Je meurs de ne pas mourir." Mais ce cri d'une amante, elle l'adresse à Dieu ; les femmes n'ont pas encore osé l'adresser aux hommes. À mon avis, si l'Éros féminin parvient à rejoindre l'Éros masculin, on découvrira la profonde ressemblance de la femme et de l'homme dans cette quête d'absolu dont le corps n'est qu'un instrument[9]. »

Françoise Mallet-Joris, trente-cinq ans, cinq enfants, trois mariages, sept romans, obtient, en mai 1965, le prix Prince Pierre de Monaco pour l'ensemble de son œuvre. Elle est dans cette quête métaphysique depuis *Le Rempart des béguines* paru en 1951. Ce premier roman conte la liaison d'une adolescente avec la maîtresse et future épouse de son père veuf. Hélène, quinze ans, tombée sous l'emprise de Tamara, trente-cinq ans, se libère de ses bras le jour du mariage. « C'en était fait dès ce jour-là de ce lamentable amour : il avait atteint sa limite. J'étais libre enfin[10]. »

Françoise Mallet[11], fille du ministre belge de la Justice, et de Suzanne Lilar (*La Confession anonyme*), a dix-huit ans quand elle présente son manuscrit à René Julliard, frappé par sa douceur angélique. Entré en relation avec les dominicains du quartier des Invalides, l'auteur du sulfureux *Rempart des béguines* se convertit au catholicisme et se fait baptiser en présence de l'éditeur, toujours aussi ému par cette incarnation de l'Éros féminin, qui obtient, en 1958, le prix Femina pour *L'Empire céleste*. Dans le roman suivant, *Les Personnages*, elle écrit : « Vous pouvez entrer au couvent tranquille. Rien ne vous dérangera jamais. Il n'y a pas de Dieu. Je vous en fais la promesse. Il n'y a pas de Dieu. C'est le secret de la sérénité des saints. » Émile Henriot, critique littéraire du *Monde* : « Je ne crois pas être cajot, mais cette page m'a scandalisé. »

Le bonheur, qu'est-ce que c'est ? Agnès Varda, après avoir tourné *Cléo de 5 à 7*, prix Méliès, avec Corinne Marchand, un des premiers « films de femmes » sorti au Publicis-Champs-Élysées, au début de l'année 1962, apporte sa réponse dans *Le Bonheur*, réalisé en 1964. Sur le thème de la liberté amoureuse, un homme marié voudrait s'adjoindre une deuxième femme – trio joué par Jean-Claude Drouot, Claire Drouot, Marie-France Boyer. Il les aime toutes les deux, alors pourquoi pas ensemble, « car le bonheur s'additionne », affirme-t-il. « Si drame il y a, dit la cinéaste, il est provoqué non par le banal adultère, mais par le désir de bonheur poussé jusqu'à l'extrême limite[12]. » On parle, à l'époque, d'immoralité, mais le film est récompensé en 1965 par le prix Louis-Delluc. Jacques Demy, le mari d'Agnès Varda, l'a eu l'année précédente pour *Les Parapluies de Cherbourg*, également Palme d'Or au festival de Cannes présidé par Fritz Lang. Les deux films ont été produits par Mag Bodard avec l'argent de son amant Pierre Lazareff[13].

Autre femme primée par le Delluc : Nicole Vedrès, en 1947, pour son long-métrage *Paris 1900* réalisé à partir d'images glanées dans les archives cinématographiques du début du siècle. Disparue en novembre 1965, cette cinéaste et romancière, également lauréate du prix Lumière, en 1953, pour un court-métrage, *Aux frontières de l'homme*, avec le biologiste Jean Rostand, est surtout connue par ses interventions à la télévision, en participant notamment à l'émission littéraire *Lectures pour tous* où « elle parlait un peu de ce qu'elle voulait[14] ».

À l'époque, Agnès Varda et Nicole Vedrès bénéficient de la collaboration d'Alain Resnais en tant que monteur. La jeune Agnès, photographe au TNP, crée, à vingt-cinq ans, une coopérative de production pour tourner à Sète *La Pointe courte* (1954) avec deux membres de la troupe de Jean Vilar : Silvia Monfort et Philippe Noiret, dont c'est le premier film. Cette œuvre, c'est l'hirondelle qui annonce le printemps de la Nouvelle Vague. « C'était un essai d'écriture, dit la cinéaste. Le film a été projeté pendant trois semaines au Studio Parnasse et adopté par les cinémathèques. En cinquante ans, il n'a pas eu plus de vingt mille spectateurs ! Considéré comme un moyen-métrage, je n'ai même pas pu avoir ma carte de réalisatrice... Resnais arrivait à vélo pour monter les rushes. Il n'y avait pas de son direct. Henri Colpi assura la postsynchronisation. Grâce à mon film, les pêcheurs sétois de la Pointe courte n'ont pas été délogés de leur petit paradis car ils risquaient d'être expulsés[15]. »

Cinéaste et féministe, Agnès Varda l'est pleinement en réalisant un « ciné-tract » en super-huit *Réponse de femmes* (1975), puis *L'une chante, l'autre pas* (1976), chronique de deux destins de femmes, Suzanne et Pomme, entre 1966 et 1976. Henry Chapier, critique de cinéma au *Quotidien de Paris* dirigé par Philippe Tesson, le plus libre des patrons de presse, qualifie le film de chef-d'œuvre. « Si *L'une chante, l'autre pas* n'était qu'une fable didactique mettant en relief les problèmes inhérents au nouvel âge de la femme, on serait tenté d'exalter la poésie, la tendresse et l'intelligence de ces prises de conscience consécutives aux événements importants que sont les enfants, l'union libre, le mariage, l'avortement, et la solidarité des femmes entre elles dans les périodes difficiles de leur vie. Agnès Varda n'aurait parcouru – dans cette hypothèse – que la moitié du chemin, réalisant simplement un film à thèse plus lyrique et séduisant que d'autres... Or la trajectoire de ce chef-d'œuvre est bien plus vaste, puisque le film aborde toute la gamme des nouveaux rapports qui peuvent s'installer entre deux êtres, dès l'instant où il n'y a plus soumission d'un objet érotique à l'autre, et pour la bonne raison que chaque élément du nouveau couple de l'âge moderne devient un partenaire, libre de son choix, et capable de remettre son bonheur en question dès que l'instinct de possession de l'autre le menace[16]... »

Après dix ans de séparation, Suzanne et Pomme se retrouvent dans une manifestation devant le tribunal de Bobigny où a lieu le procès de Marie-Claire Chevalier, dix-sept ans. Enceinte à la suite d'un viol, la jeune fille est poursuivie avec sa mère pour avortement. Gisèle Halimi, qui les défend, apparaît dans le film. C'est un moment historique qu'Agnès Varda a voulu montrer dans *L'une chante, l'autre pas*. À la suite du procès, le MLAC (Mouvement pour la liberté de l'avortement et de la contraception) est créé en 1973 pour défendre les médecins contre d'éventuelles poursuites judiciaires. « Bobigny a été plus important encore pour les femmes que Mai 68 », déclare Agnès Varda à Jacques Siclier du journal *Le Monde*. « J'ai envie de voir – et de réaliser – des films qui font chaud aux gens, qui les rendent cohérents, contents et conscients. C'est cela, si vous voulez, mon féminisme », précise-t-elle. Sa rencontre avec Jane Birkin, qui donne lieu à deux films complémentaires, *Jane B. par Agnès V.* et *Kung-Fu-Master* (1987), lui permet de devenir une personnalité romantique. « Mûrie, griffée par le temps, irradiant un charme encore plus prenant que dans sa jeunesse, le sourire aux lèvres et la mélancolie à l'œil, Jane Birkin s'épanouit dans l'univers d'Agnès Varda, qui s'épanouit à son contact. Elles ont, en quelque sorte, réuni leurs histoires de famille en poursuivant leur relation dans ce qui se dit fiction, écrit Jacques Siclier. C'est une affaire de cœur. Ce qu'il y a de meilleur chez Varda », conclut le critique du *Monde*.

En cette année 1967, Serge Gainsbourg, de plus en plus visité par les muses qui se bousculent à sa porte – lycéennes de banlieue ou groupies provinciales –, ressasse en boucle sa réflexion sur l'amour : « C'est une affaire sérieuse que l'amour, écrit-il. L'amour, comme les lettres qui ont du corps, se fait avec des pleins et des déliés. Il implique les caresses et les coups. La langue et la cravache. On frappe, l'on vous résiste, on se fait griffer. Je crois personnellement qu'il faut soumettre ou se soumettre. » Celui qui a écrit *Poupée de cire, poupée de son*, créée par France Gall au grand prix de l'Eurovision qu'elle remporte en 1965, sous les couleurs du Luxembourg, et, en 1966, *Les*

Sucettes pour la même jeune artiste à l'air innocent, est un chaud admirateur de Pauline Réage, l'héroïne d'*Histoire d'O*. Mais il refuse de composer la musique d'*Emmanuelle*, le film de Just Jaeckin. Denise Glaser, la grande prêtresse de *Discorama*, lui rappelle que l'année précédente, dans son émission de télévision, il s'est moqué des yéyés en assenant : « S'ils veulent acheter des usines de sucettes. » « Maintenant, lui fait-elle remarquer, c'est vous qui leur fabriquez des sucettes. C'est même vous l'usine à sucettes… – Ah ! Mais… elles sont au gingembre, mes sucettes ! » rétorque Gainsbourg. L'idée des « Sucettes » dont le second degré échappe à son interprète, est née ce dimanche soir, devant les caméras de Raoul Sangla[17].

Annie aime les sucettes
Les sucettes à l'anis
Les sucettes à l'anis
D'Annie
Donnent à ses baisers
Un goût ani-
sé lorsque le sucre d'orge
Parfumé à l'anis
Coule dans la gorge d'Annie
Elle est au paradis.

« À vingt ans j'étais encore tout à fait un bébé », s'excuse presque France Gall. Dans une interview publiée par le magazine *Les Inrockuptibles*, Gainsbourg la traite sans aménité : « France était trop bébête pour être une Lolita. Une Lolita, ça doit quand même savoir allumer. Elle n'allumait pas du tout… Hé hé hé… J'avais l'essence mais elle n'avait pas le briquet[18]. » Le journaliste-écrivain Yves Salgues, auteur d'un ouvrage épatant sur l'artiste provocateur[19], entend battre le cœur de Gainsbourg à un rythme qui prend la mesure de ses propres angoisses. Après avoir écouté, en 1958, *Le Poinçonneur des Lilas*, il s'interroge : « Quel cerveau, quelle âme, quel homme cache cette nouvelle voix ? » Treize ans plus tard, à la suite d'une overdose d'héroïne, il perd contact avec les réalités terrestres. Enfermé dans une clinique de banlieue, tout semble perdu et le miracle se produit. Ses oreilles mortes ressuscitent grâce au son gainsbourien du 33 tours *Histoire de Melody Nelson*. C'est seulement en 1987 que Salgues et Gainsbourg font connaissance. Cette année-là, le chanteur publie le premier recueil de ses textes qu'il m'a dédicacé avec « affections[20] ». En début de volume, un entretien lui fait dire quelques vérités sur « l'homme à la tête de chou ».

« Est-ce que vous avez eu l'impression, au moins une fois, de vous livrer dans vos textes ?

– Non..., peut-être dans *Initiales B.B.*, et *Je t'aime moi non plus* c'est un peu bio... bio... c'est graphique. »

Les émotions jaillissantes de Gainsbourg devant Bardot ont donné ceci :

Jusqu'en haut des cuisses
Elle est bottée
Et c'est comme un calice
À sa beauté
Elle ne porte rien
D'autre qu'un peu
D'essence de Guerlain
Dans les cheveux.

« Comme le cinéma français eût existé inférieurement sans elle, Gainsbourg sans Bardot n'est Gainsbourg qu'à moitié, écrit Yves Salgues. En ce qui concerne l'aventure qui a projeté "Gain-Gain" sur les talons de "Bri-Bri", la question qui hante l'esprit n'est pas "À quelle date est intervenue la cassure ? mais "Comment se fait-il que Gainsbourg, si orgueilleux dans sa virilité, et si pitoyable lorsqu'une femme l'a blessé, ait continué, quitté par Bardot, à écrire pour elle ? Autant dire à l'aimer de passion[21]." » Après le départ de B.B., il ne lui reste plus qu'une grande photo encadrée d'or de la star qui a posé pour Sam

Levin et ce 45 tours de *Je t'aime moi non plus* dont la version Gainsbourg-Bardot est restée inédite jusqu'en 1986.

– Je t'aime je t'aime
Oh oui je t'aime
– Moi non plus.
– Oh mon amour…
– Comme la vague irrésolue
Je vais, je vais et je viens
Entre tes reins
Je vais et je viens
Entre tes reins
Et je
Me re-
tiens.

La plus grande chanson d'amour qu'il ait imaginée est destinée à Brigitte Bardot, mais elle refuse la sortie du disque. Alerté par les rumeurs, son mari, Gunther Sachs, met son veto. Jane Birkin, la petite Anglaise, l'enregistre en duo avec Serge. Avec Jane B., il prend sa revanche sur B.B. En 1968, rue de Verneuil, il ouvre sa porte, qui n'est pas encore couverte de graffitis, pour faire entendre aux journalistes la version interdite. Sa voix brumeuse « à laquelle répliquait Bardot, Vénus haletante et soumise[22] » semble venir d'outre-tombe. Dans l'entretien qui ouvre le livre réunissant ses textes, on lui demande si Jane Birkin est pour lui une œuvre : « No comment. » Mis en vente chez les disquaires le 22 février 1969, la version Gainsbourg-Birkin de *Je t'aime moi non plus* devient le slow sensuel de toutes les discothèques. Une nuit d'hiver, B.B. l'entend dans une boîte de nuit à Avoriaz. Les soupirs de Jane lui vrillent le cœur. « On a rapporté à Gainsbourg qu'elle s'était retrouvée blême et bouleversée[23]. » Un autre disque intitulé *Doucement* laisse entendre des soupirs suggestifs. Ce sont ceux de Noëlle Noblecourt, l'ancienne présentatrice de l'émission *Télé Dimanche*. En 1964, elle est remerciée par la direction de la première chaîne qui lui reproche d'avoir porté une jupe qui laissait voir ses genoux…

Quand elle tourne *Don Juan 73 ou si Don Juan était une femme*, Brigitte Bardot n'a pas le moral. Elle se dispute sans cesse avec son fiancé Christian, l'ancien barman du club Saint-Nicolas à Courchevel, et Roger Vadim lui demande de jouer une scène dans un lit avec Jane Birkin. B.B. et Jane B. nues, aussi gênées l'une que l'autre[24]. « Pendant cette scène, les deux beautés devaient, selon le script, fredonner une chanson. Taquine, Brigitte avait suggéré *Je t'aime moi non plus*[25]… »

29

L'indémodable Coco Chanel

Du haut de son mètre cinquante huit, Hélène Gordon-Lazareff règne sur l'empire de la mode. C'est un signe qui ne trompe pas quand son œil vif s'allume ou se fige. Les jugements de la directrice de *Elle* (huit cent mille exemplaires) sont sans appel. À ce qu'elle aime, réussite assurée. À ce qu'elle déteste, échec promis. Née sur les bords du Don en Russie, étudiante à l'Institut d'ethnologie de Paris, journaliste à *Paris-Soir*, *Harper's Bazaar*, au *New York Times*, l'épouse de Pierre Lazareff a eu l'idée d'un magazine féminin en se promenant, un jour de 1945, à Broadway.

Ce serait un journal qui tiendrait les femmes au courant de la mode, de la beauté, de la maison, du savoir-vivre, mais également de l'actualité française et internationale. Le premier numéro paraît le mercredi 21 novembre 1945. Les femmes viennent d'obtenir le droit de vote grâce à l'ordonnance de 1944 signée à Alger par de Gaulle, alors président du Comité français de libération nationale (CFLN). Elles mettent leur bulletin dans l'urne pour la première fois en avril 1945, à l'occasion des élections municipales. Yvonne de Gaulle aurait demandé à son mari pour qui elle devait voter. « Mais Yvonne, vous êtes libre[1] ! » lui rétorqua le Général. Philippe de Gaulle tient à préciser que son père a voulu que les femmes soient non seulement électrices mais aussi « éligibles dans les mêmes conditions que les hommes[2] ». « Votez ! » L'éditorial de Françoise

Giroud dans *Elle*, en 1946, est une façon de leur crier : « Aux urnes, citoyennes ! »

En 1967, Hélène, qui fonctionne au coup de foudre et revendique sa liberté comme un bien inaliénable, reçoit la plus haute distinction de la mode : le prix Neiman Marcus, l'oscar de l'élégance décerné à Dallas par Edward Marcus, l'un des associés de la grande chaîne de magasins américains. Christian Dior et Coco Chanel l'ont respectivement obtenu en 1956 et 1957. Retouche au portrait de celle que sa collaboratrice, Denise Dubois-Jallais, surnomme « la tsarine » : « Une tsarine, c'est un monstre. Cela a le pouvoir de vous tuer. Mais aussi celui de vous faire naître. Elle ne se prive ni de l'un ni de l'autre. C'est un monstre aux cheveux courts, blonds, quelquefois à peine roux. Elle soulève sa frange en effrangeant de sa main et la fait bouffer, bouffer. C'est un tic. Elle parle en mettant ses pieds parfaits dans les tiroirs tirés de son bureau. Elle les retire élégamment quand la stratégie l'exige et, sans vous quitter des yeux, va à la recherche de ses escarpins Chanel, du 36, sous le bureau[3]. » « Elle était irrésistible. Un petit oiseau d'acier », dit Françoise Giroud. Son regard pétille quand elle assiste, en 1947, à la présentation dite « new-look » de Christian Dior.

« Ce fut un spectacle fabuleux. Lorsque les premiers mannequins défilèrent, il nous sembla assister à la naissance d'une nouvelle femme. Non seulement Dior bouleversait la triste mode des années de guerre par la richesse, l'ampleur, la longueur qu'il donnait à ses toilettes, mais corsetant, juponnant, il sculptait une nouvelle image féminine à la taille idéalement fine, aux hanches douces dont nous avions complètement perdu le souvenir [...]. La mode n'était plus un défilé de robes, mais un moment unique de création. Nous étions passionnés, subjugués. Parmi l'assistance il y avait un grand nombre d'artistes, Jean Cocteau, Christian Bérard, Marie-Louise Bousquet. J'ai pensé : “Ils ont connu Diaghilev, et le moment que nous vivons chez Dior doit être semblable à celui qu'ils connurent lors de la découverte des Ballets russes[4].” »

Dans un élan d'enthousiasme, la directrice de *Elle* rencontre les directeurs des grands magasins pour leur conseiller d'interpréter ce « new-look » et de le faire ainsi descendre dans la rue. Mais Christian Dior, extrêmement timide et très susceptible, qui vit dans un somptueux appartement de style 1900, n'attache pas grande importance à ces problèmes de diffusion. Chanel sera son deuxième éblouissement. Après des années de silence et une collection imparfaite en 1954, Mademoiselle Chanel existe à nouveau par son style. Elle a plus de soixante-dix ans. Les salons de la rue Cambon retrouvent leur lustre. « C'est un climat de raffinement, explique Hélène Gordon-Lazareff. Quand on porte un Chanel on se sent mieux que dans un autre vêtement, parce que la doublure est en soie très légère, le tissu moelleux, les couleurs fondantes, la coupe fine[5]. » Au bureau comme dans ses voyages, elle revêt le plus souvent un tailleur Chanel. Ce sera aussi l'uniforme de Carmen Tessier, l'une des maîtresses de son mari. Contrairement à Dior, Chanel, la frondeuse, souhaite être copiée et que la mode soit accessible au plus grand nombre. « La mode, dit-elle, qui reste dans les salons n'a pas plus d'importance qu'un bal travesti. » Mais les reproductions sont de pâles copies, le style Chanel est inimitable.

Coco, qui se moque des compliments et déchire à belles dents les gens qu'elle n'aime pas, réplique à Hélène Gordon-Lazareff s'extasiant devant Jackie Kennedy accroupie auprès de ses enfants : « Vous oubliez, ma chère, qu'elle a fait venir le photographe[6] ! » Jackie porte un tailleur Chanel rose quand le président est assassiné à Dallas en 1963. La réflexion de Coco sur Brigitte Bardot, de retour de Rio, est une vacherie de plus : « De belles proportions, mais elle a de mauvais souliers, de mauvais bas, elle est habillée de bric et de broc. Dégoûtante cette fille, elle prend des poulets, des canards sous le bras. C'est que ça sent très mauvais. Alors elle arrive comme ça du Brésil, avec son coin-coin. Si elle avait quinze ans, on comprendrait qu'elle n'est pas encore sortie de l'enfance, mais elle en a passé trente. La femme enfant, tu comprends, à notre époque, c'est fini », affirme-t-elle à Claude Delay, psychanalyste et écrivain, qui a partagé l'intimité de Gabrielle Chanel les dix dernières années de sa vie[7].

Michel Déon essaie d'écrire les Mémoires de la couturière. Comme Paul Morand, auteur de *L'Allure Chanel*, il a compris que Gabrielle Chanel représente le triomphe d'une nouvelle société sur celle de la première avant-guerre. « En libérant les femmes de leurs corsets, elle avait modifié non seulement leur physique mais aussi leur intelligence, leur goût de vivre[8]. » Convaincu de son influence sur les mœurs, il estime que la Coco de l'entre-deux-guerres a insufflé un désir de liberté : « Oui, elle avait permis aux femmes d'être maigres, de couper leurs cheveux, de montrer leurs jambes en descendant de voiture, de bronzer sur la plage ou sur le pont d'un bateau, d'afficher leurs amants comme les hommes affichaient leurs maîtresses sans qu'on y vît rien de scandaleux[9]. » Mais rendons à Paul Poiret ce que la femme lui doit lorsqu'il la libère du traditionnel corset et veut la voir danser pieds nus comme Isadora Duncan.

Le troisième coup de foudre d'Hélène Gordon-Lazareff est aux antipodes de Chanel : André Courrèges, toujours vêtu de blanc, dont les tenues dépouillées n'ont aucune douceur féminine. « Je trouve qu'il a un très grand talent et est de notre époque, parce que ses vêtements structurés peuvent être fabriqués industriellement[10]. » Invitée à Matignon par le Premier ministre Georges Pompidou, Coco Chanel aperçoit à une table trois de ses clientes « déguisées en petites filles par monsieur Courrèges[11] ». Leurs tenues les font ressembler à des personnages venus d'une autre planète. « Comme pour faire de la figuration dans un mauvais film d'anticipation[12]. » C'est à la table des frères Mille, Hervé et Gérard, rue de Varenne, que le projet d'une comédie musicale à Broadway, inspirée de sa vie, prend forme. L'équipe de *My Fair Lady* le concrétise. Les costumes, signés sir Cecil Beaton, manquent de style. Chanel n'assiste pas à la première de *Coco* où triomphe Katharine Hepburn à près de soixante-cinq ans. « Combien de carrières de presse, de théâtre ou de cinéma ont commencé rue de Varenne ? se rappelle le journaliste Marcel Haedrich. Vadim y prenait ses quartiers quand il tirait le diable par la queue, c'était chez les frères Mille qu'il emmenait Brigitte dîner. Les parents téléphonaient : "Notre fille est là ? Renvoyez-la avant minuit, merci." Gérard Mille s'étranglait de fureur en découvrant que Christian Marquand et quelques copains portaient ses smokings. Annabel, pas encore Buffet, arrangeait des roses dans les vases. Tout, vraiment tout se passait rue de Varenne, où Coco, bien entendu, se trouvait chez elle[13]. »

Si B.B. n'est pas sa tasse de thé, Chanel est séduite par Romy Schneider que lui présente Luchino Visconti, en 1961, quand elle joue, au Théâtre de Paris, *Dommage qu'elle soit une p...* La pièce de John Ford raconte les amours incestueuses d'un frère et d'une sœur dans la Parme du XVIe siècle. Romy débute sur scène, comme son « éternel fiancé » Alain Delon qui s'exclame après la première : « Ce soir, Romy est la reine de Paris[14] ! » Pour une fois bienveillante, Chanel dit de l'ex-Sissi : « Elle est célèbre d'avance » en l'admirant, rue Cambon, dans un tailleur pêche gansé ton sur ton. Son actrice préférée : « l'inégalable » Jeanne Moreau. Mais c'est Marilyn Monroe qui est son meilleur agent publicitaire quand elle déclare, en 1954, lors d'une interview : « Qu'est-ce que je porte sur moi au lit ? Mais... Chanel N° 5, bien sûr... »

En février 1954, Mademoiselle Chanel choisit la date du 5 pour présenter sa collection de réouverture. Chiffre porte-bonheur ? En 1921, elle l'a donné à son célèbre parfum présenté dans un flacon cubique. À la fin de la Seconde Guerre mondiale, il devient un must aux États-Unis et sera longtemps plus connu que Chanel elle-même. À Paris, les GI font la queue devant la boutique pour offrir à leurs fiancées cette essence de luxe à la française. Elle fait la prodigieuse fortune de sa créatrice, estimée à quelque quinze millions de dollars selon le magazine *Time* en 1971, année de la disparition de Coco à quatre-vingt-sept ans.

Dernier engouement d'Hélène Gordon-Lazareff : le « prêt-à-porter ». Un jour, Emmanuelle Kahn, mannequin chez

Balenciaga, lui montre un gilet qu'elle a trouvé à Londres. « Ne croyez-vous pas qu'on pourrait lancer des gilets semblables à Paris ? J'ai bien envie de dessiner un modèle. » D'autres jeunes femmes estiment qu'il y a quelque chose à faire entre la haute couture et des collections sans intérêt. Qu'apportent-elles ? Un esprit moderne, un ton résolument décontracté, des idées neuves. Cela plaît d'emblée à Hélène Gordon-Lazareff, d'autant que, parmi ces novatrices, se trouve sa fille, la journaliste Michèle Rosier. « Lorsqu'un grand couturier s'installe, dit la directrice de *Elle*, il vient toujours d'une autre maison de couture – Dior était chez Lelong, Cardin chez Dior – et se trouve immédiatement entouré d'une escouade de conseillères, d'essayeuses, de vendeuses. Pour tout bagage, les créatrices du "prêt-à-porter" n'avaient que leur passé de femmes intelligentes, actives, ayant beaucoup voyagé, lu, vu, entendu[15]. » Le pari de ces pionnières est en soi une révolution. Elles veulent convaincre des femmes très élégantes de s'habiller dans la journée en « prêt-à-porter » français, qui est devenu le meilleur du monde. Hélène a pressenti qu'il se taillerait la part du lion.

Pierre Cardin, qui accompagne Jeanne Moreau avec une fidélité de chevalier servant – il effectue deux brèves visites au Mexique sur le tournage de *Viva Maria* –, est aussi très soutenu par la patronne de *Elle*. « Il est le plus indépendant de tous les grands couturiers, n'épouse aucune ligne de conduite et crée ce qui lui plaît avec une immense imagination, un grand talent poétique et varié, avec parfois aussi une pointe de mauvais goût, mais à petites doses le mauvais goût peut être amusant[16]. » Quand Denise Dubois-Jallais part en Afrique pour suivre le voyage présidentiel – Georges et Claude Pompidou sont des familiers des Lazareff –, Hélène lui fait une série de recommandations. « Pensez à des robes du soir : Cardin vous en prêtera[17]. » Dans l'avion réservé à la presse accréditée par l'Élysée, la journaliste est vite repérée. On lui demande si elle a été envoyée « pour les robes de Madame Pompidou ». « Auquel cas, tout, n'est-ce pas, aurait été en ordre. Mais je dis non. Et je m'assois près de mes confrères de *France-Soir*, solidaires (c'est

Pierre Lazareff leur patron)[18]. » Certains reporters ne peuvent pourtant s'empêcher, à chaque cérémonie, de lui demander si la tenue de la présidente est bien en soie et vient de chez Dior. L'anecdote aurait fait sourire Hélène et Pierre Lazareff qui préfèrent que leurs collaborateurs, hommes ou femmes, appliquent à la lettre la devise de Gaston Leroux : « Le premier devoir d'un journaliste est d'être lu. » Le b.a.-ba du métier pour les nouveaux venus dans les rédactions de *Elle* ou de *France-Soir*.

« Tu gagnes ta vie, tu fais ce que tu veux. » Les parents d'Edmonde Charles-Roux ont donné carte blanche à leur fille qui bénéficie de la recommandation d'Hippolyte Ebrard, un entrepreneur marseillais en peinture maritime. Cet ami de Félix Gouin, président de l'Assemblée constituante, est l'un des actionnaires de *Elle* à sa création, en 1945. Il fait spécialement le déplacement à Paris pour pistonner la jeune Edmonde. « J'ai une compatriote, vous ne pourriez pas l'embaucher[19] ? » demande-t-il à Hélène Gordon-Lazareff. Âgée de vingt-deux ans, la future rédactrice en chef de l'édition française de *Vogue* commence par un emploi inattendu. « Le plus utile, c'est que vous vous occupiez de moi », lui dit Hélène. Son principal travail consiste à faire du classement et mettre de l'ordre dans ses agendas. « Je suis devenue son grouillot[20]. » La fille du boyard juif de Rostov-sur-le-Don n'est pas encore tsarine, mais, sûre de son ascendant, elle a décidé de s'imposer. Le soutien inconditionnel de Pierre Lazareff, qui lui a aménagé des bureaux au cinquième étage du 100, rue Réaumur, permet à son épouse de préparer un brillant premier numéro. Pierrot intervient auprès de Colette pour qu'elle donne une nouvelle inédite[21]. Ce sera *Étoile Vesper, voyante à domicile !* qui paraît, caviardée par Hélène... L'auteur de *Chéri* écrit que son héros « avait la semence claire ». Les lectrices se seraient-elles voilé la face ? La pudeur d'Hélène oblige son mari à se déplacer chez la romancière, au Palais-Royal, pour la convaincre d'accepter la suppression d'une image qui ne dénaturerait pas le récit.

À *France-Soir*, les secrets d'alcôve se murmurent selon la formule du « qui-baise-qui ? ». Lorsque je rejoins l'équipe des

« Potins de la Commère », en 1965, le fameux « qui-baise-qui ? » est toujours d'actualité dans les couloirs du journal. Ce courrier du cœur ou du cul fait encore la joie de Pierre Lazareff. Les dimanches de Louveciennes[22] bourdonnent de cancans lorsque ses invités se retrouvent à La Grille royale, la propriété louée à prix d'or par la tsarine et le petit roi de la presse. Citer les personnalités qui viennent déjeuner à leur table, c'est feuilleter les pages du *Who's Who* des années fastes de *France-Soir*. Il faut dire « J'y étais » pour être dans le premier cercle du couple qui règne sans ostentation et met l'amitié en valeur. Yves Montand et Simone Signoret, Bernard Buffet et Annabel, Georges Cravenne et Françoise Arnoul qui se sont mariés à Louveciennes, Francis Fabre, P-DG des Chargeurs réunis, et sa femme Jacqueline surnommée Mistou, Colette et Jacques Duhamel, Claude et Georges Pompidou, Lucie et Edgar Faure, Micheline et Jacques Chaban-Delmas, Sophie et Anatole Litvak, François Mitterrand, Françoise Sagan et Guy Schoeller – leur repas de noces a lieu à La Grille royale –, Marcel Bleustein-Blanchet, le fondateur de Publicis et père d'Élisabeth Badinter, Françoise Giroud, Gisèle Halimi, Romain Gary, Pierre Salinger, l'avocat René Floriot, Maurice Druon, Juliette Gréco, Jeanne Moreau, les frères Gall, journalistes et écrivains, les frères Mille « of course », Coco Chanel font partie des habitués.

Mademoiselle Chanel, vieille dame impertinente, n'arrive que dans l'après-midi, préférant déjeuner rue Cambon. La couturière rencontre à Louveciennes Sophie Litvak qui lui parle de Marie-Hélène Arnaud, le mannequin-vedette de sa cabine. « Elle m'a invitée chez elle. – Où ça ? – Rue Cambon[23]. » Assez estomaquée, Coco se sent menacée par sa « créature » qui se voit déjà dans la place. « Puisqu'elle ne veut plus être mannequin, je dois penser à quelqu'un d'autre. » Fin d'une histoire et d'une rumeur parisienne. Marie-Hélène Arnaud ne sera jamais son héritière.

Dans les pages de *Elle* et de *Vogue*, elle a le vent en poupe. Sa beauté et son élégance lui donnent une silhouette de star, surtout devant l'objectif d'Irving Penn. De sa tête chapeautée aux escarpins, Marie-Hélène Arnaud incarne les grandes heures de Chanel années cinquante-soixante. C'est l'époque *Vogue* d'Edmonde Charles-Roux qui y passe seize ans, après un an et demi à la rédaction de *Elle*. Le décorateur Christian Bérard et son amant Boris Kochno lui ont signalé qu'on cherche des journalistes pour le retour de *Vogue* en France. Elle leur dit : « Je n'y vais pas. » « C'est un comportement de provinciale. » Edmonde se tourne vers Pierre Lazareff qui l'encourage à tenter sa chance : « Vas-y ! Je te garde ton fauteuil[24]. » En accord avec Michel de Brunhoff, rédacteur en chef de l'édition française, Edmonde Charles-Roux donne une identité culturelle au magazine dépendant des éditions Condé Nast, également propriétaires de *Vanity Fair*. « Sur les cent quarante pages de *Vogue*, j'ai réservé la moitié aux arts et aux lettres. Notre lectorat de femmes riches ayant les moyens de s'habiller chez les grands couturiers n'était pas forcément composé d'idiotes. Ce mariage entre la mode et la culture marchait bien jusqu'au jour où mes relations avec certains écrivains m'ont rendue suspecte auprès de la direction américaine. Jean Genet et Aragon, en particulier, me valurent de vifs reproches. Elle ne voyait qu'un pédéraste dans le premier et un dangereux communiste dans le second. Deux ennemis de l'Amérique[25] ! »

De fil en aiguille, la liberté d'Edmonde Charles-Roux est de plus en plus contestée. « J'ai fini par être renvoyée à cause d'une couverture avec un mannequin noir. Vedette du film *Qui êtes-vous Polly Magoo ?* (1965), Dorothy McGowan posait pour William Klein en costume Ungaro. J'avais quarante-trois ans. Grâce à ce licenciement, j'ai pu écrire l'esprit tranquille mon premier roman, *Oublier Palerme*, où la question de la mode est traitée avec un esprit critique[26]. » Le livre paraît chez Grasset. « Tous mes amis étaient publiés dans cette maison. Aragon m'a dit : “Vous regretterez de n'être pas allée chez Gallimard”[27]. » Le succès d'*Oublier Palerme* (quatre cent quarante mille exemplaires, dix-huit traductions, et prix Goncourt en 1966) lui permet de poursuivre une carrière littéraire. Son ouvrage sur Coco Chanel, *L'Irrégulière ou mon itinéraire Chanel*, sorti en 1979, est aussi un best-seller. Marcel Haedrich, qui a commandé à Edmonde Charles-Roux, pour *Marie-Claire*, un savoir-vivre adapté à l'époque, subit les reproches d'une Coco de mauvaise foi : « Mon cher, vous êtes fou. Vous la connaissez bien ? Pourquoi a-t-elle l'air si méchante à la télévision ? » Elle a vu Edmonde, à la présentation de sa collection, dans quelque chose d'« immonde ». Il faut entendre : dans une robe d'un autre couturier.

« Pourquoi portes-tu cette horreur ?

– On me l'a donnée.

– Raison de plus pour ne pas la mettre[28]. »

Gabrielle Chanel ne supporte pas la concurrence et entre en colère quand elle lit dans un journal qu'un couturier parle de son métier comme d'un art. « Voilà, dit-elle, les fournisseurs qui se prennent pour des artistes. C'est bouffon ! L'art ne peut rien pour la mode. Si la mode sert parfois l'art, c'est assez pour la gloire de la mode[29]. »

« On dit qu'une femme s'habille pour son entourage, les hommes, les copines. En fait, c'est pour soi qu'on s'habille. De manière à se trouver bien et prendre une attitude de conquête qui vous donne, effectivement, l'impression d'être en forme. » C'est ce que me dit Françoise Sagan que j'interviewe pour *Femme*, dirigé par Annick Geille. Comme Edmonde Charles-Roux à *Vogue*, elle donne de l'importance à la vie culturelle dans un magazine féminin haut de gamme du groupe Filipacchi. Sagan me parle de la mode qu'elle aime depuis son premier voyage aux États-Unis, au printemps 1955. Elle emporte avec elle des robes que les couturiers lui prêtent. « Je les ai mises le moins possible car j'évitais les soirées autant que je pouvais. C'est en épousant Guy Schoeller, un homme élégant, que j'ai commencé à faire vraiment attention à mes tenues. Je suis allée chez Guy Laroche. Sophie Litvak me donnait des conseils. Mais elle me voyait plutôt en dame. Ça ne m'allait pas très bien. Il y avait une essayeuse exquise chez Laroche. “Attention, Mme Litvak arrive”, me prévenait-elle. Alors nous nous cachions pour que je puisse choisir mes affaires tranquillement.

Si Sophie tenait absolument à un truc, je le prenais et puis je le mettais dans un placard. »

Françoise Sagan va une fois chez Chanel, envoyée par Hélène Lazareff. Elle ne supporte pas d'entendre Coco tenir des propos antisémites. Un officier allemand a partagé sa vie pendant et après l'Occupation. En 1948, Richard Avedon l'a photographiée devant deux affiches : l'une annonce les manifestations du centenaire de 1848 avec la mention « Liberté, Égalité, Fraternité ». Sur l'autre, on lit « Pourquoi Hitler ? ». Cette image accusatrice est restée à l'époque dans les cartons d'Avedon. Sagan ne boycotte pas les parfums Chanel, ayant une préférence pour Bois des îles et le N° 5 en eau de toilette. « J'ai eu d'autres relations avec des gens de la haute couture, poursuit-elle. Yves Saint Laurent, accompagné de Pierre Bergé, m'a souvent rendu visite en Normandie. Il se mettait au vert dans ma maison d'Équemauville pour réfléchir à ses futurs modèles. Jean-Louis Scherrer et Guy Laroche venaient également s'y installer quinze jours pour préparer les collections. »

Françoise Sagan s'habille chez Peggy Roche. Elle se plaît dans les vêtements de son amie. Mais il y a des jours où Françoise Sagan se sent mal à l'aise. Même dans sa tenue préférée, elle ne peut pas faire illusion. « Il vaut mieux choisir un vieux chandail, une vieille jupe. Avec ces vieux complices, on sait qu'on passera plus ou moins inaperçue, mais ce sera confortable. » Quand elle se réveille déprimée, Annabel enfile un vieux pull et son blue-jean fétiche comme une peau de rechange…

30

Louise Weiss, la grand-mère du MLF

« Louveciennes ressemble à la petite ville de province où naît et meurt Mme Bovary. Elle est ancienne et la vie moderne l'a laissée intacte… Assise derrière leurs fenêtres, les vieilles femmes regardent passer les gens. » Anaïs Nin les observe depuis qu'elle a emménagé, en 1931, avec sa mère et son frère dans une maison au 4 bis, rue de Montbuisson. Dans son *Journal*, la jeune femme raconte l'arrivée d'Henry Miller, « chaleureux, détendu, naturel, si différent de sa façon d'écrire, brutale, violente, vitale ». L'auteur de *Tropiques* vient à plusieurs reprises à Louveciennes, sous les regards de ces commères sans âge qui guettent à leur fenêtre, aux premières loges du petit théâtre louveciennois en perpétuelle représentation[1].

Le comte de Paris achète en 1953 le manoir du Cœur-Volant, de style anglo-normand, proche de La Grille royale où Hélène et Pierre Lazareff s'installent en 1952. Avec des hôtes qui attirent des personnalités les plus diverses, le maire de la commune, Fernand Guillaume, ceint de son écharpe tricolore, en devient une à force de marier du beau monde. Le 31 juillet 1956, le publiciste Georges Cravenne épouse Françoise Arnoul, en présence de Pierre Lazareff, Maurice Chevalier, Hervé Mille, directeur de *Paris Match*. Après la cérémonie, le couple et leurs amis se retrouvent à La Grille royale pour le repas de noce. Le 16 janvier 1957, c'est le couronnement de sa carrière de premier magistrat lorsqu'il unit Hélène-Astrid-Marie-Léopoldine, princesse d'Orléans, la deuxième fille du comte et de la comtesse de Paris, à un « exploitant agricole », Évrard-Louis-François-Xavier, comte de Limburg-Stirum. La reine de Grèce, dix-neuf altesses et quarante princes de sang figurent parmi les invités. Le 9 septembre 1964, Fernand Guillaume récidive avec la princesse Isabelle, l'aînée des onze enfants du prétendant au trône de France. Entre-temps, il a uni pour le meilleur, mais aussi pour le pire, Brigitte Bardot et Jacques Charrier.

Louis Merlin, le fondateur d'Europe n° 1 en 1954, vit plusieurs années à Louveciennes, au château Bellevue[2]. Son épouse a créé la revue *Sonorama* : le journal qu'on lit avec l'oreille ! Les textes sont accompagnés de disques souples présentant des reportages d'actualité. Dans le numéro 10 de juillet-août 1959, le premier disque concerne la visite du général de Gaulle au Vatican. Après avoir reçu l'ordre du Christ, suprême distinction vaticane, il s'agenouille devant le pape Jean XXIII qui est parfois en communication téléphonique avec Lipp ! Mgr Veuillot, archevêque de Paris, l'appelle depuis le sous-sol de la brasserie. Berthe, chargée du vestiaire, du lavabo et du tabac, le met en ligne avec Sa Sainteté[3]... Le deuxième disque est consacré aux récents mariés de Louveciennes : Charrier aime B.B. « Nous ne nous quitterons jamais », s'exclament les tourtereaux. Ils se sont rencontrés en dansant sur une musique de Franck Pourcel, *Les Hanches*. C'est le coup de foudre. Dans un troisième disque, Jacques Charrier interprète les chansons de son ami Pierre Nicot qu'il a connu en suivant les cours du conservatoire d'art dramatique de Montpellier. En 1960, Anaïs Nin constate qu'à Paris « les jeunes filles s'efforcent toutes de ressembler à Brigitte Bardot[4] ».

Louveciennes appartient à l'histoire de la famille Bardot qui possède la grande maison blanche située en face de l'entrée du château des Sources[5]. Ce pavillon norvégien a été transporté sous le ciel d'Île-de-France par un grand-père romanesque de Brigitte Bardot qui retrouve le pays de son ancêtre quand elle devient la compagne de Bernard d'Ormale, le 16 août 1992. « Devant Dieu et pas devant les hommes[6] », selon les intéressés.

« Les parents de Brigitte étaient des grands bourgeois originaux. Ils avaient une vie beaucoup plus libre que la norme[7] », raconte Claude Hertz qui les a connus en 1948. C'est par l'intermédiaire de Jean Rousselet, un jeune pédiatre (frère d'André Rousselet), qui a soigné Mijanou, que ce chef de clinique marié à la fille aînée du journaliste Louis Martin-Chauffier, est reçu dans le grand appartement de la rue de la Pompe. « On sortait de la guerre. Nous avions envie de nous amuser. Le champagne coulait à flots chez les Bardot. C'étaient des gens amusants qui tenaient table ouverte. Ils organisaient des dîners où il fallait arriver déguisé. Louis Bardot, surnommé Pilou, avait parié qu'il irait à Louveciennes en marche arrière avec sa traction six cylindres. Un exploit qu'il réussira en partie[8]. » À quatre-vingt-dix ans passés, Claude Hertz se souvient de Toty, plus réservée que son mari excentrique. « Elle avait du charme et de l'allure. Mijanou lui ressemblait beaucoup. Brigitte faisait de la danse. Son père la poussait dans la carrière artistique. Pendant les vacances, elle nous a accompagnés à Cannes dans la maison des parents de Toty, “La Cerisaie”. C'était une adolescente exquise[9]. » « En repensant à Anne-Marie et Louis Bardot, ajoute-t-il, j'ai le sentiment que ce couple représentait une liberté rare à l'époque. Comme s'ils vous ouvraient les portes d'un nouveau monde[10]. »

Mort le 5 novembre 1975, à l'âge de soixante-dix-neuf ans, ingénieur diplômé de l'École supérieure d'électronique de Grenoble, l'industriel Louis Bardot, vice-président de Duffour et Ignon (gaz liquéfiés et dissous), était aussi l'aérien « Pilou », « un être adorable qui se promène dans la vie une rose à la main[11] », aime à dire sa femme. Ce poète du dimanche a fait éditer quatre plaquettes dont *Vers en vrac* qui reçoit, en 1961, le prix Voquelin de l'Académie française. Brigitte Bardot en a extrait deux poèmes qu'elle reproduit dans ses *Mémoires*, en fin de volume : *Coucher de soleil à La Madrague* et *Saint-Trop' en famille*. Louis Bardot aimait raconter qu'une voyante lui avait prédit que « son nom ferait le tour du monde ». Il était loin d'imaginer qu'il devrait cette gloire à sa chère « Bri-Bri ».

Au début des années cinquante, M. et Mme Bardot louent pour la première fois une villa à Saint-Tropez, tout près de la plage des Salins. Brigitte et Mijanou sont inséparables. Petites sauvageonnes, elles partagent leurs jeux avec deux ravissantes Niçoises, Jocelyne et Chantal Mercier. D'abord petit rat à l'opéra de sa ville natale, Jocelyne prend, à Paris, le prénom de Michèle et devient au cinéma Angélique, l'héroïne d'un roman-feuilleton d'Anne et Serge Golon[12] adapté à l'écran par Bernard Borderie. La future B.B. de *Et Dieu créa la femme* et celle qui sera la *Marquise des Anges*, dont la chute de reins fait fantasmer les accros de la série des *Angélique*, se retrouvent en 1968 aux studios espagnols d'Almeria, en Andalousie. Bardot tourne *Shalako*, d'Edward Dmytryk, avec Sean Connery, et Michèle Mercier *Une corde, un colt*, de Robert Hossein. Deux westerns dans la lignée de ceux de Sergio Leone qui a mis en scène au même endroit sa fameuse trilogie[13]. Brigitte s'ennuie ferme dans cette superproduction dirigée par un réalisateur américain qui a débuté comme garçon de courses à la Paramount. Son passé est entaché par sa conduite durant la période du maccarthysme. Considéré à Hollywood comme un homme d'extrême gauche, il a été condamné à six mois de prison et mille dollars d'amende. Exilé en Angleterre, il est blanchi en 1951 après avoir dénoncé un certain nombre d'anciens communistes ou sympathisants.

Dans le palace d'Almeria où se trouve également Michèle Mercier, Brigitte Bardot a transformé en boîte de nuit le salon de son appartement. « Michèle distribuait des boules Quiès aux clients de l'hôtel afin qu'ils puissent dormir sur leurs deux oreilles[14]. » En train de rompre, puis de se réconcilier avec Gunther Sachs qui la menace de divorcer, elle reçoit, par l'intermédiaire de Bernard Herman, un photographe de *France-Soir*[15], une longue lettre mélancolique de Serge Gainsbourg. Il vient de composer *Initiales BB*.

À chaque mouvement
On entendait
Les clochettes d'argent

De ses poignets
Agitant ses grelots
Elle avança
Et prononça ce mot :
Almeria.

Au cours du tournage de *Shalako*, un autre photographe « shoote » la star et ses partenaires. Raymond Depardon, vingt-six ans, fondateur, avec Hubert Henrotte et Hugues Vassal, de l'agence Gamma, effectue un reportage sur le film. En janvier 1968, il attend à l'aéroport du Bourget le départ de Brigitte pour l'Espagne, et de son mari dont la Rolls Royce blanche est déjà sur place. Deux ans plus tard, dans ce même aéroport, Depardon accompagne son confrère Gilles Caron qui part au Cambodge et n'en reviendra pas. Son cliché de Daniel Cohn-Bendit fixant malicieusement un CRS, devant la Sorbonne, le 6 mai 1968, est devenu un document symbole de la révolte étudiante. C'est la première fois que Raymond Depardon assiste au tournage d'un western, mais il photographie Bardot depuis plusieurs années. « J'arrivais de la ferme de mes parents. Il y avait cette guerre d'Algérie, il y avait de Gaulle et Bardot. Je me disais, il faut la photographier quoi qu'il arrive. C'est elle qui a de la valeur. En 1960, dans un petit village des environs de Sallanches, en Haute-Savoie, caché dans une grange, j'ai fait trois photos de Brigitte qui était avec Vadim. Le lendemain, on arrêtait dans le coin les ravisseurs du petit Éric Peugeot[16]. » Le jeune Depardon a vu *Et Dieu créa la femme* dès sa sortie. « C'est un film qui m'a beaucoup impressionné. Brigitte Bardot était la femme en liberté par excellence. Elle faisait sauter les carcans de l'époque. Curieusement, on ne s'est jamais parlé[17]. »

À Almeria, B.B. se bagarre pour obtenir que le réalisateur laisse en paix le puma qui doit figurer dans le film. « Cela vous plairait que je vous tire une cartouche paralysante dans les fesses[18] ? » lui lance-t-elle. Une petite chienne malingre qui traîne à proximité de l'hôtel est aussitôt adoptée par la star. Baptisée Hippie, elle aurait dû rejoindre, à Bazoches, ses congénères sauvés de la SPA. Atteinte de la maladie de Carré, la petite chienne meurt dans les bras de sa maîtresse en larmes. « Mon désespoir fut tel que la production a dû abréger mon contrat et me renvoyer en France. On ne pouvait plus rien tirer de moi sinon des larmes. Gunther, prévenu, vint me chercher. Il fut très gentil quoique très étonné que la mort d'une chienne puisse me mettre dans un tel état de douleur[19]. » Le 24 février 1968, Marguerite Yourcenar, qui appartient à de nombreuses associations de défense des animaux ou de la nature, envoie une lettre-fleuve à Brigitte Bardot. Depuis Petite Plaisance, sa résidence américaine de Northeast Harbor, dans le Maine, la romancière alerte l'actrice sur « l'horrible massacre annuel des phoques dans les eaux canadiennes, et surtout la mise à mort atrocement cruelle des jeunes phoques[20] ». Marguerite Yourcenar lui signale que la Norvège est le principal pays importateur des peaux provenant du Canada, ignorant certainement la descendance norvégienne de la star. « J'en viens à ma raison de vous écrire tout ceci, et que vous avez sans doute déjà devinée : votre intervention en faveur des bêtes d'abattoir a été si merveilleusement utile que je suis persuadée que vous pouvez plus que quiconque pour persuader le public féminin de boycotter des vêtements ou des accessoires obtenus au prix de tant de douleur et d'agonie de l'animal, et, ce qui est peut-être aussi grave, au prix de tant de brutalité et de sauvage cruauté de la part de l'homme[21]. » À la fin de sa lettre, l'auteur des *Mémoires d'Hadrien*, qui recevra, en 1968, le Femina à l'unanimité pour *L'Œuvre au noir*, remercie Brigitte pour tout ce qu'elle fait en faveur de la cause animale : « Il est merveilleux que la beauté et la grâce soient en même temps la bonté[22]. »

En 1977, Brigitte s'en va-t-en guerre contre les tueurs de bébés phoques. Elle aura attendu de mettre fin à sa carrière cinématographique après le tournage, en 1973, de *L'Histoire très bonne et très joyeuse de Colinot trousse-chemise* de Nina Companeez, pour être enfin elle-même. « J'arrête le cinéma, c'est fini, ce film est le dernier – j'en ai marre[23] », déclare-t-elle à Nicole Jolivet, la journaliste de *France-Soir* qui recueille ce scoop. En 1966, Violette Leduc a perçu chez cette « petite campagnarde » l'envie de changer d'existence. La star lui raconte comment elle rend la liberté à des écureuils piégés, apeurés, exposés quai aux Fleurs, à Paris. « Un carton dans une main, cent mille anciens francs dans l'autre et voici délivrés ces funambules des forêts. Brigitte Bardot arrive dans son jardin de Bazoches, elle lâche les écureuils un à un, c'est leur Noël. Ivres de surprise, ils s'en vont chercher les noisettes qu'elle a préparées dans l'herbe, au pied des arbres, entre les feuilles tombées. "Je me demande chaque fois si le dernier voudra bien sortir du carton", me précise-t-elle. Elle en est à son trentième voyage, donc ils sont trente, délivrés d'une cage. Ce n'est pas une histoire d'enfant : c'est une affaire de libertés qu'elle achète, qu'elle offre ensuite[24]. »

B.B., la femme-enfant, figure de proue de Saint-Tropez, a déjà choisi son nouveau rôle : une fée bienfaisante des animaux. « Brigitte Bardot se demande si cette femme-enfant ne devrait pas, maintenant, sortir d'elle, disparaître… Bardot ne veut pas stagner dans le succès, écrit Violette Leduc. Ce n'est pas le luxe qu'elle a dans la peau, mais le cri de joie d'un animal qui peut s'ébattre après qu'on a donné des billets pour sa liberté[25]. »

Jacques Crépineau, directeur du théâtre de la Michodière, qui a autrefois rêvé de lui faire jouer *Nono*, la pièce de Sacha Guitry – « Elle aurait été parfaite, dit-il, dans le rôle d'une jeune fofolle ingénue » –, reçoit sa visite pour la dernière d'une reprise du *Vison voyageur*, une pièce de l'Anglais Ray Cooney. Thème de ce vaudeville : un fourreur offre des visons à ses maîtresses. « Nous étions en pleine campagne anti-fourrure. Lors de la création de la pièce, on avait présenté sur scène des manteaux et des étoles de chez Dior. Pour la reprise, on a utilisé de fausses fourrures[26]. » Ce qui vaut à Jacques Crépineau de recevoir ces lignes manuscrites de Bardot : « Merci à toute l'équipe du théâtre de la Michodière de soutenir avec talent mon combat contre la fourrure. Vive le "Vison synthétique" et bon voyage ! »

« J'ai perdu mon chien que j'avais depuis sept ans. Je le cherche partout… Je l'ai perdu, depuis un mois, près de Deauville, et je n'arrive pas à le retrouver, ce qui est un malheur affreux quand on aime les chiens… » Françoise Sagan lance cet appel, le 2 septembre 1964, devant les journalistes qu'elle a convoqués. « C'est une bête assez grande, un bâtard, noir et marron, avec les quatre pattes blanches et un plastron blanc comme un maître d'hôtel. Il lui manque une dent sur le côté parce qu'il s'est battu… » Les reporters s'attendent à tout sauf à ce genre d'annonce ! « Vous ne vous sentez pas gênée de convoquer la presse pour nous parler d'un chien ? » lui demande le représentant de l'ORTF. « Oui, je trouve ça un peu gênant, mais j'adore ce chien, alors tous les moyens sont bons[27]. » Sagan peut tout se permettre, y compris de décliner courtoisement l'offre de devenir Immortelle. En 1992, j'ai interrogé Hervé Bazin sur le fait qu'elle ne soit ni de l'Académie française ni de l'académie Goncourt dont il était le président. « L'une et l'autre lui ont fait des avances, me répondit-il. Sans se faire d'illusion : on la sait trop indépendante pour accepter des obligations. »

Écologiste, végétarienne, Marguerite Yourcenar, qui a apporté son soutien inconditionnel à la défense des animaux, devient la bête curieuse du Quai Conti. Première femme de l'Académie française, elle impose sa liberté à ces messieurs en habit vert – n'ayant fait aucune démarche comme le veut la tradition. Un groupe d'académiciens, conduits par Jean d'Ormesson, l'interroge pour savoir si elle accepterait de siéger sous la Coupole. À ses yeux, refuser serait une grave insulte. Avant son élection, le 6 mars 1980, au fauteuil de Roger Caillois, je l'ai rencontrée dans son île de Mont-Desert, au nord-est des États-Unis.

« Cette Académie, notoirement misogyne, prête à vous accepter…

– … Ça, je n'en sais rien. Il y a les mystères de l'Académie et je n'essaie pas de les pénétrer…

– Être la première femme à avoir des chances d'y entrer vous donne-t-il le trac ?

– Pas même le frisson.

– Une femme à l'Académie, c'est un événement !

– Il y a tant d'événements de par le monde. Il me semble que celui-là est bien modeste comparé à ceux que nous voyons tous les jours.

– Peut-on considérer cette élection comme une conquête féministe ?

– Je vous avoue que je me soucie très peu des conquêtes féministes dans ce sens-là. La vraie conquête féministe, c'est une femme qui fait bien son travail ou qui jouit de la vie en essayant de rendre les gens heureux autour d'elle[28]. »

À Petite Plaisance, sa jolie maison de bois, Marguerite Yourcenar vit seule depuis le décès, en novembre 1979, de sa compagne Grace Frick, la traductrice américaine de ses romans et de certains essais. La Suédoise Selma Lagerlöf (prix Nobel de littérature en 1909), après la mort de Sophie qui partageait sa vie avoue : « J'étais sûre de son affection ; elle m'a souvent fait souffrir et je l'ai souvent fait souffrir. » Je demande à Yourcenar si elle aurait pu dire cette phrase à propos de Grace Frick. « Pas du tout. J'étais tellement sûre de son affection que je n'aurais pas pensé à la mentionner. Car c'était une femme d'une fidélité et d'une intégrité admirables. Quant à faire souffrir, je crois que c'est le sort réservé à deux personnes qui vivent ensemble, mais elles peuvent aussi contribuer au bonheur l'une de l'autre. C'est humain et universel. »

Le jeudi 22 janvier 1981, Marguerite Yourcenar prononce son discours de réception sous la Coupole. Simone Veil y fera son entrée en mars 2010. Ce sera la cinquième femme à y occuper un fauteuil. Seule Yourcenar ne revêt pas le classique habit vert brodé d'une branche d'olivier. Sans bicorne ni épée au côté, elle s'avance comme une diva olympienne. Née en Belgique et ayant un passeport américain, elle fait remarquer que « Mme de Staël eût été sans doute inéligible de par son ascendance suisse et son mariage suédois ». « George Sand eût fait scandale par la turbulence de sa vie, par la générosité même de ses émotions qui font d'elle une femme si admirablement femme ; la personne encore plus que l'écrivain devançait son temps. Colette elle-même pensait qu'une femme ne rend pas visite à des hommes pour solliciter leur voix, et je ne puis qu'être de son avis, ne l'ayant pas fait moi-même. » Dans sa réponse, Jean d'Ormesson précise : « Je ne vous cacherai pas, Madame, que ce n'est pas parce que vous êtes une femme que vous êtes ici aujourd'hui : c'est parce que vous êtes un grand écrivain. Être une femme ne suffit toujours pas pour s'asseoir sous la Coupole. Mais être une femme ne suffit plus pour être empêchée de s'y asseoir. »

Le temps d'un discours et salut la compagnie ! Le troisième fauteuil de Marguerite Yourcenar, occupé jadis par le cardinal de Bernis et Georges Clemenceau, restera vide jusqu'à ce que Jean-Denis Bredin, en 1989, succède à la romancière disparue. Elle n'est jamais revenue Quai de Conti.

Louise Weiss, la première des suffragettes, n'aurait certainement pas boudé les académiciens s'ils lui avaient fait un appel du pied. En 1934, pour propager ses idées féministes, elle ouvre une boutique sur les Champs-Élysées qui devient le siège de son association La Femme nouvelle. Considérée comme la grand-mère du MLF, elle est assez mécontente de ses petites-filles. En avril 1979, dans sa maison du Trocadéro, Louise Weiss, quatre-vingt-six ans, me confie ses préoccupations concernant le terme de condition féminine qui s'applique à leurs revendications. « Il y a là un véritable danger pour les femmes, car cette appellation est une hérésie. Personnellement, c'est de tout mon cœur, de toutes mes forces, avec toutes mes ressources, que j'ai essayé, avant guerre, de les libérer de leur condition féminine. Aujourd'hui qu'elles le sont, c'est à elles seules d'aménager leur condition. D'autant que les mœurs actuelles autorisent à vivre selon ses désirs[29]. » À l'époque, elle s'est manifestée inlassablement par des actions spectaculaires. Louise Weiss et d'autres suffragettes envahissent l'hippodrome de Longchamp, envoient des chaussettes à repriser aux sénateurs, s'enchaînent rue Royale. Sur les pancartes de La Femme nouvelle, un slogan : « La Française doit voter. »

« Une femme comme la romancière Colette dont les libertés de mœurs étaient de notoriété publique vous a-t-elle soutenue ?

– Colette n'avait pas du tout l'esprit politique. C'était une femme pour qui les questions de doctrine ne comptaient pas. Je me souviens qu'ici même, dans cette maison, j'ai eu un mal fou à lui arracher une déclaration favorable au vote des femmes. C'est un texte que j'ai donné, comme beaucoup de mes archives, à la Bibliothèque nationale[30].

– On connaît votre vie de militante, mais on ignore à peu près tout de votre vie personnelle. Vous avez été mariée ?

– Je ne l'ai pas été longtemps. Mais cela ne concerne que moi. Évidemment, pour une femme prise par l'action, cela pose beaucoup de problèmes. Surtout à mon époque ! Aujourd'hui, on ne vous demandera pas de choisir entre l'amour et la politique. Tandis que, autrefois, des gens osaient me dire que la main d'une femme était faite pour être baisée et non pas pour déposer un bulletin de vote. À ces messieurs, je répondais qu'il n'y avait aucune raison pour que le droit de vote nous empêche d'avoir les émotions qu'ils voudraient nous donner et que nous essaierions de partager. »

À Saint-Germain-des-Prés, rue des Saints-Pères, une ancienne boutique d'antiquités transformée en librairie est réservée aux écrits de femmes. Pas étonnant, car elle appartient aux éditions Des Femmes créées par le groupe Politique et Psychanalyse du MLF. « On n'a pas des ambitions d'éditeur, on a des ambitions historiques », dit l'une des responsables qui veut conserver, comme ses camarades, le plus complet anonymat. « Nous sommes une cinquantaine ; les noms ou les prénoms, ça n'a pas tellement d'intérêt », m'explique-t-elle. « Nous trouvons normal, dit une autre de mes interlocutrices, que les livres que nous publions connaissent un réel succès ; ainsi *Hosto-Blues* de Victoria Therame, qui avait été refusé par plusieurs éditeurs. Nous recevons huit à dix manuscrits par jour, on les fait circuler, on en parle au cours de nos réunions, mais il n'y a pas de comité de lecture ; simplement, après être passé de l'une à l'autre, provenant d'horizons différents, le manuscrit retenu va ensuite chez l'imprimeur. Il y a un choix politique de la part de l'auteur qui nous adresse son texte. » La clientèle de la librairie est essentiellement féminine. Rares sont les hommes à oser pousser la porte. Les responsables de la maison d'édition qui se succèdent dans la journée au magasin les accueillent avec une belle indifférence. Ma visite a lieu en février 1975 : l'année internationale de la femme[31]. Ces militantes de la rue des Saints-Pères ne sont-elles pas prisonnières de leurs luttes de frondeuses[32] ? La chanson de Christiane Rochefort, écrite en 1970, non signée à l'époque, met un peu d'humour dans cette bataille des sexes :

Mon mec est un grand militant
Au peuple il donne tout son temps
Et moi j'lui donne le mien !!!
T'en fais pas, ma nana, t'en fais pas
La Révolution au centuple te l'rendra
Si je suis encore là !

Les femmes en liberté ont un fabuleux passé qui remonte au Moyen Âge. L'écrivain et historienne Jeanne Bourin (*La Chambre des dames*), dans un long article resté inédit, l'explique clairement : « L'amour, qui n'avait été jusque-là qu'une fonction, devint subitement une préoccupation majeure, une préoccupation délicate et raffinée. La courtoisie naquit, qui reste une des plus profondes révolutions de mœurs jamais vécues.

Avant ce bouleversement essentiel, la femme, matrone ou prostituée, quand ce n'était pas proie ou victime, n'avait de place que celle que les hommes voulaient bien lui laisser. Soudain, à l'aube du XIIe siècle, elle devient "la Dame" et tout est changé ! L'hommage, rendu par le vassal à son suzerain, prend un sens nouveau, devient l'attitude de l'homme par rapport à la dame. C'est lui qui le rend, c'est elle qui le reçoit. Il est à la place du vassal, elle occupe celle du suzerain ! Jamais rien de pareil ne s'était produit auparavant. Rien de comparable en importance ne se produira par la suite.

L'abandon du droit romain qui s'était progressivement dégradé depuis la chute de Rome, la reprise du droit coutumier, d'origine celtique, est une des causes de cette transformation des rapports homme-femme. Du droit viril, privilégiant le maître, le chef de famille, on était passé à un droit où les individus, quel que fût leur sexe, se trouvaient à égalité devant la loi.

Il en résulta pour les femmes, et sur beaucoup d'autres plans que celui de l'amour, un statut nouveau, fort positif. Elles purent s'instruire, travailler, hériter, tester, gérer leurs biens, tout autant que leurs pères, maris ou frères. Grâce au *Livre des Métiers* d'Étienne Boileau, prévôt de Paris du temps de saint Louis, et aux registres des “tailles” qui étaient un impôt sur le revenu, nous savons que beaucoup de professions pouvaient alors être exercées indifféremment par les deux sexes.

Il y avait des femmes professeurs, médecins, juges, trouvères, écrivains publics, peintres, sculpteurs, apothicaires, miniaturistes, avouées, changeresses, usurières, et on a même retrouvé la trace de femmes armateurs. Un grand nombre de métiers manuels et pittoresques viennent s'y ajouter : venderesses de chandelles de cire, faiseuses de cottes de mailles, parcheminières, chapelières de fleurs, faiseuses d'aumônières sarrasinoises, patenôtrières (elles faisaient des chapelets), fanières (elles vendaient du foin), couturières, brodeuses, joaillières, serrurières, étuveresses, bouchères, etc.

Les femmes se trouvaient en quantité dans les corporations dont certaines étaient même exclusivement féminines. Comme membres actifs de ces organismes, elles participaient à l'élection des officiers municipaux, et aussi, au-delà des communes, elles élisaient les députés des états généraux, ce qui les mêlait à l'administration générale du royaume. Ce qui prouve que les suffragettes du début du XXe siècle n'ont fait que réclamer des droits jadis acquis mais perdus ensuite avec la reprise du droit romain, au XVIe siècle, sans parler du code Napoléon, qui vint achever leur remise en tutelle ! Les éternelles mineures du XIXe siècle, qui ne pouvaient plus rien faire sans l'autorisation de leur mari ou de leur père, étaient bien loin de ces femmes libres et responsables[33]. »

Né à Paris en septembre 1900, Julien Green, pour ses quatre-vingts ans, s'est offert un *Julien Green en liberté* ! C'est le titre de son livre d'entretiens avec Marcel Jullian, éditeur du général de Gaulle, ancien président de la chaîne de télévision en couleurs Antenne 2. Jullian fait remarquer à l'académicien qu'au Moyen Âge le rôle de la femme est loin d'être secondaire. « Il y a eu malgré tout la loi salique, constate son interlocuteur. C'est une invention d'hommes et d'hommes aussi retors que les femmes avaient pu l'être. Nous vivons à l'heure hellénique, judéo-chrétienne ou latine comme vous voudrez, c'est une heure arrêtée par l'homme. La terre tourne autour d'un soleil masculin. » Selon Julien Green, la condition féminine soulève la question du matriarcat. Un monde dominé par les femmes amènerait alors une « condition masculine ». « La femme, ajoute-t-il, est aussi de plus en plus libre, et sur le plan physique, avec les nouvelles lois, cette liberté est totale. Mais la nature humaine a tendance à confondre liberté et abus. » L'écrivain, qui a succédé, en 1971, à François Mauriac à l'Académie française, est pour la pilule. « L'avortement est un meurtre délibéré. » « C'est le massacre des innocents. » Aussi suggère-t-il la stérilisation de l'homme qui serait « une solution plus élégante[34] ».

Mai 1981, Mitterrand est au pouvoir. Françoise Sagan vient de publier son treizième roman, *La Femme fardée*. C'est l'occasion d'une nouvelle rencontre.

« Vous avez toujours réussi à préserver votre liberté ?

– C'est une chose miraculeuse. J'ai toujours vécu par goût avec des hommes, jamais par obligation.

– La société française est entre de bonnes mains ?

– En tout cas, le pire a été évité. La loi Peyrefitte "Sécurité et liberté", toutes ses contraintes effrayantes, vont disparaître. La peine de mort va être supprimée, il y aura moins d'inégalités sociales, nous vivrons dans un monde plus juste, plus généreux. C'est fou le blocage de haine qu'il y a chez ceux qui craignent de perdre leurs privilèges. Ils ont une peur bleue et hurlent à la catastrophe. Mais la pire des catastrophes, ce serait qu'un politicien réactionnaire reprenne les rênes. Économiquement, nous pouvons nous en tirer en faisant changer les désirs des gens. Pourquoi les Français se cramponneraient-ils à l'idée d'avoir une voiture ? Modifions les mentalités. Ce qui compte le plus, c'est la liberté et non pas les gadgets de nos loisirs.

– Pensez-vous à la postérité ?

– Non, pas du tout. D'ailleurs, la postérité c'est un raisonnement d'homme. Dès qu'on a un enfant, on s'en fiche complètement. Ce qui compte, c'est la vie vécue[35]. »

Épilogue

Oui, Mai…

Mai 1975. J'ai rendez-vous avec Daniel Cohn-Bendit à Francfort. Sept années se sont écoulées depuis les événements qui ont fait gronder sur Paris les orages d'une révolte étudiante. Un nom apparaît pendant ces journées d'émeute, celui d'un étudiant en sociologie de Nanterre. Un jeune rouquin de vingt-trois ans que l'opinion publique a tôt fait de surnommer Dany le Rouge. Aux côtés des autres leaders gauchistes, en particulier Jacques Sauvageot et Alain Geismar[1], il se montre le plus acharné à « bouffer du flic » au Quartier latin. Rapidement, après s'être révélé un orateur volubile et efficace, il prend la tête des cortèges contestataires jusqu'à devenir l'interlocuteur arrogant d'un pouvoir qui va presque chanceler lorsque, le matin du 29 mai, les ministres, arrivant au Conseil à l'Élysée, apprennent que de Gaulle a disparu.

Toujours sous le coup d'une interdiction de séjour, Daniel Cohn-Bendit vit à Francfort-sur-le-Main avec l'espoir de revenir en France où vont paraître ses *Mémoires*, qu'il a intitulés *Le Grand Bazar* (Belfond). Afin d'échapper à un vedettariat qui, selon lui et ses amis actuels, ne correspond plus à rien, il choisit délibérément de faire son autocritique. « Je n'essaie pas d'oublier ni de nier ce qui est arrivé, mais maintenant les choses doivent être claires. Il faut bien reconnaître que nous avons été dépassés par la situation insurrectionnelle et tout à fait incapables de formuler un projet politique pour conquérir l'espace qui était à notre portée. À Nanterre, le mouvement du 22 mars[2] avait en moi un haut-parleur, une grande gueule, mais j'étais vraiment inséré dans la structure du groupe. À partir du moment où le "22 mars" arrivait au Quartier latin, il y a eu une coupure, non pas politique, mais pratique : je me suis laissé séparer du groupe. J'y allais toujours, mais j'ai commencé un jeu d'information en utilisant les mass-médias intuitivement. Ce que j'ai fait, on aurait pu le faire collectivement, consciemment, et ça aurait été beaucoup plus contrôlable. Jusqu'à la fin mai, tout mon personnage m'a échappé. C'était une fuite en avant et ça devenait la grande vie. Le "22 mars" existait, mais moi j'étais devenu un personnage indépendant[3]. »

Installé dans une vie marginale qui lui convient, Daniel Cohn-Bendit affirme être favorable à un État où tout le monde peut cohabiter. Sa patrie, c'est le gauchisme en tant que manière de vivre et non pas comme idéologie politique : « Je suis anticapitaliste, antiautoritaire et anticommuniste. Pour moi, la pensée stalinienne, réformiste, institutionnelle des partis communistes est un moment de l'idéologie dominante. La liberté – démocratique – doit être continuellement invoquée parce qu'elle n'est pas vécue. Mais les partis communistes ne peuvent pas se battre pour la liberté parce qu'ils l'ont oubliée[4]. »

En 1975, la « révolution invisible » des Trente Glorieuses prend fin. Selon le sociologue Jean Fourastié, ce sont les trente années, depuis 1946, pendant lesquelles les Français se sont libérés des contraintes de la pénurie et ont vu tripler leur niveau de vie ainsi que le pouvoir d'achat des salaires les plus faibles. Alors, comment se fait-il que le progrès matériel n'ait pas apporté le bonheur[5] ?

Mai 2008. Daniel Cohn-Bendit, député européen, publie *Forget 68*. Non pas qu'il oublie son passé de gavroche juif allemand des barricades, mais il l'enfouit « sous quarante tonnes de pavés qui, depuis, ont labouré et changé le monde ». Dans ce livre d'entretiens avec le journaliste Stéphane Paoli et le sociologue Jean Viard, il évoque deux événements où l'absence de liberté entre étudiants des deux sexes a ouvert une brèche dans les mœurs : il y aura d'abord l'histoire de la piscine de l'université de Nanterre, inaugurée en janvier par François Missoffe, ministre de la Jeunesse et des Sports, avec des horaires d'ouverture différents pour les garçons et les filles. Daniel Cohn-Bendit l'apostrophe : « Qu'est-ce que c'est que cette piscine ? Parce que quand même, le problème de la jeunesse aujourd'hui, c'est la sexualité ! » Missoffe lui répond : « Si vous avez des problèmes, allez plonger dans la piscine pour vous calmer ! – Ça, c'est tout à fait hitlérien », réplique Cohn-Bendit. La phrase qui a failli lui valoir son expulsion en Allemagne. D'après lui, c'est Françoise Missoffe, la fille du ministre, étudiante à Nanterre, qui serait intervenue pour l'empêcher. « Non, dit-elle, c'est mon père qui a demandé au préfet d'arrêter la procédure[6]. » Devenue Françoise de Panafieu, députée de Paris, ex-ministre et ancien maire du XVIIe arrondissement (l'hôtel de ville où se sont mariés Françoise Sagan et Guy Schoeller, le 13 mars 1958), elle déclare n'avoir jamais rencontré Daniel Cohn-Bendit avec lequel on lui attribue une idylle en Mai 68. « La rumeur a couru à partir d'un écho paru dans l'hebdomadaire *Minute*. C'était totalement faux, mais, pourchassée par les photographes, j'ai dû quitter Paris pour aller en Normandie. Alors qu'on disait m'avoir vue sur les barricades[7]. »

« Dans les bâtiments universitaires où résidaient les étudiants – et ça, c'était symbolique de l'époque –, à partir d'une certaine heure, les uns et les unes n'avaient plus le droit de se rencontrer. Inimaginable ! » raconte Daniel Cohn-Bendit à Stéphane Paoli et Jean Viard. « Vous arrivez à concevoir une cité universitaire où on dirait : "Les jeunes hommes n'ont pas le droit d'aller voir les jeunes filles" ? Aujourd'hui, même quand les bâtiments sont distincts, les contacts ne sont pas interdits. C'était un monde puritain incroyable ! Une conception puritaine de la vie, une morale autoritaire… Bref, même si ces mesures de "ségrégation" ont provoqué des contestations à Nanterre, la révolte visait avant tout la morale ambiante[8]. » « Le mélange complet des genres n'a jamais été accepté, même à Nanterre en 1968, où les toilettes, déclarées mixtes, avaient été vite réorganisées pour séparer les hommes des femmes[9] », remarque Alain Touraine.

La jeunesse qui s'ennuie est alors à la recherche d'une nouvelle façon de vivre. Toutes les formes d'autorité sont remises en cause dans un pays où on a… beaucoup causé. Des jeunes gens en liberté surveillée espèrent reconstruire une société plus juste et plus tolérante. « Moi, ce qui m'a le plus frappée en 68 au moment de mai, explique Françoise Sagan à André Halimi, ce n'était pas les feux de joie partout – remarquez, c'était assez gai –, mais c'était les… j'étais à l'Odéon ou à la Sorbonne, quelque chose comme ça… c'était le goût qu'avaient les gens de parler. On aurait dit qu'ils n'avaient plus parlé à personne de leur vie[10]. »

Le pasteur Martin Luther King, apôtre de la non-violence, prix Nobel de la paix en 1964, est assassiné à Memphis le 4 avril 1968. Le 10 mai, ouverture en grande pompe du festival de Cannes avec *Autant en emporte le vent*, tandis que les barricades se dressent boulevard Saint-Michel. Au bout de deux jours, la contestation s'empare de la Croisette. Déjà enflammés par l'affaire de la Cinémathèque[11], Godard et Truffaut s'accrochent au rideau de la grande salle de projection pour l'empêcher de s'ouvrir. Aux étudiants assis par terre devant les marches du palais, Jean-Louis Bory prononce une harangue qui peut se résumer ainsi : « Le pouvoir aux jeunes. » Sur la plage, Roman Polanski et Sharon Tate semblent très heureux. Grève générale, coupure d'électricité, le vingt et unième festival, qui atteint sa majorité, est déclaré clos le 19 mai à midi. « Nous sommes allés, Jean-Luc et moi, à La Fossette, la villa d'Hélène Lazareff au Lavandou[12] », se souvient Anne Wiazemsky. C'est pendant le tournage d'*Au hasard Balthazar*, un jour d'août 1965, que le cinéaste fait de discrètes avances à la petite-fille de François Mauriac. « Selon lui, il était tombé amoureux d'une photo de moi parue dans *Le Figaro*, et rencontrer Robert Bresson n'avait été rien d'autre qu'un prétexte pour m'approcher. Mais ceci est une autre histoire[13]… » Le dimanche 2 juin 1968, dans son *Bloc-notes*, Mauriac, qui a participé à la grande manifestation gaulliste, entre la Concorde et l'Étoile, souligne qu'il a entendu, « sans bien le comprendre le temps d'une minute, un petit groupe pousser le cri atroce : "Cohn-Bendit à Dachau". Ceux qui m'en font crime croient-ils que je me sois senti solidaire si peu que ce soit des inconscients ? ». Il s'adresse ainsi indirectement à Jean-Luc Godard. Celui-ci, avec une fureur de fanatique, lui fait passer ce message : « J'ai appris que vous étiez le 30 mai aux Champs-Élysées. Vous n'avez pas honte ? À votre âge et si près de la mort. » Avec *La Chinoise*, produite par Mag Bodard et où joue Anne Wiazemsky, que Godard a épousée en Suisse fin juillet 1967, le cinéaste indique le chemin de la rue à travers une histoire utopique de jeunes maoïstes. Un dessin de Wolinski montre un père qui dit à son fils : « Qu'est-ce que tu vas faire dans la rue, fiston ? » Le jeune homme, qui cache un pavé, lui montre la rue où un manifestant brandit un drapeau rouge en criant : « La révolution ! » À Francfort, Cohn-Bendit le trublion me le dit lui-même : « J'étais comme un enfant qui se comporte mal dans la rue. » « Le plus raisonnable des enragés », constate le préfet de police Maurice Grimaud.

Affolé par la « révolution », Pierre Lazareff redevient à *France-Soir*[14] le patron emblématique malgré sa fatigue. « La maladie qui marquait son petit visage n'avait pas de prise sur son esprit étincelant[15]. » Au cinquième étage, Hélène Lazareff est à nouveau aux commandes après avoir été contrainte par les journalistes de sortir un numéro spécial Mai 68 de *Elle*. « Nous avons envahi le saint des saints, son bureau, auquel seul le premier cercle avait accès jusque-là, raconte Jacqueline Demornex. Des filles en jeans sont assises en tailleur sur la moquette. Bavardent. Fument. […] La tsarine est terrifiée, comme si un commando de bolcheviks avait franchi sa porte pour l'agresser[16]. »

Brigitte Bardot est à Rome dans une superbe demeure louée par Gunther Sachs. « Grâce à ce séjour béni, je ne fus pas mêlée aux événements tragiques de ce mois de mai révolutionnaire qui détériora à jamais une certaine image de la France […]. Quelle triste et lamentable page d'histoire[17] ! »

Simone de Beauvoir est fascinée par la Sorbonne occupée par les étudiants : « Jamais, ni dans ma studieuse jeunesse ni même au début de cette année 68, je n'aurais pu imaginer pareille fête [...]. Je suis venue bien souvent avec des amis rôder dans les couloirs et dans la cour. Je rencontrais toujours des gens de connaissance [...]. Jeunes, vieux, tout le monde fraternisait. » Une soif de liberté la pousse du côté de la contestation[18]. « Avait-elle été dépassée par l'insurrection des femmes en Mai 68 et après ? Franchement, je ne le crois pas : elle voyait tout cela avec sympathie, parfois détachement et peut-être avec l'impression secrète qu'elle avait gagné une belle guerre », souligne Sami Naïr dans *Les Temps modernes*[19].

Régine Deforges, qui distribue des tracts à la Sorbonne, fait également la tournée des dancings l'après-midi : le bal de la Marine, celui de la Coupole, du Claridge, du Royal-Lieu ou du Bal-à-Jo, rue de Lappe. C'est une habituée du club de Jean Castel, rue Princesse. « En mai et juin 1968, je m'y réfugiai souvent pour échapper aux CRS ; on se moquait de moi, de mon soutien aux "enragés" : "Tiens, voilà notre révolutionnaire !" claironnait Castel en m'accueillant[20]. » Slogans de Mai 68 : « Plus je fais l'amour, plus j'ai envie de faire la révolution », « Jouissez sans entraves », « Ne me libère pas, je m'en charge », « Soyez réalistes, demandez l'impossible ».

Jacques Prévert écrit son poème *Mai 68* :

[...] On ferme
Mais la jeunesse à terre
matraquée piétinée
gazée et aveuglée
se relève pour forcer les grandes portes ouvertes
les portes d'un passé mensonger
périmé
On ouvre !
On ouvre sur la vie
la solidarité
et sur la liberté de la lucidité.

Après le joyeux bordel, « Paris insurgé » panse ses blessures : du bitume à la place des pavés. Au Vietnam, les Américains s'enlisent. « Peace and Love. » Le festival de rock de Woodstock, du 15 au 18 août 1969, réunit près de cinq cent mille personnes. Ça plane : l'herbe n'est pas chère et le LSD fait des ravages. Alexandre Dubcek, premier secrétaire du parti communiste tchécoslovaque, qui a soutenu le Printemps de Prague en 1968, refuse de faire son autocritique. François Mauriac, dans son *Bloc-notes* du 25 janvier 1969, a pressenti que le socialisme à visage humain des jeunes Tchèques, que « les Soviets redoutent à l'égal de la mort », brisera « un jour le carcan dans lequel tous les peuples satellites sont pris ». Neil Armstrong est le premier homme à marcher sur la Lune le 21 juillet 1969. Le lendemain, j'interroge le philosophe Herbert Marcuse, en vacances sur la Côte d'Azur. « C'est moins important que Mai 68 », me dit l'auteur de *L'Homme unidimensionnel.* Le 26 août 1970, en solidarité avec les féministes américaines qui célèbrent le cinquantième anniversaire du droit de vote des femmes aux États-Unis, dépôt d'une gerbe à l'arc de Triomphe. Sur la banderole des manifestantes : « Il y a plus inconnu que le soldat inconnu : sa femme. » « La femme est l'avenir de l'homme », chante Jean Ferrat.

Au cimetière du Père-Lachaise, le lundi 24 avril 1972, le Tout-Paris mais aussi une foule d'anonymes accompagnent Pierre Lazareff à sa dernière demeure. Françoise Sagan, Brigitte Bardot, Annabel et Bernard Buffet sont là comme de vieux marchands de journaux à la criée. Hélène Lazareff, atteinte de la maladie d'Alzheimer, tient le bras de Charles Gombault, Charlie, l'ami intime de Pierrot et longtemps le numéro deux de *France-Soir* avant d'être écarté de la rédaction. « Quelles belles obsèques, s'extasiait la créatrice de *Elle*. Vous avez vu, Charlie, il y avait même Brigitte Bardot ! Dites-moi, cher, qui enterrait-on[21] ? »

Notes

1. Saint-Tropez-des-Prés

1. Annabel Buffet-Luc Fournol, *Saint-Tropez*, les éditions du Mécène, 1997.

2. Annabel Buffet in *Bernard Buffet. Tableaux pour un musée 1955-1959*, galerie Maurice Garnier, février-mars 2003.

3. *Saint-Tropez, op. cit.*

4. Pierre Drieu la Rochelle, *Américaines et Européennes*, extraits du Cahier de l'Herne, 1982, n° 42.

5. Annabel Buffet-Luc Fournol, *Saint-Tropez d'hier et d'aujourd'hui*, Sylvie Messinger, 1981.

6. *Ibid.*

7. Annabel Buffet in *New York, 1989, par Bernard Buffet*, galerie Maurice Garnier, février-mars 1991.

8. Jean d'Ormesson, « Âge stupide ou âge heureux… ? », *La Parisienne*, mai 1957.

9. Madeleine Chapsal, *Vérités sur les jeunes filles*, Grasset, 1960.

10. *Bernard Buffet. Tableaux pour un musée 1955-1959, op. cit.*

11. Alexandre Dumas fils s'adresse à Jules Claretie, journaliste, romancier et auteur dramatique, dans une longue lettre intitulée : *Les femmes qui tuent et les femmes qui votent.* Elle a été publiée par les éditions Guy Authier en 1975 avec une couverture de Siné.

12. *Ibid.*

13. Claude Francis et Fernande Gontier, *Colette,* Perrin, 1997.

14. *Ibid.*

15. *Ibid.*

16. Françoise Sagan, *Le Rire incassable*, Robert Laffont, 1987.

17. Propos recueillis par Mathilde Lecomte, in *Le Pays d'Auge*, vendredi 3 août 2007.

18. Françoise Sagan, *Avec mon meilleur souvenir*, Gallimard, 1984.

19. Témoignage de Denis Westhoff à l'auteur.

20. Témoignage de Nicolas Buffet à l'auteur.

21. Françoise Parturier, *Lettre ouverte aux femmes*, Albin Michel, 1974. En octobre 1970, elle s'était présentée à l'Académie française « pour faire ouvrir la porte aux femmes ». Elle ne sera pas élue, mais jamais on ne s'était autant occupé d'une élection sous la Coupole. Dix ans plus tard, Marguerite Yourcenar succédera à Roger Caillois en occupant le troisième fauteuil.

2. Le vagin du Castor

1. Dominique Desanti, « Un jeune castor : souvenirs », *in* « La Transmission de Beauvoir », *Les Temps modernes*, janvier-mars 2008, n°s 647-648.

2. Ce surnom de cheftaine lui avait été donné par René Maheu au temps de la rue d'Ulm. Ses lettres à Sartre seront toujours signées « Votre charmant Castor ». Le normalien Maheu, surnommé le Lama, deviendra directeur de l'Unesco.

3. « Un jeune Castor : souvenirs », *art. cit.*

4. Un titre inspiré des *Mémoires d'un jeune homme rangé* de Tristan Bernard, paru dans *La Revue blanche* et réédité en 1949.

5. « Un jeune Castor », *art. cit.*

6. *Ibid.*

7. Roland Barthes, « Romans et enfants », *Mythologies*, Le Seuil, 1957.

8. *Ibid.*

9. *Ibid.*

10. Françoise Sagan, *Réponse, 1954-1974*, éditions Jean-Jacques Pauvert, 1974.

11. Brigitte Bardot, *Initiales B.B.*, Grasset, 1996.

12. *Cinémonde*, mardi 19 janvier 1960, n° 1328.

13. Jean-Claude Lamy, « Une femme de notre temps », *France-Soir*, dimanche 18-lundi 19 février 1979.

14. Simone de Beauvoir, *La Force des choses*, Gallimard, 1963.

15. *Ibid.*

16. *Ibid.*

17. Le *Bloc-notes* paraît d'abord dans la revue *La Table ronde* de décembre 1952 à février 1954. Il fait son entrée à *L'Express* le 10 avril 1954. En avril 1961, par fidélité à de Gaulle, Mauriac quitte le journal de Jean-Jacques Servan-Schreiber pour rejoindre, début mai, *Le Figaro littéraire*

dirigé par Michel Droit. Ce dernier, qui fut l'interviewer officiel du Général à la télévision, également romancier, sera élu à l'Académie française en 1980 au fauteuil de Joseph Kessel.

18. Simone de Beauvoir, *Lettres à Nelson Algren. Un amour transatlantique 1947-1964*, texte établi, traduit de l'anglais et annoté par Sylvie Le Bon de Beauvoir, Gallimard, 1997.

19. Claude Lanzmann, *Le Lièvre de Patagonie*, *Mémoires*, Gallimard, 2009.

20. *Lettres à Nelson Algren, op. cit.*

21. Sylvie Le Bon de Beauvoir, *Lettres à Nelson Algren, op. cit.*

22. Claude Francis et Fernande Gontier, *Simone de Beauvoir*, Perrin, 1985.

3. *Les fesses de Bardot*

1. Alice Schwarzer, *Entretiens avec Simone de Beauvoir*, Mercure de France, 1984, 2008 pour la traduction française.

2. *Ibid.*

3. *Ibid.*

4. Entretien de l'auteur avec Marie Cardinal, in *France-Soir*, 19 avril 1978.

5. Marie Cardinal, *Les Jeudis de Charles et Lula*, Grasset, 1993.

6. Olivier Weber, *Lucien Bodard, un aventurier dans le siècle*, Plon, 1997.

7. *Ibid.*

8. *Ibid.*

9. *Ibid.*

10. Entretien de l'auteur avec Lucien Bodard, in *France-Soir*, 20 mai 1977.

11. Lucien Bodard, « La pleine lune à Saint-Tropez », *Les Plaisirs de l'Hexagone*, Gallimard, 1971.

12. *Ibid.*

13. *Ibid.*

14. Roger Vadim, *D'une étoile l'autre*, éditions N° 1, 1986.

15. Roger Vadim, *Mémoires du diable*, Stock, 1975.

16. Brigitte Bardot, *Initiales B.B.*, *op. cit.*

17. *Ibid.*

18. Entretien de l'auteur avec Jean-Louis Trintignant, in *Sagan*, Mercure de France, 1988, nouvelle édition *Françoise Sagan, une légende*, 2004.

19. *La Mariée est trop belle*, de Pierre Gaspard-Huit, sortit en même temps que le film de Vadim. Brigitte Bardot a pour partenaires Micheline

Presle, Louis Jourdan, Marcel Amont, Jean-François Calvé. Dans sa critique assassine, Truffaut écrit que Gaspard-Huit est maintenant appelé dans la profession Gaspard-Zéro.

20. François Truffaut, in *Arts*, 12 décembre 1956.
21. Claude de Givray, in *Les Cahiers du cinéma*, janvier 1957, n° 67.
22. Jean Renoir, *Écrits 1926-1971*, Belfond, 1974.
23. Jean-Dominique Bauby, *Raoul Lévy, un aventurier du cinéma*, JC Lattès, 1995.
24. Bertrand Dicale, *Louis de Funès, grimaces et gloire*, Grasset, 2009.
25. Roger Boussinot, *L'Encyclopédie du cinéma*, Bordas, 1980.
26. Bertrand Dicale, *Louis de Funès, grimaces et gloire*, *op. cit.*
27. Florence et Mathias Gabin-Moncorgé, *Gabin hors champ*, Michel Lafon, 2004. Florence Moncorgé est l'aînée des enfants de Jean Gabin.
28. Claudia Cardinale avec Anna Maria Mori, *Moi, Claudia, toi, Claudia. Le roman d'une vie*, Grasset, 1995.
29. Menie Grégoire, *Le Métier de femme*, Plon, 1965.
30. François Mauriac, *Bloc-notes*, t. III : *1961-1964*, présentation et notes de Jean Touzot, Le Seuil, 1993.

4. La fin de Martine Carol

1. François Mauriac, in *Le Figaro littéraire*, 26 mars-1er avril 1964, n° 936.
2. Texte de François Truffaut repris dans le volume *Arts. La culture de la provocation 1952-1966*, Henri Blondet, Tallandier, 2009.
3. Le dessin de Sempé est reproduit dans *Initiales B.B.*, *op. cit.*
4. Témoignage de Jean-François Calvé, in Catherine Rihoit, *Brigitte Bardot, un mythe français*, Olivier Orban, 1986.
5. Edgar Morin, in *Les Stars*, Le Seuil, 1972.
6. Dominique Desanti, *Vladimir Nabokov*, Julliard, 1994.
7. Interview de Brigitte Bardot par l'auteur, in *France-Soir*, 28 mars 1978.
8. Roger Vadim, in *Cinéma 63*, janvier 1963, n° 72.
9. Roger Vadim, « Les jeunes préparent une surprise », *L'Express*, 5 juillet 1957.
10. Roger Vadim, in *Cinéma 63*, *art. cit.*
11. Claude Beylie, in *Max Ophüls*, Seghers, 1963.
12. Bertrand de Saint Vincent, *Jacques Laurent alias Cecil Saint-Laurent*, Julliard, 1995.
13. Brigitte Bardot, *Initiales B.B.*, *op. cit.*

14. Antoine de Baecque et Serge Toubiana, *François Truffaut*, Gallimard, 1996, 2001 pour l'édition revue.
15. Témoignage de Paul Guglielmo, Jean-François Téaldi, in *Festival de Cannes. Stars et reporters*, Éditions du Ricochet, 1995.
16. *Ibid.*
17. Jacqueline Cartier, *Monsieur Vanel. Un siècle de souvenirs. Un an d'entretiens*, Robert Laffont, 1989.
18. Jean Cocteau, in *Le Passé défini*, t. II (1953), journal, texte établi et annoté par Pierre Chanel, Gallimard, 1985.
19. Témoignage de Paul Guglielmo, in *Festival de Cannes. Stars et reporters, op. cit.*
20. Éliane Victor, *Profession femme*, Grasset, 2008.
21. Brigitte Bardot, *Initiales B.B., op. cit.*

5. Nez à nez avec Marilyn

1. Témoignage de Sophia Loren in *Cannes memories*, album officiel du cinquantième anniversaire 1939-1997.
2. Ado Kyrou, *Amour-Érotisme et Cinéma*, Éric Losfeld, 1967.
3. *Marilyn Monroe, un hommage photographique*, éditions Hors Collection, 2008.
4. *Ibid.*
5. Brigitte Bardot, in *Initiales B.B., op. cit.*
6. Henri Jeanson, *Histoire du cinéma*, t. II, *Crapouillot*, avril 1963, n° 60.
7. Kirk Douglas, *Le Fils du chiffonnier, Mémoires*, Presses de la Renaissance, 1989.
8. Edgar Morin, *Les Stars, op. cit.*
9. Charles Baudelaire, « Hymne à la beauté », *Les Fleurs du Mal.*
10. Jeffrey Robinson, *Bardot*, L'Archipel, 1994, pour la traduction française.
11. Edwige Feuillère, *Les Feux de la mémoire*, Albin Michel, 1977.
12. Claude Pinoteau, *Merci à la vie ! Aventures cinématographiques*, Le Cherche Midi, 2005.
13. Antoine de Baecque, *La Nouvelle Vague : portrait d'une jeunesse*, Flammarion, 1998, nouv. éd. augmentée 2009.
14. *Ibid.*
15. *Ibid.*
16. Vadim rejoint la réflexion féministe de Françoise Parturier énoncée dans le 1er chapitre du livre.

17. José Luis de Vilallonga, « Portrait d'une déesse », in *Gold Gotha*, Seuil, 1972.

18. Frédéric Mitterrand, *Destins d'étoiles*, POL-Fixot, 1992. Citation tirée d'un texte sur Brigitte Bardot à l'occasion d'une série d'émissions de télévision.

19. Témoignage d'Antoinette Fouque à l'auteur. Née à Marseille en 1936, elle est la fille d'un Corse et d'une Calabraise analphabète mais nourrie de culture populaire orale. Son empreinte, ainsi que la naissance de sa fille, Vincente, en 1964, vont marquer Antoinette Fouque dont la réflexion intellectuelle, notamment à travers la psychanalyse, en fait un personnage atypique et controversé du féminisme.

20. Témoignage de Brigitte Baudin à l'auteur.

21. *Ibid.*

22. Né en 1958, du mariage de Marlon Brando avec l'actrice anglo-indienne Anna Kashfi, Christian Brando assassina le petit ami de sa demi-sœur Cheyenne d'une balle dans la tête. Il sera condamné à dix ans de prison.

23. Témoignage de Brigitte Baudin à l'auteur.

24. François Reichenbach tourna de nombreux sujets pour la télévision, parmi lesquels « Brigitte Bardot aux USA » (1966). La production de *Viva Maria*, le film de Louis Malle, avait exigé par contrat que B.B. se rende aux États-Unis afin d'en assurer la promotion. Le réalisateur de *L'Amérique insolite* était l'homme de la situation pour suivre la star au sommet de sa popularité.

25. Michèle Fitoussi, « Jeune et belle pour l'éternité », *Elle*, 23 septembre 1996.

6. Colette, le scandale

1. Brigitte Bardot, *Initiales B.B.*, *op. cit.*

2. Daniel Gélin, *Deux ou trois vies qui sont les miennes*, Julliard, 1977.

3. Dans son livre de souvenirs, *Demain, tout commence* (Robert Laffont, 2008), Danièle Delorme évoque les incartades conjugales de Daniel Gélin : « Il ne me cachait même pas ses coups de cœur : Si je ne te trompais pas, Doucha, cela voudrait dire que je ne t'aime plus ! Des phrases qui me rendaient folle, mais nous ne nous quittions pas pour autant. Effectivement, je lui ai beaucoup pardonné, jusqu'au jour où je me suis lassée. »

4. Né à Paris, le 26 janvier 1928, Roger Vadim était le fils d'Igor Plémiannikov, originaire de Kiev. Ce noble russe, qui émigra en France après avoir combattu les Rouges dans l'armée Wrangel, fera une courte carrière de diplomate en Égypte et en Turquie. Il est mort à l'âge de trente-trois ans, d'une myocardie paludéenne. Baptisé Vadim, Roger est le second pré-

nom du cinéaste car, à l'époque, la loi ne reconnaissait pas l'usage des prénoms étrangers.

5. Le journaliste, écrivain et scénariste Jacques Robert qui, dans un article à la une de l'hebdomadaire *Samedi-Soir*, le 3 mai 1947, avait révélé l'existence des… « existentialistes » de Saint-Germain-des-Prés, a un faible pour Brigitte.

6. Jacques Robert, *Les Stars de mes nuits*, éditions du Rocher, 1991.

7. *Ibid.*

8. *Ibid.*

9. Olga Horstig-Primuz, *Moi j'aime les acteurs*, JC Lattès, 1990. Surnommée Mama Olga par Brigitte Bardot, elle fut pendant quarante ans l'agent de nombreux acteurs français et étrangers.

10. Denis Demonpion, *Arletty*, Flammarion, 1996.

11. Danielle Mitterrand, *Le Livre de ma mémoire*, Jean-Claude Gawsevitch éditeur, 2007.

12. *Ibid.*

13. Françoise Sagan, *Maisons louées*, éditions de l'Herne, 2008.

14. *Ibid.*

15. Dans « Le Dernier Prix », à la une du *Figaro* daté du 1er juin 1954, François Mauriac saluait Françoise Sagan, qui avait obtenu le prix des Critiques pour *Bonjour tristesse*, d'un : « charmant monstre de dix-huit ans » et parlait également de « la terrible petite fille ».

16. François Mauriac, *Bloc-notes*, t. I : *1952-1957*, avant-propos de Jean Lacouture, présentation et notes de Jean Touzot, Le Seuil, 1993.

17. Le journaliste et écrivain Jérôme Garcin, lecteur passionné de Colette et admirateur de Sagan, relève cette dédicace in *Le Bouquin de Bouquins*. Cet ouvrage a été réalisé pour le trentième anniversaire de la collection (1979-2009) fondée par Guy Schoeller, le premier mari de l'auteur de *Bonjour tristesse*.

18. François Mauriac, *Bloc-notes*, t. I : *1952-1957*, *op. cit.*

19. Maurice Goudeket, *Près de Colette*, Flammarion, 1955.

20. Coccinelle *in* Mario A. Costa, *Coccinelle est lui*, collection « Pocket Mail », 1963.

21. *Ibid.*

22. Témoignage d'Edmonde Charles-Roux à l'auteur.

23. *Le Figaro littéraire* du 14 août 1954, *in* Claude Francis et Fernande Gontier, « Colette », *op. cit.*

24. *Les Lettres françaises* du 12-17 août 1954, *ibid.*

25. Julien Green, *Journal*, in *Œuvres complètes*, t. IV, Gallimard, Bibliothèque de la Pléiade, 1975.

26. François Mauriac, *Le Nouveau Bloc-notes : 1958-1960*, Flammarion, 1961.

7. De Gaulle : « Chic, un militaire ! »

1. Gérard Mourgue, *Françoise Sagan*, précédé de Pierre de Boisdeffre, *Le Secret de Françoise Sagan*, Éditions Universitaires, 1958. Venu de Clermont-Ferrand, écrivain et libraire, Gérard Mourgue avait deux grandes librairies, l'une à l'Opéra, l'autre boulevard Saint-Germain. Également critique, il collaborait à de nombreux journaux dont *Combat* et *Carrefour*. Ses *Chroniques d'un libraire* paraissaient dans les revues *Preuves* et *La Nef*.
2. Citation de Philippe Barrès tirée du texte de Philippe Bernert « Et Dieu créa Bardot », *in* Gilbert Guilleminault, *Le Roman vrai de la IVe République. De Bardot à de Gaulle*, Denoël, 1972.
3. Françoise Sagan, « Bettina, l'éminence rousse », in *La Petite Robe noire*, éditions de l'Herne, 2008.
4. Bernard Frank, « Quinze ans de mode », « Arts », 19-25 août 1959, in *Mon Siècle, chroniques 1952-1960*, Julliard, 1996.
5. *Brigitte Bardot racontée par Françoise Sagan vue par Ghislain Dussart*, Flammarion, 1975.
6. *Ibid.*
7. *Ibid.*
8. *Ibid.*
9. Brigitte Bardot, *Initiales B.B.*, *op. cit.*
10. *Brigitte Bardot racontée par Françoise Sagan vue par Ghislain Dussart*, *op. cit.*
11. Georges Duby et Michelle Perrot, dir., *Histoire des femmes en Occident*, ouvrage collectif en cinq tomes. Sorti en 1990 chez l'éditeur italien Laterza et chez Plon en 1991, dirigé à l'époque par Christian Bourgois.
12. Dans « La Maison Nuncingen », in *La Comédie humaine*, Balzac écrit : « Enfin il résolut de rapporter ses sentiments, ses idées, ses affections à une femme, une femme ! LA PHAMMME ! AH ! »
13. François Mauriac, *On n'est jamais sûr de rien avec la télévision. Chroniques 1959-1964*, édition établie par Jean Touzot, avec la collaboration de Merryl Moneghetti, Bartillat, 2008.
14. François Mauriac, *Le Nouveau Bloc-notes 1958-1960*, Flammarion, 1961.
15. Philippe de Gaulle, *De Gaulle, mon père. Entretiens avec Michel Tauriac*, t. II, Plon, 2004.
16. Entretien téléphonique de François Flohic avec l'auteur. À l'époque capitaine de corvette, il sera nommé amiral en 1973. À la retraite près de Toulon, il s'adonne à la peinture.
17. Frédérique Neau-Dufour, *Yvonne de Gaulle*, Fayard, 2010.

18. Jacques Vendroux, *Ces grandes années que j'ai vécues*, Plon, 1975.

19. Frédérique Neau-Dufour, *Yvonne de Gaulle*, *op. cit.*

20. Dans son ouvrage, *Histoire secrète de l'OAS 1958-1970* (Grasset, 2002), Georges Fleury écrit que B.B. a reçu une lettre d'un certain J. Lenoir qui s'annonce « chef des services financiers de l'OAS ». Derrière ce nom d'emprunt se cachait un ancien du 1er régiment de chasseurs parachutistes. Selon Fleury, il a agi de son propre chef, car la somme aurait été bien plus importante si la décision de racketter la star avait été prise par des responsables du réseau en métropole de l'OAS. Brigitte Bardot contacta *L'Express* qui, dans son numéro du 1er décembre 1961, publia la demande écrite de l'organisation terroriste et la réponse de la comédienne. « Je suis persuadée, en effet, que les auteurs et les inspirateurs de ce genre de lettre seront rapidement mis hors d'état de nuire s'ils se heurtent partout à un refus net et public de la part des gens qu'ils cherchent à terroriser par leurs menaces et leurs attentats. En tout cas, moi, je ne marche pas, parce que je n'ai pas envie de vivre dans un pays nazi. »

21. Brigitte Bardot, *Initiales B.B.*, *op. cit.*

22. *Ibid.*

23. Discours d'André Malraux prononcé à Washington le 9 janvier 1963.

24. Françoise Chirot, « Les infortunes de Marianne Bardot dans les mairies de France », *Le Monde*, 7 décembre 1996.

25. Valéry Giscard d'Estaing, Henry-Jean Servat, in *Bardot la légende*, Hors Collection, 2009.

26. Brigitte Bardot, *Initiales B.B.*, *op. cit.*

27. Henri Tisot, *De Gaulle et moi. Quelle aventure !*, lettre-préface de Maurice Druon de l'Académie française, Le Cerf, 2010.

8. Pieds nus et en jeans

1. *Saint-Tropez le mal connu*, avec cinq dessins originaux de Dunoyer de Segonzac, introduction de Robert Rey, Julliard, 1961.

2. Annabel Buffet-Luc Fournol, *Saint-Tropez, op. cit.*

3. *Ibid.*

4. Éric Ollivier, *La Loi d'exil*, Grasset, 1990.

5. Éric Ollivier, postface à la réédition de *Godelureaux*, Flammarion, 2009.

6. Annabel Buffet, *D'amour et d'eau fraîche*, éditions Sylvie Messinger, 1986.

7. *Ibid.*

8. *Ibid.*

9. Marc Dambre, *Roger Nimier, Hussard du demi-siècle*, Flammarion, 1989.

10. *Il n'y a plus d'avant à Saint-Germain-des-Vents*, texte inédit d'Anne-Marie Cazalis (1920-1988). Lauréate du prix Paul-Valéry, figure de la cave du Tabou située 32, rue Dauphine et animatrice des nuits de Saint-Germain-des-Prés, elle l'avait adressé à l'auteur au début des années quatre-vingt.

11. Juliette Gréco, in *L'Œil*, mai 2009, n° 613. Propos recueillis par Martine Robert.

12. Juliette Gréco, *Jujube*, préface de Josyane Savigneau, Stock, 1982, rééd. 1993.

13. Boris Vian, *Manuel de Saint-Germain-des-Prés*, Chêne, 1974.

14. Extrait de la préface de Danièle Heymann à Annabel Buffet, *3 petits tours et... 40 ans*, Julliard, 1973.

15. Bertrand Dicale, *Gréco, les vies d'une chanteuse*, JC Lattès, 2001.

16. *Ibid.*

17. *Ibid.*

18. Daniel Gélin, *Deux ou trois vies qui sont les miennes*, *op. cit.*

19. Jacqueline Cartier, *Monsieur Vanel*, *op. cit.*

20. Jean-Pierre Aumont, *Le Soleil et les Ombres*, J'ai Lu, 1977.

21. François Parturier, « Devinette estivale », in *Saint-Tropez le mal connu*, *op. cit.*

22. Annabel Buffet, *D'amour et d'eau fraîche*, *op. cit.*

23. *Ibid.*

24. *Ibid.*

25. *Ibid.*

26. *Ibid.*

27. Julien Green, *Œuvres complètes*, t. IV, *op. cit.*

28. Annabel Buffet, *D'amour et d'eau fraîche*, *op. cit.*

29. *Ibid.*

30. Témoignage d'Ida Garnier à l'auteur.

31. *Paris Match*, 2 juin 1951, n° 115. Reportage Henriette Chandet et Walter Carone. « Le Match de Paris vous montre pour la première fois comment naît un nez de vedette. »

9. La névrose du succès

1. Lecteur, puis conseiller littéraire des éditions de Minuit, Alain Robbe-Grillet y publie, en 1957, *La Jalousie*. Ce troisième livre fait l'objet d'une critique d'Émile Henriot dans *Le Monde*. L'académicien français, qui

descend en flammes, conjointement, *La Jalousie* et *Tropismes* de Nathalie Sarraute, invente à cette occasion le terme de Nouveau Roman.

2. Selon *Le Crapouillot* de janvier 1959 (n° 43), Françoise Sagan, en quatre années, a touché 97 millions de francs de droits d'auteur chez Julliard.

3. Gohier-Marvier, *Bonjour Françoise !*, éditions du Grand Damier, 1957.

4. Françoise Sagan, *Avec mon meilleur souvenir*, Gallimard, 1984.

5. *Ibid.*

6. Témoignage d'Alexandre Astruc à l'auteur.

7. *Ibid.*

8. Alexandre Astruc, *La Tête la première*, Olivier Orban, 1975.

9. Témoignage d'Alexandre Astruc à l'auteur.

10. En 1960, Alexandre Astruc reprendra l'idée du scénario pour réaliser *La Proie pour l'ombre*, avec la collaboration de Claude Brulé. Pour le rôle principal féminin, il hésita entre Brigitte Bardot et Jeanne Moreau. Finalement, c'est Annie Girardot qui sera choisie avec pour partenaires Daniel Gélin et Christian Marquand.

11. Françoise Sagan trouva son nom de plume dans *À la recherche du temps perdu* de Marcel Proust. Par hasard, elle tomba sur « la Sagante », l'ancienne épouse de Boni de Castellane, mariée à Hélie de Talleyrand-Périgord, prince de Sagan.

12. Boris Vian, *Manuel de Saint-Germain-des-Prés, op. cit.*

13. Alexandre Astruc, *La Tête la première, op. cit.*

14. *Ibid.*

15. Olga Horstig-Primuz, *Moi, j'aime les acteurs, op. cit.*

16. Curd Jurgens, *... et pas plus sage pour autant*, traduit de l'allemand par Frank Straschitz, Robert Laffont, 1977.

17. *Ibid.*

18. *Ibid.*

19. Massimo Gargia, *Nos Amies les stars*, Flammarion, 2005.

20. Henry-Jean Servat, *Bardot, la légende, op. cit.*

21. Joseph Vandrisse, « Sainte audience pour Brigitte Bardot », *Le Figaro*, 28 septembre 1995. Le correspondant du journal au Vatican était également prêtre.

22. Pier Paolo Pasolini, *Dialogues en public*, éditions du Sorbier, 1980.

23. Pierre Clémenti, *Quelques messages personnels*, éditions SEF-Philippe Daudy, 1973, rééd. Folio Gallimard, 2005.

10. « Fais-toi sucer en Russie, Simone ! »

1. Marguerite Duras, « Paris, six d'août », *France-Observateur*, 1958. Article repris dans *Outside. Papiers d'un jour*, Albin Michel, coll. « Illustrations » dirigée par Jean-Luc Hennig, 1981.

2. *Colette journaliste, chroniques et reportages 1893-1955*, texte établi, présenté et annoté par Gérard Bonal et Frédéric Maget, Le Seuil, 2010.

3. Avant-propos de Marguerite Duras à *Outside*, *op. cit.*

4. Marguerite Duras, « La reine Bardot », in *Outside*, *op. cit.*

5. *Ibid.*

6. « L'auteur de *Hiroshima mon amour* vous parle », *Réalités*, mars 1963, n° 206.

7. *Danielle Darrieux : une vie de cinéma*, documentaire réalisé, en 2007, par la romancière Anne Wiazemsky qui a été l'actrice de Robert Bresson dans *Au hasard Balthazar* et tourna dans *La Chinoise* et *Week-end* de Jean-Luc Godard, dont elle fut l'épouse. Elle joua également dans *Théorème* de Pasolini. Ce portrait de Danielle Darrieux, amie de Claire Mauriac, la mère d'Anne, a été diffusé sur la chaîne France 5, le vendredi 7 mai 2010. La petite-fille de François Mauriac envisagea de faire un portrait de Brigitte Bardot mais le projet n'a pas abouti.

8. Après *Emmanuelle* (1973), Just Jaeckin, qui était photographe de mode à *Elle*, réalisa *Histoire d'O* (1975) et *Madame Claude* (1976).

9. « Actrices de plus de 40 ans… Un nouveau scénario », *Paris Match*, 6-12 mai 2010, n° 3181.

10. Marcel Cerdan est mort dans un accident d'avion, le 27 octobre 1949, alors qu'il rejoignait Édith Piaf aux États-Unis. Apprenant la nouvelle, l'interprète et parolière de *L'Hymne à l'amour* (musique de Marguerite Monnot) s'est évanouie en plein récital. Un mois plus tôt, elle l'avait chanté pour la première fois sur la scène du Versailles à New York. Édith Piaf disparut à l'âge de quarante-huit ans, dans la nuit du 10 au 11 octobre 1963. Quelques heures après mourait Jean Cocteau, à soixante-quatorze ans. En 1940, elle avait joué sa pièce, *Le Bel Indifférent*, avec Paul Meurisse, qui fut son amant. « Piaf, disait-il, était très fragile devant l'homme, mais elle avait une volonté de fer à cacher cela » (*Édith Piaf. Le chant d'amour*, Soprodé, 1973).

11. Jean d'Ormesson, « Tombeau d'Édith Piaf », *Arts*, 3 octobre 1962. Chronique reprise dans le recueil d'articles *Saveur du temps*, éditions Héloïse d'Ormesson, 2009.

12. Deirdre Bair, *Simone de Beauvoir*, Fayard, 1991. Déjà auteur d'un *Samuel Beckett* (Fayard, 1979) qui lui valut le National Book Award en 1981, ce professeur d'université, critique littéraire, s'appuie en particulier sur les archives de Nelson Algren (Ohio State University Library, Columbus).

13. Michelle Vian, née Léglise, ancienne épouse de Boris Vian. Elle a été l'une des nombreuses maîtresses de Jean-Paul Sartre.

14. Deirdre Bair, *Simone de Beauvoir, op. cit.*

15. Peter Adam, *Mémoires à contre-temps*, La Différence, 2010. Né en 1929, ayant survécu au nazisme, caché dans un petit village autrichien, il deviendra grand reporter et responsable des émissions culturelles de la BBC à Londres de 1968 à 1989.

16. *Ibid.*

17. *Ibid.*

18. Simone de Beauvoir, *La Force des choses I*, Gallimard, 1963.

19. *L'Année politique 1949*, introduction d'André Siegfried, de l'Académie française, éditions du Grand Siècle, 1950.

20. Deirdre Bair, *Simone de Beauvoir, op. cit.*

11. Sartre, l'homme à femmes

1. Simone de Beauvoir, in *L'Amérique au jour le jour*, Gallimard, 1954. Tout au long du livre, elle s'interroge sur la situation et la condition des femmes. « Il mérite d'être lu avec attention, car elle y expose déjà des idées du *Deuxième Sexe* » souligne Deirdre Bair.

2. Nelson Algren, « Last Rounds in Small Cafés : Remembrences of Jean-Paul Sartre and Simone de Beauvoir », *Chicago*, décembre 1980.

3. *Ibid.*

4. Deirdre Bair, *Simone de Beauvoir, op. cit.*

5. Simone de Beauvoir, *Lettes à Nelson Algren, op. cit.* L'expression « jeunot du cru » correspond à l'âge d'Algren. Né en 1909, il avait un an de moins que Beauvoir.

6. Gisèle Halimi, *Ne vous résignez jamais*, Plon, 2009.

7. Jean Cau, « Sartre », in *Croquis de mémoire*, Julliard, 1985.

8. *Ibid.*

9. Ce surnom « espiègle Lili » rappelle une bande dessinée ainsi que *La Petite Lili*, une comédie musicale en deux actes de Marcel Achard jouée en 1951 par Édith Piaf à l'A.B.C.

10. Françoise Sagan, *Un certain regard*, éditions de l'Herne, 2008.

11. Françoise Sagan, *Avec mon meilleur souvenir, op. cit.*

12. Françoise Giroud, *On ne peut pas être heureux tout le temps*, Fayard, 2001.

13. Simone de Beauvoir, *La Force des choses II*, Gallimard, 1963.

14. Françoise d'Eaubonne, *Je voulais être une femme*, Buchet-Chastel, 1962.

15. *Ibid.*

16. Françoise Giroud, *On ne peut pas être heureux tout le temps, op. cit.*
17. Deirdre Bair, *Simone de Beauvoir, op. cit.*
18. Simone de Beauvoir, *La Force des choses II, op. cit.*
19. *Ibid.*
20. Annie Ernaux, *Les Années*, Gallimard, 2008.
21. Josyane Savigneau, *Point de côté*, Stock, 2008.
22. *Ibid.*
23. Directeur de l'information d'Antenne 2 (1977-1981), éphémère présentateur du journal télévisé et, plus durablement, de *Cartes sur table*, émission-vedette de débat politique, Jean-Pierre Elkabbach a incarné une évolution de la liberté d'expression à la télévision.
24. Nicole Avril, *Voyage en Avril*, Plon, 2010.
25. *Ibid.*
26. « Brigitte Bardot par Violette Leduc », *Adam*, 1966.
27. Préface de Simone de Beauvoir à *La Bâtarde*, Gallimard, 1964.
28. Témoignage de Roger Grenier à l'auteur.
29. Dominique Aury, « Violette Leduc », *NRF*, mars 1974, n° 255. Chronique reprise dans le volume *Lecture pour tous II*, Gallimard, 1999.
30. Yves Courrière, *Pierre Lazareff*, Gallimard, 1995.
31. *Ibid.*
32. Françoise Giroud, *Si je mens...*, conversations avec Claude Glayman, Stock, 1972.
33. Pierre Lazareff, « Tout ce qu'il faut savoir sur les femmes journalistes », *Elle*, 12 novembre 1951, n° 311.
34. Françoise Giroud, *On ne peut pas être heureux tout le temps, op. cit.*
35. Jérôme Bourdon, Agnès Chauveau, Francis Denel, Laurent Gervereau, Cécile Méadel, dir., *La Grande Aventure du petit écran* (La télévision française 1935-1975), BDIC-musée d'Histoire contemporaine, avec le soutien de l'Institut national de l'audiovisuel, 1997.
36. Madeleine Chapsal, *L'Homme de ma vie*, Fayard, 2004.

12. Le sein droit de Catherine Millet

1. Simone de Beauvoir, *La Force des choses II, op. cit.*
2. *Ibid.*
3. *Le Nouvel Observateur*, 3-9 janvier 2008.
4. Le manifeste paraît dans *Le Nouvel Observateur* des 5-11 avril 1971 sous le titre « Un appel de 343 femmes ». *Charlie-Hebdo*, du 12 avril 1971, s'interroge : « Qui a engrossé les 343 salopes du manifeste sur l'avortement ? » Il réunit des signatures de femmes célèbres, notamment Simone de Beauvoir, Marguerite Duras, Françoise Sagan, Christiane Rochefort,

Catherine Deneuve, Delphine Seyrig, Gisèle Halimi. Au procès de Bobigny, où elle assure la défense de Marie-Claire Chevalier, poursuivie pour avortement, et de sa mère, l'avocate déclare au tribunal : « J'ai avorté. Je le dis, messieurs, je suis une avocate qui a transgressé la loi. » Rappelons qu'alors, l'avortement était strictement interdit par la loi et passible de sanctions pénales. Fondé après le Manifeste des 343, c'est le mouvement Choisir. La Cause des femmes qui a pris en charge ce procès historique.

5. Claire Guillot, « L'homme qui a vu Simone de Beauvoir nue », *Le Monde*, 14 janvier 2008.

6. Simone de Beauvoir, *Lettres à Nelson Algren*, *op. cit.*

7. Préface d'Alain Delon à Lova Moor, *Ma vie mise à nu*, Michel Lafon, 1988.

8. Le livre connut un énorme succès et fut traduit dans une quarantaine de langues. Plus de deux millions d'exemplaires ont été vendus en France et à l'étranger.

9. Arielle Dombasle, « Une grande amoureuse », propos recueillis par Anne Crignon, *Le Nouvel Observateur*, 3 janvier 2008.

10. Catherine Millet, « *Bourgeoise et érotique* », propos recueillis par Aude Lancelin, *ibid.*

11. Patrick Kéchichian, « Catherine Millet, la liberté à l'épreuve de la jalousie », *Le Monde*, vendredi 29 août 2008.

12. Laurent Greilsamer, « Brève digression sur le sein droit de Catherine Millet », *Le Monde*, mardi 26 août 2008.

13. *Ibid.*

14. François-Marie Banier, « Le temps qui passe », *Égoïste*, 3e trimestre 1985, n° 9.

15. Françoise Sagan, « La fêlure blonde », *ibid.*

16. *Ibid.*

17. *Ibid.*

18. *Ibid.*

19. *Ibid.*

20. Laurence Benaïm, in *Le Figaro*, mardi 3 juin 2008. Sa biographie du couturier, *Yves Saint Laurent*, parue chez Grasset, a été rééditée pour la troisième fois en 2008.

21. Pierre Bergé, *Lettres à Yves*, Gallimard, 2010.

22. Françoise Sagan, « La fêlure blonde », *Égoïste*, 3e trimestre 1985, n° 9.

23. Simone de Beauvoir, *La Force des choses I*, Gallimard, 1963.

24. *Ibid.*

25. *Ibid.*

26. *Ibid.*

13. Louise de Vilmorin : « Marilyn Malraux »

1. L'auteur de *Clochemerle*, décédé à Cannes en 1969, a également publié *La Peur* (PUF, 1930, rééd. Le Livre de Poche, 2010), l'un des plus beaux livres sur les horreurs des combats de 1914-1918 tels qu'il les a vécus.
2. Gabriel Chevallier, *Les filles sont libres*, Flammarion, 1960. « Lollo » c'est Gina Lollobrigida et « Sophia » Sophia Loren, deux actrices sexy devenues, comme Bardot, des stars internationales.
3. *Ibid.*
4. *Ibid.*
5. *Ibid.*
6. « Les Amants », in *L'Avant-Scène du cinéma*, 15 mars 1961, n° 2.
7. Philip French, *Conversations avec Louis Malle*, traduit de l'anglais par Martine Leroy-Battistelli, Denoël, 1993.
8. *Ibid.*
9. Roger Peyrefitte, *Propos secrets*, Albin Michel, 1977.
10. *Ibid.*
11. Brigitte Bardot, *Initiales B.B.*, *op. cit.*
12. Françoise Wagener, *Je suis née inconsolable. Louise de Vilmorin 1902-1969*, Albin Michel, 2008.
13. Brigitte Bardot, *Initiales B.B.*, *op. cit.*
14. Son grand-père et son père se sont suicidés. Ses deux fils Gauthier et Vincent ont été tués dans un accident de voiture en 1961, sur une route de Bourgogne. Pendant la guerre, ses deux demi-frères Roland et Claude furent victimes des nazis et sa compagne Josette Clotis, mère de ses fils, a été écrasée par un train.
15. Lawrence Grobel, *Conversations avec Truman Capote*, traduit de l'anglais par Henri Robillot, Gallimard, 1987.
16. Sophie de Vilmorin, *Aimer encore*, Gallimard, 1999.
17. Roger Peyrefitte, *Propos secrets*, *op. cit.*
18. *Ibid.*
19. Jean Chalon, *Florence et Louise les magnifiques. Florence Jay Gould et Louise de Vilmorin*, éditions du Rocher, 1987, rééd. 1999.
20. *Ibid.*
21. Témoignage d'Annabel Buffet à l'auteur.
22. Françoise Wagener, *Je suis née inconsolable*, *op. cit.*
23. *Vous*, éditions Tutti, *in* Robert Beauvais, *Guy Béart*, Seghers, 1971.
24. *La Grande Aventure du petit écran*, *op. cit.*
25. Sophie de Vilmorin, *Aimer encore*, *op. cit.*
26. *Ibid.*

27. *Ibid.*
28. *Ibid.*
29. Claude Francis et Fernande Gontier, *Simone de Beauvoir*, *op. cit.*
30. Dominique Bona, *Clara Malraux*, Grasset, 2010.
31. *Qui suis-je ?*, éditions Tutti, *in* Robert Beauvais, *Guy Béart*, *op. cit.*

14. La volonté du bonheur

1. Patrick Buisson, *1940-1945 Années érotiques*, Albin Michel, 2008.
2. Claude Francis et Fernande Gontier, *Simone de Beauvoir*, *op. cit.*
3. Témoignage de Roger Grenier à l'auteur.
4. Témoignage d'Alexandre Astruc à l'auteur.
5. Claude Francis et Fernande Gontier, *Simone de Beauvoir*, *op. cit.*
6. Mouloudji, *La Fleur de l'âge*, Grasset, 1991.
7. *Ibid.*
8. Roger Grenier, *Albert Camus soleil et ombre*, Gallimard, 1987, rééd. Folio, 1991.
9. Simone de Beauvoir, *La Forces des choses II*, *op. cit.*
10. *Ibid.*
11. Le roman, *La Mort heureuse*, a été écrit entre 1936 et 1939. Sa publication posthume dans la collection « Les Cahiers Albert Camus » date de 1971.
12. Roger Grenier, *Albert Camus soleil et ombre*, *op. cit.*
13. Ce témoignage de Voldemar Lestienne, je l'avais recueilli pour ma biographie, *Sagan*, parue au Mercure de France, en 1988. Une nouvelle édition complétée, *Françoise Sagan, une légende*, est sortie en 2004 chez le même éditeur.
14. Françoise Sagan, *Réponses*, Jean-Jacques Pauvert, 1974.
15. *L'Année politique 1957*, éditions du Grand Siècle.
16. « 101 une de légende », *France-Soir*, hors-série n° 1.
17. Témoignage de Roger Grenier à l'auteur.
18. *101 une de légende*, *op. cit.*
19. *Ibid.*
20. Témoignage de Florence Malraux à l'auteur, in *Sagan*, *op. cit.*
21. Dominique Bona, *Clara Malraux*, *op. cit.*
22. Simone de Beauvoir, *La Force des choses II*, *op. cit.*
23. *Ibid.*
24. François Mauriac, *On n'est jamais sûr de rien avec la télévision. Chroniques 1959-1964*, *op. cit.*
25. Témoignage de Françoise Sagan, *in* Jean-Paul Liégeois, *Gens de liberté*, Denoël, 1978. Yvan Audouard, qui a préfacé l'ouvrage, écrit

notamment : « La liberté n'est ni un métier ni un gagne-pain. C'est une intransigeance. Mais qui seule permet d'envisager l'existence du bonheur. »

26. Françoise Sagan, *Au cinéma*, éditions de l'Herne, 2008.
27. « Sagan chez Castro », *L'Express*, 4 août 1960, n° 477.
28. Jean Daniel, *Le temps qui reste*, Stock, 1973.
29. *L'Homme du XXe siècle* a fait de Pierre Sabbagh, marié à la speakerine Catherine Langeais, un exemple d'animateur populaire. Plusieurs candidats s'affrontent sur des questions culturelles. L'importance des gains explique aussi le succès de ce jeu qui sera le rendez-vous « cathodique » des Français durant quatre ans (1961-1965).
30. Jean Daniel, *Les Miens*, Grasset, 2009.

15. Le bikini d'Ursula Andress

1. Françoise Giroud, « Où en est la Haute Couture française », *Elle*, 26 novembre 1951, n° 313.
2. Françoise Giroud, *Si je mens…*, *op. cit.*
3. Préface de Marcel Achard in *Françoise Giroud vous présente le Tout-Paris*, Gallimard, 1952.
4. Françoise Giroud, *Si je mens…*, *op. cit.*
5. « Le 1er ministère de femmes », *Elle*, 9 octobre 1950, n° 254.
6. « Voilà pourquoi j'aime ma femme », *Elle*, 15 janvier 1951, n° 268.
7. « Nous, les femmes, nous vous trouvons beaux », *Elle*, 29 octobre 1951, n° 309.
8. *Ibid.*
9. *Ibid.*
10. Roger Nimier, « Attention : hommes amoureux ! », *Elle*, 29 octobre 1951, n° 309.
11. Témoignage de Patrick Alac in *Histoire du bikini*, un documentaire d'Albert Knechtel diffusé sur la chaîne Arte le 26 juillet 2009.
12. Darry Cowl, *Mémoire d'un canaillou*, éditions N° 1, 2005.
13. *Ibid.*
14. Madeleine Chapsal, *L'Homme de ma vie*, *op. cit.*
15. *Françoise Giroud vous présente le Tout-Paris*, *op. cit.*
16. Michelle Perrot, *Les Femmes ou les silences de l'histoire*, Flammarion, 1998.
17. *Ibid.*

16. Lanzmann chez Sagan

1. Claude Lanzmann, « La déchirante histoire d'amour d'une femme de 39 ans », *Elle*, 31 août 1959, n° 714.
2. Antoine Blondin, *Monsieur Jadis ou l'école du soir*, La Table ronde, 1970.
3. Marc Dambre, *Roger Nimier, Hussard du demi-siècle*, Flammarion, 1989.
4. Claude Lanzmann, « La déchirante histoire d'amour d'une femme de 39 ans », *op. cit.*
5. François Mauriac, « Le Dernier Prix », *Le Figaro*, 1er juin 1954.
6. Claude Lanzmann, « La déchirante histoire d'amour d'une femme de 39 ans », *op. cit.*
7. *Ibid.*
8. *Ibid.*
9. Entretien Françoise Sagan-Jacques Laurent, in *Marbres*, janvier-février 1987, n° 2.
10. Claude Lanzmann, *Le Lièvre de Patagonie*, Gallimard, 2009.
11. Gisèle Halimi, *Ne vous résignez jamais*, *op. cit.*
12. *Ibid.*
13. Roger Peyrefitte, *Propos secrets*, *op. cit.*
14. *Ibid.*
15. Deirdre Bair, *Simone de Beauvoir*, *op. cit.*
16. *Ibid.*
17. Hazel Barnes, entretien avec Deirdre Bair, 27 février 1987, université de Harvard.
18. Claude Lanzmann, *Le Lièvre de Patagonie*, *op. cit.*
19. Yves Montand, époux de Simone Signoret, et Marilyn Monroe, alors mariée à Arthur Miller, ont eu une aventure pendant le tournage du film de George Cukor, *Le Milliardaire* (1960). « Je n'ai pas de voiture, confiait Signoret, parce que Montand ne veut pas que je passe mon permis. Quand j'ai dit que je voulais conduire, il m'a dit : "Une voiture ? Pourquoi pas un amant ?" », in *Elle*, 21 septembre 1959, n° 717.
20. Claude Lanzmann, *Le Lièvre de Patagonie*, *op. cit.*
21. Témoignage de Roger Grenier à l'auteur.
22. Claude Lanzmann, *Le Lièvre de Patagonie*, *op. cit.*
23. *Françoise Giroud vous présente le Tout-Paris*, *op. cit.*

17. Bardot et le syndrome de Lolita

1. Témoignage de Bernard Frank in *Sagan, op. cit.*
2. Martine de Rabaudy, *Une saison avec Bernard Frank*, Flammarion, 2010.
3. Bernard Frank, « Brigitte Bardot », in *En soixantaine, chroniques 1961-1971*, Julliard, 1996.
4. *Ibid.*
5. *Ibid.*
6. Témoignage de Denis Westhoff à l'auteur.
7. Bernard Frank, « Brigitte Bardot », in *En soixantaine, op. cit.*
8. Pascal Bergues, « Bob Zaguri l'amant public numéro un », *Lui*, mai 1964, n° 6.
9. *Ibid.*
10. Sacha Distel, in *Elle*, 5 octobre 1959, n° 719.
11. Sacha Distel, *Les Pendules à l'heure*, éditions Carrere-Michel Lafon, 1985.
12. Jean-Pierre Langellier, « Et Bardot créa Buzios », *Le Monde*, 18 décembre 2008.
13. *Ibid.*
14. Brigitte Bardot, *Initiales B.B., op. cit.*
15. Menie Grégoire *Le Métier de femme, op. cit.*
16. Bernard Frank, « Brigitte Bardot », in *En soixantaine, op. cit.*
17. Simone de Beauvoir, « Brigitte Bardot et le syndrome de Lolita », *Esquire*, août 1959. Article traduit de l'anglais, repris par Claude Francis et Fernande Gontier dans leur ouvrage *Les Écrits de Simone de Beauvoir*, dont une partie est composée de textes inédits ou difficiles à consulter, Gallimard, 1979.
18. Témoignage de François Nourissier à l'auteur. L'ancien président de l'académie Goncourt m'avait reçu dans sa maison de la rue Henri-Heine à Paris (XVIe). Atteint de la maladie de Parkinson, il sera admis quelques mois plus tard dans une clinique proche de son domicile. François Nourissier est décédé le mardi 15 février 2011.
19. François Nourissier, *B.B. 60*, Le Dilettante, 1996.
20. Témoignage de François Nourissier à l'auteur.
21. François Nourissier, *B.B. 60, op. cit.*
22. *Brigitte Bardot and the Lolita syndrome*, André Deutsch – Weidenfeld & Nicholson, 1960.
23. Marcel Achard, « Mini-propos sur la minijupe », *L'Année 1967*, catalogue de l'exposition *Les Peintres témoins de leur temps*.

24. Dans un *Petit Larousse* en couleurs, comme le rappelle François Nourissier, le mot « locomotive » est illustré par la BB 22201, une locomotive électrique qui a remporté un record de vitesse au printemps 1955 : 331 kilomètres à l'heure.

25. François Nourissier, *B.B. 60, op. cit.*

26. Simone de Beauvoir, « Brigitte Bardot et le syndrome de Lolita », *op. cit.*

27. Simone de Beauvoir, *La Force des choses II, op. cit.*

18. La philosophie de Monsieur Playboy

1. Michel Déon, *Bagages pour Vancouver*, La Table ronde, 1985.

2. *Ibid.*

3. *Ibid.*

4. Simone de Beauvoir, *Tout compte fait* (Mémoires, 1962-1972), Gallimard, 1972.

5. Roger Peyrefitte, *Propos secrets, op. cit.* Six cent mille exemplaires des quatre volumes des *Jeunes Filles* avaient été vendus en 1945. Dans son *Montherlant* (Écrivains de toujours/Le Seuil, 1975), Pierre Sipriot remarque qu'un pocket-book des *Jeunes Filles* a été publié en 1969 aux États-Unis, trente-trois ans après la parution.

6. Née à Pessac en 1929, Yvette Roudy, issue d'une famille d'ouvriers, passera son bac à l'âge de vingt-huit ans et sera nommée ministre des Droits de la femme dans le gouvernement de Pierre Mauroy, après l'élection de François Mitterrand à la présidence de la République. Celui-ci avait préfacé son livre *La Femme en marge* paru chez Flammarion en 1975.

7. Deirdre Bair, *Simone de Beauvoir, op. cit.*

8. Réalisé par Malka Ribowska et Josée Dayan, le film, en quatre parties de cinquante-deux minutes, a été diffusé en novembre 1984 sur TF1 après avoir été projeté dans des salles d'art et d'essai.

9. Simone de Beauvoir, *Lettres à Nelson Algren, op. cit.*

10. « Entretien à Chicago avec Monsieur Playboy », *Plexus*, octobre-novembre 1966, n° 4.

11. Alfred Charles Kinsey, zoologiste et médecin américain, fit paraître un rapport basé sur la technique des enquêtes par questionnaires concernant la sexualité humaine : « Le Comportement sexuel de l'homme » (1948) et « Le Comportement sexuel de la femme » (1953).

12. Marilyn Monroe a posé nue devant l'objectif de Tom Kelley. « Eh bien oui, j'ai posé. J'avais besoin d'argent », dira-t-elle. Alexandre Vialatte a écrit à propos de Marilyn, pin-up des calendriers : « Sa peau nacrée donnait aux hommes le regard du loup qui vient de voir l'agneau dans le pré.

Les femmes en crevaient de jalousie. Résumons-nous : pour parler naïvement, elle s'était illustrée en montrant son derrière. »

13. « Entretien à Chicago avec Monsieur Playboy », art. cit.
14. *Ibid.*
15. Lo Duca, *L'Érotisme au cinéma*, t. III, Jean-Jacques Pauvert éditeur, 1962.
16. « Entretien à Chicago avec Monsieur Playboy », art. cit.
17. *Ibid.*
18. Simone de Beauvoir, *Lettres à Nelson Algren*, *op. cit.*
19. « Entretien à Chicago avec Monsieur Playboy », art. cit.
20. *Ibid.*
21. Simone de Beauvoir interroge Jean-Paul Sartre in *L'Arc*, 1975, n° 61. Lire *Situations, X politique et autobiographie*, Gallimard, 1976.
22. En France, l'arrivée de Barbie ne fait pas l'unanimité. « Pas de poupée putain » aux Galeries Lafayette, déclare une responsable en 1962.
23. Interview de Édith Cresson, *Playboy*, décembre 1976.
24. Marie-France Lavarini et Jean-Yves Lhomeau, *Une histoire abracadabrantesque* (Abécédaire de la Ve République), Calmann-Lévy, 2009.
25. Séverine Liatard, *Les Femmes politiques en France, de 1945 à nos jours*, éditions Complexe, 2008.
26. André Masson a illustré *Le Con d'Irène* d'Aragon. Jacques Lacan possédait l'édition originale du livre paru clandestinement en 1928.
27. Carolina Brook et Alessandra Imbellone, *Courbet et la peinture réaliste en France*, Les Grands Maîtres de l'Art, *Le Figaro*, 2008.
28. Marjorie Genest in *Midi libre* du 14 juin 2008. Elle fut interrogée à l'occasion d'une exposition au musée Fabre de Montpellier réunissant cent seize œuvres de Gustave Courbet dont *L'Origine du monde*.
29. J.-B. Pontalis, *Elles*, Gallimard, 2007. Membre de l'Association psychanalytique de France, Jean-Bertrand Pontalis est l'auteur de plusieurs essais et récits dont *L'Amour des commencements* (1986), prix Femina-Vacaresco, *Traversée des ombres* (2003), prix Valery-Larbaud, *Frère du précédent* (2006), prix Médicis-Essais.

19. Les grands remous d' Histoire d'O

1. Le manuscrit d'*Histoire d'O* a été adjugé 102 000 euros chez Christie's en 2006.
2. Jean-Jacques Pauvert, *La Traversée du livre*, éditions Viviane Hamy, 2004.
3. La plaquette de Nelson Algren intitulée *Chicago, city on the make* est sortie en 1951 chez l'éditeur américain Doubleday.

4. Cette ténébreuse affaire politico-militaire de transferts de piastres au profit de tiers eut un retentissement international lorsque l'hebdomadaire américain *Time* mit en cause l'état-major général de l'armée française. Le journaliste Jean-François Armorin, envoyé spécial de *Franc-Tireur* en Indochine, s'apprêtait à faire des révélations à partir de documents accusateurs. À son retour, l'avion de ligne dans lequel il avait pris place s'écrasa dans le golfe Persique. Comme celui, quelques jours auparavant, qui transportait le directeur de l'Office des changes de Saigon.

5. Jean-Jacques Pauvert, *La Traversée du livre, op. cit.*

6. Dominique Aury, « Personne ne triche », la *NRF*, décembre 1954, n° 24.

7. *Ibid.*

8. Dominique Aury, « Le scandale de *Lolita* », *NRF*, mai 1955, n° 77.

9. *Ibid.*

10. Inventée par Georges Gherra, un journaliste de *France-Soir*, l'expression « Ballets roses » sera utilisée pour des affaires de mœurs où apparaissent des jeunes filles. Lire *Ballets roses* (Grasset, 2009) de Benoît Duteurtre. Cet écrivain est l'arrière-petit-fils du président de la République René Coty (1882-1962).

11. Dominique Aury, « Le scandale de *Lolita* », art. cit.

12. Témoignage d'André Bourin à l'auteur.

13. Roger Vailland in Madeleine Chapsal, *Les Écrivains en personne*, Julliard, 1960.

14. Allusion à Jean Genet que Mauriac a qualifié d'auteur « excrémentiel », plusieurs fois inculpé d'« outrages aux bonnes mœurs par la voie du livre ».

15. François Mauriac, in *Bloc-notes*, t. I : *1952-1957*, *op. cit.*

16. Témoignage de Régine Deforges à l'auteur.

17. Madeleine Chapsal, « Une polémique intense », *L'Express*, 31 juillet 2008.

18. Serge Siritzky et Françoise Roth, *Le Roman de L'Express*, *op. cit.*

19. Benoîte Groult in *Enfin féministe !*, chapitre VIII de son autobiographie *Mon Évasion* (Grasset, 2008) où elle répond à Josyane Savigneau.

20. *Ibid.*

21. Marianne Payot, « Pauline Réage. Châtiments et français châtié », *L'Express*, 31 juillet 2008.

20. La conquête de l'érotisme

1. Jean-Jacques Pauvert in *La Traversée du livre*, *op. cit.* La lettre d'André Pieyre de Mandiargues est datée du 10 août 1954.

2. Nelly Kaplan-André Pieyre de Mandiargues, *Écris-moi tes hauts faits et tes crimes… Correspondance (1962-1991)*, Tallandier, 2009.
3. *Ibid.*
4. *Ibid.*
5. Témoignage de Nelly Kaplan à l'auteur.
6. Abel Gance, in *Cahiers Philippe Soupault 3*, Agen, mai 2000. Une cascade de compliments livrés in extenso par Denys-Louis Colaux (*Nelly Kaplan. Portrait d'une flibustière*, Dreamland éditeur, 2002).
7. Témoignage de Nelly Kaplan à l'auteur.
8. Albertine Sarrazin, *Le Passe-Peine (1949-1967)*, textes réunis et présentés par Josane Duranteau, Julliard, 1976.
9. *Ibid.*
10. *Ibid.*
11. *Ibid.*
12. Jean-Jacques Pauvert, *La Traversée du livre*, *op. cit.*
13. Camille, la fille de Régine Deforges et de Jean-Jacques Pauvert, qui choisira de rester avec sa femme Christiane, a toujours vouvoyé sa mère. « C'est profond chez elle », dit Régine.
14. Jean-Jacques Pauvert, *La Traversée du livre*, *op. cit.*
15. Régine Deforges, *À Paris au printemps ça sent la merde et le lilas*, Fayard, 2008.
16. Jean-Jacques Pauvert, *Anthologie des lectures érotiques. De Félix Gouin à Emmanuelle*, Ramsay, 1980.
17. *Ibid.*
18. *Ibid.*
19. Nelly Kaplan-André Pieyre de Mandiargues, *Écris-moi tes hauts faits et tes crimes*, *op. cit.*
20. *Ibid.*
21. François Mauriac, in *Bloc-notes*, t. IV, *op. cit.*
22. Anne Wiazemsky, *Jeune Fille*, Gallimard, 2007.
23. *Ibid.*
24. *Ibid.*
25. Madeleine Chapsal, *Les Écrivains en personne*, *op. cit.*
26. L'entretien a eu lieu le 8 mars 1957 dans l'appartement de François Mauriac, avenue Théophile-Gautier (Paris, XVIe). En 1984, la journaliste publiait *Envoyez la petite musique…* (Grasset) qui rassemblait vingt et un entretiens dont certains déjà parus dans *Les Écrivains en personne.*
27. Anne Wiazemsky, *Jeune Fille*, *op. cit.*

21. Sagan et la Nouvelle Vague

1. Françoise Giroud, *La Nouvelle Vague. Portraits de la jeunesse*, Gallimard, coll. « L'Air du temps », dirigée par Pierre Lazareff, 1958.

2. Le premier numéro de *Cinéma 60*, paru le 18 décembre 1959, a inscrit à son sommaire une grande enquête : « La Nouvelle Vague aux rayons X ». Le premier livre sur le phénomène sera publié en 1961 : *Nouvelle Vague ?* de Jacques Siclier aux éditions du Cerf.

3. Françoise Giroud, *La Nouvelle Vague. Portraits de la jeunesse*, *op. cit.*

4. *Ibid.*

5. *Ibid.*

6. *Ibid.*

7. Michel de Saint Pierre, *La Nouvelle Race*, La Table ronde, 1961.

8. Après son best-seller *Les Aristocrates*, grand prix du roman de l'Académie française, Michel de Saint Pierre a publié avec le même succès *Les Nouveaux Aristocrates*, un roman sur la jeunesse intellectuelle des années cinquante.

9. Michel de Saint Pierre, *La Nouvelle Race*, *op. cit.*

10. « C'est le tableau d'une "certaine jeunesse" que je vous livre », a déclaré Marcel Carné à propos de son film *Les Tricheurs*, où de jeunes comédiens, notamment Laurent Terzieff, Pascale Petit, Jacques Charrier, Jean-Paul Belmondo, furent révélés. C'est après avoir remarqué Belmondo dans *Les Tricheurs* que Godard l'engagea pour *À bout de souffle*. On trouve aussi parmi les principaux interprètes Andréa Parisy et Roland Lesaffre, l'acteur fétiche de Carné. En s'inspirant du film, Françoise d'Eaubonne écrivit *Les Tricheurs*, roman paru aux éditions Seghers en janvier 1959.

11. Michel de Saint Pierre, *La Nouvelle Race*, *op. cit.*

12. *Ibid.*

13. Françoise Sagan, *Avec mon meilleur souvenir*, *op. cit.*

14. *Ibid.*

15. *Toxique*, avec les illustrations de Bernard Buffet, a été réédité en 2009 par Stock. Ce fut un beau succès de librairie alors que l'album, paru chez Julliard en 1964, eut une diffusion restreinte.

16. Annabel Buffet, *3 petits tours et… 40 ans*, *op. cit.*

17. Lettre inédite. Collection particulière de Véronique Campion-Vincent.

18. *Ibid.*

19. Lettre inédite. Collection particulière de Véronique Campion-Vincent. Françoise Sagan ne date que très rarement ses lettres. Elle vient de commencer son troisième roman, *Dans un mois, dans un an*, dédié à Guy Schoeller, qui paraîtra en septembre 1957. Ce séjour aux Canaries a sans

doute eu lieu au printemps 1956. Quant au consul évoqué dans ce courrier tapé à la machine, c'est l'un des flirts de la romancière qui aimait papillonner.

20. Annabel, *in* Gohier-Marvier, *Bonjour Françoise*, Grand Damier, juin 1957. Le coauteur, Jean Marvier, un journaliste fouineur, se fera connaître au moment de l'affaire Ben Barka, après l'enlèvement du leader de l'opposition marocaine Mehdi Ben Barka, le 29 octobre 1965.

21. Lettre inédite. Suzanne, la sœur aînée de Françoise Sagan, a écrit le 14 mars 1957 à Véronique Campion : « Je suis honteuse de vous écrire si tard. J'y ai pensé cent fois. Mon excuse est que les premiers temps après cet horrible accident, j'en aurais été incapable, le cerveau vide et les mains tremblantes. » Collection particulière de Véronique Campion-Vincent.

22. *Ibid.*

23. *Ibid.*

24. *Ibid.*

25. Lettre inédite. Collection particulière de Véronique Campion-Vincent.

22. La fuite de Greta Garbo

1. La journaliste Régine Gabbey interviewa Jean-Pierre Melville lors du tournage de son neuvième film, *Le Deuxième Souffle*. À propos de la Nouvelle Vague, il lui fera cette confidence : « Au début, cela m'a amusé, car j'aimais tous ces garçons, et puis cette étiquette a commencé à me peser et lorsque parut le numéro des *Cahiers du cinéma* consacré à… cent quatre-vingt-deux réalisateurs de la Nouvelle Vague, je me suis dit que cent quatre-vingt-deux fils naturels, c'était trop. J'ai commencé alors à prendre mes distances » (« Melville, le caïd », *Réalités*, novembre 1966, n° 250).

2. Antoine de Baecque et Serge Toubiana, *François Truffaut*, *op. cit.*

3. Georges Sadoul, in *Les Lettres françaises*, 31 mars 1960, n° 818. Ce texte figure dans *Chroniques du cinéma français (1939-1967)*, choix et notes de Bernard Eisenschitz, 10/18, 1979.

4. *Ibid.*

5. Selon Claude Chabrol, dans son livre *Et pourtant je tourne…* (Robert Laffont, 1976), Jean-Luc Godard se serait réfugié en Amérique latine, au début des années cinquante, après avoir dévalisé une banque de Lausanne… En réalité, ses parents étant séparés, il n'avait fait que suivre son père, le docteur Paul Godard, en Amérique du Sud. Antoine de Baecque raconte cet épisode dans sa monumentale biographie (*Godard*, Grasset, 2010). Voleur d'occasion et kleptomane, le cinéaste, né à Paris le 3 décembre 1930, de nationalité suisse, n'aura plus besoin de jouer les Arsène

Lupin après l'énorme succès de son film culte, *À bout de souffle*, avec le couple mythique formé par Jean-Paul Belmondo et Jean Seberg.

6. Le roman de Colette a été adapté au cinéma en 1949 par Jacqueline Audry, avec Danièle Delorme. En 1958, Vincente Minnelli réalisait la version américaine de *Gigi*, avec Leslie Caron.

7. Maurice Guichard, *Jean Seberg. Portrait français*, éditions Jacob-Duvernet, 2008.

8. Madeleine Chapsal, *Vérités sur les jeunes filles*, *op. cit.*

9. Maurice Guichard, *Jean Seberg. Portrait français*, *op. cit.*

10. Yves Courrière, *Pierre Lazareff*, *op. cit.*

11. Maurice Guichard, *Jean Seberg. Portrait français*, *op. cit.*

12. Mylène Demongeot, *Tiroirs secrets*, Le Pré aux Clercs, 2001. Dans son livre, *Ma Réponse à Brigitte Bardot*, Jacques Charrier évoque sa brève aventure avec Ava Gardner à Rome, en 1961, où il tourne *Tir aux pigeons*, de Giuliano Montaldo. « Tard dans la nuit, nous avons pris un dernier verre dans la suite de son hôtel. Ensemble, mais pour nous seuls, nous avons rejoué les scènes les plus torrides de *La Comtesse aux pieds nus*. »

13. Marie-Dominique Lelièvre, *Sagan à toute allure*, Denoël, 2008.

14. Françoise Sagan, *La Petite Robe noire*, éditions de l'Herne, 2008.

15. *Femme*, un mensuel du groupe Filipacchi, dirigé par Annick Geille, ancienne rédactrice en chef de l'édition française de *Playboy*. Également romancière et essayiste, elle publia notamment *Le Nouvel Homme* (JC Lattès, 1978) et *Un amour de Sagan* (Fayard, 2007).

16. Françoise Sagan, *La Petite Robe noire*, *op. cit.*

17. Ava Gardner-Caroline Grimaldi, « J'ai toujours détesté ce métier », *Égoïste*, 3e trimestre 1984, n° 8.

18. Préface de François Mauriac à Fritiof Billquist, *Greta Garbo vedette solitaire*, traduit du suédois par Asa Roussel, Fayard, 1959.

19. *Ibid.*

20. *Ibid.*

21. Melina Mercouri partagea son prix d'interprétation féminine avec Jeanne Moreau qui jouait dans *Moderato Cantabile* de Peter Brook. Le jury de ce 13e festival de Cannes était présidé par Georges Simenon et comptait Henry Miller parmi ses membres. La Palme d'or fut attribuée à l'unanimité à *La Dolce Vita* de Federico Fellini.

22. Préface de François Mauriac à *Greta Garbo vedette solitaire*, *op. cit.*

23. Les tourbillons de la vie

1. Marlène Dietrich, *Marlène D.*, traduit de l'américain par Boris Mattews, avec la collaboration de Françoise Ducout, Grasset, 1984.

2. *Ibid.*
3. Philip French, *Conversations avec... Louis Malle*, *op. cit.*
4. Volker Schlöndorff, *Tambour battant*, Flammarion, 2009. Les Mémoires du réalisateur du film *Le Tambour* (Palme d'or au festival de Cannes en 1979 et Oscar du meilleur film étranger en 1980) ont été traduits de l'allemand par Jeanne Étoré et Bernard Lortholary.
5. François Chalais, *La Peau de l'Arlequin*, Stock, 1975.
6. Cette vieille expression, tirée du langage de la fauconnerie, désigne en l'occurrence une Bardot confrontée à la rapacité d'un public qui lui a volé dans les plumes.
7. François Mauriac, *On n'est jamais sûr de rien avec la télévision*, in *Chroniques 1959-1964*, *op. cit.*
8. *Ibid.*
9. *Ibid.*
10. Ginette Vincendeau, « L'ancien et le nouveau : Brigitte Bardot dans les années 50 », in *20 ans de théories féministes sur le cinéma. Cinéma Action*, 2e trimestre 1993, n° 67.
11. Brigitte Bardot, *Initiales B.B.*, *op. cit.*
12. *Ibid.*
13. Cette robe en zéphyr rose du couturier-chanteur Jacques Esterel, les lectrices de *Elle* pourront la copier à partir d'un patron vendu par l'hebdomadaire qui a une boutique sur les Champs-Élysées. C'est le cadeau de Brigitte Bardot : « Pour vous, ma robe de mariage » (*Elle*, 10 août 1959, n° 711).
14. Jacques Charrier, *Ma réponse à Brigitte Bardot*, *op. cit.*
15. *Ibid.*
16. Collection personnelle de Véronique Campion-Vincent.
17. Témoignage de Marie-José Nat à l'auteur.
18. *Ibid.*
19. Anne Chabrol, « Marie-José Nat : le choix des larmes », *Elle*, 31 août 1981.
20. Témoignage de Serge Rezvani à l'auteur.
21. *Ibid.*
22. *Ibid.*
23. Extrait d'une lettre de François Truffaut à son amie américaine Helen Scott, du 26 septembre 1960, cité par Antoine de Baecque et Serge Toubiana dans leur biographie, *François Truffaut*, *op. cit.*
24. Témoignage de Serge Rezvani à l'auteur.
25. *Ibid.*
26. *Ibid.*
27. Claude Lanzmann, *Le Lièvre de Patagonie*, *op. cit.*
28. Témoignage de Serge Rezvani à l'auteur.

29. Claude Lanzmann, *Le Lièvre de Patagonie*, *op. cit.*
30. Antoine de Baeque, *Godard biographie*, *op. cit.*

24. Le grand amour de Gérard Philipe

1. Jean Clay, « Le paradoxe de Jean-Luc Godard nihiliste et créateur », *Réalités*, septembre 1963, n° 212.
2. Gilles Lapouge, *La Maison des lettres. Conversations avec Christophe Mercier*, Phébus, 2009.
3. *Ibid.*
4. Madeleine Chapsal, *Vérités sur les jeunes filles*, *op. cit.*
5. Danielle Hunebelle, « Pascale Petit, pourquoi n'avez-vous pas l'air d'être heureuse ? », *Elle*, 17 août 1959, n° 712.
6. *Ibid.*
7. Brigitte Bardot, *Initiales B.B.*, *op. cit.*
8. À Saint-Tropez, *Elle* « tourne » un film avec les héros des *Quatre cents coups* ; cf. *Elle*, 13 juillet 1959, n° 707. Le reportage photos est signé Rodriguez.
9. Charles de Gaulle, *Mémoires d'espoir. Le renouveau (1958-1962)*, Plon, 1970.
10. Eugène Evtouchenko, *Trois minutes de vérité*, *poèmes*, adaptation française de Paul Chaulot, Julliard, 1963.
11. *Ibid.*
12. Edmond Buchet, *Les Auteurs de ma vie ou ma vie d'éditeur*, Buchet-Chastel, 1969.
13. *Ibid.*
14. Philippe Boggio, *Boris Vian*, *op. cit.*
15. *Ibid.*
16. Marc Lapprand et François Roulmann, *Boris Vian. Si j'étais pohéteû*, Découvertes-Gallimard, 2009.
17. *Ibid.*
18. *Gérard Philipe.* Souvenirs et témoignages recueillis par Anne Philipe et présentés par Claude Roy, Gallimard, coll. « L'Air du temps », 1960. À l'occasion du demi-siècle de la disparition du comédien, Olivier Barrot a publié *L'Ami posthume Gérard Philipe 1922-1959*, Grasset, 2008.
19. Anne Philipe, *Le Temps d'un soupir*, Julliard, 1963.
20. *Ibid.*
21. François Mauriac, *On n'est jamais sûr de rien avec la télévision*, *op. cit.*
22. Pierrette Fleutiaux, *Bonjour, Anne. Chronique d'une amitié*, Actes Sud-Leméac, 2010.

23. *Gérard Philipe*, *op. cit.*

24. Voldemar Lestienne, « Un jeune homme inoubliable », *Elle*, 11 décembre 1959, n° 729.

25. Christiane Rochefort la guerrière

1. Bernard Pivot, « Jacques Laurent dit aussi Cecil Saint-Laurent s'explique », *Lire*, novembre 1977, n° 27.
2. Jean-Jacques Delacroix, « La Française et l'amour », *Elle*, 11 décembre 1959, n° 729.
3. Madeleine Chapsal, *Vérités sur les jeunes filles*, *op. cit.*
4. Jean-Jacques Delacroix, « La Française et l'amour », art. cit.
5. Evelyne Bloch-Dano, *Le Dernier Amour de George Sand*, Grasset, 2010.
6. Après la mort de George Sand, Flaubert écrit à Tourgueniev : « Il fallait la connaître comme je l'ai connue pour savoir tout ce qu'il y avait de féminin dans ce grand homme, l'immensité de tendresse qui se trouvait dans ce génie. »
7. Dominique Missika et Anne Schuchman, *Les Français aux fourneaux. De 1900 à nos jours*, Flammarion, 2009.
8. Jean-Jacques Delacroix, « La Française et l'amour », art. cit.
9. Betty Friedan, « L'indéfinissable malaise », *Les Temps modernes*, mai 1964, n° 216.
10. *Ibid.*
11. Benoîte Groult, *Ainsi soit-elle*, *op. cit.*
12. Christiane Rochefort, « Le sexisme ordinaire », *Les Temps modernes*, novembre 1976, n° 365. « Du battoir au tambour, ou la légende de nos siècles » figure dans *Mouvement de libération des femmes* (Stock, 2009). Cet ouvrage réunit quelques-uns des premiers textes et documents qui ont pu être lus en France, dans les années soixante-dix, à propos de la libération des femmes. Ils ont été choisis et présentés par Cathy Bernheim, Liliane Kandel, Françoise Picq, Nadja Ringart.
13. Maurice Frydland, *Roger Vadim*, Seghers, 1963.
14. Témoignage de Robert Hossein à l'auteur.
15. Marlon Brando logeait également à l'hôtel Voltaire, sur les quais, et chez les frères Gérard et Hervé Mille. Le premier était décorateur et le second journaliste. Ils furent l'un et l'autre des personnages en vue du Tout-Paris. Hervé Mille, proche collaborateur de Jean Prouvost, a écrit un livre de souvenirs, *Cinquante ans de presse parisienne ou la nuit du Strand* (La Table ronde, 1992). Dans ses Mémoires, *Les Chansons que m'apprenait ma mère*, basés sur des conversations avec Robert Lindsey, l'acteur confie qu'en

1949, après la dernière de *Un tramway nommé Désir*, il passa trois mois en Europe, à Paris surtout. « J'appris un peu de français, et ce fut un séjour fabuleux. J'étais un des allumés de Paris. Je faisais n'importe quoi, je couchais avec toutes sortes de femmes ; j'avais perdu la notion du temps et je ne me levais pas avant 2 heures de l'après-midi. » (Belfond, 1994, traduit de l'américain par Hugues Leroy).

16. Témoignage de Robert Hossein à l'auteur.

17. Brigitte Bardot, in *Radioscopie* de Jacques Chancel. Le journaliste a réuni dans plusieurs volumes ses fameux entretiens de personnalités au micro de France Inter. Sa conversation avec B.B. se trouve au début du premier livre de la série *Radioscopie* (Robert Laffont, 1970).

18. Le roman, *Les Stances à Sophie*, a été adapté à l'écran par Moshe Mizrahi en 1973, à partir d'un scénario de l'auteur, avec pour interprètes : Bernadette Lafont, Bulle Ogier, Michel Duchaussoy, Serge Marquand.

19. Christiane Rochefort, « Le piège conjugal », enquête de François Bott, in *Lui*, avril 1964, n° 5.

20. Dominique Aury, « Filles et garçons », *NRF*, janvier 1959, n° 73.

26. Simone Veil, Mère Courage

1. Pierre Berruer, *Bourvil du rire aux larmes*, Presses de la Cité, 1976.

2. *Elle*, 10 novembre 1952, n° 363. « Enfin nous avons l'âge de raison », titre l'hebdomadaire. Hélène Gordon-Lazareff a demandé à Jacques Laurent (et Cecil Saint Laurent) de commenter ce numéro d'anniversaire consacré à la fantaisie.

3. François Truffaut, « Le plaisir des yeux », *Cahiers du cinéma*, 1987.

4. Jean-Luc Godard, *Cahiers du cinéma*, juillet 1957.

5. Court-métrage de vingt-trois minutes, *Les Mistons*, « c'est une bande de garçonnets de Nîmes qui, amoureux de la trop belle sœur de l'un d'eux, ont choisi, ne pouvant l'aimer, de la haïr et épient, traquent ses jeunes amours avec ce qu'ils appellent "un drôle de type", professeur de "gym" au lycée de Nîmes » (Jacques Doniol-Valcroze).

6. Bernadette Lafont, *Le Roman de ma vie*, en collaboration avec Evane Hanska, Flammarion, 1997.

7. François Truffaut, « Le plaisir des yeux », art. cit.

8. Bernadette Lafont, *Le Roman de ma vie*, *op. cit.*

9. Simone Veil, *Une vie*, Stock, 2007.

10. Bernadette Lafont, *Le Roman de ma vie*, *op. cit.*

11. Valéry Giscard d'Estaing, in *Simone Veil, une vie française*, dossier réalisé par Anne Chemin, *Le Monde magazine*, 20 mars 2010, n° 27.

12. *Marie-Claire*, 25 janvier 1941, n° 183. Marcelle Auclair, mariée à Jean Prévost, fut l'âme de l'hebdomadaire. Elle établira avec ses lectrices un dialogue nouveau à une époque où les sujets tabous étaient nombreux dans la presse féminine.

13. Laurence Pernoud (1918-2009) ne plaisait guère aux féministes qui lui reprochaient son conservatisme. Ce phénomène d'édition publiera pourtant, en 1981, *Il ne fait pas bon être mère par les temps qui courent*, réclamant notamment la semaine de trente-cinq heures pour les mères de famille. Et, au risque de choquer ses lectrices les plus opposées à l'avortement, elle acceptera de figurer sur la liste présentée par Simone Veil aux élections européennes de 1984.

14. Simone Veil, *Une vie, op. cit.*

15. *Ibid.*

16. Témoignage de Lucien Neuwirth, in *Simone Veil : une loi au nom des femmes*, documentaire de Richard Puech diffusé sur France 2.

17. Témoignage de Lucien Neuwirth à l'auteur, in *Playboy*, février 1980.

18. *Ibid.*

19. *Monsieur Neuwirth tenez bon*, documentaire réalisé par Sébastien Grall.

20. Remboursement de la contraception (pilule et stérilet) par la Sécurité sociale en 1974.

21. Le docteur Pierre Simon, pionnier de l'accouchement sans douleur et cofondateur du Mouvement français pour le Planning familial, est l'auteur du livre *De la vie avant toute chose*, Mazarine, 1979. Notons que l'accouchement sans douleur était condamné par le pape Pie XII dans les années cinquante.

22. Philippe de Gaulle, *De Gaulle mon père*, t. II, entretiens avec Michel Tauriac, *op. cit.*

23. *Ibid.*

24. Témoignage de Lucien Neuwirth à l'auteur in *Playboy*, art. cit.

25. *Monsieur Neuwirth tenez bon, op. cit.*

27. Mélancolique Françoise Hardy

1. Marc Cerisuelo, *Le Mépris*, éditions de la Transparence, 2006.

2. Jean-Luc Godard, « Le Mépris », in *Cahiers du cinéma*, août 1963, n° 146.

3. René de Ceccatty, *Alberto Moravia*, Flammarion, 2010.

4. Alain Elkann, *Vita di Moravia*, Bompiani, 1990. Christian Bourgois, 1991, rééd. Flammarion, 2007.

5. Jean-Luc Godard, in *Cinéma 65*, mars 1965, n° 94.
6. Brigitte Bardot, *Initiales B.B.*, *op. cit.*
7. Claude Brulé, « Et voici la B.B. de Jean-Luc Godard », *Elle*, 15 mai 1963, n° 907.
8. Antoine de Baecque et Serge Toubiana, *François Truffaut*, *op. cit.*
9. Claude Brulé, « Et voici la B.B. de Jean-Luc Godard », art. cit.
10. *Ibid.*
11. L'écrivain Raymond Guérin, qui y a séjourné, en fait la description dans son récit *Du côté de chez Malaparte* paru dans le numéro 4 de la revue bordelaise *La Boîte à clous*, daté de juin 1950. Il a été réédité par Finitude en 2009.
12. Jean-Paul Liégeois, *Gens de liberté*, *op. cit.*
13. Michel Piccoli, *Dialogues égoïstes*, Olivier Orban, 1976.
14. Antoine de Baecque raconte l'anecdote dans sa biographie *Godard*, *op. cit.* La fameuse séquence est parfois rediffusée quand une émission concerne le réalisateur qui a eu quatre-vingts ans le 3 décembre 2010.
15. Jean-Luc Godard, in *Cinéma 65*, art. cit.
16. Le mot « paparazzi » est une invention de Federico Fellini dans *La Dolce Vita*, Palme d'or du festival de Cannes en 1960. Il désigne les photographes qui poursuivent les stars nuit et jour et sont prêts à la bagarre pour un cliché exclusif. Tazio Secchiaroli est le paparazzo du film qu'évoque Simonetta Greggio dans son roman *Dolce Vita 1959-1979*, Stock, 2010.
17. Brigitte Bardot, *Initiales B.B.*, *op. cit.*
18. Témoignage d'Édouard Molinaro à l'auteur.
19. *Ibid.*
20. Suzanne Pénière a raconté son histoire dans *Gorge ouverte*, Gallimard, 1965. Elle se souvient de ce soir de novembre 1962 où Brigitte Bardot lui a rendu visite à l'hôpital Lariboisière. « Brigitte m'a été d'un grand secours moral, je l'aime et jamais je ne l'oublierai. » La lettre que cette habitante de La Ferté-sous-Jouarre (Seine-et-Marne) lui avait adressée, le 29 septembre 1962, ne pouvait pas la laisser indifférente. « J'adore les bêtes, Madame ; vous aussi, n'est-ce pas ? Merci pour celles à qui vous avez porté secours et pour celles qui meurent en souffrant moins grâce à votre puissant concours. » Elle évoquait ensuite son petit compagnon abandonné involontairement. « J'y ai été contrainte par mon admission urgente en chirurgie, sachant parfois – ayant tout fait pour cela – qu'il ne manque de rien. Mais que doit-il penser de sa maîtresse ? La reconnaîtra-t-il quand elle reviendra, sans voix, l'ablation du larynx ayant été totale et obligatoire. »
21. *Paris Match*, 5 janvier 1963, n° 717.
22. François Mauriac, dans sa chronique télé du 9 février 1963, in *On n'est jamais sûr de rien avec la télévision, Chroniques 1959-1964, op. cit.*

23. Jean-Philippe Smet, le nom patronymique de Johnny, et Sylvie Vartan se sont mariés le 12 avril 1965, à Loconville, une petite commune de l'Oise envahie par les fans et les reporters-photographes.

24. François Jouffa, in *Nos années Salut les copains 1959/1976, op. cit.* Alors jeune reporter à Europe n° 1, il fut le premier à interviewer les Beatles quand ils sont venus à Paris en 1964 pour une série de concerts à l'Olympia.

25. Christophe Quillien, *Nos années Salut les copains 1959/1976*, préface de Jean-Marie Périer, Flammarion, 2009.

26. Emmanuel Lemieux, *Edgar Morin l'indiscipliné*, Le Seuil, 2009.

27. *Ibid.*

28. Dans « La lettre de Johnny » du magazine *Salut les copains*, avril 1964, n° 20, le plus célèbre des rockers français donne cette explication : « Permettez-moi d'apporter ma modeste contribution au dictionnaire des copains, avec plusieurs mois d'avance. Voilà ce qu'on pourrait lire à la lettre Y, au mot yé-yé : étymologiquement, vient de l'affirmation anglaise "yes" (oui) transformée en "yeah" dans l'argot américain pour exprimer l'enthousiasme d'un auditoire pour un musicien de jazz et de rock. »

29. Christophe Quillien, *Nos années Salut les copains 1959/1976, op. cit.*

30. *Ibid.*

31. François Mauriac, *On n'est jamais sûr de rien avec la télévision. Chroniques 1959-1964, op. cit.*

32. Françoise Hardy, *Le Désespoir des singes… et autres bagatelles*, Robert Laffont, 2008.

33. *Ibid.*

34. Fabrice Gaignault, *Égéries sixties*, Fayard, 2006.

35. « Tiens, revoilà Bob Dylan, l'ami ricain », *Ouest-France*, 1er juillet 2010. Textes de François Simon.

36. Poème de Jacques Prévert dédié à Françoise Hardy, reproduit en fac-similé dans son livre *Le Désespoir des singes… et autres bagatelles, op. cit.*

28. « Je t'aime moi non plus »

1. Évelyne Sullerot, « Ce qui va changer pour les femmes », un entretien avec Tanneguy de Quénétain, in *Réalités*, janvier 1966, n° 240.

2. *Ibid.*

3. *Ibid.*

4. *Ibid.*

5. *Ibid.*

6. *Ibid.*

7. Élisabeth Badinter, *L'Amour en plus. Histoire de l'amour maternel (XVIIe-XXe siècle)*, Flammarion, 1980. Trente ans plus tard, elle se fera traiter d'« archéoféministe » en publiant *Le Conflit. La femme et la mère*, Flammarion, 2010.

8. *Ibid.*

9. Évelyne Sullerot, *Ce qui va changer pour les femmes*, *op. cit.*

10. François Mallet-Joris, *Le Rempart des béguines*, Julliard, 1951.

11. Elle est devenue Françoise Mallet-Joris parce que Francine Mallet, la femme de Robert Mallet, craignait qu'on ne les confonde.

12. Agnès Varda in *France-Soir* du 10 novembre 1978. La cinéaste a été interviewée par le journaliste Jacques Ghisloli à l'occasion de la diffusion de son film sur TF1.

13. Sophie Delassein, *Les Dimanches de Louveciennes, chez Hélène et Pierre Lazareff*, Grasset, 2009.

14. Pierre Desgraupes, in *Hors antenne*. Entretiens avec Annick Peigné-Giuly et Marion Scali, Quai Voltaire, 1992. Mauriac, dans sa chronique télé du 23 juin 1960, fait cette remarque : « Nicole Vedrès applique à la critique littéraire, avec beaucoup de dextérité, d'éloquence et de charme, la recette de la salade russe : prenez trois ou quatre livres, coupez-les en tranches, mêlez le tout dans un déluge de mots et servez. »

15. Témoignage d'Agnès Varda à l'auteur à l'occasion d'une rencontre au cinéma Le Champo à Paris (V^e), en mai 2009, qui célébrait le cinquantenaire de la Nouvelle Vague.

16. Henry Chapier, « Un chef-d'œuvre nommé "femme" », *Le Quotidien de Paris*, 9 mars 1977.

17. Gilles Verlant, *Gainsbourg*, Albin Michel, 2000.

18. *Ibid.*

19. Yves Salgues, *Gainsbourg ou la provocation permanente*, JC Lattès, 1989.

20. Gainsbourg, *Mon propre rôle, textes 1958-1975*, Denoël, 1987.

21. Yves Salgues, *Gainsbourg ou la provocation permanente*, *op. cit.*

22. *Ibid.*

23. *Ibid.*

24. Brigitte Bardot, *Initiales B.B.*, *op. cit.*

25. Gilles Verlant, *Gainsbourg*, *op. cit.*

29. L'indémodable Coco Chanel

1. Yves Jégo, *De Gaulle. L'Esprit du possible*, Timée-Éditions, 2007.

2. Philippe de Gaulle, *De Gaulle mon père*, entretiens avec Michel Tauriac, *op. cit.*

3. Denise Dubois-Jallais, *La Tsarine, Hélène Lazareff et l'aventure de Elle*, Robert Laffont, 1984.
4. Hélène Gordon-Lazareff, « Quatre fois, une collection m'a éblouie... », *Réalités*, août 1967, n° 259. Propos recueillis par Régine Gabbey.
5. *Ibid.*
6. Claude Delay, *Chanel solitaire*, Gallimard, 1983.
7. *Ibid.*
8. Michel Déon, *Pages françaises*, *op. cit.*
9. *Ibid.*
10. Hélène Gordon-Lazareff, « Quatre fois, une collection m'a éblouie... », art. cit.
11. Marcel Haedrich, *Coco Chanel*, éditions Gutenberg, 2008. Marcel Haedrich (1913-2003), qui avait été rédacteur en chef de *Marie-Claire*, enregistra des entretiens avec Chanel pour un livre de souvenirs sur la couturière. La première édition de l'ouvrage parut en 1987. Coco Chanel est morte le dimanche 10 janvier 1971 dans son appartement de l'hôtel Ritz.
12. Marcel Haedrich, *Coco Chanel*, *op. cit.*
13. Marcel Haedrich, *Coco Chanel*, *op. cit.*
14. François Arnould et Françoise Gerber, *Romy Schneider*, Presses Pocket, 1987.
15. Hélène Gordon-Lazareff, « Quatre fois, une collection m'a éblouie... », art. cit.
16. *Ibid.*
17. Denise Dubois-Jallais, *La Tsarine*, *op. cit.*
18. *Ibid.*
19. Témoignage d'Edmonde Charles-Roux à l'auteur.
20. *Ibid.*
21. Yves Courrière, *Pierre Lazareff*, *op. cit.*
22. Sophie Delassein, *Les Dimanches de Louveciennes*, *op. cit.*
23. Marcel Haedrich, *Coco Chanel*, *op. cit.*
24. Témoignage d'Edmonde Charles-Roux à l'auteur.
25. *Ibid.*
26. *Ibid.*
27. *Ibid.*
28. Marcel Haedrich, *Coco Chanel*, *op. cit.*
29. Michel Déon, *Pages françaises*, *op. cit.*

30. Louise Weiss, la grand-mère du MLF

1. Jacques et Monique Laÿ, *Louveciennes mon village*, 1989.
2. *Ibid.*

3. Jean Diwo, *Chez Lipp*, Denoël, 1981. Berthe demanda un jour au cardinal pourquoi il venait téléphoner au pape chez Lipp. Il lui répondit : « Ici, je suis tranquille, je sais que personne ne m'écoute. » Quand il était nonce apostolique, le futur Jean XXIII fréquentait la brasserie.

4. Anaïs Nin, *Journal*, vol. VI : *1955-1966*, établi et présenté par Gunther Stuhlmann, traduction de Marie-Claire Van der Elst, Stock, 1977.

5. Jacques et Monique Laÿ, *Louveciennes mon village*, *op. cit.*

6. Henry-Jean Servat, *Bardot la légende*, *op. cit.*

7. Témoignage de Claude Hertz à l'auteur.

8. *Ibid.*

9. *Ibid.*

10. *Ibid.*

11. Marie-Hélène Goichot, « Un habitué de Saint-Tropez », *Nice Matin*, 8 novembre 1975.

12. En donnant naissance dans les années cinquante à leur héroïne Angélique, Anne et Serge Golon n'imaginaient pas qu'elle allait d'une certaine façon aider à l'émancipation féminine, comme de très nombreuses lettres de lectrices en témoignent. Traduit en vingt-sept langues, leur best-seller bénéficia d'une prépublication dans *France-Soir* qui, à cette occasion, vit son tirage augmenter de cent mille exemplaires. Après la mort de Serge Golon, en 1972, son épouse poursuivit seule une œuvre plus proche d'*Ambre* que de *Caroline chérie*. Si les films de Bernard Borderie ont rendu Angélique encore plus célèbre, il avait transformé le personnage en une courtisane bécasse.

13. *Pour une poignée de dollars* (1964), premier western « à l'italienne », suivi de *Et pour quelques dollars de plus* (1965) et de *Le Bon, la Brute et le Truand* (1966).

14. Henry-Jean Servat, *Secrets de tournages*, Le Pré aux Clercs, 2001.

15. Sa photo de B.B. juchée sur une Harley-Davidson est devenue un poster légendaire. À la rédaction de *France-Soir*, on murmurait que Bernard Herman avait été « envoûté » par la star.

16. Témoignage de Raymond Depardon à l'auteur. Le 12 avril 1960, Éric Peugeot, le fils du constructeur automobile, alors âgé de quatre ans et demi, avait été kidnappé au parc de Saint-Cloud.

17. Témoignage de Raymond Depardon à l'auteur.

18. Henry-Jean Servat, *Secrets de tournages*, *op. cit.*

19. Brigitte Bardot, *Initiales B.B.*, *op. cit.*

20. Marguerite Yourcenar, *Lettres à ses amis et quelques autres*, Gallimard, 1995, rééd. Folio, 1997.

21. *Ibid.*

22. *Ibid.*

23. Brigitte Bardot, *Initiales B.B.*, *op. cit.*

24. Violette Leduc, *Brigitte Bardot*, *op. cit.*

25. *Ibid.*

26. Témoignage de Jacques Crépineau à l'auteur.

27. Pierre-Marc de Biasi et Déborah Boltz, « Les écrivains et leurs animaux », *Le Magazine littéraire*, avril 2009, n° 485.

28. Jean-Claude Lamy, « Une femme sous la Coupole ? », *France-Soir*, 5 et 6 mars 1980.

29. Jean-Claude Lamy, « La première des suffragettes », *France-Soir*, 25 avril 1979.

30. Le 9 mars 1914, *Le Journal* lance la « Journée des femmes » en demandant à ses lectrices : « Oui ou non mesdames, voulez-vous voter ? » Colette avait répondu : « Antisuffragette, je le suis – je refuse le droit de voter qui m'est concédé par la loi –, je suis simplement antiparlementaire et j'espère ne pas encourir de longtemps la responsabilité d'un mandat quelconque. » Quant à Mistinguett, elle avait répondu : « Je m'en fous ! Je vous jure que j'ai tant à faire que les questions politiques et sociales me laissent froide. Je laisse cela aux hommes qui n'ont rien à faire. »

31. Avant l'ouverture des Journées internationales de la femme qui se tenaient à Paris, le Premier ministre Jacques Chirac offrit un déjeuner en l'honneur de la princesse Ashraf, sœur du Shah d'Iran. À cette occasion, Françoise Giroud, secrétaire d'État à la Condition féminine, lui présenta l'affiche de la manifestation. Annabel Buffet était à Matignon parmi les femmes invitées. D'autre part, à la Maison de la Radio, Jacqueline Baudrier, présidente de Radio-France, a reçu pendant deux jours les « Femmes à la barre ». Elles étaient une centaine qui avaient débuté dans un métier ou une fonction que seuls les hommes exerçaient jusqu'à présent. Parmi celles-ci, la pilote d'essai Jacqueline Auriol et l'Américaine Alene Duerk, l'unique femme amiral au monde.

32. Elles avaient l'intention de fonder un quotidien comme *La Fronde*, un journal entièrement féminin créé en 1897 par Marguerite Durand auquel collabora Séverine, la première « grand reporter », amie de Jules Vallès. Evelyne Le Garrec lui a consacré une biographie, *Séverine (1855-1929). Vie et combats d'une frondeuse*, préface d'Isabelle Rome, postface de Bernard Noël, L'Archipel, 2009.

33. Texte de Jeanne Bourin aimablement communiqué par son mari, le journaliste et écrivain André Bourin.

34. *Julien Green en liberté… avec Marcel Jullian*, Atelier Marcel Jullian, 1980. « Ici, jouant à deux, hors du cercle de ses travaux littéraires, en vacances d'écriture, se défiant moins de lui-même, donc "en liberté", il semble qu'il se soit davantage livré », souligne Jullian dans un avertissement.

35. Jean-Claude Lamy, « Sagan sans fard », *Playboy*, septembre 1981.

Notes

Épilogue : Oui, Mai…

1. Jacques Sauvageot était le vice-président de l'Union nationale des étudiants de France et Alain Geismar le président du Syndicat national de l'enseignement supérieur.

2. Le 22 mars 1968, un amphithéâtre de l'université de Nanterre avait été rebaptisé Che Guevara.

3. Témoignage de Daniel Cohn-Bendit à l'auteur, in *France-Soir* du 9 mai 1975.

4. *Ibid.*

5. Jacques de Bourbon-Busset, « À la recherche du bonheur », in *Le Figaro* du 29 mars 1979.

6. Témoignage de Françoise de Panafieu à l'auteur.

7. *Ibid.*

8. Daniel Cohn-Bendit, *Forget 68*, éditions de l'Aube, 2008.

9. Alain Touraine, *Le Monde des femmes*, Fayard, 2006.

10. Françoise Sagan, *Tout le monde est infidèle*, entretiens avec André Halimi, Le Cherche Midi, 2009.

11. Henri Langlois, créateur et directeur de la Cinémathèque, avait été mis sur la touche par Malraux. Avec le recul du temps, il paraîtra évident pour Truffaut que les manifestations en faveur de Langlois étaient les prémices des événements de Mai 68.

12. Témoignage d'Anne Wiazemsky à l'auteur.

13. Anne Wiazemsky, *Jeune Fille*, *op. cit.*

14. Pendant les événements de mai, les quotidiens ont dû improviser eux-mêmes leur diffusion. Comme d'autres confrères, j'ai vendu *France-Soir* dans différents « lieux stratégiques » de la capitale.

15. Yves Courrière, archives personnelles, et in *L'homme qui court*, Fayard, 1977.

16. Jacqueline Demornex, *Le pire c'est la neige*, Sabine Wespieser éditeur, 2009.

17. Brigitte Bardot, *Initiales B.B.*, *op. cit.*

18. Simone de Beauvoir, *Tout compte fait (Mémoires, 1962-1972)*, *op. cit.*

19. Sami Naïr, « Avec elle », *Les Temps modernes*, janvier-mars 2008. Ce numéro spécial, « La transmission Beauvoir », est sorti à l'occasion du centième anniversaire de la naissance de l'auteure du *Deuxième Sexe*.

20. Régine Deforges, « À Paris au printemps ça sent la merde et le lilas », *op. cit.*

21. Yves Courrière, *Pierre Lazareff*, *op. cit.*

Index

Table

DU MÊME AUTEUR

AUX ÉDITIONS ALBIN MICHEL

Mac Orlan, l'aventurier immobile, 2002 (prix Cazes-Brasserie Lipp, prix Mac Orlan).
Brassens, le mécréant de Dieu, 2004, rééd. Le Livre de Poche, 2006.
La Comédie des livres, 2006.
Bernard Buffet, le samouraï, 2008.
Prévert, les frères amis, rééd. 2008.

CHEZ D'AUTRES ÉDITEURS

Au petit bonheur de la Chambre (en collaboration), Julliard, 1972.
Notre-Dame-des-Esclandres (en collaboration), Presses de la Cité, 1973.
Pierre Lazareff à la une, Stock, 1975.
Arsène Lupin, gentleman de la nuit, Grasset, 1983, ouvrage couronné par l'Académie française.
Mauriac intime (réalisation d'un album de photographies de Jeanne François-Mauriac présentées par Claude Mauriac), Stock, 1985.
Sagan, Mercure de France, 1988 ; nouvelle édition, *Françoise Sagan, une légende*, 2004.
René Julliard, Julliard, 1992.
Hervé Bazin, Entretiens avec Jean-Claude Lamy, Stock, 1992.
Prévert, les frères amis (première édition), Robert Laffont, 1997 (bourse Goncourt de la biographie) ; nouvelle édition Albin Michel, 2009.
La Belle Inconnue, roman, Éditions du Rocher, 2000 (prix François-Billetdoux de la SCAM).
La Guerre, mademoiselle, roman, Éditions du Rocher, 2001 (prix littéraire de la ville d'Étretat).
Gaston Leroux ou Le Vrai Rouletabille (en collaboration), Éditions du Rocher, 2003.
Bernard Buffet, secrets d'atelier, texte d'Annabel Buffet et Jean-Claude Lamy, photographies de Luc Fournol et Benjamin Auger, Flammarion, 2004.
Le Goût de San Francisco, Mercure de France, 2010.

Composition : Nord Compo
Impression : Imprimerie Floch, avril 2011
Éditions Albin Michel
22, rue Huyghens, 75014 Paris
www.albin-michel.fr
ISBN : 978-2-226-22091-2
N° d'édition : 18621/01 – N° d'impression : 79356
Dépôt légal : mai 2011
Imprimé en France